Großer Naturführer in Farbe
Pflanzen und Tiere

Christoph Needon
Dr. Johannes Petermann
Peter Scheffel
Bernd Scheiba

Großer Naturführer in Farbe

Pflanzen und Tiere

Mit 1500 farbigen Illustrationen auf 205 Tafeln

GONDROM

Illustrationen: Johannes Breitmeier,
Kurt Herschel †,
Elisabeth Illert,
Wolfgang Leuck,
Michael Lissmann,
Ruth Weber,
Reiner Zieger,
Einband: Gerd Ohnesorge
Typografie: Helmut Selle

Sonderausgabe für den Gondrom Verlag,
Bayreuth 1989

Printed in GDR
ISBN 3-8112-0326-6

Vorwort

Groß ist die Zahl der Tier- und Pflanzenarten, und immer wieder begegnen wir ihnen bei Spaziergängen oder auf Wanderungen im Urlaub, auf dem Wege zur Arbeit, vor dem eigenen Fenster oder selbst in der Wohnung. In dem gleichen Maße, wie sich immer mehr Menschen in ihrer Freizeit an der Natur erfreuen, wächst auch das Bedürfnis, Näheres über das einzelne Tier oder die einzelne Pflanze zu erfahren.
Unser Buch soll mithelfen, dieses Bedürfnis zu befriedigen. Auf mehr als 200 Farbtafeln werden rund 1 500 Tier- und Pflanzenarten vorgestellt. Unser Hauptaugenmerk galt den wichtigsten und häufigsten Formen des mitteleuropäischen Raumes. Natürlich sind fast alle beschriebenen Arten nicht auf Mitteleuropa beschränkt, sondern in den meisten europäischen Ländern anzutreffen. Die weit verbreiteten Tiere und Pflanzen hatten also immer den Vorrang vor den nur in sehr begrenzten Gebieten vorkommenden Formen. In einer kurzen Artbeschreibung sind die wesentlichen Erkennungsmerkmale sowie interessante biologische und wirtschaftliche Einzelheiten zusammengefaßt. Einfache Bestimmungstabellen ermöglichen auch dem biologisch nicht oder nur wenig vorgebildeten Naturfreund ein schnelles Auffinden der abgebildeten Arten.
Wir wenden uns mit unserem Buch nicht an den ausgebildeten Biologen, sondern an die zahlreichen Naturfreunde, Urlauber und Jugendlichen. Wir hoffen, daß wir ihnen einen Einblick in die Tier- und Pflanzenwelt geben können und neue Freunde für Fauna und Flora gewinnen.

Die Verfasser

Inhalt

DIE PFLANZEN

Einleitung *8*

Bestimmungsschlüssel für die Hauptgruppen der Pflanzen *19*

Artbeschreibungen und Abbildungen *33*

Register der Pflanzennamen *243*

Bildautoren *264*

DIE TIERE

Einleitung *24*

Übersicht zur Bestimmung der behandelten Tiergruppen *26*

Artbeschreibungen und Abbildungen *137*

Register der Tiernamen *256*

Bildautoren *264*

Christoph Needon
Dr. Johannes Petermann

Die Pflanzen

Einleitung

In vielen verschiedenen Formen begegnen wir den Pflanzen: als zarte grüne Algenfäden, als Pilze, als mehr oder weniger große Kräuter oder als Bäume und Sträucher. In dieser kurzen Einführung soll nun ein Einblick in die verschiedenen Lebensformen gegeben werden, wobei das Hauptaugenmerk auf die Samenpflanzen gerichtet ist, da zu diesen die weitaus meisten Pflanzen in diesem Buch gehören. Weiterhin dient diese Einführung auch der Erläuterung zahlreicher notwendiger Fachausdrücke.

Nach der Lebensdauer werden mehrere Pflanzengruppen unterschieden. Zu den Holzpflanzen, die stets mehrere oder viele Jahre leben und nach einer mehr oder weniger langen Entwicklungszeit in jedem Jahr blühen, gehören Bäume, Sträucher, Zwergsträucher sowie windende und kriechende Holzpflanzen. Unter den Kräutern finden sich unterirdisch – mit Knollen, Zwiebeln, Rhizomen – oder oberirdisch ausdauernde Formen, die jedes Jahr blühen (Stauden), sowie mehrjährige Pflanzen, die zwar auch einige Jahre leben, aber nur einmal blühen und fruchten. Die einjährigen Kräuter entwickeln sich meist im Frühjahr aus den Samen und sterben nach der Samenreife ab, die einjährig-überwinternden beginnen dagegen ihre Entwicklung im Herbst, durchlaufen eine Winterruhe und blühen im nächsten Frühjahr. Die zweijährigen Pflanzen benötigen zu ihrer Entwicklung zwei Jahre. Im ersten Jahr werden meist nur Stengel, Blätter und Speicherorgane gebildet, im zweiten Jahr erscheinen dann die Blüten. Nach der Samenreife sterben diese Pflanzen ebenfalls ab.

Nach dem Bau unterscheiden wir zwei große Gruppen von Pflanzen, die Thallophyten und die Kormophyten. Die Thallophyten oder Lagerpflanzen bestehen aus einem Thallus oder Lager, einem nicht in Wurzel, Sproßachse und Blätter gegliederten Pflanzenkörper, der sehr verschieden ausgebildet sein kann. Zu ihnen gehören die Algen, die Pilze und die Flechten. Der Körper der Kormophyten oder Sproßpflanzen, zu denen die Bärlappe, die Schachtelhalme, die Farne und die Samenpflanzen gehören, besteht in der Regel aus Wurzel, Sproßachse und Blättern, wobei allerdings das eine oder andere Organ bisweilen zurückgebildet sein kann. Eine gewisse Sonderstellung nehmen die Moose ein, da unter ihnen zahlreiche Arten vorkommen, die zwar in Stengel und Blätter gegliedert sind, aber niemals echte Wurzeln, sondern wie die Thallophyten höchstens wurzelähnliche Organe, sogenannte Rhizoide, aufweisen.

Die einzelnen Organe der Samenpflanzen sind in ihrer Vielfalt in den Abbildungen auf den Seiten 11 bis 18 dargestellt, denen auch die meisten Einzelheiten zu entnehmen sind.

Die in der Regel unterirdische Wurzel dient der Befestigung der Pflanze im Boden sowie der Aufnahme von Wasser und den darin gelösten Mineralstoffen. Sie ist im Gegensatz zu unterirdischen Teilen der Sproßachse nie in Abschnitte gegliedert und entwickelt niemals Blätter oder Knospen. Die Hauptwurzel ist die direkte Fortsetzung der Sproßachse. Manchmal ist sie rübenartig verdickt, fleischig, holzig oder auch fädig. Oft gehen von ihr noch kleinere Nebenwurzeln ab. Bei vielen Pflanzen ist die Hauptwurzel nicht mehr vorhanden, sondern durch ein Büschel von Nebenwurzeln ersetzt. Die Sproßachse ist der blättertragende Teil der Pflanzen, in dem auch die Leitung des Wassers und der Nährstoffe erfolgt. Sie ist entweder holzig oder krautig und oft in Knoten (Nodien) und die dazwischenliegenden Internodien gegliedert. An den Knoten entwickeln sich die Blätter und die Seitenzweige. Unterirdische Teile der Sproßachse sind Wurzelstöcke (Rhizome), Knollen und Zwiebeln. Der Vermehrung dienen oberirdische oder unterirdische Ausläufer, meist kriechende Seitentriebe, die sich bewurzeln und nach Absterben des Verbindungsstücks zu selbständigen Pflanzen heranwachsen. Mit den Blättern nimmt die Pflanze das Kohlendioxid der Luft auf und gibt Sauerstoff und Wasserdampf wieder ab. Nervatur, Anheftungsweise, Stellung, Form und Gliederung der Blätter sind für die einzelnen Pflanzenarten meistens sehr charakteristisch und werden zur Bestimmung mit herangezogen (Seite 11 bis 14). Das Blatt ist in der Regel in Stiel und Spreite gegliedert, die von den Nerven oder Adern durchzogen werden. Die einzelnen Teile von zusammengesetzten Blättern bezeichnet man als Blättchen oder Fiedern. Die Blattscheide ist der bei manchen Arten verbreiterte untere Teil des Blattstiels. Sie ist besonders bei den Gräsern entwickelt. Nebenblätter sind kleine oder größere, oft blattähnliche Gebilde an der Anheftungsstelle der Blätter. In der Nähe des Blütenstandes kommen manchmal umgebildete Blätter vor, sie werden Hochblätter (Deckblätter, Vorblätter, Hüllblätter) genannt.

Die Oberfläche der Pflanzen ist in vielen Fällen nicht glatt, sondern von verschiedenartigen flaumigen, filzigen, wolligen, borstigen oder anderen Haaren bedeckt oder mit reifartigen Wachsausscheidungen überzogen. Stacheln sind Bildungen der Oberhaut der Pflanzen und der darunterliegenden Gewebe, Dornen und Ranken dagegen umgewandelte Organe.

Ein wichtiges Bestimmungsmerkmal sind die Fortpflanzungsorgane der Pflanzen. Nach der Art und Weise der Fortpflanzung unterscheiden wir zwei große Gruppen: die Sporenpflanzen und die Samenpflanzen. Die Sporenpflanzen vermehren sich durch Sporen, die ohne Befruchtungsvorgang in ein- oder mehrzelligen Sporenbehältern oder Sporenkapseln, den Sporangien, gebildet werden. Die Sporangien sind bei den verschiedenen Pflanzengruppen sehr unterschiedlich, oft stehen sie zusammen in Sporangienhäufchen (Sori) wie bei vielen Farnen oder in Ähren wie bei den Schachtelhalmen. Bei einigen Arten sind die Sporen bereits geschlechtlich differenziert. Wir sprechen dann von den weiblichen (♀) Gynosporen und den männlichen (♂) Androsporen. Aus den Sporen gehen oft besondere Pflanzen, die Vorkeime (Gametophyten), hervor, auf denen die geschlechtliche Fortpflanzung, vor allem die Vereinigung der ♀ und ♂ Geschlechtszellen, erfolgt.

Die Samenpflanzen vermehren sich durch Samen und sind durch echte Blüten ausgezeichnet. Eine vollständige Blüte (Seite 15) besteht aus der Blütenachse, der Blütenhülle, den Staubblättern und dem Stempel. Die Blütenachse setzt sich aus dem Blütenstiel und dem Blütenboden, der die anderen Organe trägt, zusammen. Die Blütenhülle wird bei vielen Pflanzen durch den grünen Kelch und die meist andersgefärbte Krone gebildet. Bei beiden können die einzelnen Blätter getrennt oder miteinander verwachsen sein. Die Form der Krone ist für die einzelnen Pflanzenarten meist sehr charakteristisch. Viele Kronblätter sind in einen schmalen Nagel und eine breitere Platte gegliedert. Bei manchen Pflanzen ist auch nur eine einfache Blütenhülle vorhanden, oder die Blütenhüllblätter sind zu Borsten, Haaren usw. umgebildet.

Leicht überschaubar ist der Aufbau der Blüte bei den Gräsern und den grasähnlichen Pflanzen (Seite 18).

Ein Sporn an den Blüten ist die meist kegelförmige, hohle Aussackung eines Kelch- oder Kronblattes, die oft Nektar enthält. Die Staubblätter bestehen aus den mehr oder weniger langen Staubfäden und den Staubbeuteln, die den Blütenstaub (Pollen) enthalten. Der Stempel setzt sich aus dem Fruchtknoten, dem Griffel und der Narbe zusammen. Der Fruchtknoten enthält die Samenanlagen und entwickelt sich nach der Befruchtung zur Frucht; die Narbe dient der Aufnahme des Pollens. In vielen Blüten finden wir neben den erwähnten Organen noch Nektar- oder Honigdrüsen, die sehr unterschiedlich aussehen können.

Wenn eine Blüte sowohl Staubblätter als auch einen oder mehrere Stempel enthält, bezeichnen wir sie als zwittrig (⚥). Männliche (♂) Blüten enthalten nur Staubblätter, weibliche (♀) nur Stempel. Auf einhäusigen Pflanzen entwickeln sich ♂ und ♀, auf zweihäusigen nur ♂ oder nur ♀ Blüten.

Durch die Bestäubung wird der Pollen auf die ♀ Blüten oder Blütenteile übertragen, bei der Fremdbestäubung von einer anderen Blüte der gleichen oder einer anderen Pflanze. Vielfältige Anpassungen verhindern bei den meisten Pflanzen eine Selbstbestäubung durch eigenen Pollen. Als Überträger des Pollens wirken in den meisten Fällen der Wind, das Wasser und vor allem Insekten. Windbestäubte Blüten sind in der Regel weit geöffnet, unscheinbar und klein und erscheinen vor oder weit über den Blättern. Ähnlich sind die Blüten bei Wasserbestäubung gebaut. Bei Insektenbestäubung weisen die Blüten oft eine auffällige Hülle, Duftstoffe und Nektar als Anlockungsmittel auf. Manche Pflanzen sind sehr bestimmten Insektenarten angepaßt und dadurch recht eigentümlich gebaut. Bei ausbleibender Fremdbestäubung kann es bei einigen Arten auch nach Selbstbestäubung zur Samenbildung kommen, während andere sogar ohne Bestäubung Samen entwickeln können (Apomixis).

Bei vielen Pflanzen stehen die Blüten nicht einzeln, sondern in lockeren oder dichten Blütenständen (Seite 16). Die Blütenstände sind vor allem bei den Korbblütlern bisweilen so dicht, daß sie wie eine einzige Blüte aussehen und die Einzelblüten nicht mehr deutlich zu erkennen sind. Oft sind die Blütenstände von besonderen Hüllblättern umgeben.

Die Früchte und Samen sind bei vielen Pflanzenarten oft sehr auffällig und werden bei manchen Gruppen zur Bestimmung herangezogen. Die hauptsächlichsten Formen sind auf Seite 17 dargestellt. Manchmal bleiben die Blütenstände auch nach der Samenreife noch als Fruchtstände zusammen und werden geschlossen verbreitet. Oft sind besondere Verbreitungseinrichtungen für den Transport durch Wind, Wasser, Tiere oder zur Selbstverbreitung (Schleudermechanismen) vorhanden.

Die geographische und umweltabhängige Verbreitung der Pflanzen ist oft recht unterschiedlich. An der Küste finden wir viele Arten häufig, die im Gebirge nicht oder nur selten vorkommen, und umgekehrt. So hat jede Landschaft die für sie charakteristischen Pflanzen. Andere Arten sind erst in historischer Zeit in unsere Heimat eingeschleppt worden. Man bezeichnet sie als Neophyten. Die meisten Pflanzen sind auch bestimmten Standorten angepaßt und kommen deshalb nur im Wald oder auf der Wiese oder an Ufern usw. vor.

Da die Pflanzen nicht gleichermaßen häufig sind, wurde in diesem Buch auch ihre Verbreitungsdichte angegeben. Gemeine Arten kommen auf allen ihnen zusagenden Standorten vor. Bei den häufigen und verbreiteten Arten sind zwischen den einzelnen Verbreitungsgebieten mehr oder weniger große Zwischenräume vorhanden, die zerstreuten Arten fehlen in größeren Gebieten. Seltene Pflanzen sind nur auf wenige Stellen beschränkt.

Die meisten Pflanzen ernähren sich autotroph, das heißt, sie bilden die körpereigenen Stoffe mit Hilfe des Blattgrüns aus dem Kohlendioxid der Luft sowie dem Wasser und den Mineralstoffen des Bodens. Heterotrophe Pflanzen sind dazu nicht in der Lage. Sie leben als Saprophyten von faulenden Stoffen oder als Vollschmarotzer (Parasiten) auf Kosten anderer Pflanzen. Halbschmarotzer (Halbparasiten) nehmen von den Wirtspflanzen nur bestimmte Stoffe auf und haben deshalb im Gegensatz zu den Saprophyten und Parasiten noch grüne Blätter.

Mehrere Arten der wildwachsenden Pflanzen, besonders die vom Aussterben bedrohten, sind durch entsprechende Gesetze geschützt. Diese Pflanzen dürfen nicht beschädigt, ausgerissen oder ausgegraben werden. Das Abpflücken einzelner Teile ist ebenfalls verboten. Auch die sinnlose Vernichtung oder übermäßige Entnahme nichtgeschützter Pflanzen oder Pflanzenteile ist untersagt. Wir möchten alle unsere Leser ausdrücklich auf diese Anordnungen zum Schutze der Pflanzenwelt hinweisen und sie bitten, mit zur Erhaltung der Schönheiten in der Natur beizutragen.

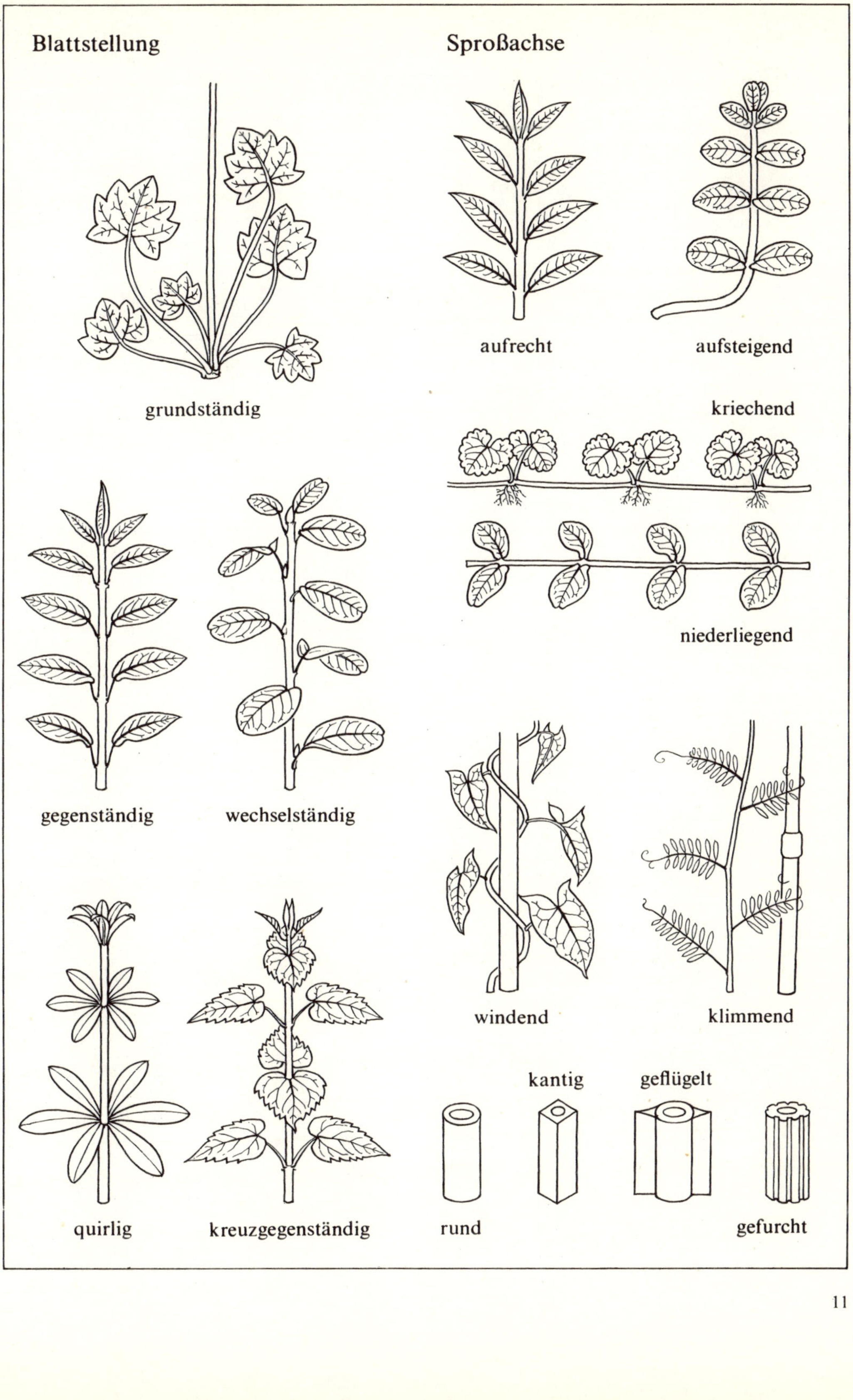
Blattstellung
Sproßachse
aufrecht
aufsteigend
grundständig
kriechend
niederliegend
gegenständig
wechselständig
windend
klimmend
kantig
geflügelt
quirlig
kreuzgegenständig
rund
gefurcht

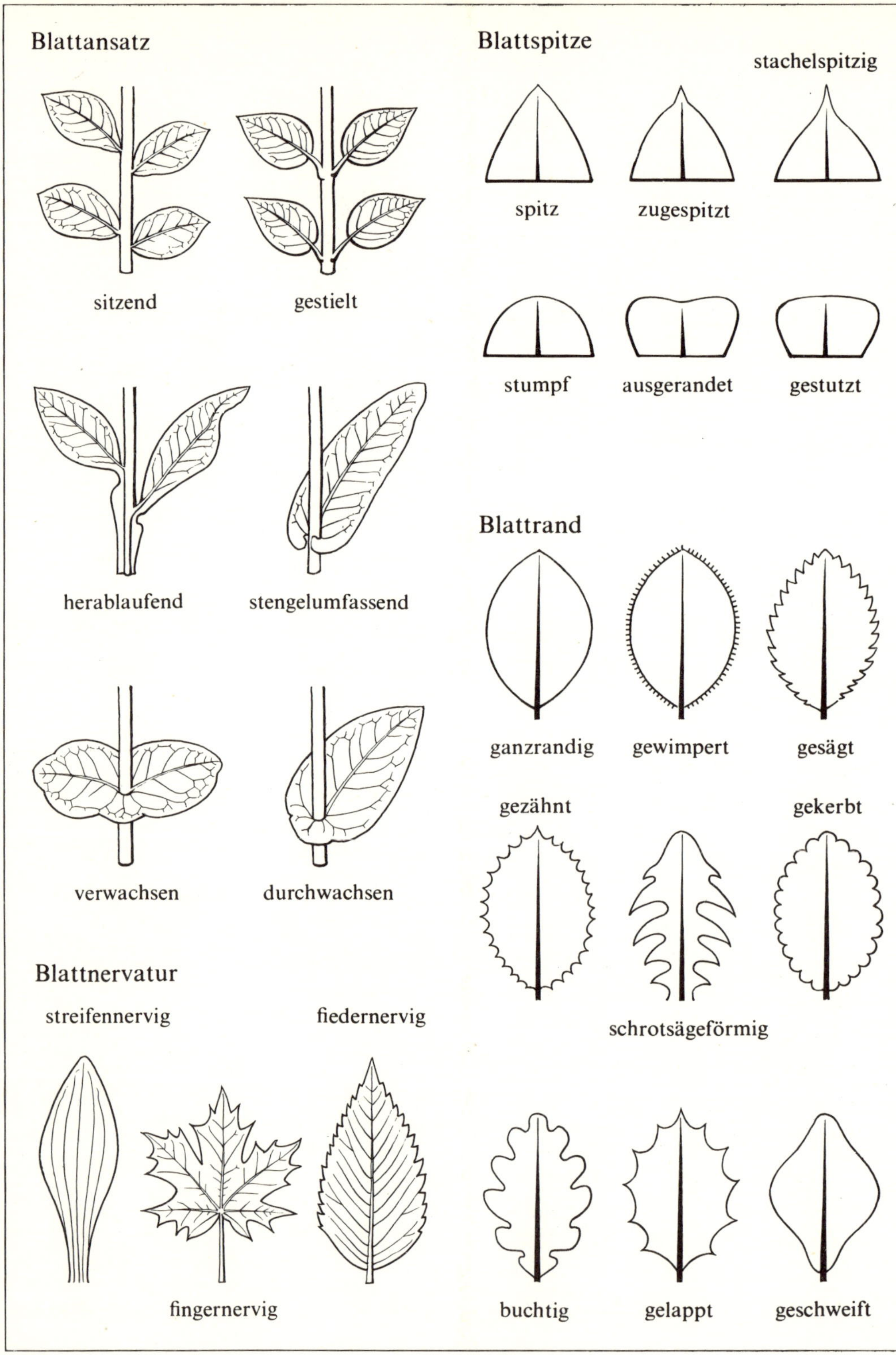
Blattansatz
sitzend
gestielt
herablaufend
stengelumfassend
verwachsen
durchwachsen
Blattnervatur
streifennervig
fiedernervig
fingernervig
Blattspitze
stachelspitzig
spitz
zugespitzt
stumpf
ausgerandet
gestutzt
Blattrand
ganzrandig
gewimpert
gesägt
gezähnt
gekerbt
schrotsägeförmig
buchtig
gelappt
geschweift

Blattformen I

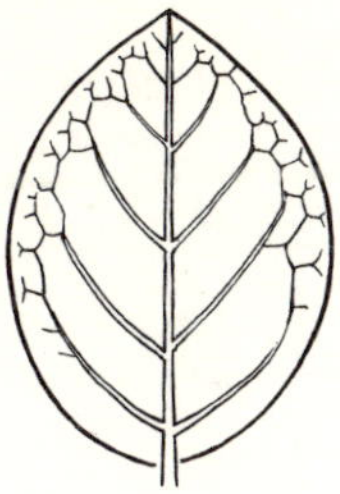
elliptisch-oval

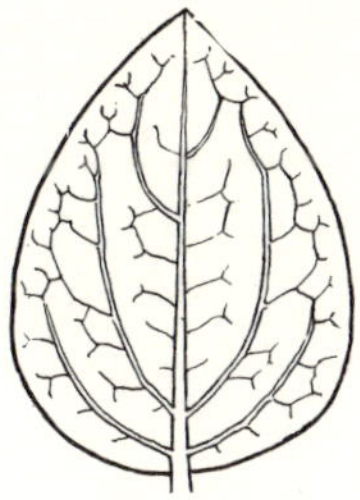
eiförmig

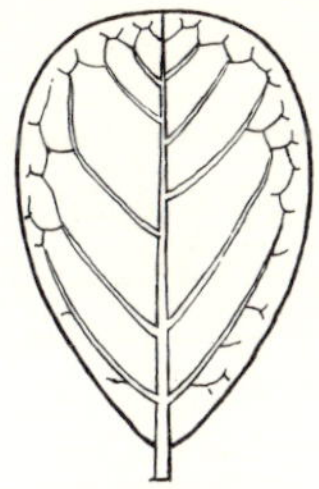
verkehrt-eiförmig

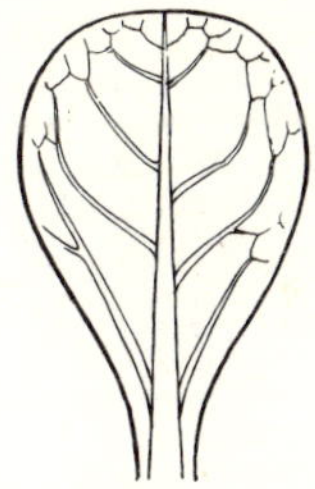
spatelförmig

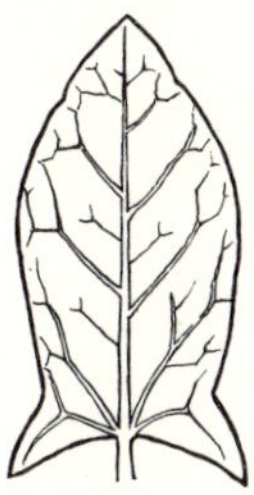
spießförmig

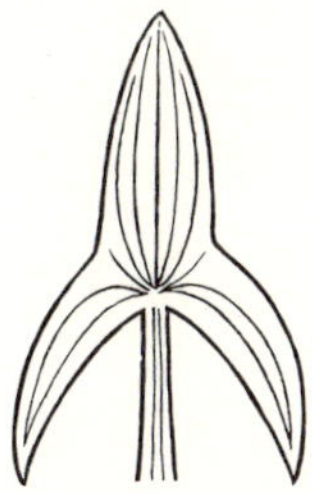
pfeilförmig

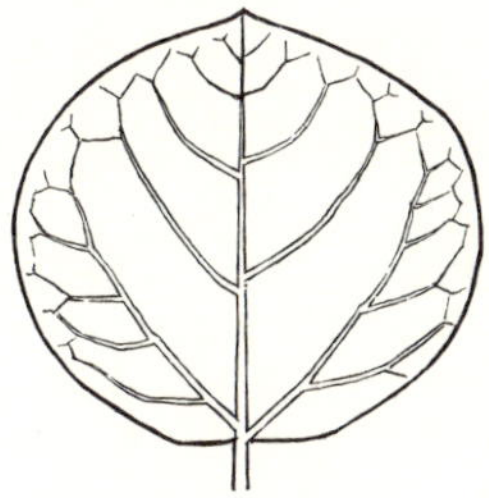
rundlich

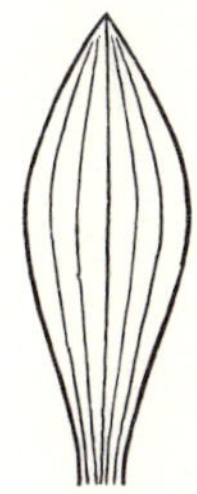
lanzettlich

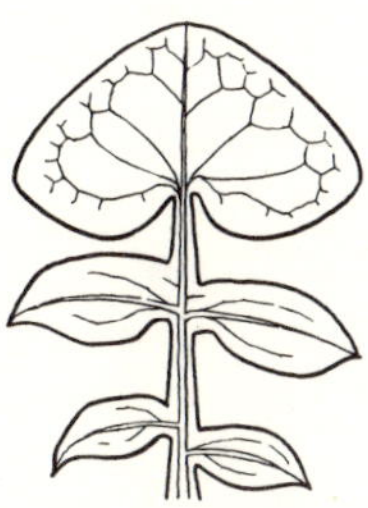
leierförmig

fiederlappig

fiederspaltig

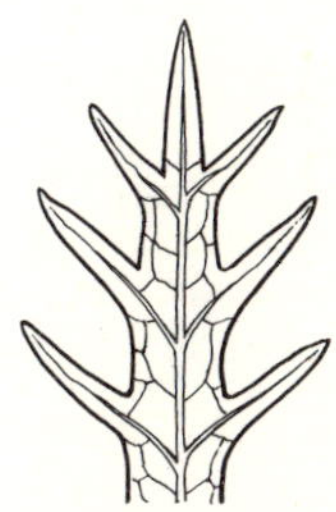
fiederspaltig

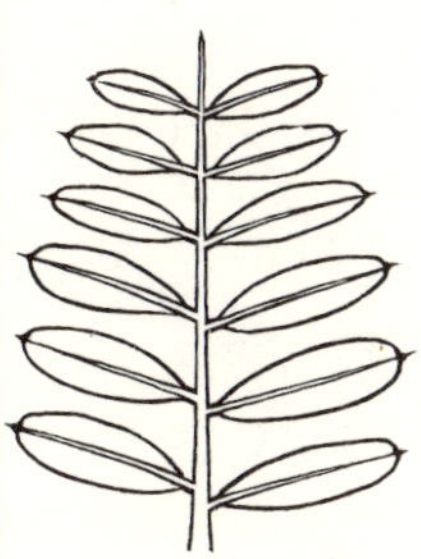
paarig gefiedert

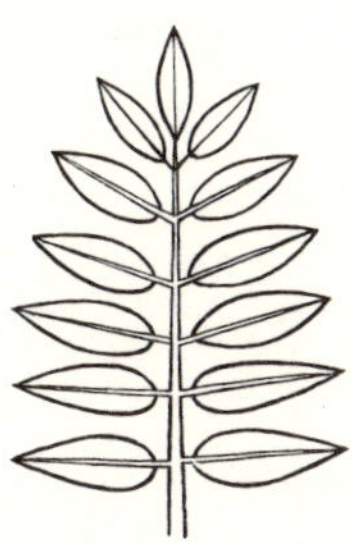
unpaarig gefiedert

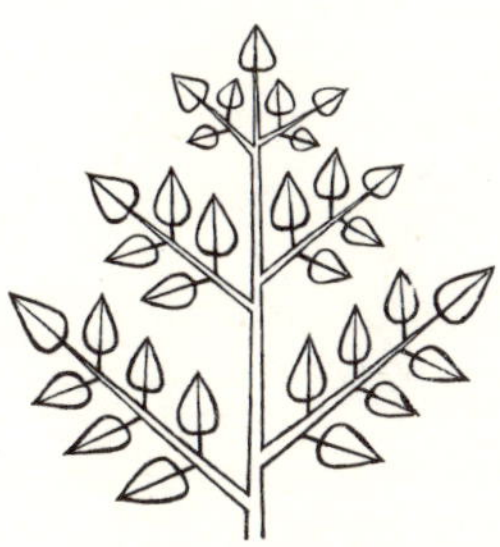
doppelt gefiedert

unterbrochen gefiedert

Blattformen II

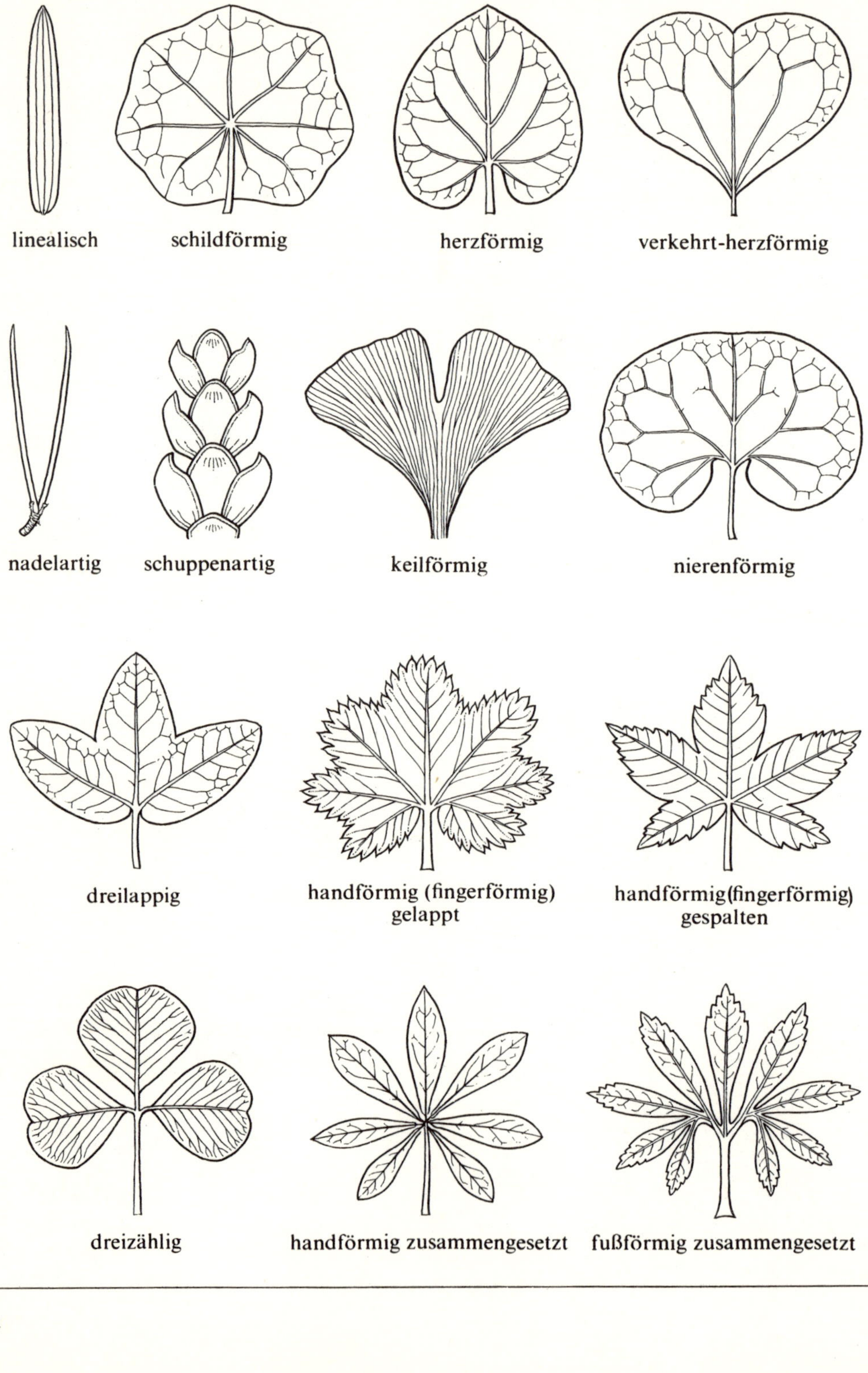

Aufbau einer vollständigen Blüte

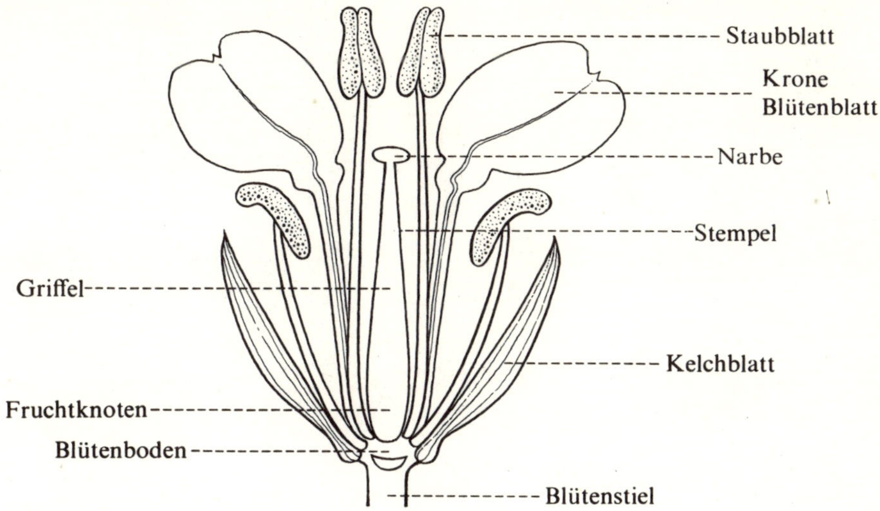

Blütenformen

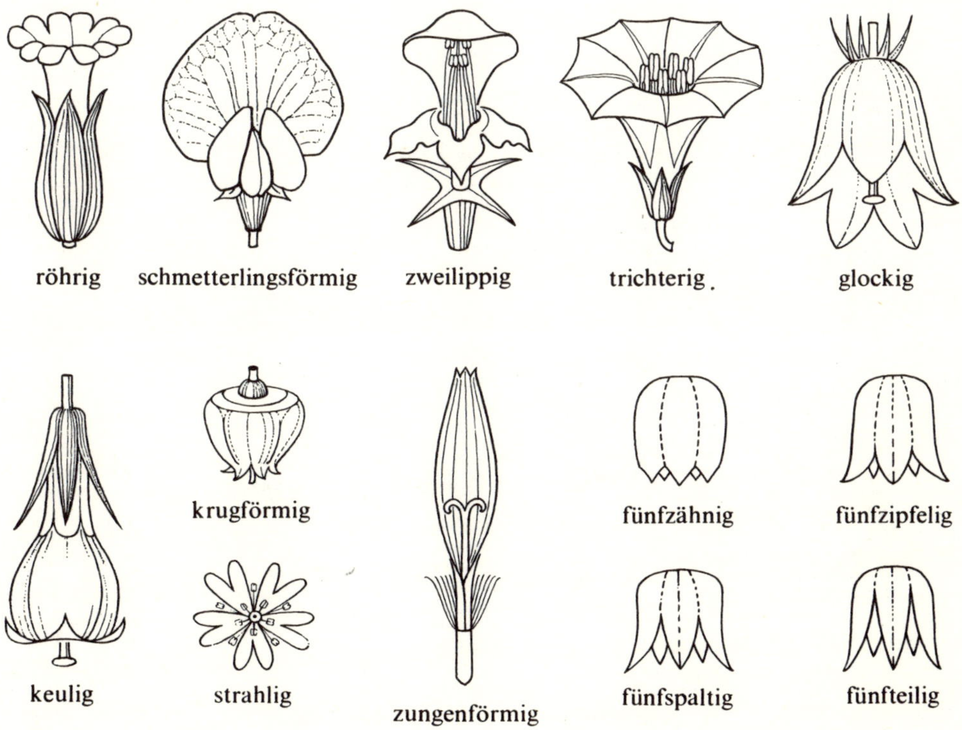

Blütenstände

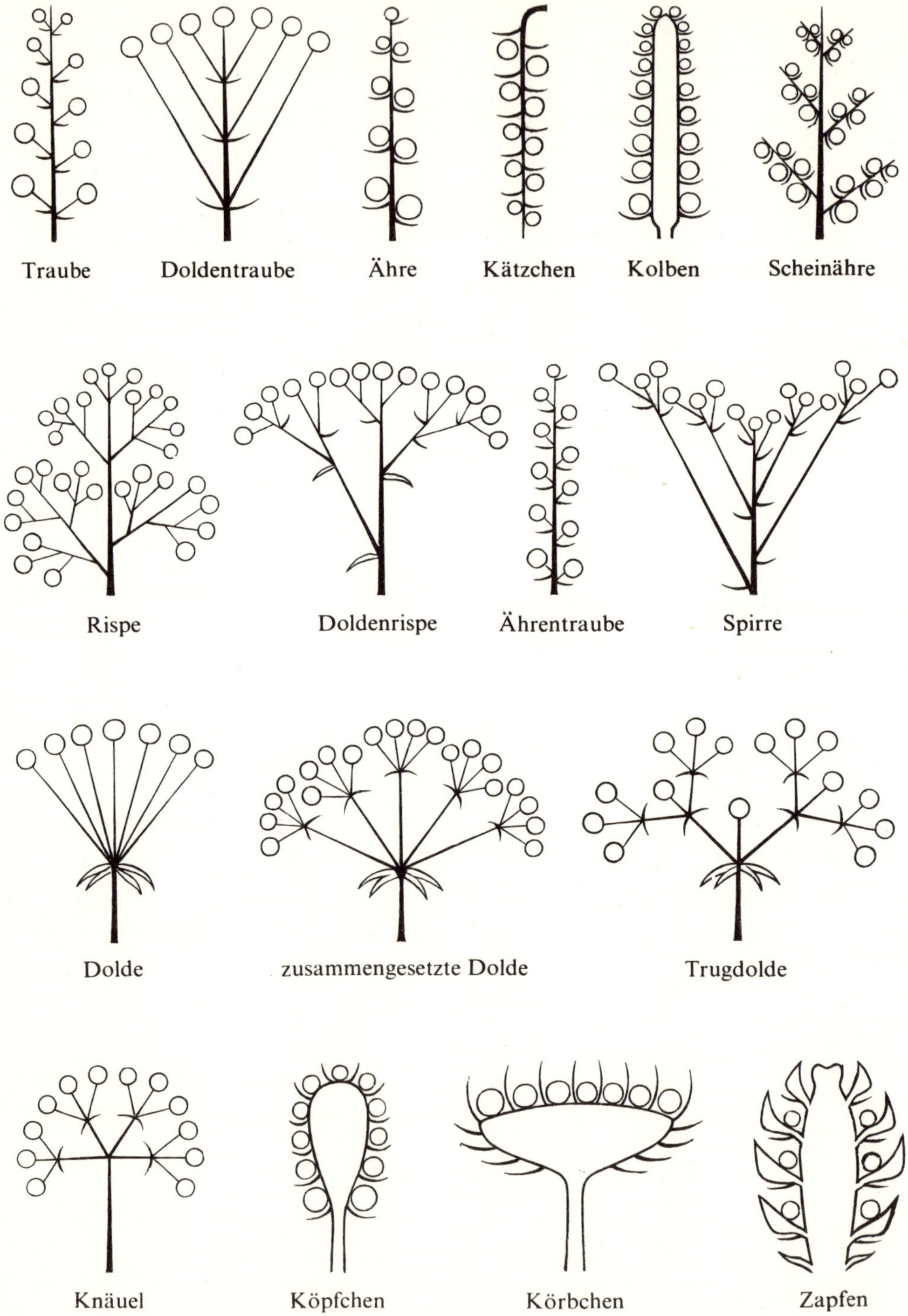

Fruchtformen, Früchte

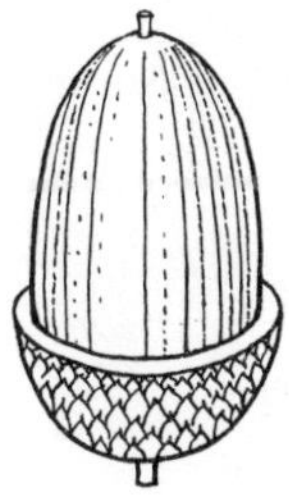

Nuß

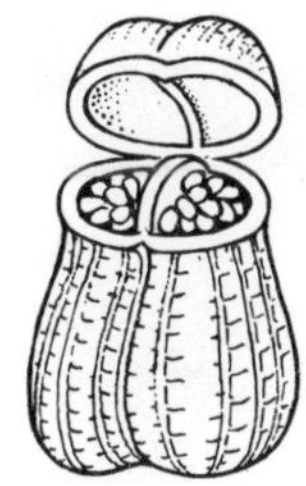

Kapsel

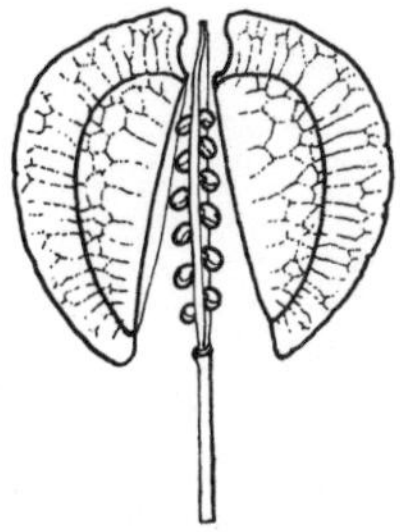

Schötchen

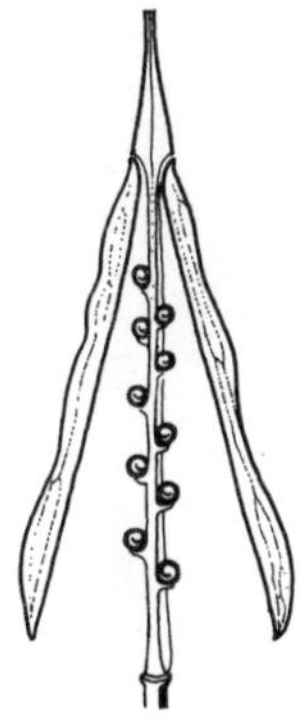

Schote

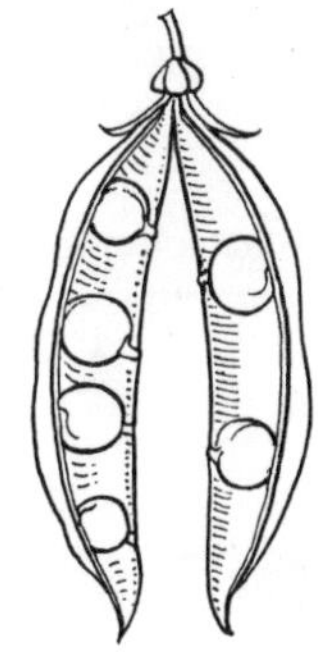

Hülse

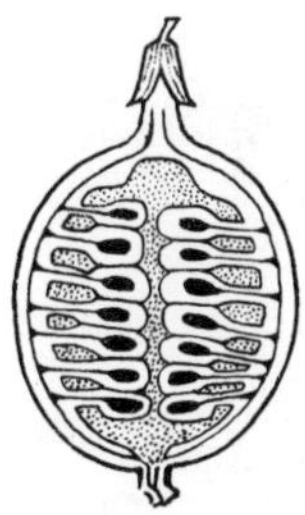

Beere

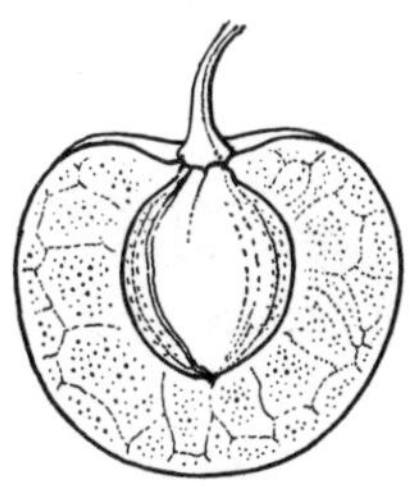

Steinfrucht

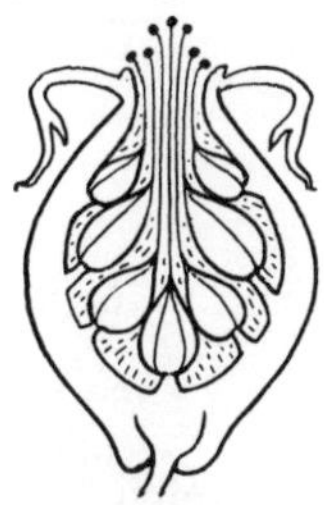

Scheinfrucht

Balg

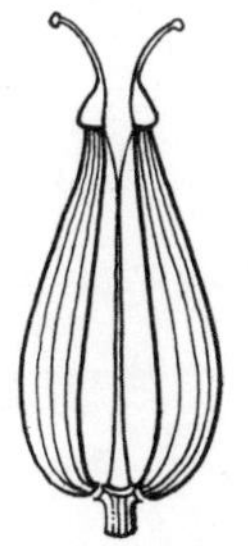

Spaltfrucht

Aufbau grasartiger Pflanzen

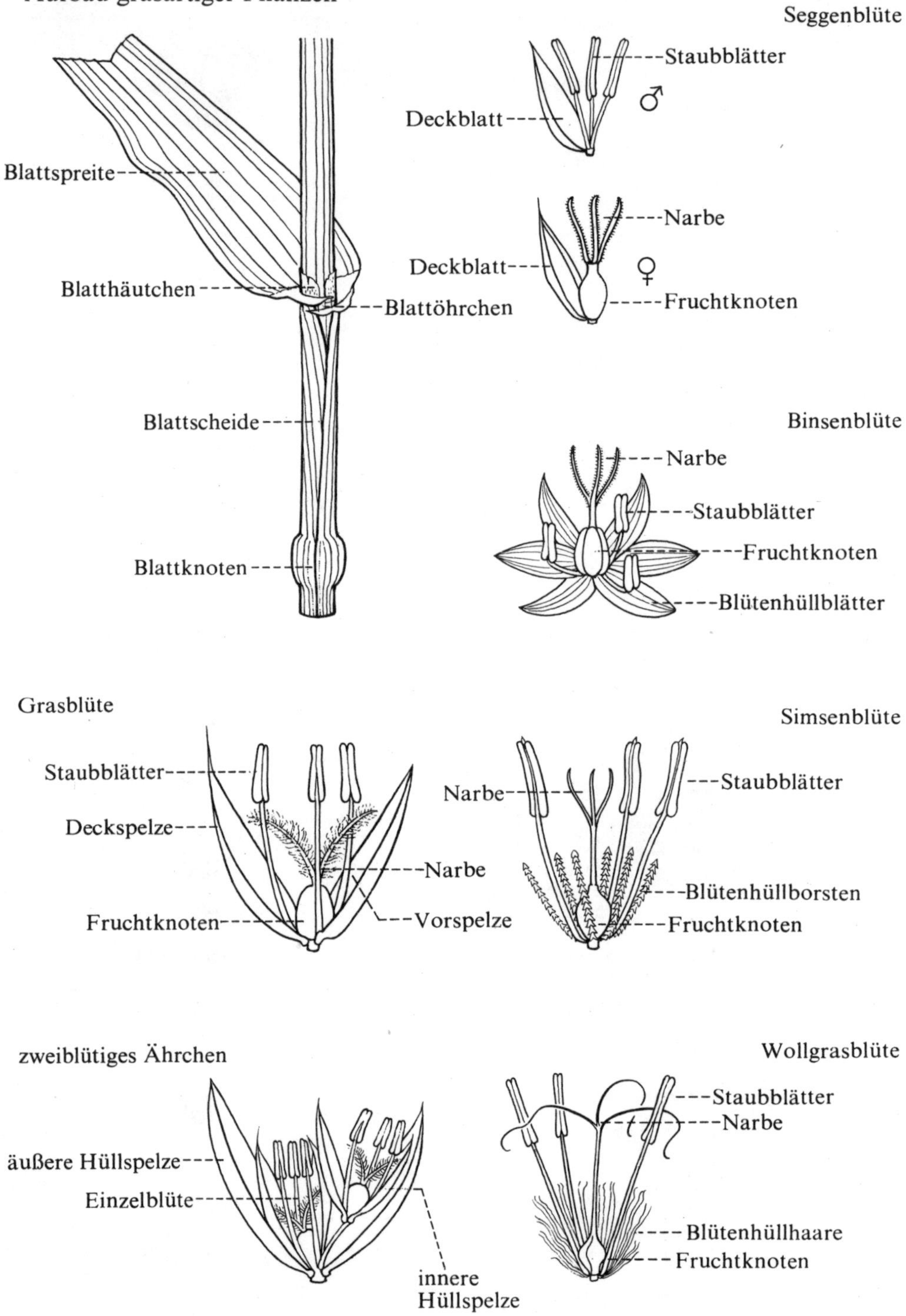

Bestimmungsschlüssel für die Hauptgruppen der Pflanzen

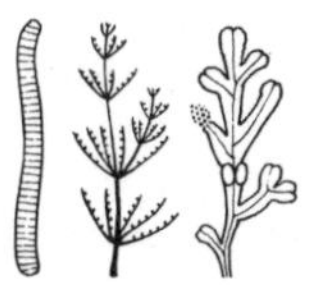

1. Algen
Meist im Wasser, seltener auf feuchtem Untergrund lebende, einfach gebaute, grüne oder bräunliche, fädige, bandartige oder auch an höhere Pflanzen erinnernde Formen bildende Pflanzen mit zartem Thallus. Die in dem Buch enthaltenen Algen gehören sehr verschiedenen verwandtschaftlichen Gruppen an, die durch den Bau, die Fortpflanzungsorgane und die Farbstoffe unterschieden sind. Seite 34

2. Pilze
Pflanzen mit einem unterirdischen Fadengeflecht (Myzel) und ohne grüne Farbstoffe, die saprophytisch (von faulenden Stoffen) oder parasitisch (auf anderen Pflanzen) leben. Die Sporen entwickeln sich in den meist oberirdischen Fruchtkörpern, den eigentlichen Pilzen.

Pilze mit deutlich in Stiel und Hut gegliedertem Fruchtkörper und lamellenartigem Futter an der Unterseite des Hutes, das die Sporen enthält
Seite 36–40

Pilze mit deutlich in Stiel und Hut gegliedertem Fruchtkörper und röhrenförmigem Futter an der Unterseite des Hutes
Seite 40–41

Pilze mit sehr verschiedengestaltetem, meist nicht die typische Pilzform zeigendem Fruchtkörper
Seite 35

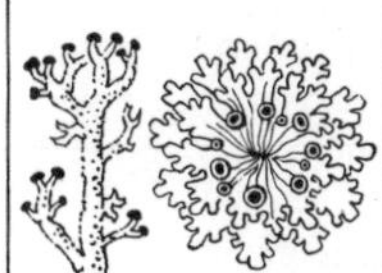

3. Flechten
Meist krustenartige Pflanzen auf lebendem oder totem Holz, auf Steinen oder seltener auf dem Boden. Die Flechten sind Lebensgemeinschaften zwischen Pilzfäden und einzelligen grünen Algen. Sie haben große Bedeutung als Erstbesiedler von kahlen Felsen und ähnlichen Stellen. Sie vermehren sich durch Brutkörperchen, einige von Pilzfäden umgebene Algen, sowie getrennt nach Pilzen und Algen.
Seite 42

4. Moose
Kleine, zarte, grüne, wurzellose Pflanzen mit flachem, bandartigem oder aus einem Stämmchen mit Blättern bestehendem

Körper. Die meist gestielten Fortpflanzungsorgane (Kapseln) entwickeln sich endständig oder flächenständig auf den Moospflanzen. Seite 43–44

5. Bärlappe
Immergrüne, gabelig verzweigte Pflanzen mit dicht spiralig stehenden, kleinen, schmalen Blättern. Die Sporenbehälter entwickeln sich einzeln in den Blattachseln oder in endständigen Ähren. Seite 44

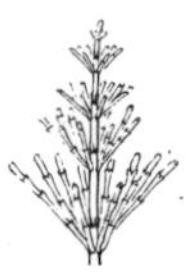

6. Schachtelhalme
Pflanzen mit hohlem, gegliedertem Stengel. An den Knoten stehen die quirlig angeordneten Seitenzweige und die kleinen, zu einer gezähnten Scheide verwachsenen Blätter. Die Sporangien entwickeln sich in einer endständigen Ähre. Seite 45

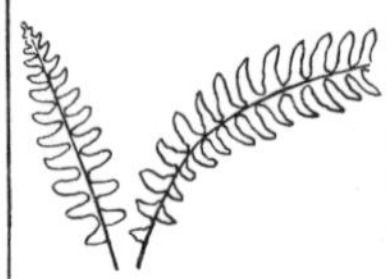

7. Farne
Pflanzen mit meist großen, mehr oder weniger geteilten, jung schneckenartig eingerollten Blättern (Wedeln). Die Sporangien entwickeln sich in Sporangienhäufchen (Sori) auf der Wedelunterseite oder ährig an umgewandelten Fiederchen. Seite 45–46

8. Samenpflanzen
Pflanzen mit deutlichen Blüten, die entweder Stempel oder Staubfäden oder beides enthalten. Siehe Bestimmungsschlüssel auf dieser Seite.

Bestimmungsschlüssel der Hauptgruppen der Samenpflanzen

1. Nadelbäume
Pflanzen mit Nadelblättern. Die eingeschlechtigen Blüten stehen in Zapfen oder einzeln in den Blattachseln. Die Früchte sind verholzte oder beerenartige Zapfen oder von einem fleischigen roten Samenmantel umgebene Steinfrüchte. Seite 47

2. Laubbäume
Pflanzen mit stärkerem Stamm, Zweigen und netznervigen Blättern, die im Winter meist abgeworfen werden Seite 48–51

3. Laubsträucher
Meist weniger als 5 m hohe Holzpflanzen mit netznervigen, im Winter meist abfallenden Laubblättern und schwachem Hauptstamm oder mehreren gleichstarken Stämmen Seite 52–55

4. Windende oder kriechende Sträucher
Oft mehrere Meter lange, windende oder am Boden kriechende Pflanzen mit verholztem Haupttrieb Seite 55

5. Zwergsträucher
Meist weniger als 1 m hohe Pflanzen mit verholzten Zweigen, aber ohne Hauptstamm Seite 56–57

6. Kräuter
Nicht oder nur selten im untersten Teil des Stengels verholzte Pflanzen

6.1. Einkeimblättrige Pflanzen
Pflanzen von grasartigem Aussehen oder mit deutlich streifennervigen, ganzrandigen Blättern (Ausnahme: S. 67) und meist dreizähligen Blüten. Siehe Bestimmungsschlüssel Seite 21

6.2. Zweikeimblättrige Kräuter
Pflanzen mit meist deutlich netznervigen Blättern und 4- oder 5zähligen Blüten. Siehe Bestimmungsschlüssel Seite 21

6.3. Wasserpflanzen:
Schwimmende, untergetauchte oder wenigstens mit dem untersten Teil des Stengels ständig im Wasser wachsende Samenpflanzen Seiten 72–76, 97, 105, 112, 114, 116, 120, 126, 130

6.4. Pflanzen ohne grüne Blätter
Pflanzen stets oder wenigstens zur Blütezeit ohne grüne Blätter. Blätter fehlend oder als Schuppen entwickelt Seiten 113, 122, 123, 126, 130, 133

Bestimmungsschlüssel der einkeimblättrigen Pflanzen

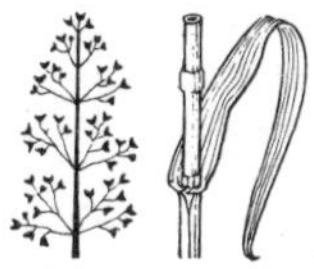

1. Pflanzen mit rundem, hohlem, knotigem Stengel und schmalen, streifennervigen, stengelumfassenden Blättern. Blüten einzeln oder zu mehreren in Ährchen, die in Ähren, Rispen oder Trauben vereinigt sind. Gräser Seite 58–63

2. Pflanzen mit meist 3kantigem, knotenlosem Stengel und 3zeiligen, grasartigen Blättern. Blüten zwittrig oder eingeschlechtig, einzeln oder zu mehreren in Ährchen, die in ährigen, kopfigen oder rispigen Blütenständen vereinigt sind. Riedgräser Seite 64–65

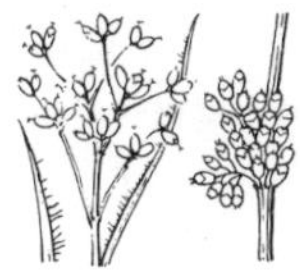

3. Grasartige Pflanzen mit meist knotenlosem, markigem, nie kantigem Stengel und schmalen, grasartigen oder stengelähnlichen runden Blättern. Blüten mit einfacher trockenhäutiger Hülle, in Blütenständen vereinigt. Binsen und Hainsimsen Seite 65–66

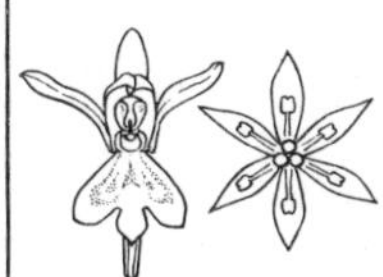

4. Pflanzen mit meist deutlichen, auffallend gefärbten Blüten und streifennervigen, aber nicht oder nur wenig grasartigen Blättern Seite 67–71

Bestimmungsschlüssel der zweikeimblättrigen Kräuter

1. Blüten in mehr oder weniger dichten Blütenständen, Einzelblüten meist nicht deutlich zu erkennen

1.1. Blüten in Körbchen

1.1.1. Äußerste Blüten weiß, selten rosa Seite 125–127

1.1.2. Äußerste Blüten nicht weiß oder gelb Seite 127–130

1.1.3. Äußerste Blüten gelb, Pflanzen ohne Milchsaft Seite 131-134, 136

1.1.4. Äußerste Blüten gelb, Pflanzen mit Milchsaft Seite 134–136

1.2. Blüten in deutlichen, meist zusammengesetzten Dolden Seite 104–107

1.3. Einzelblüten schmetterlingsartig, Blätter gefiedert oder dreizählig Seite 100–103

1.4. Blüten und Blütenstände anders gestaltet

1.4.1. Blätter wechselständig

1.4.1.1. Blüten von einer gemeinsamen Hülle umgeben Seite 117–118

1.4.1.2. Blüten in dichten kopfigen oder knäueligen Blütenständen, Blätter gefiedert oder halbkreisförmig-lappig und gefaltet Seite 86–87

1.4.1.3. Blüten und Blätter anders gestaltet Seite 75–77

1.4.2. Blätter gegenständig Seite 77–78

1.4.3. Blätter grundständig Seite 123

1.4.4. Blätter kreuzgegenständig Seite 108–110

2. Einzelblüten deutlich erkennbar, Kronblätter nicht miteinander verwachsen (mit Pinzette prüfen!)

2.1. Blätter dickfleischig oder umgebildet Seite 95

2.2. Blätter gegenständig Seite 90–95

2.3. Blätter wechsel- oder grundständig

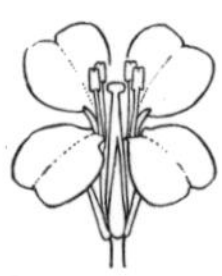

2.3.1. Blüten mit 4 Kelch- und 4 Kronblättern, die sich kreuzweise gegenüberstehen Seite 96–99

2.3.2. Blüten schmetterlingsförmig, Blätter fiederig oder dreizählig Seite 100–103

2.3.3. Blüten zweiseitig oder unregelmäßig, aber nicht schmetterlingsförmig Seite 79–81

2.3.4. Blüten regelmäßig, strahlig Seite 81–89

3. Einzelblüten deutlich erkennbar, Kronblätter wenigstens am Grunde miteinander verwachsen (mit Pinzette prüfen!)

3.1. Blätter kreuzgegenständig, Stengel meist 4kantig, Blüten zweiseitig, meist 2lippig Seite 108–110

3.2. Blätter quirlständig, Blüten 4- oder 5zipfelig Seite 124

3.3. Blätter wechsel-, gegen- oder grundständig

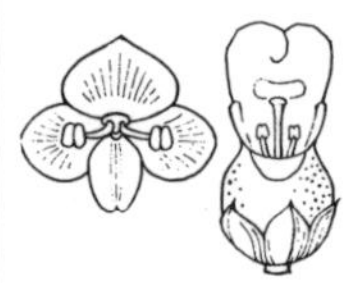

3.3.1. Blüten unregelmäßig vierteilig, meist 2lippig Seite 119–123

3.3.2. Blüten regelmäßig, strahlig oder fast strahlig Seite 111–119

Peter Scheffel
Bernd Scheiba

Die Tiere

Einleitung

In Mitteleuropa leben ungefähr 40000 Tierarten. Wir stehen also vor einer schier unübersehbaren Fülle von Formen, in die uns dieses Buch »einführen« soll. In dem folgenden Tafelteil ist natürlich nur ein Teil dieser Arten abgebildet, und der Leser wird mit Recht fragen, ob er häufig auf Tiere stößt, die hier nicht behandelt sind. Wir gingen bei der Auswahl in der Hauptsache von folgenden Gesichtspunkten aus:

Wir beschränkten uns zunächst auf freilebende Tiere, verzichteten also z. B. auf die Behandlung der Bandwürmer usw. Weiterhin wurden keine Arten aufgenommen, die für das bloße Auge nicht oder kaum wahrnehmbar sind (z. B. Einzeller). Wir wählten in der Hauptsache die Formen aus, denen der Leser am häufigsten begegnen kann. Bei den besonders artenreichen Tiergruppen soll dem Naturfreund vor allem die Formenvielfalt vor Augen geführt werden. Aus der Tabelle Seite 26 ist die Zahl der im Gebiet vorkommenden Arten zu ersehen. Es ist daraus unschwer abzulesen, über welche Tiergruppen sich der Leser einen verhältnismäßig großen Überblick verschaffen (z. B. Wirbeltiere, Weichtiere) und über welche Gruppen er lediglich anhand einiger markanter Vertreter informiert werden kann (z. B. Insekten).

Um die heimische Tierwelt kennenzulernen, ist es zunächst notwendig zu wissen: Wo findet man überhaupt Tiere? So simpel die Frage ist, so wichtig ist sie für uns. Die Antwort bleibt einfach: überall, wenn man mit offenen Augen durch die Natur geht und sich nicht scheut, einen Stein umzudrehen (z. B. Steinläufer und Asseln), einen genauen Blick in die Laubschicht des Waldes zu werfen (z. B. Schnecken), das bunte Treiben am Boden der blühenden Wiese ebenso aufmerksam zu beobachten wie die Pflanzenwelt selbst. Wenn sich beim genauen Betrachten der Oberfläche eines Gewässers auch schon viel Neues findet (Wasserkäfer und -läufer), so lohnt noch mehr ein Blick auf die am Grunde liegenden Steine und Hölzer, die im Wasser schwimmen (Insektenlarven, Strudelwürmer, Weichtiere u. a.). Die Aufzählung könnte weiter fortgesetzt werden – wir merken uns aber nur eines: Die wenigsten Tiere fliegen uns direkt auf die Hand, in die Wohnung oder gar auf das Lenkrad des Autos, das zum Zwecke der »Erforschung der Natur« durch die Lande rast.

Zur Bestimmung eines Tieres dient zuerst die Übersicht Seite 26, die dann schnell auf die entsprechende Gruppe verweist. Dort kann der Leser mit der Abbildung vergleichen, um festzustellen, ob er die beschriebene Art oder nur eine verwandte Form der gleichen Gruppe gefunden hat.

In der Beschreibung finden sich neben Angaben zur Größe, Hinweise auf besonders hervorstechende Merkmale; gruppenspezifische Besonderheiten stehen bei den bekanntesten bzw. gemeinsten Vertretern. Einige Bemerkungen zu Lebensweise, Nutzen und Schaden hielten wir trotz des sehr begrenzten Umfanges für wichtig. Sie sollen vor allem dazu beitragen, daß der Naturfreund den Platz des Tieres in seiner Lebensgemeinschaft bestimmen kann. Er wird nach eifrigen Beobachtungen bald feststellen,

daß zwar jedes Tier seine »Nische« gefunden hat, aber daß es nur existieren kann durch die unübersehbare Fülle von Verbindungslinien, die es direkt oder indirekt (z. B. über Nahrungs- und Informationsketten) mit den anderen Organismen seines Lebensbereiches unterhält.
Am Ende wäre es ein Erfolg, wenn die Beobachtung in freier Natur Ausgangspunkt würde für weitergehende Fragen über dieses so unvergleichlich interessante und komplizierte Phänomen »Leben«, wenn der Naturliebhaber nicht bei der äußeren Betrachtung stehenbliebe, sondern mit den heute im Vordergrund stehenden Richtungen der Biologie in die Bausteine der Lebewesen – die Zellen – schaut, um neue Geheimnisse und Lösungen aufzuspüren. Hier erst wird er die Erklärungen für die »einfachsten« Erscheinungen finden. Er wird endlich erfahren, warum aus dem Ei der Nachtigall wieder eine Nachtigall schlüpft, die ihren Eltern in allen wesentlichen Merkmalen gleicht. Er wird wissen, welche »Elemente« in kleinsten Bereichen Flügelschlag und Beinbewegung ermöglichen und auf welche bei den doch so verschiedenen Tieren gleiche Weise die Kraft dazu der Nahrung entnommen wird.

Geschützte Tierwelt

Wir haben schon kurz bemerkt, welch große Bedeutung die gesamte Tierwelt (neben der Pflanzenwelt) für die Aufrechterhaltung des gesamten Naturgleichgewichts hat. Die Erforschung dieses komplexen Problems ist heute wichtiger denn je, da wir uns anschicken, die Natur – unsere Umwelt – immer stärker zu verändern.
In den einzelnen Artbeschreibungen ist angegeben, welche Tierarten bereits durch das Gesetz unter Schutz gestellt sind. Hinzu kommt, daß *alle einheimischen Tagfalter* mit Ausnahme der weißflügeligen Weißlingsarten
Baumweißling, *Aporia crataegi*
Kohlweißling, *Pieris brassicae*
Rübenweißling, *Pieris rapae*
Rapsweißling, *Pieris napi*
alle einheimischen Schwärmer, Bärenspinner und Ordensbänder sowie alle Rosenkäfer zwar für wissenschaftliche Zwecke gesammelt, nicht aber gehandelt oder verarbeitet werden dürfen.
Weiterhin *alle nichtjagdbaren wildlebenden Vögel* mit Ausnahme der Saatkrähe, *Corvus frugilegus*, in Brutkolonien geschützt
Nebelkrähe, *Corvus corone cornix*
Rabenkrähe, *Corvus corone corone*
Eichelhäher, *Garrulus glandaris*
Elster, *Pica pica*
Feldsperling, *Passer montanus*
Haussperling, *Passer domesticus.*

Die Ordnung im Tierreich

Alle Tiere, die heute auf der Erde leben (etwa 1 Million Arten), haben sich entwickelt und entwickeln sich laufend weiter. Unsere gegenwärtige Fauna ist deshalb treffend mit der Momentaufnahme aus einem Filmstreifen verglichen worden.
Die moderne Zoologie versucht nun, wenn sie die Tierwelt »ordnet« und »systematisiert«, diese Entwicklung zu berücksichtigen und echte Verwandtschaftsbeziehungen sichtbar zu machen.
Im folgenden ist ein grobes Schema über die Beziehungen der wichtigsten im Buch behandelten Tierstämme gegeben:

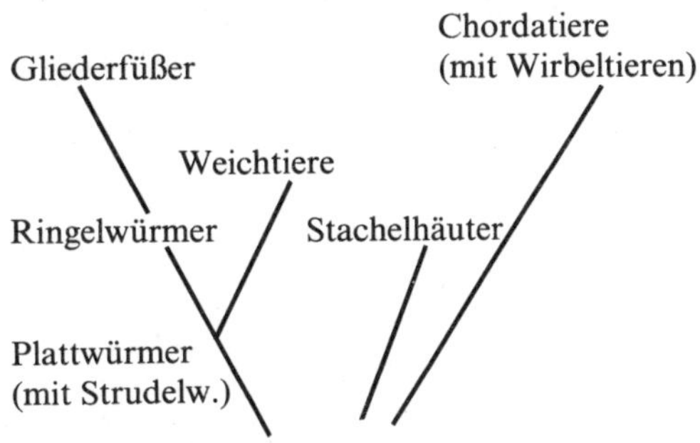

Wichtig dabei ist, daß die Vorfahren einer Tiergruppe nicht in den heute lebenden Vertretern der Ahnengruppe, sondern in deren Vorläufern zu suchen sind. Die Gliederfüßer stammen also nicht von den rezenten (heutigen) Ringelwürmern ab. Allerdings muß eingeräumt werden, daß die Entwicklungsgeschwindigkeit nicht in jeder Tiergruppe gleich ist.
Mit wenigen Ausnahmen (Seestern) wurde das zoologische System der Reihenfolge der Tiergruppen im Tafelteil zugrunde gelegt, wobei natürlich keine Vollständigkeit erreicht wurde.
In der Regel behandelten wir die kleinste Verwandtschaftseinheit, die Art. Ihre wissenschaftliche Bezeichnung setzt sich aus dem Gattungsnamen (z. B. Ratte = *Rattus*) und dem eigentlichen Artnamen (Wander- = *norvegicus*) zusammen.

Übersicht zur Bestimmung der behandelten Tiergruppen

Stamm Schwämme (Porifera)
Relativ einfach gebaut (ohne echte Gewebe). Festsitzend. Stockbildung durch Sprossung. Hauptsächlich im Meer, nur vereinzelt im Süßwasser. 5 000 Arten, davon 30 im Gebiet. Seite 138

Stämme Hohltiere (Coelenterata)
Radiärsymmetrisch, Körper besteht aus zwei Zellschichten. Häufig Kolonienbildung (Korallen). Festsitzend oder freibeweglich; im Wasser. 9 000 Arten, davon über 100 im Gebiet. Seite 138–139

Stamm Plattwürmer (Plathelminthes)
Klasse Strudelwürmer (Turbellaria)
Mit den Bandwürmern verwandte Plattwürmer. Fortbewegung mit Hilfe von Wimpern. Hauptsächlich im Wasser. Etwa 1 500 Arten, davon rund 150 im Gebiet. Seite 140

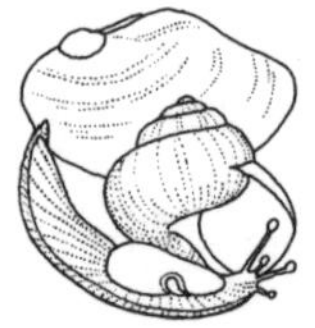

Stamm Weichtiere (Mollusca)
Im allgemeinen mit auffallender, verschieden ausgebildeter Kalkschale, die aber sekundär stark zurückgebildet sein kann (Nacktschnecken, Tintenfische). Im Meer, im Süßwasser und auf dem Land. 130 000 Arten, davon über 400 heimisch. Seite 141–146

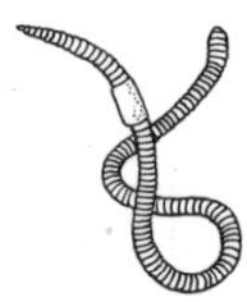

Stamm Ringelwürmer (Annelida)
Oft mehr oder weniger zylindrisch und deutlich segmentiert (wenn auch die äußere Segmentierung nicht immer mit der inneren übereinstimmt – Egel). Fast immer mit Borsten. Im Meer, im Süßwasser und auf dem Land (feuchte Böden). Knapp 9 000 Arten, davon über 300 im Gebiet. Seite 147–149

Stamm Gliederfüßer (Arthropoda)
Klasse Spinnentiere (Arachnida)
Meist mit *8 Beinen*, Kopf nicht abgesetzt. Ohne Fühler (Antennen). Mundwerkzeuge einfach, 1. Paar (Cheliceren) mit Giftklauen. Atmung durch Fächerlungen. Hauptsächlich auf dem Lande. Fast 40 000 Arten, davon etwa 3 000 im Gebiet. Seite 150–152

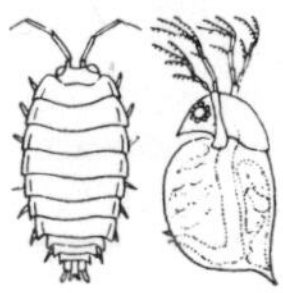

Klasse Krebstiere (Crustacea)
2 Antennenpaare. Brustsegmente verschmelzen mit dem Kopf (Kopfbrust = Cephalothorax). Bau und Lebensweise sehr verschieden. Vorwiegend im Wasser – Kiemenatmung. Etwa 20000 Arten, davon über 500 im Gebiet.
Seite 153–155

Klasse Tausendfüßer (Myriopoda)
Kopf deutlich abgesetzt, ein Antennenpaar, Körpergliederung ziemlich gleichmäßig; Anzahl der Beinpaare unterschiedlich (bis weit über 100). Tracheenatmung. Landbewohner. Etwa 50000 Arten, davon rund 200 im Gebiet.
Seite 156

Klasse Kerbtiere (Insecta)
Außenskelett aus Chitin, Körper gegliedert, mit *6 Beinen* (siehe aber Larven). Mit einem Antennenpaar und verschieden ausgebildeten Mundwerkzeugen. Häufig geflügelt. Atmung durch Luftröhren (Tracheen). Hauptsächlich auf dem Land und in der Luft. Mit fast 1000000 Arten die bei weitem artenreichste Tierklasse, im Gebiet etwa 30000 Arten.
Seite 157–204

(Unterteilung der Insekten-Reihenfolge nach didaktischen Gesichtspunkten)

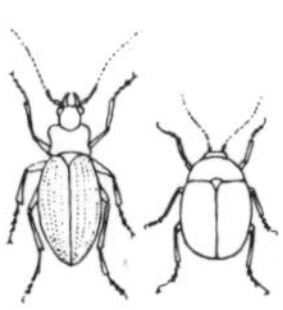

Ordnung Käfer (Coleoptera)
Vollständig verstärkte, derbe Vorderflügel (Deckflügel) bedecken die häutigen Hinterflügel. Deckflügel ohne erkennbare Adern. Meist auf dem Lande, auch im Wasser. Etwa 350000 Arten, davon ungefähr 7000 im Gebiet.
Seite 169–183

Markante Käfergruppen

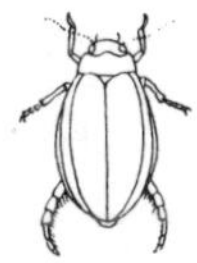

Schwimmkäfer (Dytiscidae)
Hintere und mittlere Beine zu Schwimmbeinen verbreitert. Seite 171

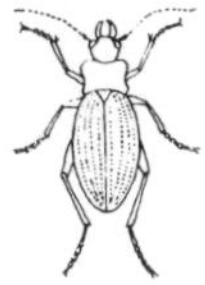

Laufkäfer (Carabidae)
Lange Laufbeine und fadenförmige Fühler.
Seite 170–171

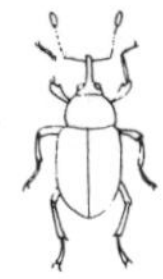

Rüsselkäfer (Curculionidae)
Kopf rüsselförmig verlängert, Fühler gekniet.
Seite 182–183

Kurzflügler (Staphylinidae)
Langgestreckte Käfer, Flügeldecken verkürzt.
Seite 172

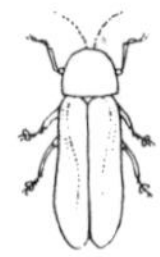

Weich- und Buntkäfer (verschiedene Familien)
Körper und Flügeldecken weich. Seite 174–175

Schnellkäfer (Elateridae)
Harte Deckflügel, können aus der Rückenlage in die Höhe schnellen. Seite 175

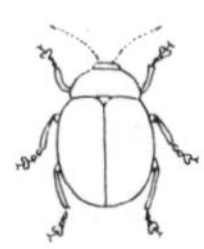

Blattkäfer (Chrysomelidae)
Meist oval und gewölbt, metallisch glänzend.
Seite 181

Kugelkäfer (Coccinellidae)
Marienkäferähnlich, halbkugelförmig. Seite 177

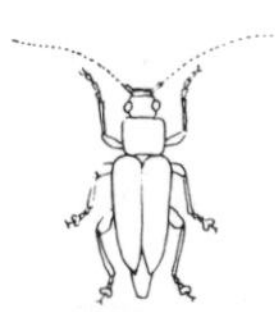

Bockkäfer (Cerambycidae)
Sehr lange Fühler.
Seite 180

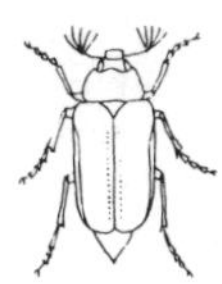

Blatthornkäfer (Lucanidae und Scarabaeidae)
Gekeulte Fühler, oft maikäferähnlich.
Seite 178–179

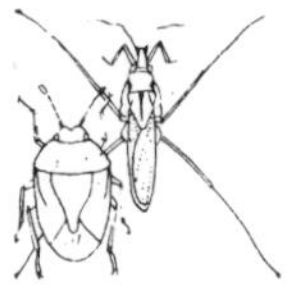

Ordnung Wanzen (Heteroptera)
Vorderflügel am Ende nicht verstärkt, ein häutiges Dreieck bildend. Hinterflügel häutig. Mit charakteristischem Geruch. Meist auf dem Lande, einige in und auf dem Wasser. Etwa 40000 Arten, davon 800 im Gebiet. Seite 164–166

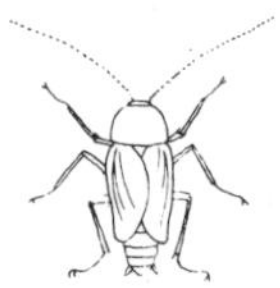

Ordnung Schaben (Blattaria)
Lederartige Vorderflügel, Adern deutlich erkennbar. Mit 2 Hinterleibsanhängen. Weicher, abgeflachter Körper. 3500 Arten, davon etwa 10 im Gebiet.
Seite 163

Ordnung Ohrwürmer (Dermaptera)
Mit kurzen, ledrigen Vorderflügeln. 2 zangenartige Hinterleibsanhänge. Etwa 1300 Arten, davon 7 im Gebiet. Seite 163

Ordnung Schrecken (Saltatoria)
Reichgeäderte, pergamentartige Vorderflügel. Meist spitz dachförmig. Hinterflügel häutig. Die Hinterbeine sind Sprungbeine. 20000 Arten, davon etwa 80 im Gebiet.
Seite 161–162

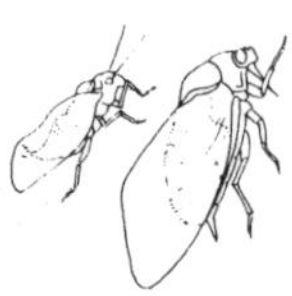

Ordnung Gleichflügler (Homoptera)
4 gleiche Flügel; das hintere Paar immer kleiner oder ganz zurückgebildet, bei vielen Arten in Ruhe dachförmig. Etwa 37200 Arten, davon über 1000 im Gebiet. Seite 167–168

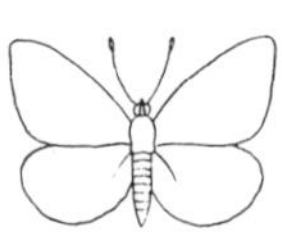

Ordnung Schmetterlinge (Lepidoptera)
Die 4 Flügel ganz oder teilweise mit Schuppen bedeckt. Meist bunt. Saugrüssel in Ruhe eingerollt. 150000 Arten, davon über 3000 im Gebiet.
Seite 193–204

Unterteilung der Schmetterlinge

Tagfalter (Rhopalocera)
Fühler mit verdicktem Ende, breite Flügel, schlanker Körper. Flügel in Ruhe aufgerichtet oder gegeneinandergelegt (im Gegensatz zu anderen Gruppen). Seite 193–196

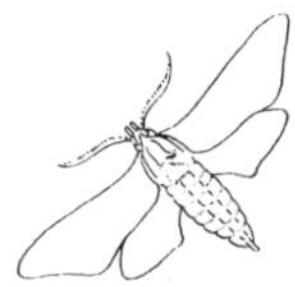

Schwärmer (Sphingidae)
Meist groß und kräftig gebaut; schmale schnittige Vorderflügel, stets viel kleinere Hinterflügel. Dämmerungsflieger. Seite 197

Spinner (mehrere Familien)
Oft dicht behaart, plump, meist schlechte Flieger, nachts fliegend. Seite 198

Eulen (Noctuidae)
Meist düster gefärbt, Vorderflügel mit 2 Wellenlinien und nierenförmigem Fleck. Nachts fliegend. Seite 199

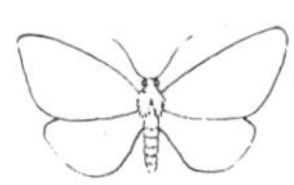

Spanner (Geometridae)
Zart gebaut, ohne nierenförmigen Fleck. In der Dämmerung und nachts fliegend. Seite 200

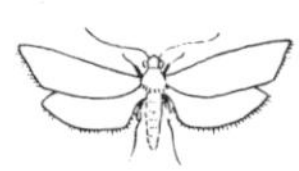

Wickler (Tortricidae)
Klein, Vorderflügel länglich, fast schief viereckig. Dämmerungstiere.
Seite 200

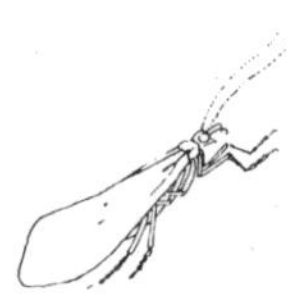

Ordnung Köcherfliegen (Trichoptera)
Schmetterlingsähnlich (etwa wie Motten). Flügel behaart. Fadenförmige Antennen. Flügel in Ruhe dachförmig übereinandergelegt. Mehr als 4000 Arten, davon rund 280 im Gebiet. Seite 188

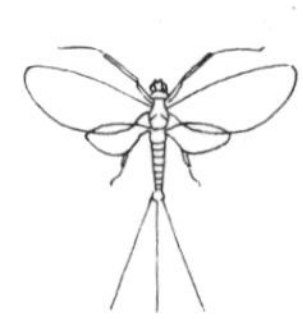

Ordnung Eintagsfliegen (Ephemeroptera)
Zart gebaute Tiere mit 3 oder auch 2 langen Hinterleibsanhängen. Flügel in Ruhe nach hinten oben zusammengeklappt. Meist

in Gewässernähe. 2000 Arten, davon rund 70 im Gebiet. Seite 157

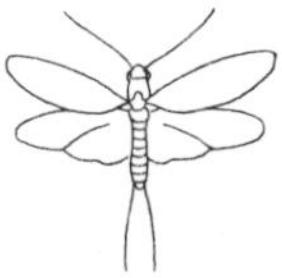

Ordnung Steinfliegen (Plecoptera)
Meist mit 2 Hinterleibsanhängen. Flügel in Ruhe flach auf dem Hinterleib liegend. Vornehmlich in der Nähe fließender Gewässer. Dort sitzen sie träge auf Pflanzen. Etwa 2000 Arten, davon über 100 im Gebiet. Seite 157

Ordnung Netzflügler (Neuroptera
im weiteren Sinne)
4 glashelle, netzartig geäderte Flügel mit über 20 Zellen. Flügel in Ruhe dachförmig angelegt. Über 4700 Arten, davon etwa 80 im Gebiet. Seite 188

Ordnung Libellen (Odonata)
4 glasartige, reich geäderte Flügel. Schlanker Körper. Sehr große Augen. Meist auffallend gefärbt. Rund 4900 Arten, davon etwa 80 im Gebiet. Seite 158–160

Ordnung Hautflügler (Hymenoptera)
4 durchsichtige Flügel mit höchstens 12–14 Zellen. Adern wenig verzweigt. Bei den Ameisen nur Geschlechtstiere geflügelt. Etwa 106500 Arten, davon rund 10000 im Gebiet. Seite 184–187

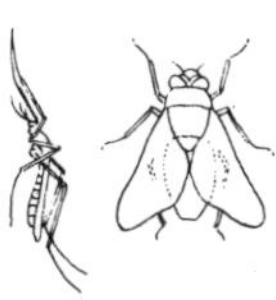

Ordnung Zweiflügler (Diptera)
Fliegen und Mücken.
2 häutige, durchsichtige Flügel. Die hinteren Flügel sind zu Schwingkölbchen reduziert. Etwa 85000 Arten, davon 6000 im Gebiet. Seite 189–192

Die Verwandlung (Metamorphose) der Kerbtiere

I. Unvollkommene Verwandlung (Hemimetabolie)
Larven meist imagoähnlich, ohne ruhendes Puppenstadium

Ei

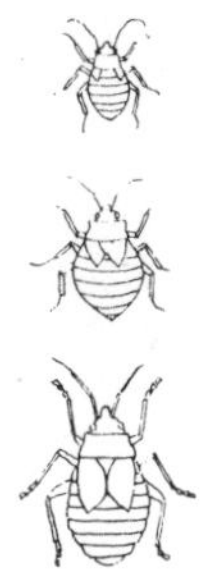

Larvenstadien (meist 5)

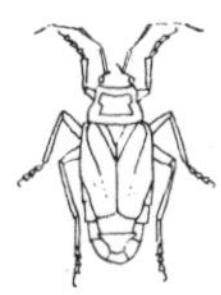

Imago (Wanze)

Tritt auf bei: Springschwänzen (Collembola), Borstenschwänzen (Thysanura), Eintagsfliegen (Ephemeroptera), Libellen (Odonata), Steinfliegen (Plecoptera), Heuschrecken (Saltatoria), Ohrwürmern (Dermaptera), Schaben (Blattaria), Wanzen (Heteroptera), Pflanzensaugern (Homoptera)

II. Vollkommene Verwandlung (Holometabolie)
Larven meist nicht imagoähnlich, mit ruhendem Puppenstadium (keine Nahrungsaufnahme)

Ei

Larvenstadium (Raupe)

Puppe

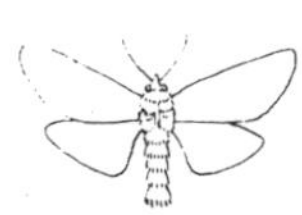

Imago (Schmetterling)

Tritt auf bei: Käfern (Coleoptera), Hautflüglern (Hymenoptera), Schlammfliegen (Megaloptera), Kamelhalsfliegen (Raphidioptera), Echten Netzflüglern (Planipennia), Schnabelfliegen (Mecoptera), Zweiflüglern (Diptera), Köcherfliegen (Trichoptera), Schmetterlingen (Lepidoptera)

Einige im Wasser lebende Insektenlarven

Eintagsfliegen

Steinfliegen

Großlibellen

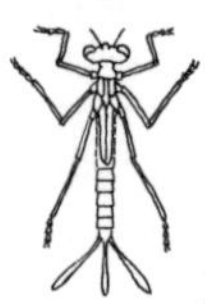
Kleinlibellen

Wasserkäfer (siehe auch S. 204)

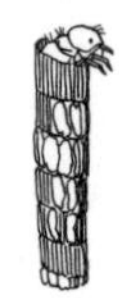
Köcherfliegen

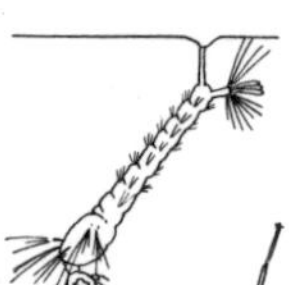
Mücken (siehe auch S. 203)

Schwebfliegen (Rattenschwanzlarve)

Einige auf dem Land lebende Insektenlarven

Käfer (siehe auch S. 204)

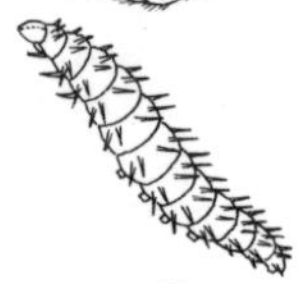
Schmetterlinge (siehe auch S. 201–203)

Schmetterlinge

Blattwespen (»Afterraupe«)

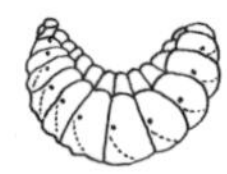
Wespen (fußlose »Made«)

Fliegen (Made)

Einige Insektenpuppen

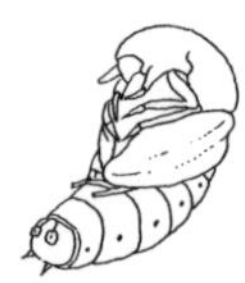
Käferpuppe (Maikäfer)

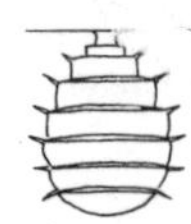
Käferpuppe (Marienkäfer)

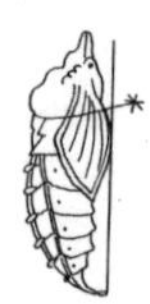
Schmetterlingspuppe (Gürtelpuppe)

Schmetterlingspuppe (Stürzpuppe)

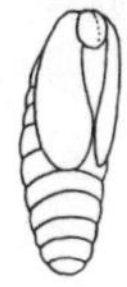

Schmetterlingspuppe
(normale Mumienpuppe)

Riesenholzwespenpuppe

Blattwespenkokon

Ameisenkokon
(fälschlich als Ei
bezeichnet)

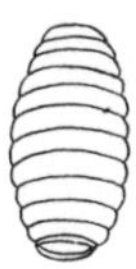

Fliegentönnchen

Stamm Stachelhäuter (Echinodermata)

Klasse Seesterne (Asteroidea)
Sternförmig, meist mit 5 Armen. Fortbewegung mit Hilfe von Saugfüßchen. Meeresbewohner. Über 1000 Arten, davon 5 im Gebiet. Seite 138

Stamm Chordatiere (Chordata)
Unterstamm Wirbeltiere (Vertebrata)

Klassen Fische (Pisces)
Körper in der Regel mit Schuppen bedeckt. Schwanzflosse senkrecht (im Gegensatz zu den Wassersäugetieren). Kiemenatmung. Wasserbewohner. Über 25000 Arten, davon etwa 100 im Gebiet.
Seite 205–209

Klasse Lurche (Amphibia)
Haut nackt, meist schleimig. Zeigen in ihrem Individualzyklus ein Modell des Übergangs vom Wasser- zum Landleben. Larven im Wasser (Atmung durch Kiemen, erwachsene Lurche auf dem Land, mit mehr oder weniger großer Bindung an das Wasser (Lungenatmung). Etwa 1700 Arten, davon 20 im Gebiet. Seite 210–211

Klasse Kriechtiere (Reptilia)
Körper mit Hornschuppen bedeckt. Gliedmaßen zum Teil zurückgebildet. Lungenatmung. Großenteils Landbewohner. Etwa 8000 Arten, davon 13 im Gebiet.
Seite 212

Klasse Vögel (Aves)
Gefiederte Zweibeiner. Mehrzahl mit Flugvermögen und gut ausgebildetem Stimmapparat. Viele Arten mit unterschiedlicher Gefiederfärbung je nach Alter, Geschlecht, Jahreszeit (auf den Tafeln wurden in der Regel die Männchen während der Paarungszeit abgebildet). Insgesamt 8600 Arten, davon über 250 (Brut) im Gebiet. Seite 213–231

Klasse Säugetiere (Mammalia)
Vierbeiner mit Haarkleid. In der Mehrzahl Landbewohner. Insgesamt 6000 Arten, davon 120 im Gebiet. Seite 232–238

Die Pflanzen

Artbeschreibungen und Abbildungen

♂ männlich ♀ weiblich ⚥ zwittrig

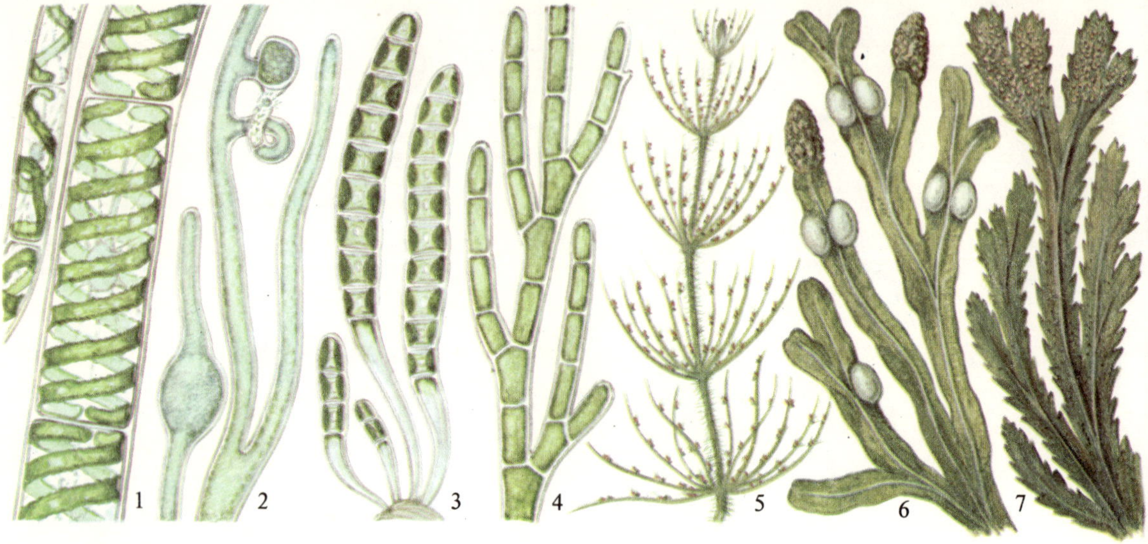

ALGEN

Die Algen sind einfach gebaute, nicht in Wurzel, Stengel und Blätter gegliederte, aber doch sehr verschiedenartige Pflanzen. Neben einzelligen kommen kolonienbildende, faden- und scheibenbildende Formen vor, selbst solche, die äußerlich höheren Pflanzen ähneln. Die Algen sind verschieden gefärbt, da sie neben dem Chlorophyll oft auch noch blaue, rote, gelbe oder braune Farbstoffe aufweisen.

Die meisten Algen leben im Wasser, wo sie auf dem Grunde, aber auch auf Holz, Steinen und ähnlichen Substraten dichte, schleimige Beläge, watteartige Büschel oder auch dichte Algenrasen bilden. Durch das zeitweise massenhafte Auftreten von einzelligen Algen wird das Wasser bisweilen völlig grün gefärbt. Man spricht in diesen Fällen von der »Wasserblüte«.

Einzellige und mehrzellige Algen leben aber auch auf dem Festland, wo sie zum Beispiel an feuchten Mauern, Baumrinden, in und an Blumentöpfen sowie auf feuchtem Boden als grüne oder gelbgrüne Überzüge erscheinen. Im Aquarium breiten sich verschiedene Formen als ungebetene Gäste oft rasch aus.

Die eigenartige Schönheit und Vielfalt der verschiedenen Algenformen ist in den meisten Fällen nur unter dem Mikroskop erkennbar, und die einzelnen Arten sind oft nur mit einer starken Vergrößerung zu bestimmen. Aus diesem Grunde wurden in das vorliegende Buch nur einige wenige typische und sehr häufige Vertreter dieser Pflanzengruppe aufgenommen.

1 Die **Schraubenalgen** *Spirogyra* (Jochalgen, Conjugatophyta) sind weit verbreitet in Teichen, Seen, Bächen, Flüssen, Tümpeln und Gräben. Sie bilden besonders im Frühjahr hellgrüne, watteartige, freitreibende Anhäufungen aus schleimigen, langen, unverzweigten weichen Fäden.

2 Die **Schlauchalgen** *Vaucheria* (Grünalgen, Chlorophyta) wachsen in stehenden und fließenden Gewässern, aber auch im Schlamm, auf feuchtem, schattigem Boden und sogar in Blumentöpfen. Sie bilden verzweigte Fäden, die durch wurzelartige Fortsätze im Untergrund verankert sind.

3 Die **Kraushaaralgen** *Ulothrix* (Grünalgen, Chlorophyta) bilden im Süßwasser, aber auch in der Brandungszone an den Küsten auf Steinen, Holz und ähnlichem Untergrund grüne Massen aus dünnen, unverzweigten Fäden, die meist mit einer farblosen Rhizoidzelle festgewachsen sind.

4 Die **Zweigalgen** *Cladophora* (Grünalgen, Chlorophyta) sind in fließenden Gewässern und im Meer weit verbreitet. Sie bilden auf festem Substrat angewachsene, harte, grünlichgelbe, buschartige Thalli aus verästelten Fäden.

5 Die **Armleuchteralgen** *Chara* (Armleuchteralgen, Charophyta) wachsen auf Schlamm und Sand am Grunde von Teichen, Seen, Flüssen und Bächen und bilden oft ausgedehnte Wiesen. Aus einer senkrechten Hauptachse gehen mehrere Quirle von Seitenzweigen hervor, so daß die Pflanzen schachtelhalmartig aussehen. An den Seitenzweigen sind die rötlichen ♂ und grünen ♀ Fortpflanzungsorgane erkennbar.

6 Der **Blasentang,** *Fucus vesiculosus* (Braunalgen, Phaeophyta), kommt häufig im flachen Wasser an unseren Küsten vor und bildet oft größere Wiesen. Der bräunliche, bandförmige, mehrfach gabelig verzweigte, lederige, über 1 m lange und etwa 1 cm breite Thallus hat eine feste Mittelrippe, luftgefüllte Blasen und ist mit einer Haftscheibe am Untergrunde festgewachsen.

7 Der **Sägetang,** *Fucus serratus*, ist etwas seltener als der ähnliche Blasentang, hat keine Luftblasen und ist an den Thallusrändern gesägt.

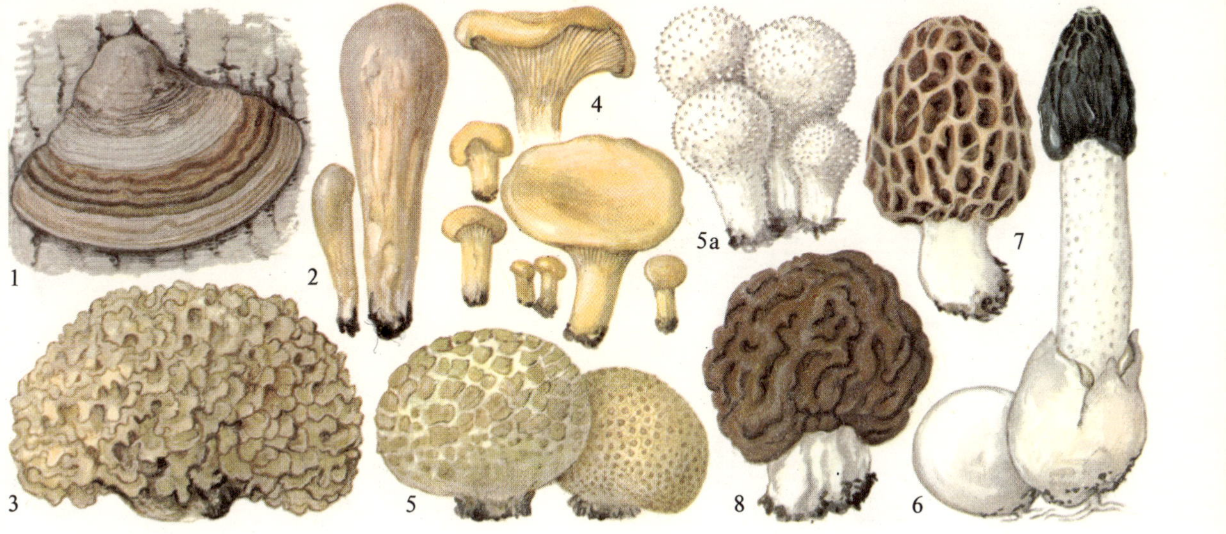

PILZE

1 Echter Zunderschwamm, *Fomes (Polyporus) fomentarius.* Polster- und konsolenförmig gewölbter Fruchtkörper bis 40 cm Durchmesser, der den Baumstämmen ansitzt. Oberkörper grau bis rußiggrau mit konzentrischen Furchen. Die braune bis graue Röhrenschicht mit graubraunen Poren. Pilz innen mit fahlbrauner Zunderschicht, an Buchen und Birken. Holzzerstörer. Früher als Feuerschwamm verwendet.

2 Herkuleskeule, *Clavariadelphus pistillaris.* Fruchtkörper oben keulenförmig verdickt, oft bis 25 cm hoch, glatte bis runzlige, gelbbraune Haut. Fruchtfleisch weiß und schwammig bis zäh, nur jung eßbar. Wächst auf kalkreichem Boden, oft truppweise, vorzugsweise unter Buchen von August bis Spätherbst.

3 Krause Glucke, *Sparassis crispa.* Fruchtkörper rundlich mit vielen Lappen, oberseits gelblich bis bräunlich, 25 cm breit und 30 cm hoch. Besteht aus einem in der Erde steckenden Stiel, der sich über dem Boden vielfach verästelt. Fleisch sehr brüchig-wachsartig, weiß, jung eßbar, von nußartigem Geschmack. Wächst von Juli bis Frostbeginn an alten Kiefern, nicht sehr häufig.

4 Pfifferling, *Cantharellus cibarius.* Kleiner, gelber Pilz mit bis 10 cm breitem, gewölbtem, am Rand eingerolltem Hut, an dessen Unterseite weit herablaufende, dottergelbe Leisten. Stiel bis zum Leistenbeginn 5 cm hoch, gelb, nach oben dicker werdend. Wohlschmeckender, eßbarer Pilz. In Laub- und Nadelwäldern verbreitet von Juni bis Frostbeginn. Sehr ähnlich ist der Falsche Pfifferling mit echten Blättern.

5 Kartoffelbovist, *Scleroderma vulgare.* Rundlich eiförmiger, kartoffelähnlicher (Name) Fruchtkörper von 3–10 cm Durchmesser und dicker weißlichgelber, warziger Rinde. Innenmasse weißlich bis bläulichschwarz, bei der Reife in den schwarzbraunen Sporenstaub zerfallend. Der giftige Pilz wächst gesellig von Juni bis Frostbeginn, häufig in Laub- und Nadelwäldern, Heiden und Triften.

5a Flaschenbovist, *Lycoperdon perlatum.* Bis 8 cm hoch, flaschenförmiger Fruchtkörper, jung eßbar, in Laub- und Nadelwäldern verbreitet und an freien, humushaltigen Stellen anzutreffen.

6 Gemeine Stinkmorchel, *Phallus impudicus.* Fruchtkörper entsteht aus einem hühnereigroßen Hexenei mit weißer, pergamentartiger Schale und entwickelt sich in wenigen Stunden bis zu 30 cm Höhe. Der weiße Stiel ist 2–4 cm dick und trägt ein glockiges Gebilde mit grünem, abtropfendem Sporenschleim, das durch Aasgeruch Insekten anlockt. Der ungenießbare Pilz wächst von Sommer bis Herbst in Laub- und Nadelwäldern, Gärten und Anlagen.

7 Speisemorchel, *Morchella esculenta.* Der etwa 15 cm hohe Pilz hat einen zerbrechlichen ockergelben bis graubräunlichen Hut mit leisten- oder wabenartigen Gruben und einen bräunlichen Stiel. Das weiße Fleisch schmeckt angenehm würzig. Der gute Speisepilz wächst in Laubwäldern und Parkanlagen von April–Mai, besonders auf Kalkboden.

8 Frühjahrslorchel, *Gyromitra (Helvella) esculenta.* Der Hut des Pilzes ist gekröseartig gefaltet, gelblich bis braun und sitzt auf einem gelblichgrauen, kurzen, gefurchten Stiel. Das Fleisch ist weiß, wachsartig und riecht würzig. Der gefährliche Giftpilz wächst von März–Mai in Kiefernwäldern.

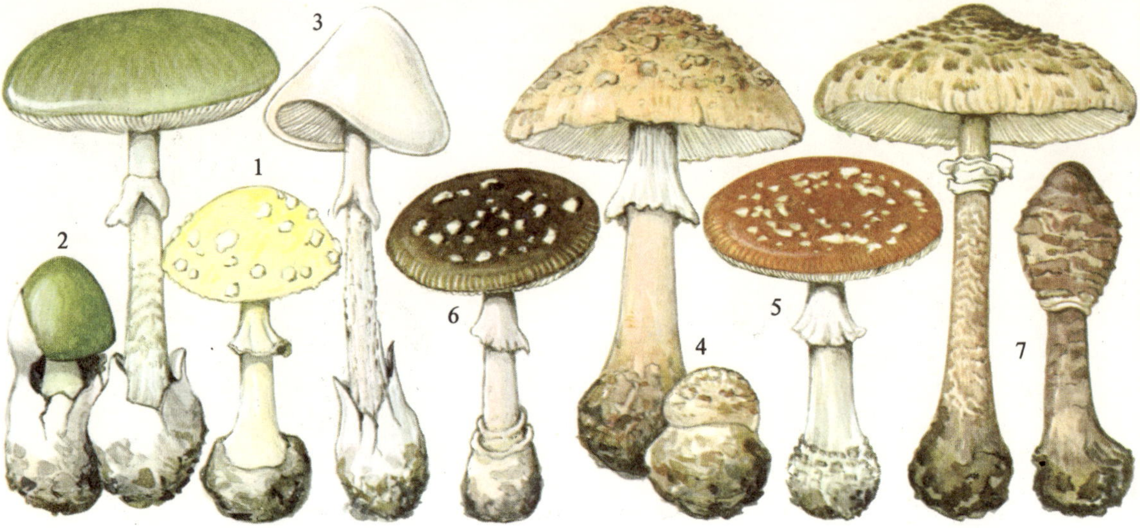

PILZE

1 Gelber Knollenblätterpilz, *Amanita citrina.* Mittelgroßer Pilz mit bis 10 cm breitem Hut und 12 cm hohem Stiel. Hut gelblich, Stiel und Manschette weiß bis gelblich, mit unten fast kugeliger Knolle. Sehr leicht mit Grünem Knollenblätterpilz zu verwechseln. Geruch des weißen Fleisches aber nach Kartoffelkeimen. Der schwach giftige Pilz wächst von Juli–Frostbeginn häufig in Laub- und Nadelwäldern.

2 Grüner Knollenblätterpilz, *Amanita phalloides.* Mittelgroßer bis großer Pilz mit bis 12 cm breitem Hut und 15 cm hohem Stiel. Hut blaß- bis gelblichgrün, auch olivgrün oder weiß. Stiel weißlich mit blaßgrünen Querstreifen oder Tupfen und weißer, geriefter Manschette, unten deutliche Knolle mit hautartiger Scheide. Geruch des weißlichen oder grünlichen Fleisches im Alter widerlich. Der tödlich giftige Pilz wächst von Juli–Oktober meist in Laubwäldern und Parkanlagen.

3 Kegeliger Knollenblätterpilz, *Amanita virosa (A. verna).* Der dem vorigen ähnliche, aber anfangs kegelhütige Pilz mit bis 10 cm breitem Hut und 15 cm hohem Stiel ist insgesamt weiß. Das weiße Fleisch ist ebenfalls tödlich giftig. Wächst von Juli bis Oktober besonders in Fichtenwäldern, selten in Laubwäldern unter Buchen und Eichen.

4 Perlpilz, *Amanita rubescens.* Mittelgroßer Pilz mit 5–15 cm breitem Hut und gelblichem Stiel. Der Hut ist meist rötlichbraun mit abziehbarer Oberhaut, die weißlich-graue Hüllfetzen zurückläßt. Der Stiel unten mit einer Knolle und geriefter Manschette. Fleisch zart, sich rötlich verfärbend. Der eßbare Pilz wächst in Laub- und Nadelwäldern häufig von Mai–Oktober. Leicht mit giftigem Pantherpilz zu verwechseln.

5 Fliegenpilz, *Amanita muscaria.* Der mittelgroße bis große Pilz hat bis 20 cm breiten Hut und 10–25 cm hohen, schlanken Stiel. Der Hut ist erst kugelig, dann ausgebreitet, leuchtend scharlach- oder gelbrot mit allerdings nicht immer weißen oder gelblichen Hüllresten und leuchtendem Orangegelb unter der Huthaut. Der Stiel ist weiß, mit weißer Manschette, am Grunde knollig verdickt. Das weiße Fleisch ist fast geruch- und geschmacklos, giftig. Wächst von Juli–Frostbeginn in allen Nadel- und Laubwäldern, besonders unter Birken, Fichten und Kiefern. Wurde früher zur Fliegenbekämpfung verwendet (Name).

6 Pantherpilz, *Amanita pantherina.* Der mittelgroße Pilz hat bis 10 cm breiten Hut und schlanken, bis 15 cm hohen Stiel. Der erst kugelige, dann flach gewölbte Hut ist bräunlich, mit weißen Hüllresten flockenartig besetzt, der Stiel weiß mit ungeriefter, schlaff herabhängender Manschette und endet in kugeliger, stumpfgerandeter Knolle. Das weiße Fleisch riecht rettichartig, schmeckt aber angenehm. Der sehr giftige, nicht überall häufige Pilz wächst von Juli–Oktober in Laub- und Nadelwäldern. Kann leicht mit dem eßbaren Perlpilz verwechselt werden.

7 Riesenschirmpilz, Parasolpilz, *Macrolepiota procera.* Der sehr große, stattliche Pilz hat eine Hutbreite bis 30 cm und einen bis 40 cm hohen, schlanken Stiel. Der bräunliche Hut anfangs wie ein Paukenschlegel, dann schirmartig entfaltend, mit sparrigen Schuppen besetzt. Der hellbraune Stiel mit natterartiger Zeichnung ist an der Basis knollig verdickt. Das weiße Fleisch ist vor allem bei jungen Pilzen zart und schmackhaft. Der Pilz wächst meist einzeln oder truppweise von Juli–Oktober häufig in Nadel- und Laubwäldern.

PILZE

1 Riesenritterling, Hartpilz, *Tricholoma colossum.* Dicker, derber Pilz mit bis 20 cm breitem Hut und 10 cm hohem, 2–5 cm dickem Stiel. Hut rotbraun mit eingerolltem Rand. Stiel gegürtelt, kurz und gedrungen. Das weiße Fleisch läuft beim Anschneiden rot an, ist geruchlos und schmeckt mild. Der eßbare, aber harte Pilz wächst von September–Frostbeginn, besonders in trockenen Kiefernwäldern.

2 Mairitterling, Maipilz, *Calocybe georgii (C. gambosa).* Der mittelgroße Pilz hat einen bis 12 cm breiten Hut und bis 8 cm hohen, 1–3 cm dicken Stiel. Der ganze Pilzkörper ist weiß. Der gute Speisepilz wächst bereits ab Ende April und im Mai (Name) an Grasplätzen im Wald oder am Waldrand, meist in Ringen oder Bögen, oft massenhaft. Kann mit dem giftigen Ziegelroten Rißpilz verwechselt werden.

3 Violetter Rötelritterling, *Lepista nuda.* Mittelgroßer Pilz mit bis 15 cm breitem Hut und 10 cm hohem Stiel. Hut erst glockig, später flach, violett (Name) wie Stiel, Fleisch und Lamellen. Fleisch zart und mit mildem Geschmack. Der gute Speisepilz wächst von September–Frostbeginn häufig in Laub- und Nadelwäldern, oft in Ringen. Leicht mit schwach giftigem Lila Dickfuß zu verwechseln.

4 Hallimasch, *Armillariella mellea.* Ansehnlicher Pilz mit bis 15 cm breitem Hut und 20 cm hohem Stiel. Hut erst kugelig, dann ausgebreitet, rot- bis dunkelbräunlich mit dunkleren Schüppchen besetzt. Stiel faserig, oft etwas gebogen, bräunlich mit weißlichem Ring. Die erst weißen, dann bräunlich gefleckten Blätter laufen am Stiel herab. Das weiße Fleisch ist roh nicht genießbar, nach längerem Dünsten aber schmackhaft. Der jung eßbare Pilz ist massenhaft von September–Frostbeginn an Stümpfen und Wurzeln von Laub- und Nadelbäumen anzutreffen. An lebenden Bäumen arger Holzzerstörer.

5 Falscher Pfifferling, *Hygrophoropsis aurantiaca.* Der kleine Pilz mit bis 8 cm breitem Hut und 6 cm hohem Stiel ist orangegelblich. Die Blätter laufen am Stiel herab. Sieht dem Echten Pfifferling ähnlich, gehört aber zu den Echten Blätterpilzen. Wegen des zähen Fleisches und unbedeutenden Geschmacks kein Speisepilz. Wächst von Juli–Frostbeginn vor allem in Nadelwäldern.

6 Winterpilz, Winterrübling, Samtfußrübling, *Collybia (Flammulina) velutipes.* Kleiner bis mittelgroßer Pilz mit bis 10 cm breitem Hut und 10 cm hohem, dünnem Stiel. Einzelne Hüte erst gewölbt, dann flach, klebrig-glänzend, gelblichbraun. Stiele gebogen und dunkelbraun, oben mehr gelblich. Fleisch gelblichweiß, geruchlos, mit bitterem Geschmack, der beim Abbrühen verschwindet. Hüte ohne Stiel eßbar. Wächst in milden Wintern nicht selten von Oktober–März an lebendem oder totem Laub- und Nadelholz in büscheligen Trupps.

7 Nelkenschwindling, *Marasmius oreades.* Kleiner Pilz mit bis 6 cm breitem Hut und 7 cm hohem Stiel. Hut blaßgelb, bei Regen bräunlich, glatt, nur am Rand gerieft, Stiele zäh und schlank, von gleicher Farbe, ebenso das Fleisch. Wächst von Mai–Frostbeginn oft massenhaft in Kreisen und Reihen auf grasigen Plätzen im Walde und an Weg- und Feldrändern. Ohne die zähen Stiele guter Speise-, besonders Suppenpilz. Oft mit kleinen giftigen Pilzarten zu verwechseln. Schwindlinge schrumpfen bei trockenem Wetter und leben bei Feuchtigkeit wieder auf.

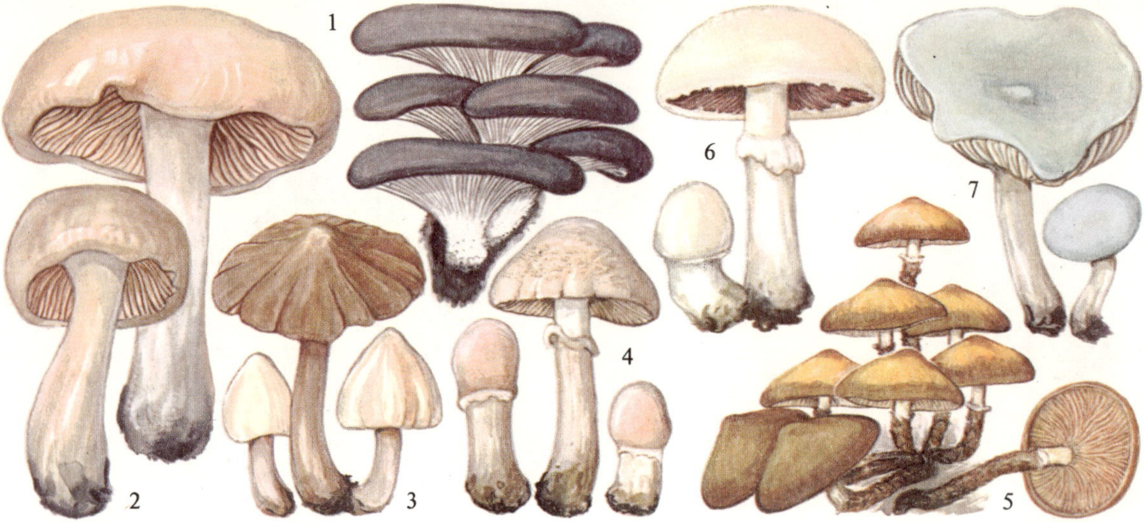

PILZE

1 Austernseitling, *Pleurotes ostreatus.* Mittelgroßer Pilz mit bis 15 cm, teilweise 25 cm breitem Hut und 4 cm dickem Stiel. Dickfleischiger, trichterförmiger Hut dunkel blau- bis aschgrau oder violettbläulich. Mehrere exzentrisch stehende Pilze dachziegelartig übereinander. Blätter am weißlichen Stiel einseitig herablaufend. Das weiße Fleisch schmeckt jung angenehm; im Alter ist es etwas zäh. Der eßbare Pilz wächst nicht selten an Laubgehölzen von September oft den ganzen Winter hindurch.

2 Riesenrötling, *Rhodophyllus lividus.* Mittelgroßer bis großer Pilz mit bis 15 cm breitem Hut und 12 cm hohem Stiel. Hut erst gewölbt, dann ausgebreitet, mit Buckel, weißlich bis hellbraun oder ockerfarben, im Alter graubraun. Stiel weiß, oft grau getönt, unten verdickt. Fleisch nach Mehl, später widerlich riechend. Der Pilz ist stark giftig und wächst von Mai bis September in Laubwäldern, besonders unter Eichen und Buchen, aber auch auf Waldwiesen.

3 Mairißpilz, Ziegelroter Rißpilz, *Inocybe patouillardii.* Kleiner bis mittelgroßer Pilz mit bis 10 cm breitem Hut und 10 cm hohem Stiel. Kegelig-glokkiger, anfangs elfenbeingelber, im Alter ockerbräunlicher Hut, reißt am Rand strahlig ein (Name). Stiel dünn, etwas verbogen, von gleicher Farbe, an Druckstellen ziegelrot werdend. Fleisch weiß, beim Schnitt rötlich verfärbend. Der sehr giftige Pilz wächst meist von Mai–Juni, aber auch noch bis August auf grasigen Plätzen in lichten Laubwäldern und in Parkanlagen.

4 Reifpilz, *Rozites caperata.* Mittelgroßer Pilz mit bis 12 cm breitem Hut und 12 cm hohem Stiel. Hut jung kugelig-glockig, dann aufgeschirmt, dabei einreißend, lehmgelb. Stiel weißlich mit schmutzigweißem Ring, am Grunde verdickt. Fleisch weißgelblich und mild schmeckend. Der gute Speisepilz wächst von Juli–Oktober in Trupps, besonders in Kiefernwäldern oft massenhaft. Leicht mit verspätetem giftigem Ziegelroten Rißpilz zu verwechseln.

5 Stockschwämmchen, *Kuehneromyces (Pholiota) mutabilis.* Kleiner Pilz mit bis 8 cm breitem Hut und 8 cm hohem Stiel. Hut erst gewölbt, dann ausgebreitet, gelbbraun mit dunkleren Zonen, Stiel dünn, zäh, meist gekrümmt, braun, mit gleichfarbigem Ring. Die enggestellten Blätter laufen am Stiel herab. Die Pilze wachsen büschelig-rasig von April–Frostbeginn meist an morschen Laubholzstümpfen, selten an Nadelbäumen. Ohne Stiel wohlschmeckender Speisepilz.

6 Anisegerling, Schafchampignon, *Agaricus arvensis.* Der mittelgroße Pilz hat bis 15 cm breiten Hut und 15 cm hohen Stiel. Hut in der Jugend kugelig, dann aufschirmend, weiß, seidig glänzend, Stiel schlank, seidig und weiß. Geruch des Fleisches deutlich nach Anis (Name). Der gute Speisepilz ist von Juni–Oktober auf Waldwiesen, Triften, Weiden und in Parks häufig. Verwechslung mit giftigen weißen Knollenblätterpilzen und dem Giftegerling möglich.

7 Grüner Anistrichterling, *Clitocybe odora.* Kleiner bis mittelgroßer Pilz mit bis 10 cm breitem Hut und 7 cm hohem Stiel. Hut gewölbt, bläulich bis graugrün. Stiel blaßgrünlich, unten dicker werdend und weißfilzig. Das blaßgrünliche Fleisch schmeckt würzig und riecht nach Anis (Name). Der eßbare Pilz wächst von Juni–Frostbeginn häufig in Laub- und Nadelwäldern. Als Mischpilz verwendbar.

PILZE

1 Edelreizker, Echter Reizker, *Lactarius deliciosus.* Der mittelgroße, niedrige Pilz hat einen bis 12 cm breiten Hut und 8 cm hohen, dicken Stiel. Der Hut mit eingerolltem Rand ist in der Mitte trichterig vertieft, möhrenrötlich mit grünspanfarbenen Flecken, der Stiel ebenso gefärbt. Das brüchige, weiße Fleisch sondert einen karottenfarbenen Milchsaft ab und schmeckt mild. Als guter Speisepilz häufig von Juli bis Spätherbst an grasigen Stellen von Fichten- und Kiefernwäldern.

2 Birkenreizker, *Lactarius torminosus.* Der mittelgroße, niedrige Pilz hat einen bis 12 cm breiten Hut und 6 cm hohen Stiel. Der Hut ist rotbräunlich mit stark gerolltem, zottig-fransigem Rand, der Stiel ist walzlich dick, zerbrechlich, fleischrötlich wie das Fleisch. Sondert einen weißen Milchsaft ab. Schwach giftig, von August–Oktober in lichten Wäldern unter Birken.

3 Frauentäubling, *Russula cyanoxantha.* Mittelgroßer Pilz mit bis 15 cm breitem Hut und 10 cm hohem Stiel. Der Hut ist oft verbogen, zwischen Lila und Grün verschieden gefärbt, der Stiel weiß wie die Blätter. Das Fleisch ist weich (Name), geruchlos und von mildem Geschmack. Ein guter Speisepilz, der von Juli–Oktober besonders unter Buchen in Laubwäldern wächst.

4 Brauner Ledertäubling, *Russula integra.* Mittelgroßer Pilz mit bis 12 cm breitem Hut und 8 cm hohem Stiel. Hut braunrot bis gelbbraun. Stiel weiß, mit schwammigem Inneren. Das Fleisch ist weiß, mild schmeckend und geruchlos. Der gute Speisepilz kommt oft häufig von Juli–Oktober im Nadelwald vor, besonders auf Kalk- oder Lehmboden.

5 Fleischroter Speisetäubling, *Russula vesca.* Der mittelgroße Pilz hat bis 10 cm breiten Hut und 7 cm hohen Stiel. Der Hut ist zuerst weiß, dann fleischrot und im Alter von bräunlicher Farbe, der Stiel ist weiß, nach unten zugespitzt. Das feste, geruchlose Fleisch schmeckt mild. Kommt vor allem unter Eichen und Buchen in Laub- und Nadelwäldern auf sandigem Boden von Juni–Oktober vor. Guter Speisepilz, aber leicht mit anderen roten Täublingen zu verwechseln.

6 Kirschroter Speitäubling, Speiteufel, *Russula emetica.* Der mittelgroße Pilz hat bis 10 cm breiten Hut und 8 cm hohen Stiel. Der Hut ist hell- oder kirschrot mit im Alter gefurchtem Rand, der Stiel weiß und fest, etwas gerunzelt. Das weiße Fleisch riecht angenehm obstartig, hat aber einen brennend scharfen Geschmack. Der leicht giftige Pilz wächst von Juli bis Oktober in Laub- und Nadelwäldern an feuchten Stellen.

6a Zitronentäubling, *Russula ochroleuca.* Er hat bis 9 cm breiten, gelben Hut und kommt massenhaft im Nadel- und Laubwald vor.

7 Frostschneckling, *Hygrophorus hypothejus.* Der kleine Pilz hat bis 6 cm breiten Hut und 10 cm hohen Stiel. Der Hut ist flach mit meist vertiefter Mitte, dunkelolivbraun, anfangs mit einer Schleimschicht überzogen. Der schlanke, schleimige Stiel ist gelblich und hat einen schwachen Ringansatz. Das weißgelbe Fleisch schmeckt angenehm und riecht obstartig. Der Pilz wächst häufig von Ende Oktober nach dem ersten Frost (Name) bis in den Winter hinein in sandigen Kiefernwäldern und Heiden. Er ist ein guter, selbst in gefrorenem Zustand noch verwendbarer Speisepilz.

PILZE

1 Kahler Krempling, *Paxillus involutus.* Mittelgroßer Pilz mit bis 15 cm breitem Hut und 7 cm hohem Stiel. Bräunlicher Hut mit vertiefter Mitte und stark eingerolltem Rand (Krempe, siehe Name). Stiel niedrig, von etwas blasserer Farbe, mit herablaufenden Blättern. Das zarte Fleisch schmeckt zwar angenehm säuerlich, es sind aber nicht nur mit rohen, sondern auch mit intensiv geschmorten Pilzen Vergiftungen aufgetreten. Er wächst häufig von Juli–Frostbeginn auf grasigen Plätzen im Nadel- oder Laubwald.

2 Samtfußkrempling, *Paxillus atromentosus.* Der mittelgroße Pilz hat bis 18 cm breiten Hut und kurzen, klumpigen, bis 6 cm hohen und 4 cm dicken Stiel. Der Hut ist flach trichterförmig mit eingerolltem Rand (Krempe, siehe Name), braun, der Stiel dunkel- oder schwarzbraun und samtig (Name). Die Blätter laufen am Stiel herab. Das weiche Fleisch schmeckt bitter. Der ungenießbare Pilz wächst nicht selten von Juli–Frostbeginn auf Stümpfen von Nadelbäumen, besonders Kiefern, sowie an moderndem Holz.

3 Goldröhrling, *Suillus grevillei (Boletus elegans).* Mittelgroßer Pilz mit bis 12 cm breitem Hut und 10 cm hohem Stiel. Hut zuerst kugelig, später gewölbt, goldgelb bis gelbbraun. Stiel goldgelb, nach unten braunfaserig, mit Ring, die Röhren gelb bis olivgrau. Das weiche, gelbe Fleisch läuft beim Schnitt grünbräunlich an. Der gutschmeckende Speisepilz wächst von Juni–Oktober häufig nur unter Lärchen (in Symbiose mit ihren Wurzeln).

4 Butterpilz, *Suillus (Boletus) luteus.* Mittelgroßer, aber niedriger Pilz mit bis 12 cm breitem Hut und 7 cm hohem Stiel. Der Hut anfangs halbkugelig, dann flach, braungelb bis bräunlich mit gelben Röhren. Der Stiel gelblich mit Ring. Das hellgelbe, weiche Fleisch schmeckt leicht säuerlich. Der eßbare Pilz wächst auf grasigen Wegen in Kiefernforsten oft häufig von Juni–Oktober.

5 Rotfußröhrling, *Xerocomus (Boletus) chrysenteron.* Mittelgroßer Pilz mit bis 8 cm breitem Hut und 8 cm hohem Stiel. Der Hut ist gewölbt, grünlichbraun oder olivfarben. Huthaut oft felderig zerrissen, durchscheinendes Hutfleisch rötlich, mit gelben Röhren. Stiel oft gekrümmt, gelblich, rotgestreift. Das weiche Fleisch schmeckt mild. Der eßbare Pilz wächst von Juni–Frostbeginn häufig in Laub- und Nadelwäldern.

6 Maronenröhling, *Xerocomus (Boletus) badius.* Mittelgroßer Pilz mit bis 15 cm breitem Hut und 12 cm hohem Stiel. Der Hut jung halbkugelig, später ausgebreitet, kastanienbraun (wie Marone), mit gelben Röhren, bei Druck blau werdend. Stiel gelbbraun, oft verbogen. Das weißgelbliche Fleisch läuft beim Schnitt blau an und schmeckt mild. Der sehr gute Speisepilz wächst von Juni–Frostbeginn häufig im Nadelwald, besonders unter Fichten und Kiefern, vor allem in nassen Sommer- und Herbstmonaten. Kann mit bitter schmeckendem Gallenröhrling verwechselt werden.

7 Ziegenlippe, *Xerocomus (Boletus) submentosus.* Mittelgroßer Pilz mit bis 10 cm breitem Hut und 10 cm hohem Stiel. Hut anfangs halbkugelig, dann flach gewölbt, gelblich bis olivbraun, samtig. Röhren gelblich, Stiel oft gekrümmt, gelb- bis bräunlich. Das weiche Fleisch schmeckt mild. Der eßbare, dem Rotfußröhrling ähnliche Pilz wächst von Juli–Frostbeginn häufig in Laub- und Nadelwäldern, oft im Gras.

PILZE

1 Rotkappe, *Leccinum aurantiacum (Boletus versipellis).* Großer Pilz mit bis 20 cm breitem Hut und 20 cm hohem Stiel. Der Hut halbkugelig bis gewölbt, orange- bis braunrot. Röhren grauweiß bis schmutziggrau. Stiel weißlich mit schwärzlichen Schuppen. Das feste, weiße Fleisch von angenehmem Geschmack und Geruch. Der eßbare Pilz wächst häufig von Juni–Oktober in Laub- und Nadelwäldern, besonders unter Birken.

2 Birkenpilz, *Leccinum scabrum (Boletus scaber).* Der mittelgroße Pilz hat bis 12 cm breiten Hut und 15 cm hohen Stiel. Der Hut ist halbkugelig bis gewölbt, graubraun, selten weißgrau mit weißen bis grauen Röhren, der Stiel schlank, weißlich mit schwarzen Schuppen. Das meist weiße Fleisch schmeckt angenehm. Der eßbare Pilz wächst häufig von Juni–Oktober in Heiden, lichten Wäldern, besonders unter Birken (Name).

3 Gallenröhrling, *Tylopilus (Boletus) felleus.* Mittelgroßer Pilz mit bis 12 cm breitem Hut und 12 cm hohem Stiel. Der Hut ist halbkugelig bis flach gewölbt, hell- bis dunkelbraun mit weißen, später rotbräunlichen vorgewölbten Röhren, der Stiel braun mit deutlichem, bräunlichem, grubigem Adernetz. Das weißgelbliche Fleisch hat einen gallebitteren Geschmack. Der deshalb ungenießbare Pilz wächst häufig von Juni–Oktober in Nadelwäldern. Verwechslung mit Maronenröhrling und Steinpilz möglich.

4 Netzstieliger Hexenpilz, Hexenröhrling, *Boletus luridus.* Der mittelgroße, gedrungene Pilz hat bis 15 cm breiten Hut und 7 cm hohen, oft gleichdicken Stiel. Der Hut ist halbkugelig bis gewölbt, samtfilzig, dunkel- bis schwarzbraun, mit rötlichen Röhren, der Stiel dick, dunkelrot bis purpurschwarz mit Adernetz (Name). Das gelbliche Fleisch wird im Schnitt blau und schmeckt mild. Der roh giftige Pilz wächst in lichten Laubwäldern, meist auf Kalkboden von Juni–Oktober. Ähnlich Flockenstieliger Hexenpilz und Satanspilz.

5 Flockenstieliger Hexenpilz, Hexenröhrling, *Boletus miniatoporus.* Der mittelgroße Pilz hat bis 20 cm breiten Hut und 10 cm hohen Stiel. Er ist dem vorigen in Form und Farbe ähnlich, der Stiel ist aber rotflockig punktiert. Das gelbliche Fleisch läuft bei Druck sofort blau an. Der ebenfalls roh giftige Pilz wächst nicht selten von Mai–Frostbeginn in Laub- und Nadelwäldern, besonders unter Fichten und Buchen. Mit dem Satanspilz zu verwechseln.

6 Satanspilz, *Boletus satanas.* Der Pilz ist von gedrungenem Wuchs mit bis 30 cm breitem Hut und 8 cm hohem, dickem Stiel. Der kugelige bis ausgebreitete, dickfleischige Hut ist weiß bis grau mit gelblichgrünen, später rötlichen Röhren. Der sehr dicke, knollige Stiel ist gelb mit feinem, karminrotem Netz. Das im Schnitt bläulich anlaufende Fleisch riecht unangenehm und ist stark giftig. Der Pilz wächst selten von Juli–September besonders unter Buchen und Eichen, nur auf Kalkboden.

7 Steinpilz, *Boletus edulis.* Der große Pilz hat bis 25 cm breiten Hut und 20 cm hohen, oft 6 cm dicken Stiel. Der halbkugelige bis gewölbte Hut ist weißlich bis dunkelbraun mit weißlichen, später grünlichgelben Röhren. Der Stiel ist kräftig, weiß- bis bräunlich mit Adernetz. Das weiße Fleisch schmeckt nußartig. Der sehr gute Speisepilz wächst häufig in Laub- und Nadelwäldern von Juni–Oktober.

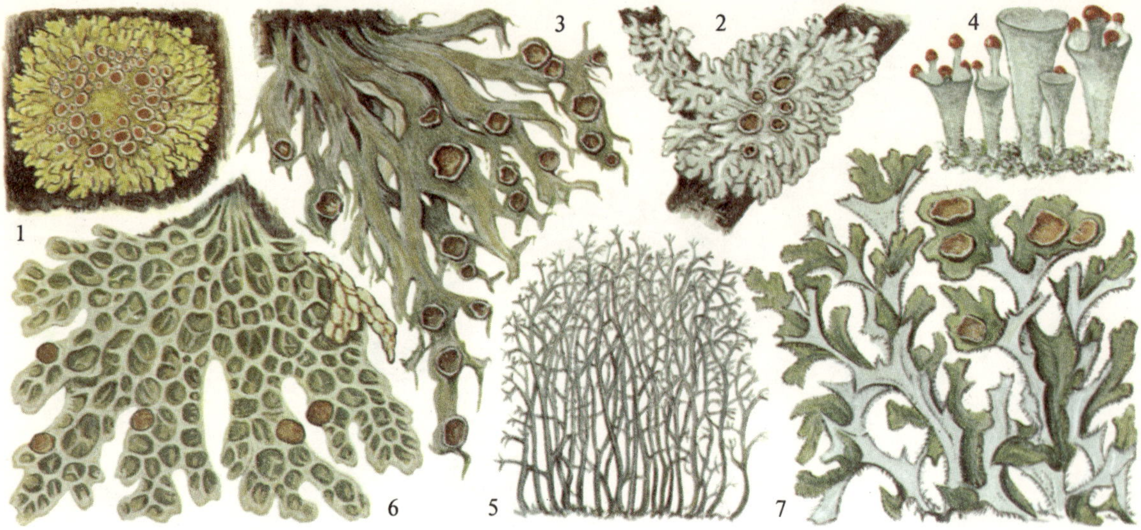

FLECHTEN Lichenes

1 Schüsselflechte, Gelbe Baumflechte, *Xanthoria parietina.* Lager meist kreisrund oder scheibenförmig, von gelber bis bräunlicher Farbe. Stets mit Fruchtkörpern besetzt. Wächst auf Bäumen, altem Holz, Rinde und Gestein verbreitet vom Tiefland bis ins Hochgebirge. Kann als eine der wenigen Flechten auf verschiedensten Standorten vorkommen. Erzeugt einen bekannten Flechtenfarbstoff, das Parietin.

2 Schildflechte, Blattflechte, *Parmelia (Hypogymnia) physodes.* Thallus rosettig, blattartig mit tiefen Lappen von graugrüner, oben hellgrauer Farbe, gemein vom Tiefland bis ins Hochgebirge. Eine der bekanntesten Flechten, die an Holz, besonders Nadelbäumen, Rinde, aber auch bemoostem Gestein der Unterlage fest aufsitzt. Kann wie die Schüsselflechte als eine der wenigen Flechten auf verschiedensten Substraten gedeihen.

3 Astflechte, *Ramalina calicaris.* Vielgestaltiger, strauchartiger, aufrechter, 3–7 cm langer Thallus mit 1–2 mm breiten Abschnitten von grünlichgrauer Farbe. Fruchtkörper auffällig an Ästen des Thallus sitzend. Häufig in Gebirgen, besonders an Pappeln verbreitet.

4 Becherflechte, *Cladonia pyxidata.* Thallus laubartig, graugrünlich, Sprosse meist 2–4 cm lang, liegen dem Substrat auf. Auffällig sind die aufrechten, trichterartigen, grauweißen Fruchtanlagen, bei denen am Becherrand als kleine, knopfförmige Erhöhungen die braunen bis roten Fruchtkörper sitzen. Die Flechte ist auf verschiedenen organischen Substraten vom Tiefland bis ins Hochgebirge verbreitet. Meist besiedelt sie in Auflösung befindliche alte Holzaststücke in Fichtenwäldern, kommt aber auch an Waldrändern in lichtem Heidel- und Preiselbeerkraut vor.

5 Rentierflechte, *Cladonia rangiferina.* Thallus weißlich oder graublaugrün, selten weißlichgrün oder rein grau, meist 5–10 cm hoch. Strauchartiger Wuchs des Lagers mit starker Verzweigung, meist polsterartig. Flechte wächst verbreitet an trockenen und sonnigen Standorten vom Tiefland bis ins Hochgebirge. Oft mit Heidelbeere und Heidekraut, auch mit Islandflechte vergesellschaftet. Kann lange Trockenperioden durch Ausnutzung der Luftfeuchtigkeit gut überstehen. Nahrung der Rentiere des Hohen Nordens.

6 Lungenflechte, *Lobaria (Sticta) pulmonaria.* Thallus blattförmig und gelappt, meist 10–30 cm breit, oft mit Fruchtkörpern. Verbreitete Schattenflechte am Boden der Bergwälder, an Bäumen, in höheren Gebirgslagen auch an Felsen. Thallus liegt Substrat auf. Die Lungenflechte wurde früher wegen ihres der Lunge ähnlichen Aussehens gegen Lungenkrankheiten verwendet. Nachweis der Wirksamkeit ist aber nicht erbracht.

7 Isländische Flechte, »Isländisches Moos«, *Cetraria islandica.* Eine Bodenflechte mit typischem, blattartig und schmalem Thallus, der mehrfach gespalten ist und dadurch ein geweihartiges Aussehen erhält. Die einzelnen Abschnitte des Lagers sind meist 1–1,5 cm breit. Je nach Besonnung des Standortes an der Oberseite grünlich- bis dunkelbraun und mit silberweißem Anflug auf der Unterseite. Meist an besonnten, trockenen Standorten des Waldes vom Tiefland bis ins Hochgebirge vorkommend. Oft im Heidekraut wachsend. Als Heilpflanze und auch Notnahrung im hohen Norden verwendet.

LEBERMOOSE Hepaticae

1 Brunnenlebermoos, *Marchantia polymorpha.* Sehr vielgestaltig auftretente Pflanze mit 1–2 cm breitem, bis 20 cm langem, bandförmigem, mehrfach gabelig geteiltem Thallus mit vorgewölbter Mittelrippe. Zweihäusig. Geschlechtsorgane langgestielt, ♀ sternförmig, ♂ 8lappig, im Juni–Juli erscheinend. Ungeschlechtliche Vermehrung durch in Brutbechern gebildete Brutkörperchen. Häufig auf nährstoffreichen Sumpfwiesen, an feuchten Mauern, Bächen und in Steinbrüchen. Früher Arzneipflanze.

2 Zweizahnlebermoos, *Lophocolea bidentata.* Blaßgrünes, rasenbildendes, 2–3 mm breites Moos mit dünnem, liegendem, verzweigtem Stengel und 2 lokkeren Reihen rippenloser, spitz 2lappiger Oberblätter und einer Reihe kleiner Unterblätter. Fortpflanzungsorgane selten, April–Mai, endständig an den Trieben. Zweihäusig. Duftend. Häufig auf feuchtem, lehmigem Boden, an Wegrändern, auf Wiesen und in Wäldern. Auch über anderen Moosen wachsend.

LAUBMOOSE Musci

3 Haartragendes Bürstenmoos, *Polytrichum piliferum.* Polsterbildendes, 1–3 cm hohes Moos mit aufrechtem Stengel und spitzen, 5–10 mm langen Blättern mit als weißliches Haar austretender Mittelrippe. Kapsel langgestielt, 4kantig, eiförmig. Sporenreife: Mai–Juni. Gemein auf trockenen, sandigen Böden und an Felsen. Häufig sind auch andere Arten der Gattung.

4 Besenmoos, Goldzahnmoos, *Dicranum scoparium.* Hellgrünes, sehr formenreiches, lockere Rasen bildendes, mehrjähriges, 5–10 cm hohes Moos mit kräftigem, aufrechtem Stengel. Blätter bis 8 mm lang, glatt, sichelförmig, einseitswendig. Kapsel nicht häufig, länglich-zylindrisch, glatt, langgestielt, geneigt. Sporenreife: Mai–August. Häufig in trockenen Laub- und Nadelwäldern, auf Bäumen und Felsen. Kalkmeidend.

5 Mauerdrehzahnmoos, *Tortula muralis.* Blaugrünes, oft grauschimmernde, kleine Polster bildendes, bis 1 cm hohes Moos mit ausdauerndem, aufrechtem, meist einfachem Stengel. Blätter allseitswendig, zungenförmig, mit langem, farblosem Haar. Kapseln häufig, langgestielt, aufrecht, länglich, derb. Sporenreife: Mai–August. Gemein an trockenen Felsen und Mauern.

6 Silberbirnmoos, *Bryum argenteum.* Bläulichgrünes, trocken silberweißes (Bild), dichte Polster bildendes, bis 2 cm hohes Moos mit aufrechtem Stengel. Blätter bis 1,5 mm lang, eiförmig, mit scharfer Spitze, anliegend. Kapsel birnenförmig, langgestielt, rot. Sporenreife: Mai–Oktober. Fast überall gemein an Weg- und Straßenrändern, zwischen Pflastersteinen, an Felsen und Mauern. Weitere ähnliche Arten der Gattung teilweise ebenfalls sehr häufig.

7 Spitzblättriges Torfmoos, *Sphagnum acutifolium.* Bleichgrüne, oft etwas rötliche Polster bildendes Moos. Stengel mit sternförmig abgehenden Ästen und rippenlosen, trocken bleich werdenden Blättern. Astblätter spiralig, lanzettlich, bis 2 mm lang, gerade, spitz. Kapsel eiförmig, dunkelbraun. Sporenreife: Mai–August. Gemein in Wäldern, Mooren, Heiden. Weitere ähnliche, oft schwer unterscheidbare Arten der Gattung ebenfalls sehr häufig. Nach dem Absterben in Mooren unter Luftabschluß torfbildend.

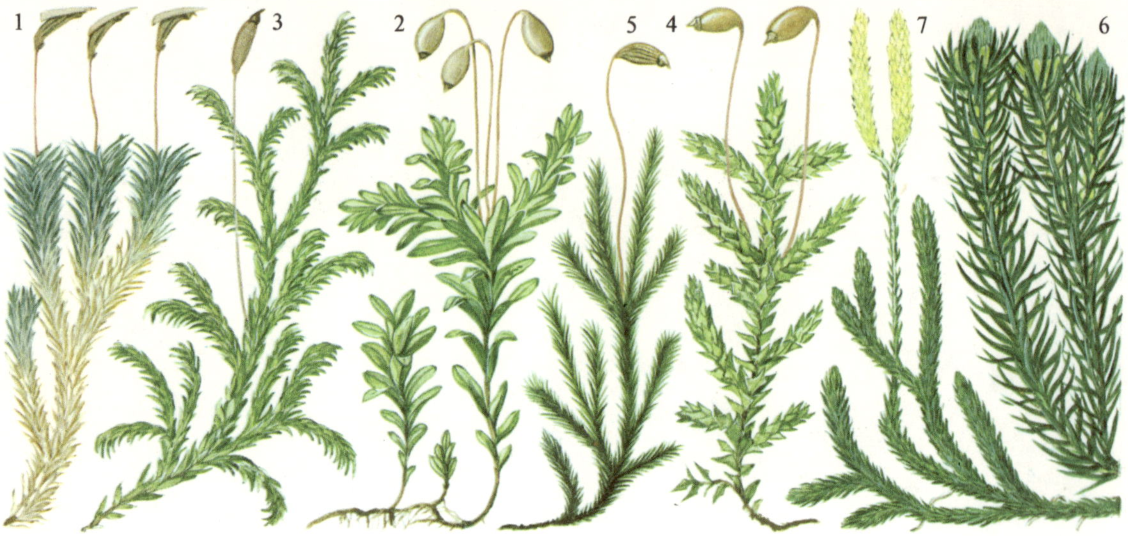

LAUBMOOSE Musci

1 Weißgrünes Polstermoos, *Leucobryum glaucum.* Große, weißliche, halbkugelige Polster bildendes, mehrere Zentimeter hohes Moos mit aufrechtem, büschelig verzweigtem Stengel. Blätter bleichgrün, trocken bleich, lang eiförmig, mit starker Mittelrippe. Kapsel selten, gestielt, länglich, gekrümmt, gestreift. Sporenreife: Herbst. Häufig auf sauren und anmoorigen Stellen in Nadelwäldern und auf Heiden, auf Sandstein. Kalkmeidend.

2 Wellenblättriges Sternmoos, *Mnium undulatum.* Unten braunfilzige Rasen bildendes Moos mit bäumchenförmigen aufrechten und kriechenden Stengeln. Blätter breit zungenförmig, querwellig, bis 10 mm lang, durchscheinend, mit dünner Mittelrippe. Kapsel eiförmig, langgestielt, etwas nickend. Zweihäusig. Sporenreife: Mai–Juni. Gemein in Wäldern und auf Wiesen, an schattigen, feuchten Stellen und an Bächen. Ähnliche Arten der Gattung ebenfalls häufig.

3 Zypressenmoos, *Hypnum cupressiforme.* Rasenbildendes, 4–10 cm langes Moos mit fiederästigem, zum Teil kriechendem Stengel. Blätter ganzrandig, länglich-lanzettlich, sichelförmig gekrümmt, etwas einseitswendig, zöpfchenartig angeordnet. Kapsel walzenförmig, leicht geneigt, gestielt. Sporenreife: Januar–April. Gemein auf den verschiedensten Standorten, in Wäldern, auf Gestein und Wurzelstöcken. Ähnliche Arten der Gattung ebenfalls häufig.

4 Dreieckblättriges Schopfmoos, Kranzmoos, *Rhytidiadelphus triquetrus.* Lockere Rasen bildendes, grünes bis gelbgrünes, bis 15 cm langes Moos mit ästigem aufsteigendem Stengel. Blätter hellgrün, zurückgebogen, 3–5 mm lang, sparrig abstehend, spiralig, allseitswendig, zugespitzt. Kapsel selten, dick eiförmig, gestielt, geneigt. Sporenreife: März–Mai. Gemein in Wäldern und auf feuchten Wiesen, an Waldrändern und Waldwegen. Ähnliche Arten der Gattung ebenfalls häufig.

5 Quellmoos, *Philonotis fontana.* Lockere grüne, gelbliche oder bläuliche Polster bildendes, 5–12 cm hohes Moos. Stengel aufrecht, mit quirligen Ästen. Blätter bis 2 mm lang, breit lanzettlich, mit scharfer Spitze, aufrecht abstehend. Kapsel kugelig, längsfurchig, gestielt, nickend. Zweihäusig. Sporenreife: April–Mai. Häufig in kalten Quellen, Mooren, an Bächen und auf feuchten Wiesen. Ähnliche Arten der Gattung ebenfalls häufig.

BÄRLAPPE Lycopsida

6 Tannenteufelsklaue, *Huperzia selago.* Ausdauernde, 5–30 cm hohe Pflanze mit dickem, aufsteigendem, gabelig verzweigtem Stengel. Blätter dunkelgrün, lineal-lanzettlich, meist ganzrandig, aufrecht, dichtstehend, bis 9 mm lang. Sporenkapseln gestielt, in den Achseln normaler Blätter. Sporenreife: Juli bis Oktober. Zerstreut in feuchten Nadelwäldern und an Felsen, besonders im Bergland vorkommend. Kalkmeidend.

7 Keulenbärlapp, *Lycopodium clavatum.* Ausdauernde, 5–20 cm hohe, kriechende Pflanze mit gabelig verzweigtem, aufsteigendem, dicht schuppig beblättertem Stengel. Blätter klein, lineal-pfriemlich, mit farbloser Haarspitze. Sporenähren zu 1–3 auf einem langen, locker beblätterten Stiel, keulig, gelbgrün. Sporenreife: Juli–August. Zerstreut bis verbreitet in lichten, trockenen Nadelwäldern, auf Heiden und trockenen, sauren Wiesen.

SCHACHTELHALME Sphenopsida

1 Ackerschachtelhalm, *Equisetum arvense.* Unterirdisch ausdauernde Pflanze. Fruchtbare Stengel hellbraun oder rötlich, bis 20 cm hoch und 5 mm dick, mit bis 2 cm langen, 8–12zähnigen, entfernt stehenden Scheiden und endständiger Sporenähre, vor den unfruchtbaren Stengeln erscheinend. Unfruchtbare Stengel bis 50 cm hoch und 3 mm dick, grün, gefurcht, meist unverzweigt, mit aufrecht abstehenden Ästen. Sporenreife: März–April. Gemein auf Äkkern, Wiesen und in Wäldern. Arzneipflanze.

2 Waldschachtelhalm, *Equisetum sylvaticum.* Unterirdisch ausdauernde Pflanze mit 15–60 cm hohem, grünem, unfruchtbarem Stengel mit quirlig verzweigten, bogig herabhängenden dünnen Ästen. Fruchtbare Stengel gleichzeitig erscheinend, mit bauchigen, rotbraunen, 4–5lappigen Scheiden, später den unfruchtbaren ähnlich. Sporenreife: April–Juni. Verbreitet in schattigen Wäldern und Gebüschen. Kalkmeidend.

3 Teichschachtelhalm, *Equisetum fluviatile.* Unterirdisch ausdauernde Pflanze mit gleichgestalteten, 50–150 cm hohen, rippenlosen, gestreiften, bis 8 mm dicken, einfachen oder ästigen Stengeln und eng anliegenden, 15–20zähnigen Scheiden. Sporenähre kegelförmig, klein, endständig. Sporenreife: Mai bis August. Verbreitet bis häufig an den Ufern von Teichen, Sümpfen, Gräben und Bächen und im Wasser.

4 Sumpfschachtelhalm, *Equisetum palustre.* Unterirdisch ausdauernde Pflanze mit gleichgestalteten, 20–60 cm hohen, gerippten, bis 3 mm dicken Stengeln und aufrecht abstehenden Ästen. Scheiden grün, oben schwarz, mit 4–10 Zähnen. Sporenähren länglich zylindrisch, außen dunkelblau bis schwärzlich, endständig. Sporenreife: Juni–September. Gemein auf sumpfigen Wiesen, nassem Sandboden, Weiden und an Ufern. Giftig für Weidevieh!

FARNE Pteropsida

5 Königsfarn, *Osmunda regalis.* Ausdauernde Pflanze mit unterirdischem Stamm und 50–150 cm hohen, doppelt gefiederten, hell- oder gelbgrünen, kahlen Wedeln. Fiederchen lanzettlich, am Grunde schwach herzförmig. Sporangienhäufchen an besonderen Fiederchen an der Spitze der Wedel ährig angeordnet, braun. Sporenreife: Juni–Juli. Zerstreut in feuchten Wäldern, Brüchen und auf Heiden. Im Süden seltener.

6 Adlerfarn, *Pteridium aquilinum.* Unterirdisch ausdauernde, 50–150 cm hohe Pflanze mit einzeln stehenden, im Umriß dreieckigen, 2–3fach gefiederten, derben, übergebogenen Blättern und länglichen oder lineal-lanzettlichen, stumpfen Fiederchen. Der am Grunde schief durchschnittene Stiel zeigt die Gestalt eines Doppeladlers. Sporangienhäufchen am Rande der Fiederchen vom umgerollten Rand bedeckt. Sporenreife: Juli–August. Häufig in Wäldern und auf Heiden. Kalkmeidend.

7 Rippenfarn, *Blechnum spicant.* Ausdauernde, 15 bis 50 cm hohe Pflanze mit rosettig angeordneten, im Umriß länglich-lanzettlichen, kammförmig fiederteiligen Blättern, äußere unfruchtbar, niederliegend, mit lineal-lanzettlichen Fiedern, innere fruchtbar, aufrecht, mit schmalen Fiedern. Sporangienhäufchen auf der Unterseite an den Längsnerven. Sporenreife: Juli–September. Verbreitet, besonders im Bergland, in Wäldern. Kalkmeidend.

FARNE Pteropsida

1 Buchenfarn, *Phegopteris connectilis.* Unterirdisch ausdauernde, 15–30 cm hohe Pflanze. Wedel eiförmig–dreieckig, lang zugespitzt, behaart, gefiedert, mit fiederspaltigen Fiedern. Unterstes Fiederpaar abwärts gerichtet. Sporangienhäufchen rundlich, braun, meist unregelmäßig auf der Fiederunterseite. Sporenreife: Juni–August. Verbreitet in feuchten Wäldern, an Quellen und schattigen Felsen, besonders im Bergland.

2 Echter Eichenfarn, *Gymnocarpium dryopteris.* Unterirdisch ausdauernde, 10–40 cm hohe Pflanze. Wedel sehr lang gestielt, 3eckig, 2–3fach gefiedert, zart, weich, kahl. Unterstes Fiederpaar groß, langgestielt. Sporangienhäufchen rundlich, braun, randständig auf der Unterseite. Sporenreife: Juli–September. Verbreitet in schattigen Laub- und Mischwäldern, besonders im Bergland, in der Ebene etwas seltener. Meist gesellig auftretend.

3 Gemeiner Wurmfarn, *Dryopteris filix-mas.* Unterirdisch ausdauernde, 50–150 cm hohe Pflanze. Wedel länglich-lanzettlich, mit kurzem, kräftigem Stiel, einfach gefiedert. Fiedern tief fiederteilig, lineal-lanzettlich. Fiederchen stumpf, kerbig-gesägt. Sporangienhäufchen rundlich-nierenförmig, braun. 2reihig auf der Unterseite der Fiederchen. Sporenreife: Juli–September. Verbreitet in Wäldern und Gebüschen, besonders im Bergland. Arzneipflanze.

4 Dorniger Wurmfarn, *Dryopteris carthusiana.* Unterirdisch ausdauernde, 30–100 cm hohe Pflanze. Wedel eiförmig-länglich bis 3eckig, mit langem, dünnem Stiel, 2–3fach gefiedert. Fiederchen eiförmig-lanzettlich, stachelspitzig, gesägt. Sporangienhäufchen rundlich-nierenförmig, braun, 2reihig auf der Unterseite der Fiederchen. Sporenreife: Juli–September. Häufig bis verbreitet in Wäldern, Gebüschen und Mooren.

5 Gemeiner Tüpfelfarn, Engelsüß, *Polypodium vulgare.* Ausdauernde, 10–50 cm hohe Pflanze mit oft an der Oberfläche kriechendem Wurzelstock. Wedel 2zeilig angeordnet, länglich-lanzettlich, derb, kahl, tief fiederteilig, langgestielt. Fiederlappen linealisch bis lanzettlich, meist wechselständig, stumpf, fast ganzrandig. Sporangienhäufchen rundlich, braun, 2reihig an der Unterseite der Fiederlappen. Sporenreife: August–September. Häufig in Wäldern und an Felsen. Kalkmeidend. Wurzelstock süß schmeckend. Arzneipflanze.

6 Gemeiner Frauenfarn, *Athyrium filix-femina.* Unterirdisch ausdauernde, 30–100 cm hohe Pflanze. Wedel kurzgestielt, länglich-lanzettlich, doppelt gefiedert mit fiederteiligen Fiederchen und gezähnten Zipfeln. Sporangienhäufchen länglich, haken- oder hufeisenförmig, hellbraun, 2reihig an der Unterseite der Wedel. Sporenreife: Juli–September. Verbreitet bis häufig in feuchten, schattigen Wäldern, besonders an Bächen, Felsen und Mauern. Ähnlich ist der Gebirgsfrauenfarn, *Athyrium distentifolium.*

7 Zerbrechlicher Blasenfarn, *Cystopteris fragilis.* Unterirdisch ausdauernde, 10–40 cm hohe Pflanze. Wedel breit-lanzettlich, kurzgestielt, rosettig angeordnet, doppelt gefiedert, unterstes Fiederpaar kürzer. Fiederchen leicht fiederspaltig oder gezähnt. Sporangienhäufchen rundlich, braun, voneinander etwas entfernt. Sporenreife: Juli–September. Verbreitet an Felsen, Mauern, feuchten Stellen und schattigen Hängen. Kalkliebend.

KIEFERNGEWÄCHSE Pinaceae

1 Europäische Lärche, *Larix decidua (L. europaea).* Bis 40 m hoher Baum mit dünnen, hängenden Ästen und graubraunem Stamm. Die weichen Nadeln stehen in Büscheln an Kurztrieben und werden im Herbst abgeworfen. ♂ Blüten gelbliche Kätzchen an allen Zweigen, ♀ rote, selten grünliche, kleine, walzliche Zäpfchen; einhäusiger Baum. Die aufrechten, eiförmigen Zapfen reif hellbraun bis grau. Blütezeit: April–Mai. Häufiger Baum im Hochgebirge, sonst auch viel angepflanzt.

2 Weißtanne, *Abies alba.* Bis 50 m hoher, schlanker Baum mit silberweißer Rinde. Die an der Spitze gekerbten Nadeln haben unterseits 2 weißliche Längsstreifen. ♂ Blüten grün-gelb-rötliche Kätzchen, ♀ bleichgrüne Zäpfchen; einhäusiger Baum. Die hellbraunen Zapfen stehen aufrecht. Blütezeit: Mai–Juni. Der anspruchsvolle, durch Luftverunreinigungen gefährdete Baum wächst besonders in Bergwäldern der Mittel- und Hochgebirge.

3 Gemeine Fichte, *Picea abies (P. excelsa).* Bis 50 m hoher, schlanker Baum mit rötlichbrauner Rinde. Die stachelspitzigen Nadeln stehen dicht allseitig ab. ♂ Blüten purpurrote bis gelbe Kätzchen, ♀ leuchtend purpurrote, gelbgrün werdende Zäpfchen; einhäusiger Baum. Die hängenden Zapfen sind reif graubraun. Blütezeit: Mai. Der Baum bildet natürliche Wälder in hohen Berglagen. Häufiger Forstbaum in allen Höhenstufen.

4 Waldkiefer, Föhre, *Pinus sylvestris.* Bis 40 m hoher Baum mit gelber bis rotgelber Rinde. Zu 2 in Kurztrieben stehende, bis 8 cm lange, stechende Nadeln. ♂ Blüten an Maitrieben als gelbe Kätzchen, hellrötliche ♀ an jungen Endtrieben; einhäusiger Baum. Die ei- oder kegelförmigen Zapfen sind gelb- bis bräunlichgrau. Blütezeit: Mai. Der Baum wächst meist auf sandigen Böden, besonders in der Ebene.

5 Bergkiefer, *Pinus mugo (P. montana).* Kleiner bis mittelgroßer, buschig wachsender Baum mit verzweigtem Stamm und graubrauner Rinde. Die Nadeln stehen zu 2 mit stechender Spitze. Blüten wie bei der vorigen, etwas größer; ♂ rötlichgelb, ♀ blauviolettbraun; einhäusiger Baum. Zapfen hell- bis dunkelbraun. Blütezeit: Mai–Juli. In Gebirgen, auf Hochmooren; an der Küste angepflanzt.

ZYPRESSENGEWÄCHSE Cupressaceae

6 Gemeiner Wacholder, *Juniperus communis.* Bis 10 m hoher Strauch, auch baumförmig, mit schwarzgrauer, rissiger Rinde. Die steifen Nadeln mit Stachelspitze stehen zu 3 in Quirlen. ♂ Blüten in gelben, kugeligen Kätzchen, ♀ hellgrüne Zäpfchen; zweihäusig. Frucht kugelig, unreif grüne, reif blauschwarze Beerenzapfen. Blütezeit: April–Mai. Zerstreut an trockenen, sonnigen Standorten bis ins Gebirge, Arznei- und Gewürzpflanze.

EIBENGEWÄCHSE Taxaceae

7 Eibe, *Taxus baccata.* Der nur selten bis 15 m hohe Baum wächst oft mehrstämmig – strauchartig mit rot- bis graubrauner Rinde. Die 2–3 cm langen, giftigen Nadeln stehen einzeln, scheinbar zweizeilig, dicht nebeneinander. ♂ Blüten einzeln in gelblichen, kugeligen Kätzchen, ♀ sehr klein, auf der Unterseite der Zweige; zweihäusiger Baum. Rote Frucht eine becherartige Scheinbeere. Blütezeit: März–April. Vereinzelt in Ebene und Gebirge.

WEIDENGEWÄCHSE Salicaceae

1 Schwarzpappel, *Populus nigra.* Der 20–25 (auch bis 40) m hohe Baum mit weißgrauer Rinde hat wechselständige, lederige, schwach herzförmige Blätter an langen Stielen. Zweihäusig, ♂ Kätzchen mit roten Staubbeuteln, hängend, ♀ Kätzchen gelblichgrüne bis rosa Narben. Kapselfrüchte, Samen mit wolligem Haarschopf. Blütezeit: März–April. Verbreitet in Auwäldern an Flußufern. Allee- und Parkbaum, besonders als sog. Pyramidenpappel. Arzneipflanze.

2 Zitterpappel, Espe, *Populus tremula.* Der bis 30 m hohe Baum hat hell-olivfarbene, glatte Rinde. Die wechselständigen, kreisrunden, stumpfgezähnten Blätter sitzen an langen Stielen und zittern bei leichter Luftbewegung (Name). Zweihäusig mit dunkelbraunen ♂ oder roten ♀ Kätzchen. Kapselfrüchte mit runden, gelblichen Nüßchen und wolligem Haarschopf. Blütezeit: März–April. Verbreitet auf allen, vor allem feuchten Böden.

3 Silberpappel, *Populus alba.* Der bis 30 m hohe, zweihäusige Baum hat hellgraue Rinde und wechselständige, buchtig 3–5lappige Blätter. ♂ Kätzchen mit karminrotem Staubbeutel hängend, ♀ Kätzchen mit gelbgrünen Narben. Die hellbraunen Kapselfrüchte entlassen wollige, birnenförmige Samen. Blütezeit: März–April. In Flußauen angepflanzt, auch an Flußufern und als Allee- und Parkbaum.

4 Silberweide, *Salix alba.* Bis 25 m hoher Baum mit rissiger, graubrauner Rinde und wechselständigen, lanzettlichen, feingesägten Blättern. Zweihäusige Pflanze mit ♂ aufrechten, gelben oder ♀ walzlichen, gestielten, gelbgrünen Kätzchen. Die graufilzige Kapselfrucht mit kleinen, am Grund weiß behaarten Samen. Blütezeit: April–Mai. Verbreitet an Flüssen, Bächen, Gräben. Die Rinde war Arzneimittel. Blütentragende Zweige sind wertvolle Bienennahrung.

HASELGEWÄCHSE Corylaceae

5 Hainbuche, Weißbuche, *Carpinus betulus.* Der bis 25 m hohe Baum hat eine glatte, weißgraue Rinde mit typischen dunkleren Streifen und wechselständige, ei-längliche, kurzgestielte, doppelt gesägte Blätter. Die einhäusige Pflanze entwickelt hängende, grünrötliche ♂ und grüne ♀ Kätzchen mit roter Narbe. Die Früchte stehen in Kätzchen als einsamige Nüßchen mit 3klappigem Flügel. Blütezeit: April bis Mai. Waldbaum in Ebene oder Hügelland.

BIRKENGEWÄCHSE Betulaceae

6 Hängebirke, Gemeine Birke, *Betula pendula (B. verrucosa).* Bis 25 m hoher Baum mit weißer, glatter, später rissiger Rinde. Blätter 3eckig-rautenförmig, lang zugespitzt, doppelt gesägt, langgestielt. Die einhäusige Pflanze hat bräunliche, hängende, ungestielte ♂ und schlanke, grünliche ♀ Kätzchen. Die Frucht ist ein bräunlicher Zapfen mit geflügelten Nüßchen. Blütezeit: April–Mai. Auf allen Böden. Arzneipflanze. Verwendung zu Birkenwasser und Birkenteer.

7 Moorbirke, *Betula pubescens.* Bis 25 m hoher Baum mit weißer, unten schwarz-rissiger Rinde. Zweige aufwärts gerichtet. Blätter wechselständig, eiförmig, zugespitzt, mit doppelt gesägtem Rand. Blüten und Früchte der vorigen ähnlich. Die Nüßchen haben aber 1–$1^1/_2$mal so breite Flügel. Blütezeit: April–Mai. Verbreitet in Hochmooren auf feuchtem, sumpfigem Boden bis ins Gebirge. Arzneipflanze mit gleicher Verwendung wie Gemeine Birke.

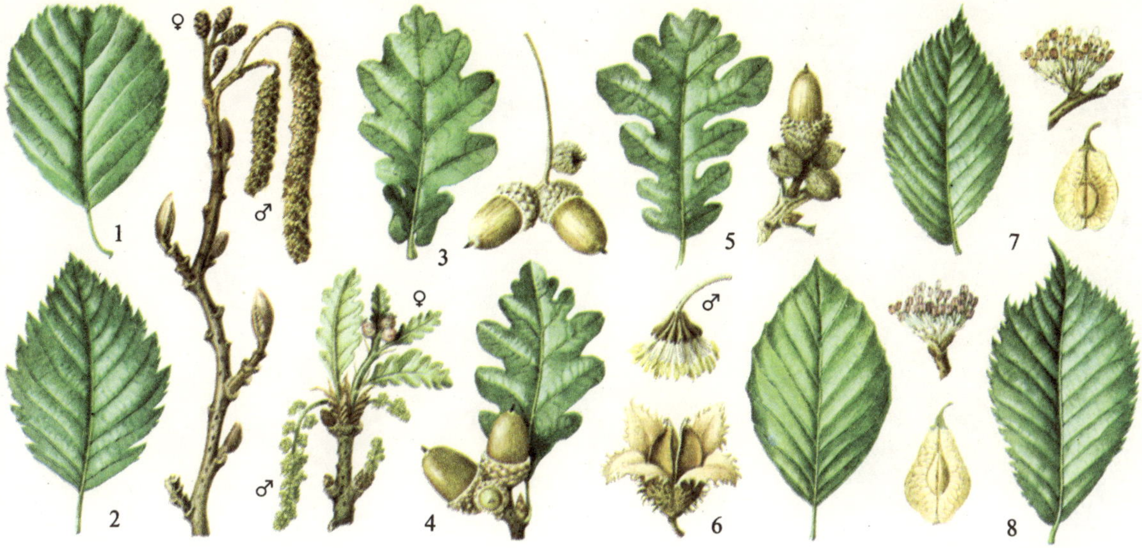

BIRKENGEWÄCHSE Betulaceae

1 Schwarzerle, *Alnus glutinosa.* Bis 30 m hoher Baum mit rissiger, dunkler Rinde. Die wechselständigen Blätter sind verkehrt-eiförmig, schwach gesägt. Die einhäusige Pflanze hat violettbraune, hängende ♂ und kleine ♀ Kätzchen. Frucht dunkelbrauner Zapfen, Blütezeit: März–April. Verbreitet in Flußauen, Brüchen, an Bächen auf anhaltend feuchtem Boden.

2 Grauerle, *Alnus incana.* Der bis 25 m hohe Baum hat hellgraue Rinde und wechselständige, eiförmig-elliptische, doppelt gesägte Blätter. Blüten wie bei der Schwarzerle, ♂ Kätzchen braun, ♀ Kätzchen grünlich-rötlich. Früchte schwarze Zapfen, etwas kleiner als vorige, zu 3–6 zusammenstehend. Blütezeit: Februar–April. Verbreitet in Auwäldern, kalkliebend.

BUCHENGEWÄCHSE Fagaceae

3 Stieleiche, *Quercus robur.* Der bis 40 m hohe Baum hat knorrige Äste und grobe, schwarze Rinde. Die Blätter mit auf jeder Seite 4–6 gezähnten Lappen sind ähnlich der vorigen, aber tiefer gebuchtet. Die einhäusige Pflanze mit ♂ gelblichgrünen, hängenden Kätzchen und ♀ knopfförmigen, zu 2–3 sitzenden Blüten. Hellbraune Eicheln auf langen Stielen (Name) zu 1–3. Blütezeit: Mai. Verbreitet im Tief- und Hügelland, in Auwäldern. Arzneipflanze.

4 Traubeneiche. *Quercus petraea.* Bis 35 m hoher Baum mit grauer Rinde. Blätter an langen Stielen mit jederseits bis 6 Lappen. Hängende ♂ Kätzchen der einhäusigen Pflanze grünlich, ♀ Blüten kleine, rote Knöpfe zu 3–5 auf gemeinsamem, kurzem Stiel. Eicheln kurz und gedrungen, dunkelbraun, zu 3–5 zusammen, ungestielt. Blütezeit: Mai. Verbreitet im Tief- und Hügelland. Arzneipflanze.

5 Flaumeiche, *Quercus pubescens.* Ein bis 20 m hoher Baum, auch strauchartig mit grober Rinde. Blätter mit 2–6 gezähnten Lappen auf jeder Seite, unterseits wie alle Triebe filzig behaart (Name). Blüten und Frucht denen der Traubeneiche ähnlich, ♀ Blüten einzeln oder zu 2–5 sitzend, kleinerer, schlankerer Fruchtbecher, flaumhaarig. Blütezeit: Mai. Auf warmen, trockenheißen Standorten.

6 Gemeine Buche, Rotbuche, *Fagus sylvatica.* Der bis 50 m hohe Baum mit glatter, grauweißer Rinde. Die wechselständigen, spitz-eiförmigen Blätter oft buchtig gezähnt. Die einhäusige Pflanze hat ♂ hängende gelbe Kätzchen und ♀ zu 2 gestielte Köpfchen. Die 3kantigen, rotbraunen Nüßchen sitzen zu 2 in stachligem Fruchtbecher. Blütezeit: April–Mai. Häufig auf kalkhaltigem Boden. Arzneipflanze.

ULMENGEWÄCHSE Ulmaceae

7 Feldulme, *Ulmus minor (U. carpinifolia).* Bis 40 m hoher, schlanker Baum mit längsrissiger Rinde. Blätter wechselständig, eiförmig zugespitzt, doppelt bis einfach gesägt. Die zwittrigen, rot bis gelben Blüten sitzen in Knäueln. Ei-herzförmige, geflügelte, gelbliche Früchte mit Nüßchen oben im Flügel. Blütezeit: März–Mai. In warmen Ebenen, Flußtälern, Auwäldern. Durch Ulmensterben stark dezimiert.

8 Bergulme, *Ulmus glabra (U. montana).* Bis 30 m hoher Baum mit wechselständigen, zugespitzt verkehrt-eiförmigen, gesägten Blättern. Die zwittrigen Blüten sind rötlichviolett in Knäuelen. Nüßchen in der Mitte des Fruchtflügels. Blütezeit: März–April. In Bergwäldern, aber auch in der Ebene.

PLATANENGEWÄCHSE Platanaceae

1 Bastardplatane, *Platanus hybrida (P. acerifolia).* Bis 30 m hoher Baum mit grauer, abblätternder Rinde. Blätter 5lappig, Lappen oft buchtig gezähnt. Der einhäusige Baum hat kleine, kugelige, grünliche, gestielte Blütenköpfchen, ♀ größer als ♂. Die Frucht ist ein kugeliger, vielfrüchtiger Kopf an langem Stiel. Blütezeit: Mai–Juni. Zierbaum der Städte an Straßen und in Parks, ruß- und staubunempfindlich.

ROSSKASTANIENGEWÄCHSE
Hippocastanaceae

2 Gemeine Roßkastanie, *Aesculus hippocastanum.* Bis 20 m hoher Baum mit glatter, braunschwarzer Rinde. Blätter gegenständig, fingerig, gekerbt gesägt. Blüten sind meist ♂, einige ♀ und zwittrig mit 5 Blütenblättern in aufrechten »Kerzen«. Frucht kugelige, stachlige, 1–3fächerige Kapsel mit rotbraunen Samen (Kastanie). Blütezeit: Mai–Juni. Verbreiteter Zier- und Alleebaum, stellenweise auch in Wäldern als Einzelbaum. Arzneipflanze.

ROSENGEWÄCHSE Rosaceae

3 Eberesche, Vogelbeere, *Sorbus aucuparia.* Bis 15 m hoher Baum. Blätter sind unpaarig gefiedert mit 10–20 Fiederblättchen, scharf gesägt. Blüten zwittrig, gelblichweiß, zahlreich in großen Trugdolden stehend. Rote, kugelige, erbsengroße Kernfrucht mit 3 spitzen Samen. Blütezeit: Mai–Juni. Anspruchsloser Baum, auch auf armen Böden bis in das höhere Gebirge verbreitet.

4 Wildbirne, Holzbirne, *Pyrus achras.* Bis 20 m hoher Baum mit aufreißender, dunkler Rinde. Blätter wechselständig, spitz-eiförmig, langgestielt, derb. Zwittrige, weiße Blüte mit 5 Blumenblättern, in Doldentrauben zu 6–10. Kugelige bis birnenförmige Frucht (Kernfrucht), langgestielt, mit dunkelbraunen Samen. Blütezeit: April–Mai. Zerstreut in trockenen Laubwäldern und an Waldrändern.

5 Wildapfel, Holzapfel, *Malus sylvestris.* Bis 10 m hoher Baum mit schuppiger, grauer Rinde. Blätter wechselständig, eiförmig-elliptisch. Blüten zwittrig, weiß, außen zartrosa mit 5 Blumenblättern, zu 3–6 in Doldentrauben. Frucht kugelig, grüngelb (Kernfrucht), mit hellbraunen Samen und saurem Fruchtfleisch. Blütezeit: Mai. Zerstreut in Gebüschen und Wäldern in warmen, trockenen Lagen.

6 Vogelkirsche, Süßkirsche, *Prunus avium.* Bis 30 m hoher Baum. Blätter wechselständig, verkehrt-eiförmig, zugespitzt, grob gesägt. Die zwittrigen, weißen Blüten mit 5 Blumenblättern stehen zu 2–6 in Büscheln an langen Stielen. Frucht kugelig, rot, auf langem Stiel mit einem Steinkern. Blütezeit: April bis Mai. Zerstreut in Ebene und unterem Bergland, in Wäldern oder an Waldrändern.

SCHMETTERLINGSBLÜTENGEWÄCHSE
Fabaceae

7 Robinie, Falsche Akazie, *Robinia pseudoacacia.* Bis 25 m hoher Baum mit hellgraubrauner, giftiger Rinde. Blätter gefiedert mit 9–21 eiförmig bis elliptischen Blättchen. Nebenblätter in Dornen umgewandelt. Zwittrige, weiße Blüten zu 15–25 in hängender Traube. Rötlichbraune, hängende Hülsen mit 4–10 schwarzbraunen Samen. Blütezeit: Mai bis Juni. Vom 17. Jh. an auf trockenen Böden angepflanzt.

LINDENGEWÄCHSE Tiliaceae

1 Sommerlinde, *Tilia platyphyllos.* Bis 30 m hoher Baum mit breit-gewölbter Krone und glatter, gelblich-braunroter Rinde. Junge Zweige behaart. Blätter wechselständig, rundlich bis schief herzförmig, etwas zugespitzt, gesägt, zuweilen behaart. Zwittrige Blüten mit 5 weißgelblichen Blütenblättern zu 2–5 in Trugdolden. Blütenstiel mit Tragblatt. Frucht 5kantiges, holziges, kugeliges Nüßchen mit Flugblatt (Windverbreitung). Blütezeit: Juni. Zerstreut bis in mittlere Gebirgslagen. Sehr oft als Allee- und Parkbaum angepflanzt. Blüten Arzneidroge.

2 Winterlinde, *Tilia cordata.* Bis 25 m hoher, der Sommerlinde ähnlicher Baum. Junge Zweige kahl. Blätter zugespitzt, gesägt, stets unbehaart. Blüten wie die der Sommerlinde, aber zu 5–11 in Trugdolden mit linealischem Tragblatt am Stiel. Frucht mehr birnenförmig mit dünner Schale (zerdrückbar). Blütezeit: Juni–Juli. Verbreitet in Ebene und unteren Berglagen in Wäldern, auch als Alleebaum angepflanzt, geringere Wärmeansprüche als Sommerlinde. Ebenfalls Arzneipflanze.

ÖLBAUMGEWÄCHSE Oleaceae

3 Gemeine Esche, *Fraxinus excelsior.* Bis 40 m hoher Baum mit geradem Stamm und grünlichgrauer bis graubrauner Rinde. Blätter unpaarig gefiedert mit 9–11 eilänglichen, zugespitzten, gesägten Fiederblättchen. Meist zwittrige, aber auch ♂ und ♀ Blüten, nur aus roten Staubgefäßen und grünem Fruchtknoten bestehend, in Rispenbüscheln. Frucht längliche, gelbbraune, einsamige Nuß mit zungenförmigem Flügel, in hängenden Rispen angeordnet. Blütezeit: April–Mai. Verbreitet in Auen und Laubwäldern, an Bachufern.

AHORNGEWÄCHSE Aceraceae

4 Bergahorn, *Acer pseudo-platanus.* Bis 25 m hoher Baum mit blättrig abschuppender hell-graubrauner Rinde. Blätter handförmig 5lappig, ungleich grobgesägt. Blüten z. T. scheinzwittrig, gelbgrün, mit 5 Blütenblättern, gestielt, in endständigen, hängenden Trauben. Frucht einsamiges, kugeliges, braunes Nüßchen mit 2 in spitzem Winkel zusammenstehenden Flügeln. Blütezeit: Mai. Zerstreut bis verbreitet in Mittelgebirgen, auch als Alleebaum angepflanzt. Enthält einen zuckerhaltigen Saft.

5 Feldahorn, *Acer campestre.* Bis 20 m hoher Baum mit braungrauer, netzrissiger Rinde, auch strauchartig. Gegenständige, 3–5lappige Blätter mit stumpfen Blattlappen. Die Buchten zwischen den Lappen stets spitz. Die zweihäusige Pflanze mit dem Spitzahorn ähnlichen Blüten hat aufrechte Doldentrauben. Die Früchte sind graufilzige Nüßchen mit 2 fast waagerecht abstehenden Flügeln. Blütezeit: Mai–Juni. Verbreitet in der Ebene und im Hügelland in Laubwäldern, Hecken und an Feldrainen. Kommt aber im Gebirge in geringerer Höhe als die beiden vorigen Ahornarten vor. Wird als Heckenpflanze verwendet.

6 Spitzahorn, *Acer platanoides.* Bis 25 m hoher Baum mit kräftigem, kurzem Stamm und grauer, netzrissiger Rinde. Blätter handförmig gelappt mit lang zugespitzten Lappen. Buchten zwischen den Lappen stumpf. Blüten meist scheinzwittrig, selten zweihäusige Pflanzen. 5 grüngelbe Blütenblätter, Blüten in Doldentrauben. Plattgedrückte Nüßchen mit 2 im stumpfen Winkel abstehenden Flügeln. Blütezeit: April–Mai. Sehr verbreitet im Tiefland in Flußtälern und auf trockenen Böden im niederen Bergland, als Alleebaum und in Parks oft angepflanzt. Enthält einen zuckerhaltigen Saft.

WEIDENGEWÄCHSE Salicaceae

1 Salweide, *Salix caprea.* Bis 6 m hoher Strauch, selten kleiner Baum. Die wechselständigen Blätter sind breit-elliptisch mit zurückgebogener Spitze, oben dunkel-, unten bläulichgrün, filzig. ♂ Blüten der zweihäusigen Pflanze goldgelbe, eiförmige, ♀ Blüten grünliche, zylindrische Kätzchen. Frucht lang-lanzettliche Kapsel, mit 2 Klappen aufspringend. Blütezeit: März–April. Verbreitet an Flußläufen, in Wäldern, von der Ebene bis ins Gebirge. Arzneipflanze.

2 Korbweide, *Salix viminalis.* Strauch bis 4 m Höhe mit bis 2,50 m langen Ruten. Blätter wechselständig, schmal-linealisch bis lanzettlich, unten silbergrau, oben grün. Zweihäusige Pflanze mit gelben, länglich-eiförmigen ♂ oder zylindrischen ♀ Kätzchen. Blütezeit: März–April. Häufig in der Ebene an Bächen angepflanzt. Arzneipflanze. Blütentragende Zweige sind, wie bei allen *Salix*-Arten, wertvolle Bienennahrung.

3 Ohrweide, *Salix aurita.* Kleiner, 0,5–2 m hoher Strauch. Wechselständige Blätter verkehrt-eiförmig bis ei-lanzettlich mit zurückgerollter Spitze, oben stumpfgrün, unten graufilzig. Blütenkätzchen ähnlich denen der Salweide, halbe Größe, ♂ walzig-kegelförmig, ♀ eiförmig, silberweiß, aufrecht stehend. Walzig-kegelförmige, silbergraufilzige Fruchtkapseln. Blütezeit: April–Mai. Verbreitet besonders auf sumpfigem Boden, nassen Wiesen, Mooren, von der Ebene bis ins Gebirge. Arzneipflanze.

4 Grauweide, *Salix cinerea.* 2–4 m hoher Strauch mit grauer Rinde und ebenfalls wechselständigen, elliptisch bis verkehrt-eiförmigen Blättern, oben stumpfgrün, unten graugrün, filzig. Blütenkätzchen ähnlich denen der Salweide, ♂ eiförmig, ♀ walzig. Frucht silbergraue, filzige Kapsel, mit zurückgekrümmten Klappen aufspringend. Blütezeit: März–April. Verbreitet in Flußauen, Sümpfen und an Waldrändern im Flachland. Arzneipflanze.

HASELGEWÄCHSE Corylaceae

5 Gemeine Hasel, *Corylus avellana.* 2–6 m hoher Strauch mit hell-olivbrauner Rinde. Blätter wechselständig, rundlich, mit kurzer Spitze, doppelt gesägt. Einhäusige Pflanze mit walzlichen, grüngelblichen ♂ Kätzchen, zu 2–4 herabhängend, und ♀, zu 2–5 in Hüllen stehenden Blüten mit rotem Narbenbüschel. Früchte zu 2–3 zusammenstehende, braune Nüsse in becherartiger Hülle. Blütezeit: Februar bis April. Verbreitet in Hecken, an Waldrändern, in lichten Wäldern, von der Ebene bis ins Gebirge.

ROSENGEWÄCHSE Rosaceae

6 Himbeere, *Rubus idaeus.* Kleiner, 60–100 cm hoher Strauch. Blätter gefiedert, mit 5–7 eiförmigen, zugespitzten, grob gesägten Fiederblättchen. Weiße Zwitterblüten mit 5 Blütenblättern in wenigblütigen Trugdolden. Rote, eßbare Sammelfrucht mit Steinkernen. Blütezeit: Mai–Juni. Verbreitet in Gebüschen, Hecken, Wäldern, von der Ebene bis ins Gebirge. Arzneipflanze.

7 Bereifte Brombeere, Kratzbeere, *Rubus caesius.* Kleiner, 30–60 cm hoher Strauch mit bläulich bereiften Zweigen, wechselständigen, 3zähligen Blättern und bestacheltem Blattstiel. Zwittrige, weiße Blüten mit 5 Blumenblättern in einer lockeren Trugdolde. Die Frucht ist eine mattblau bereifte Sammelfrucht. Blütezeit: Mai–August. Verbreitet auf Äckern, an Wegrändern, in Hecken, an Waldrändern.

ROSENGEWÄCHSE Rosaceae

1 Heckenbrombeere, *Rubus nemorosus (R. dumetorum).* 30–150 cm hoher Strauch mit wechselständigen, 5zähligen Blättern. Bestachelte Blätter und Stiele. Zwittrige, weiße oder rötliche Blüten mit 5 Blumenblättern, in Trugdolden. Kaum blau bereifte, schwarzglänzende, eßbare Sammelfrüchte (Brombeeren), unreif grün bis rot. Blütezeit: Mai–September. Verbreitet an Wegrändern und auf Waldblößen, von der Ebene bis ins Gebirge. Arzneipflanze.

2 Schwarzdorn, Schlehe, *Prunus spinosa.* 1–3 m hoher Strauch mit wechselständigen, breit-lanzettlichen, gesägten Blättern auf langen Stielen. Zwittrige, weiße, kleine Blüten mit 5 Blütenblättern. Aufrechte, kugelige, dunkelblaue, bereifte, kirschgroße Steinfrüchte. Blütezeit: April–Mai. Verbreitet auf trockenem, kalkhaltigem Boden in sonniger Lage, in Hecken, an Waldrändern, von der Ebene bis ins Gebirge. Arzneipflanze.

3 Hundsrose, *Rosa canina.* 1–3 m hoher Strauch mit wechselständigen Fiederblättern. 5–7 ei-elliptische, wie der Stengel bestachelte Blättchen. Zwittrige Blüten mit 5 rosa, selten weißen Blumenblättern, zu 1–3 zusammenstehend. Scharlachrote, eiförmige bis kugelige, fleischige Frucht mit behaarten, einsamigen Nüßchen, sehr vitaminreich (Vitamin C). Blütezeit: Juni. Häufig von der Ebene bis ins Gebirge in Hecken und Laubwäldern. Arzneipflanze. Hagebuttentee.

4 Heckenrose, *Rosa dumetorum.* 1–2,5 m hoher Strauch mit denen der Hundsrose ähnlichen Blättern. Blättchen aber unterseits auf den Nerven ebenso wie Blattstiele behaart. Blüten wie bei Hundsrose, doch Griffel meist verlängert. Frucht, Blütezeit und Verbreitung auch wie bei der Hundsrose.

SCHMETTERLINGSBLÜTLER Fabaceae

5 Besenginster, *Sarothamnus scoparius (Cytisus scoparius).* 1–2 m hoher Strauch mit wechselständigen, 3zähligen, verkehrt-eiförmigen, seidig behaarten Blättern an langen, besenförmigen Ästen. Goldgelbe Blüten, einzeln an Stielen sitzend, im oberen Zweigteil gehäuft. Behaarte Hülsen flach, braunschwarz, mit mehreren gelblichbraunen, kleinen giftigen Samen. Blütezeit: Mai–Juni. Verbreitet an Waldrändern, in Heiden, lichten Wäldern, auf trockenem Boden. Arzneipflanze.

6 Färberginster, *Genista tinctoria.* 30–80 cm hoher Strauch mit wechselständigen, kleinen, lanzettlichen Blättern auf kurzen Stielen. Dünne Zweige. Goldgelbe Schmetterlingsblüten in endständigen, mehrblütigen, traubig gehäuften Rispen. Braune, länglich-linealische Hülse mit dunkelbraunen, rundlichen Samen. Blütezeit: Juni–August. Auf trockenen, sonnigen Sand- und Kalkböden in lichten Wäldern. Früher zum Gelbfärben (Name) von Stoffen und Wolle verwendet.

BAUMWÜRGERGEWÄCHSE Celastraceae

7 Europäisches Pfaffenhütchen, *Evonymus europaeus.* 1,5–5 m hoher Strauch, nur selten kleines Bäumchen. Die Blätter sind gegenständig, länglich-lanzettlich, zugespitzt, auf langen Stielen sitzend. Die zwittrigen, kleinen Blüten haben 4 grünlichgelbe Blütenblätter und sind in langgestielten Trugdolden angeordnet. Die rote Kapselfrucht springt mit 4 Klappen auf und entläßt 4 orangefarbene, giftige Samen. Blütezeit: Mai–Juni. Verbreitet von der Ebene bis ins Hügelland in lichten Wäldern und an Waldrändern, besonders auf Kalkboden. Das Holz wurde früher zu Spindeln (deshalb auch Spindelbaum) verarbeitet.

KREUZDORNGEWÄCHSE Rhamnaceae

1 Faulbaum, *Frangula alnus (Rhamnus frangula).* 1–4 m hoher, schwach giftiger Strauch mit wechselständigen, eiförmigen oder breit-elliptischen Blättern. Kleine, zwittrige, grünlichweiße Blüten, sternförmig 5zählig, meist zu 3–5 in achselständigen Trugdolden. Erbsengroße Steinfrüchte mit 3 Samen in allen Reifestadien (grün, rot, schwarz) nebeneinander vorkommend. Blütezeit: Mai–Juli. Verbreitet von der Ebene bis ins Gebirge, vorwiegend auf feuchtem Boden. Rinde hat faulen Geruch (Name). Arzneipflanze.

NACHTSCHATTENGEWÄCHSE Solanaceae

2 Gemeiner Bocksdorn, *Lycium barbarum (L. halimifolium).* 1–3 m hoher Strauch mit lanzettlichen Blättern und bedornten Zweigen. Zwittrige Blüten mit 5zipfeliger, verwachsener, lilafarbener Blumenkrone, einzeln auf langen Stielen am Zweig von unten nach oben aufblühend. Scharlachrote, länglich-eiförmige, vielsamige, giftige Beeren. Blütezeit: Juni bis September. Verbreitet an Wegrändern, Mauern, angepflanzt auf Dämmen, Böschungen, Schutt.

SPATZENZUNGENGEWÄCHSE Thymelaeaceae

3 Gemeiner Seidelbast, *Daphne mezereum.* 40–120 cm hoher, sehr giftiger Strauch mit wechselständigen, schmalen, verkehrt-eilänglichen, gehäuft an den Zweigenden stehenden Blättern. Die Blüten erscheinen vor den Blättern, sind zwittrig, meist rosa, selten weiß, mit verwachsener, 4zipfeliger Blütenhülle, meist zu 2–3 zusammenstehend. Fleischige, unreif grüne, reif rote, erbsengroße Steinfrüchte. Blütezeit: März–April. Zerstreut in Laubwäldern, besonders auf Kalkboden. Ziergehölz. Früher diente die Rinde als Arzneidroge.

HARTRIEGELGEWÄCHSE Cornaceae

4 Blutroter Hartriegel, *Cornus sanguinea.* 2–5 m hoher Strauch mit gegenständigen, breit-elliptischen, zugespitzten, gestielten Blättern. Die roten Zweige fallen besonders im Winter auf. Die zwittrigen weißen Blüten mit 4 Blütenblättern sitzen in reichblütigen Trugdolden. Blauschwarze, kugelige, erbsengroße Steinfrüchte auf roten Stielen, aufrecht in Trugdolden. Blütezeit: Mai–Juni. Verbreitet von der Ebene bis ins Hügelland an trockenwarmen Standorten in Hecken, an Waldrändern, besonders auf Kalkboden. Die Früchte enthalten Farbstoffe.

ÖLBAUMGEWÄCHSE Oleaceae

5 Gemeiner Liguster, Rainweide, *Ligustrum vulgare.* 1–5 m hoher, reichverzweigter Strauch mit gegenständigen oder zu 3 quirlig stehenden, länglich-lanzettlichen, ganzrandigen, lederigen Blättern. Die zwittrigen, kleinen, weißen Blüten mit 4 Blütenblättern sitzen in langen, endständigen Rispen. Die kugeligen, erbsengroßen, reif schwarzen, glänzenden, giftigen Beeren haben violettes Fleisch und violettbraunen Samen. Blütezeit: Juni–Juli. Verbreitet in Gebüschen, Hecken, an sonnigen Stellen, auf Kalkboden. Zierstrauch und Heckenpflanze. Das Fruchtfleisch diente früher zur Tintenbereitung.

6 Gemeiner Flieder, *Syringa vulgaris.* Der 2–10 m hohe Strauch oder kleine Baum hat gegenständige, herzförmige, ganzrandige, gestielte Blätter. Die zwittrigen lila Blütchen mit 4 verwachsenen Blütenblättern stehen in endständigen Rispen gehäuft. Sie duften stark. Die Früchte sind braune, 2fächerige Kapseln mit kleinen, geflügelten Samen. Blütezeit: April–Mai. Häufig angepflanztes Ziergehölz, oft verwildernd an Bahndämmen und in Laubwäldern.

GEISSBLATTGEWÄCHSE Caprifoliaceae

1 Schwarzer Holunder, *Sambucus nigra.* 3–7 m hoher Strauch mit hellgrauer Rinde und hohlem Mark. Gegenständige Blätter mit 5 gesägten Fiederblättchen. Kleine, zwittrige, gelblichweiße Blüten mit 5 Blütenblättern, in großen Trugdolden. Kugelige, schwarze, gestielte Beeren mit blutrotem Saft. Blütezeit: Juni–Juli. Häufig in Gebüschen, Hecken, Auwäldern. Aus den Beeren wird Holundersaft bereitet, grüne Beeren giftig. Arzneipflanze.

2 Roter Holunder, Bergholunder, *Sambucus racemosa.* 1,5–3 m hoher Strauch mit gegenständigen, 5 ei-lanzettlichen Fiederblättern. Kleine, zwittrige Blüten mit 5 grüngelblichen Blütenblättern in eiförmigen Rispen. Leuchtend rote Beeren mit Steinsamen. Aus den Früchten wird Saft bereitet. Blütezeit: April–Mai. Verbreitet in lichten Nadelwäldern, an Waldrändern, im Gebirge, im Hügelland zerstreut.

ROSENGEWÄCHSE Rosaceae

3 Zweigriffliger Weißdorn, *Crataegus laevigata (C. oxyacantha).* 1,5–5 m hoher Strauch mit wechselständigen, 3–5lappigen, gesägten Blättern. Zwittrige, weiße Blüten mit 5 Blüten- und roten Staubblättern, in Trugdolden. Eiförmige, kantige, rote Kernfrucht mit 2–3 Kernen. Blütezeit: Mai. Verbreitet in Hecken, lichten Wäldern, besonders auf Kalkboden. Arzneipflanze.

GEISSBLATTGEWÄCHSE Caprifoliaceae

4 Gemeiner Schneeball, *Viburnum opulus.* 1,5–5 m hoher Strauch mit gegenständigen, 3–5lappigen, buchtig gezähnten Blättern. Weiße Blüten mit 5 Blütenblättern, in schirmförmiger Trugdolde. Scharlachrote, erbsengroße, giftige Beeren mit Steinkern. Blütezeit: Mai–Juni. Verbreitet an Waldrändern und in feuchten Auwäldern auf nährstoffreichen Böden in Ebene und Gebirge. Ziergehölz.

5 Echtes Geißblatt, *Lonicera caprifolium.* 4–8 m langer, kletternder Strauch mit gegenständigen, elliptischen, ganzrandigen Blättern. Große, zwittrige Blüten, dem oberen Blattpaar aufsitzend, zu 6 in Quirlen. Blütenkrone gelblichweiß, mit langer Röhre. Erbsengroße, dunkelrote Beere, dem oberen Blattpaar aufsitzend. Blütezeit: Mai–Juli. Zerstreut in Hecken, Gebüschen, an Waldrändern, warmen Hängen der Ebene und des Hügellandes. Ziergehölz.

HAHNENFUSSGEWÄCHSE Ranunculaceae

6 Gemeine Waldrebe, *Clematis vitalba.* Bis 10 m hoher, klimmender Strauch mit gegenständigen, meist 5 herzförmigen, grob eingeschnitten, gekerbt-gesägten Fiederblättern. Zwittrige Blüten mit 4 weißen Kelchblättern, in Trugdolden. Frucht kleine, braune Nüßchen mit federartig behaarter Flugvorrichtung. Blütezeit: Juni–August. Verbreitet in Gebüschen, an Waldrändern und Mauern.

ARALIENGEWÄCHSE Araliaceae

7 Gemeiner Efeu, *Hedera helix.* 0,5–20 m langer Kletterstrauch mit Haftwurzeln, oft an Bäumen emporwachsend. Immergrüne, 3–5eckig gelappte oder ei-lanzettliche, zugespitzte, ungelappte Blätter. Kleine unscheinbare, weißlich bis gelbgrüne Blüten mit 5 Blumenblättern, in kugeligen Dolden. Schwarze, kugelige Beeren mit 3–5 schwach giftigen Samen. Blütezeit: September–November. Verbreitet in schattigen Wäldern, Parks, Friedhöfen. Oft angepflanzt.

WEIDENGEWÄCHSE Salicaceae

1 Kriechweide, *Salix repens.* 20–100 cm hoher Zwergstrauch mit niederliegenden Trieben. Blätter wechselständig, sehr klein, elliptisch-lanzettlich, zugespitzt, ganzrandig. Zweihäusige Pflanze, ♂ Kätzchen mit roten, dann gelben Staubbeuteln, ♀ Blüten gelbrote Narben, zu 4–5 in Achseln einjähriger Triebe. Blütezeit: April–Mai. Verbreitet in Mooren und auf feuchten Wiesen, in Sümpfen, aber auch auf trockenen Heiden, meist auf Torfboden.

KRÄHENBEERENGEWÄCHSE Empetraceae

2 Gemeine Krähenbeere, *Empetrum nigrum.* Bis 20 cm hoher, immergrüner Zwergstrauch mit niederliegendem Stengel und aufsteigenden Ästen. Blätter wechselständig, linealisch, nadelähnlich, immergrün. Zweihäusige Pflanze mit sehr kleinen Blüten mit 3 Blumenblättern, in ährigen Trauben in oberen Blattachseln sitzend. Kugelige, schwarze, erbsengroße Beeren mit 6–9 Steinfrüchten. Blütezeit: April–Juni. Verbreitet bis zerstreut auf Dünen, in Mooren der Ebene und Mittelgebirge.

HEIDEKRAUTGEWÄCHSE Ericaceae

3 Gemeine Moosbeere, *Oxycoccus palustris (Vaccinium oxycoccus).* 15–80 cm langer Zwergstrauch mit kriechenden, dünnen Stengeln. Blätter eiförmigspitz, immergrün. Zwittrige Blüten mit hellpurpurnen Blütenblättern auf langen Stielen, nickend zu 1–3 an der Spitze der Äste. Kugelige Beere rot, eßbar. Blütezeit: Mai–August. Zerstreut bis verbreitet auf Torfboden und Mooren in Ebene und Gebirge.

4 Preiselbeere, Kronsbeere, *Vaccinium vitis-idaea.* 5–20 cm hoher, aufrechter Zwergstrauch mit immergrünen, lederigen, umgekehrt-eiförmigen Blättern. Zwittrige, weiße bis rötliche Blüten, glockenförmig in endständigen, mehrblütigen, überhängenden Trauben. Beeren rot, kugelig, eßbar. Blütezeit: Mai–Juni, oft nochmals August. Verbreitet in trockenen Nadelwäldern, Heiden auf Sand- und Moorboden, von der Ebene bis ins Gebirge. Arzneipflanze.

5 Heidelbeere, Blaubeere, *Vaccinium myrtillus.* 15 bis 50 cm hoher Zwergstrauch mit wechselständigen, eiförmigen, spitzen Blättern. Zwittrige Blüten weißlich bis grünrötlich, kugelig, nickend, einzeln in Blattachseln. Blauschwarze, eßbare, vitaminreiche Beeren bereift. Blütezeit: April–Mai. In Nadelwäldern auf sandigem und moorigem Boden, von der Ebene bis ins Gebirge. Arzneipflanze.

6 Heidekraut, *Calluna vulgaris.* 30–60 cm hoher Zwergstrauch. Blätter gegenständig, dachziegelartig übereinander stehend, linealisch, nadelförmig. Sehr kleine Blüten mit rötlichvioletten, vielspaltigen, glockigen Kelchblättern, die viel länger als Blütenblätter, 4fächerige Kapsel. Blütezeit: August–September. Häufig in Kiefernwäldern, Torf- und Hochmooren, auf nährstoffarmen Böden. Arzneipflanze.

LIPPENBLÜTENGEWÄCHSE Lamiaceae

7 Sandthymian, Echter Quendel, *Thymus serpyllum.* 10–30 cm langer Zwergstrauch mit niederliegenden oder aufstrebenden Stengeln. Kleine gekreuzt-gegenständige, linealische bis rundlich-elliptische Blätter. Die rötlichen Lippenblüten in kopfigen Quirlen. Kleine, runde Nüßchen. Blütezeit: Juni–Oktober. Verbreitet auf trockenen Triften, Hügeln, sonnigen, sandigen Orten. Arzneipflanze.

HEIDEKRAUTGEWÄCHSE Ericaceae

1 Bewimperte Alpenrose, *Rhododendron hirsutum.* 20–100 cm hoher, immergrüner Kleinstrauch. Blätter elliptisch bis eiförmig, gegenständig, lederig, am Rande bewimpert. Gestielte, rosenrote, trichterförmige Blüten wie bei allen Alpenrosen mit 5spaltiger Blumenkrone in Doldentrauben und 5fächrigen Kapselfrüchten. Blütezeit: Juni–August. Häufig auf Kalkboden der Hochgebirgsmatten.

2 Zwergalpenrose, Zwergrösel, *Rhodothamnus chamaecistus.* 15–30 cm hoher, immergrüner Zwergstrauch mit liegenden Zweigen. Blätter länglich-elliptisch, lederig-glänzend, am Rande gewimpert. Hellrosafarbene Blüten mit radförmiger, 5spaltiger Blütenkrone, purpurschwarzen Staubbeuteln und langem Griffel in 2blütigen Dolden. Blütezeit: Mai bis Juli. Verbreitet in lichten Wäldern, an Felshängen in den Ostalpen. Kalkliebend.

3 Rostblättrige Alpenrose, *Rhododendron ferrugineum.* 30–100 cm hoher, immergrüner Kleinstrauch. Blätter länglich-lanzettlich, am Rande eingerollt, nicht bewimpert, unterseits rostbraun. Dunkelrote, glockig-trichterige Blüten. Blütezeit: Mai–Juli. Seltener als vorige auf kalkarmen Hochgebirgsmatten und Felshängen. Giftig.

4 Glockenheide, *Erica tetralix.* 15–20 cm hoher, immergrüner, buschiger Zwergstrauch. Blätter linealisch, steifhaarig gewimpert, zu 4 quirlständig angeordnet. Fleischrote, kugelige, glockige Blüten mit 4spaltiger Krone, die länger als der 4teilige Kelch, in endständigen, kopfigen Dolden. Alle *Erica*-Arten haben 4fächrige Kapselfrüchte. Blütezeit: Juli bis August. Verbreitet auf Mooren, Heiden, nassen Torfböden im Norden und Westen, im Südosten fehlend.

5 Schneeheide, *Erica herbacea (E. carnea).* 15 bis 30 cm hoher, immergrüner, niederliegender Zwergstrauch. Linealische, spitz-nadelförmige Blätter, meist zu 4 in Quirlen. Fleischrote, selten weiße Blüten mit 4zähniger, länglich-krugförmiger Krone, die doppelt so lang wie der 4teilige grüne Kelch, und aus ihr herausragendem, purpurschwarzem Staubbeutel in langen, einseitswendigen, endständigen Trauben. Die Blüten werden schon im Herbst angelegt. Blütezeit: Februar–Mai. Zerstreut bis verbreitet auf Felsen, in Nadelwäldern, Heiden im Süden, vor allem im Hochgebirge. Auch als Gartenpflanze häufig angepflanzt.

6 Poleigränke, Rosmarinheide, *Andromeda polifolia.* 10–30 cm hoher, immergrüner Zwergstrauch. Lederige, wechselständige, schmal-lineal-lanzettliche Blätter, am Rande zurückgerollt. Die langgestielten Blüten mit eiförmig-glockiger, 5spaltiger, rosa oder weißer wachsartiger Blütenkrone, zu 2–8 nickend, endständig doldig gehäuft. Blütezeit: Mai–Juli. Verbreitet im Norden auf Hochmooren und Torfboden, im Süden nur in höheren Gebirgslagen häufig.

ROSENGEWÄCHSE Rosaceae

7 Silberwurz, *Dryas octopetala.* 2–15 cm hoher, immergrüner Zwergstrauch mit niederliegenden, rasenbildenden Zweigen. Langgestielte, lederige, längliche, grobgekerbte, oben dunkelgrün glänzende, unterseits weißfilzige Blätter. Die Blüten mit 8blättriger, weißer Blumenkrone einzeln an langen Stielen aus den Blattachseln hervorgehend. Nußartige, einsamige Früchte. Blütezeit: Juni–August. Verbreitet auf Matten, Felsen, Triften der Hochgebirge oberhalb der Baumgrenze.

SÜSSGRÄSER Poaceae

1 Blutrote Fingerhirse, *Digitaria sanguinalis*. Das ganze, bis 50 cm hohe, einjährige Gras ist blutrot angelaufen. Die behaarten Blätter sind breit bis mittelbreit mit weißem Mittelstreifen, ohne Blattöhrchen. Die einblütigen Ährchen sitzen zu 2–5. Die Pflanze bildet 5–7 fingerartig angeordnete Ähren. Blütezeit: Juli–August. Verbreitet als Unkraut auf sandigen Äckern und Wegen. Meidet Kalkboden.

2 Hühnerhirse, *Echinochloa crus-galli*. Bis 1 m hohes, einjähriges Gras. Die Blätter sind sehr breit mit weißem Mittelstreifen, ohne Blatthäutchen und Blattöhrchen. Sehr kleines, einblütiges Ährchen mit 3 Hüllspelzen, von denen eine das ganze Ährchen umfaßt, die beiden anderen so lang wie das Ährchen sind. Eine Spelze mit langer Granne. Blütenstand eine aus Scheinähren zusammengesetzte Rispe. Blütezeit: Juli–August. Verbreitetes Unkraut auf feuchtem Boden.

3 Borstgras, *Nardus stricta*. Ausdauerndes, horstbildendes Gras mit bis 30 cm hohen, steifen Stengeln. Schmale, steife, borstliche (Name), zugespitzte Blätter ohne Blattöhrchen, mit Blatthäutchen. Einblütige Ährchen mit sehr reduzierter Hüllspelze. Blütenstand unterbrochene, echte, einseitige Ähre. Blütezeit: Mai–Juni. Verbreitet auf Ödland, moorigen Torfwiesen, Hochmooren und Heiden, vor allem im Gebirge.

4 Deutsches Weidelgras, Englisches Raigras, *Lolium perenne*. Ausdauerndes, 30–60 cm hohes Gras mit rotem Triebgrund. Mittelbreite, geriefte Blätter mit kurzen Blattöhrchen und deutlichen Blatthäutchen. Ährchen 5–10blütig, eine Hüllspelze, die halb so lang wie Ährchen. Blütenstand eine Ähre, wobei Ährchen mit Schmalseite am Stengel anliegen. Blütezeit: Mai–Juni. Gemein auf Wiesen, Triften, Rainen. Wichtigstes Weidegras auf schwereren Böden.

5 Waldzwenke, *Brachypodium sylvaticum*. Ausdauerndes, bis 1 m hohes, horstbildendes Gras. Schlaffe, sich nach unten verjüngende, schmale, lange Blätter mit unterseits weißem Mittelnerv. Behaarte Blattscheiden ohne Öhrchen. Ährchen mit 6–15 Blüten, obere Blüten haben lange Grannen, die länger als Spelzen sind. Blütenstand lockere, überhängende Ährentraube. Blütezeit: Juli–August. Verbreitet in schattigen Wäldern und Gebüschen.

6 Gemeine Quecke, *Agropyron repens*. Bis 1,20 m hohes, ausdauerndes Gras mit kriechendem, ausläuferbildendem Wurzelstock, Blätter mittelbreit, dünn, schwach gerieft, mit derben Öhrchen und sehr kurzen Blatthäutchen. Ährchen groß, 5–7blütig. Kurz begrannte Deckspelze. Blütenstand echte Ähre, die bis 20 Ährchen trägt, welche mit der Breitseite am Stengel anliegen. Blütezeit: Juni–August. Sehr lästiges Unkraut an Wegrändern, auf Äckern und Grasplätzen. Arzneipflanze.

7 Mäusegerste, *Hordeum murinum*. Bis 40 cm hohes, ein- oder zweijähriges Gras von büscheligem Wuchs. Mittelbreite, geriefte Blätter mit häutigem Blattöhrchen und mittellangem Blatthäutchen. Die einblütigen Ährchen sitzen zu je 3 an einer Ansatzstelle. Die Hüllspelzen des mittleren Ährchens sind bewimpert. Die Deckspelzen aller Ährchen tragen gleichlange Grannen. Der Blütenstand ist aus echten Ähren und gestielten Scheinähren zusammengesetzt. Blütezeit: Juni–September. Gemein an Weg- und Straßenrändern, auf wüsten Plätzen und Ödland.

SÜSSGRÄSER Poaceae

1 Fuchsrote Borstenhirse, *Setaria pumila (S. glauca).* 10–30 cm hohes, einjähriges, graugrünes (Name) Gras. Blätter behaart, in eine Spitze auslaufend, die beiden oberen die Scheinähre überragend, ohne Blattöhrchen. Ährchen kurzgestielt, 3blütig, dem Stengel aufsitzend, mit roten Hüllborsten (Name), die viel länger als das Ährchen. Blütenstand rispige Scheinähre. Blütezeit: Juli–Oktober. Verbreitet auf sandigen Äckern.

2 Weidekammgras, *Cynosurus cristatus.* 30–60 cm hohes, ausdauerndes Gras. Blätter schmal bis mittelbreit, gerieft. Kein Blattöhrchen, lappiges Blatthäutchen. Ährchen 2- bis mehrblütig. Deckspelzen mit feiner, stacheliger Spitze, kammförmige Hülle (Name). Blütenstand 2–3reihige, lineale, gerade, traubige Scheinähre, dünne Halme. Blütezeit: Juni bis Juli. Verbreitet auf Wiesen, Weiden; Weidegras auf Bergwiesen.

3 Gemeines Ruchgras, *Anthoxanthum odoratum.* Ausdauerndes, bis 50 cm hohes, horstbildendes Gras. Blätter mittelbreit, gerieft, nach dem Blattgrund verjüngt, mit kleinen Blattöhrchen, mittelgroßen Blatthäutchen, am Blattgrund gewimpert. Mittelgroßes, 3blütiges Ährchen. Mittlere Blüte unbegrannt, zwittrig, 2 Narben, die seitlichen, verkümmerten ♂ Blüten mit begrannten Spelzen (eigentlich einblütig mit 4 Hüllspelzen). Blütenstand längliche, lockere Scheinähre. Blütezeit: Mai–Juni. Gemein auf Triften und vernachlässigten Wiesen.

4 Gemeiner Strandhafer, *Ammophila arenaria.* Bis 1 m hohes, ausdauerndes Gras mit langen Ausläufern, schmale bis mittelbreite, geriefte, steife Blätter ohne Blattöhrchen, sehr langes, tief gespaltenes Blatthäutchen. Große einblütige Ährchen mit langen Hüllspelzen. Blütenstand dichte, walzige Scheinähre, die nach oben schmaler wird. Blütezeit: Juli–August. Gemein auf Dünen an Meeresküsten, sonst zerstreut. Zum Befestigen von Dünensand sehr häufig an der Küste angepflanzt.

5 Wiesenlieschgras, *Phleum pratense.* Bis 1 m und höheres, ausdauerndes, horstbildendes Gras. Mittelbreite bis breite weiche Blätter. Ohne Blattöhrchen, mit großem gezähneltem Blatthäutchen, das in kleine Spitze ausgezogen ist. Ährchen klein, einblütig, ohne Grannen an Deckspelzen, an Hüllspelzen in kurze Granne auslaufend. Blütenstand 10 cm lange, zylindrische Scheinähre. Blütezeit: Juni–Juli. Verbreitet auf Triften und Ackerrändern, als hochwertiges Feldfuttergras angebaut.

6 Wiesenfuchsschwanz, *Alopecurus pratensis.* Bis 1 m hohes, ausdauerndes Gras. Mittelbreite bis breite Blätter, in der Mitte breiterer, geriefter Streifen. Kein Blattöhrchen und kurzes Blatthäutchen. Einblütiges Ährchen mit langer Deckspelzengranne. Blütenstand walzliche Scheinähre. Blütezeit: Mai–Juni. Gemein auf fetten Wiesen und Triften.

7 Gemeiner Windhalm, *Apera spica-venti.* Bis 1 m und höheres, einjähriges oder überwinterndes Gras. Schmale bis mittelbreite, flache, geriefte Blätter ohne Öhrchen, mit langem, zerschlitztem Blatthäutchen. Sehr kleines, einblütiges Ährchen. Begrannte, sehr lange Deckspelze. Hüllspelze länger als Deckspelze. Blütenstand echte Rispe mit großen, quirlig abstehenden zahlreichen Rispenästen. Blütezeit: Juni bis Juli. Verbreitet auf Dämmen, Sandplätzen; lästiges Ackerunkraut.

SÜSSGRÄSER Poaceae

1 Waldflattergras, *Milium effusum.* Bis 1 m hohes, ausdauerndes Gras. Blätter breit lineal-lanzettlich, nach oben und unten verjüngt. Mittelgroßes Blatthäutchen, kein Blattöhrchen. Ährchen klein, einblütig, eiförmig, grannenlose, kurz zugespitzte Deckspelze, 3nervige Hüllspelzen. Blütenstand große, ausgebreitete Rispe mit unten 5–7 Abästungen. Blütezeit: Mai–Juli. Verbreitet in schattigen Laubwäldern.

2 Rohrglanzgras, *Phalaris (Typhoides) arundinacea.* Bis über 2 m hohes, ausdauerndes Gras. Blätter breit, schilfrohrähnlich, mit großem, weißem, kragenförmigem Blatthäutchen, kein Blattöhrchen. Ährchen einblütig, 4 Hüllspelzen (reduzierte Blüten), behaart, in Büscheln stehend. Blütenstand ausgebreitete Rispe, unten 2 Abästungen. Blütezeit: Mai–Juli. Verbreitet auf nassen Wiesen, an Flüssen und stehenden Gewässern.

3 Landreitgras, *Calamagrostis epigeios.* Bis 1,5 m hohes, ausdauerndes Gras. Blätter breit, hart, mit Riefen und langem, derbem Blatthäutchen, ohne Blattöhrchen. Die Blätter scheiden ein Wachs aus. Einblütige Ährchen, lanzettliche Hüllspelzen doppelt so lang wie begrannte Deckspelze, die aber aus Ährchen nicht herausragt. Blütenstand eine aufrechte, bis 30 cm lange Rispe mit mindestens 3 Abästungen. Ährchen sitzen in Knäueln. Blütezeit: Juli–August. Verbreitet an sandigen Flußufern, auf Dünen und trockenen Hügeln. Waldunkraut in Schonungen.

4 Rotstraußgras, *Agrostis tenuis.* 30–90 cm hohes, ausdauerndes Gras. Schmale bis mittelbreite, geriefte Blätter, ohne Öhrchen und mit kurzem, gestutztem Blatthäutchen. Einblütiges, kleines Ährchen. Hüllspelzen länger als unbegrannte Deckspelze. Blütenstand eine echte Rispe mit abstehenden, unten zahlreichen Abästungen. Blütezeit: Juni–Juli. Gemeines Unkraut auf Äckern, Wiesen, an Rainen, in lichten Wäldern.

5 Weißes Straußgras, *Agrostis stolonifera.* Bis 1,5 m hohes, ausdauerndes Gras. Geriefte Blätter ohne Blattöhrchen mit langem, spitzem, oft geschlitztem Blatthäutchen. Einblütige Ährchen. Hüllspelze länger als Deckspelze, begrannt oder unbegrannt. Blütenstand eine Rispe, zur Blütezeit ausgebreitet, dann zusammengezogen, unten viele Abästungen. Blütezeit: Juni–Juli. Verbreitet auf Wiesen, an Gräben, auf Äckern.

6 Rasenschmiele, *Deschampsia cespitosa.* Bis 1,5 m hohes, ausdauerndes, horstbildendes Gras. Flache, oben sehr rauhe, mittelbreite, geriefte Blätter ohne Blattöhrchen, mit langem, derbem, oft zerschlitztem Blatthäutchen. Sehr kleines, 2–3blütiges Ährchen. Hüllspelze etwas länger als Deckspelze, mit grundständiger Granne. Blütenstand große, etwas hängende Rispe mit unten mindestens 5 Abästungen. Blütezeit: Juni–August. Verbreitet auf Wiesen, Flachmooren, in Wäldern; Unkraut auf feuchtem Grünland.

7 Drahtschmiele, *Deschampsia flexuosa.* 30–60 cm hohes, ausdauerndes, horstbildendes Gras. Borstige, schmale, dunkelgrüne Blätter. Kein Blattöhrchen, deutliches, stumpfes Blatthäutchen. 2blütiges Ährchen. Deckspelzen kürzer als Hüllspelzen, begrannt. Blütenstand eine Rispe mit geschlängelten Ästen. Ährchenansatz mit langen Stielen, unten 2 Abästungen. Blütezeit: Mai–August. Gemein auf Waldblößen, in lichten Wäldern, Heiden.

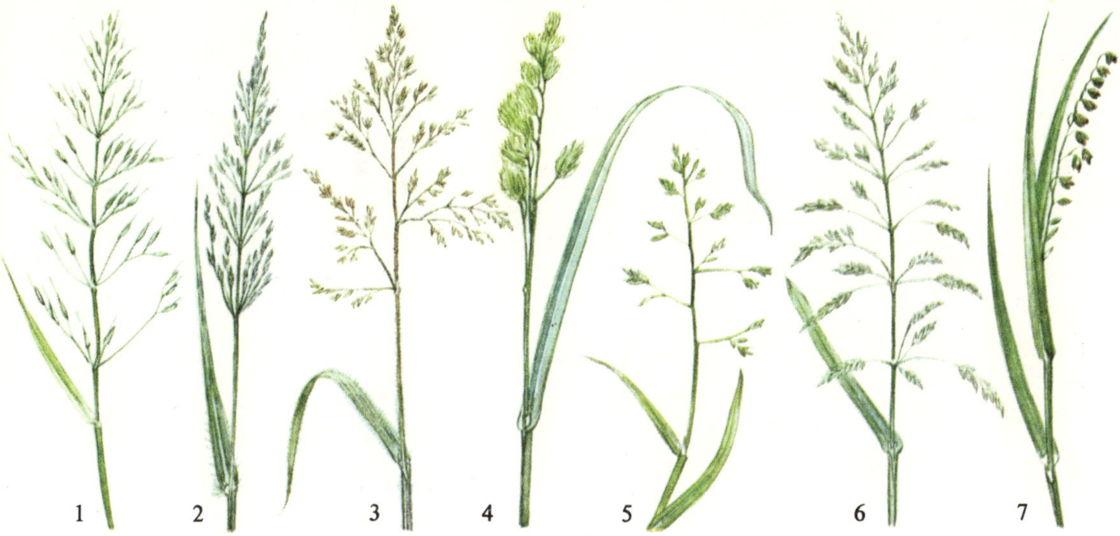

SÜSSGRÄSER Poaceae

1 Glatthafer, *Arrhenatherum elatius.* Bis 1,5 m hohes, ausdauerndes, borstig wachsendes Gras. Die mehr oder weniger gerieften Blätter haben keine Öhrchen. Großes weißes Blatthäutchen, gezähnt bis gefranst. Großes, 2blütiges Ährchen, eine Hüllspelze kürzer, die andere so lang wie Ährchen, untere Blüte ♂ mit langer Rückengranne, obere Blüte zwittrig, meist ohne Granne. Blütenstand rispige Traube. Blütezeit: Juni–Juli. Verbreitet in Wäldern, an Wegrändern, auf Wiesen.

2 Pfeifengras, Besenried, *Molinia caerulea.* Bis über 1 m hohes, ausdauerndes, horstbildendes Gras. Mittelbreite, lang zugespitzte Blätter ohne Blattöhrchen und mit Haarkranz statt des Blatthäutchens. Meist 2blütige Ährchen ohne Grannen, zahlreich in einer Rispe, deren Äste zur Blütezeit abstehen. Blütezeit: August–September. Verbreitet in lichten, moorigen Wäldern, Sümpfen und auf Wiesen.

3 Wolliges Honiggras, *Holcus lanatus.* 30–100 cm hohes, ausdauerndes Gras. Schwach geriefte, stark gekielte, beiderseits weichhaarige Blätter ohne Blattöhrchen mit gefranstem, großem Blatthäutchen. 2blütiges, kleines Ährchen, obere Blüte ♂ mit gebogener, von Hüllspelzen eingeschlossener Rückengranne. Blütenstand eine Rispe, aber nur während der Blüte, sonst scheinährig. Blütezeit: Juni–August. Gemein in Wäldern, auf dürren Wiesen, an Rainen.

4 Gemeines Knäuelgras, *Dactylis glomerata.* 30 bis 120 cm hohes, ausdauerndes Gras. Breite Blätter mit scharf gekielter Mittelrinne und platter, 2schneidiger Blattscheide. Kein Blattöhrchen, großes, weißes, in eine Spitze ausgezogenes Blatthäutchen. 3–5blütige, mittelgroße Ährchen, grannenspitzige Deck- und Hüllspelze, am Kiel steif gewimpert. Blütenstand eine Rispe mit Ährchenknäueln, auf allen Stufen einästig. Blütezeit: Mai–Juli. Gemein auf Wiesen, in Wäldern, an Wegrändern. Gutes Futtergras auf frischen Wiesen.

5 Einjähriges Rispengras, *Poa annua.* Bis 30 cm hohes, einjähriges oder zweijähriges Gras. Blätter geschient, ohne Blattöhrchen, mit länglichem, großem, weißem Blatthäutchen. Ährchen 3–7blütig, ohne Grannen. Blütenstand lockere Rispe mit einer, gelegentlich 2 Abästungen. Blütezeit: das ganze Jahr bei frostfreiem Wetter. Gemein auf Wegen, Pflaster, Äckern und im Garten als Unkraut.

6 Wiesenrispengras, *Poa pratensis.* Bis 90 cm hohes, ausdauerndes Gras mit langen Ausläufern. Blätter geschient mit kappenartiger Spitze. Ohne Blattöhrchen, mit kurzem, geradem, abgestutztem Blatthäutchen. Ährchen 3–5blütig, ohne Grannen. Deckspelzen mit weißen Wollhaaren, dicht flaumig. Der Blütenstand ist eine Rispe, die unten 5 Abästungen hat. Blütezeit: Mai–Juni. Gemein auf Wiesen, an Wegrändern. Wertvolles Dauerweidegras.

7 Nickendes Perlgras, *Melica nutans.* 30–60 cm hohes, ausdauerndes Gras. Lange, schmale, oben eingerollte Blätter. Sehr kurzes, abgestutztes Blatthäutchen, das nur einen braunen Saum bildet, kein Blattöhrchen vorhanden. 2blütige, längliche, stark nikkende (Name) Ährchen. Die braunroten Hüllspelzen tragen einen weißen, häutigen Rand, die Deckspelze ist 5nervig. Der Blütenstand ist eine lockere, einseitswendige Traube. Blütezeit: Mai–Juni. Verbreitet in schattigen Wäldern und Gebüschen, besonders in Buchenwäldern, kalkliebend.

SÜSSGRÄSER Poaceae

1 Gemeines Zittergras, *Briza media.* Bis 50 cm hohes, ausdauerndes Gras. Schmale, unbehaarte Blätter ohne Blattöhrchen, mit sehr kurzem Blatthäutchen. Doldentrauben oder Rispen mit 3–12blütigen Ährchen, ohne Grannen, an dünnen Stielen, die bei Luftbewegung erzittern (Name), hängend. Blütezeit: Mai–September. Verbreitet auf trockenen Wiesen, in Wäldern und Gebüschen.

2 Weiche Trespe, *Bromus mollis (Br. hordeaceus).* Bis 80 cm hohes, einjährig überwinterndes Gras. Weiche, behaarte, etwas geriefte Blätter, kein Blattöhrchen, kleines gezähneltes Blatthäutchen. Große, begrannte Ährchen mit mehr als 4 Blüten. Grannen unterhalb der Deckspelzenspitze. Blütenstand dichte Rispe mit unten mehr als 2 Abästungen. Blütezeit: Mai–Juni. Häufig auf Wiesen, Ackerrainen, auf Wegen als Unkraut.

3 Taube Trespe, *Bromus sterilis.* 50–70 cm hohes, ein- oder zweijähriges Gras. Undeutlich geriefte Blätter ohne Blattöhrchen, mit weißem, tief gefranstem Blatthäutchen. Großes, 5–9blütiges Ährchen mit 2 cm langen Grannen. Rispiger Blütenstand, unten meist 3 Abästungen. Blütezeit: Mai–Juni. Verbreitet auf Schutt, Wiesen, Mauern, an Straßenrändern und Ackerrainen.

4 Dachtrespe, *Bromus tectorum.* Bis 45 cm hohes, einjährig überwinterndes Gras. Pflanze oft rot angelaufen. Kurz behaarte Blätter ohne Blattöhrchen, mit kurzem, gezähneltem Blatthäutchen. Großes, 5- bis 9blütiges Ährchen mit 2 cm langen, unter der Deckspelzenspitze angesetzten Grannen. Blütenstand überhängende Rispe. Blütezeit: Mai–Juni. Gemein auf Schutt, unbebauten Orten, Mauern, an Wegrändern.

5 Echter Schafschwingel, *Festuca ovina.* Bis 50 cm hohes, ausdauerndes Gras von horstartigem, borstigem Wuchs. Schmale, borstige Blätter, ohne Blattöhrchen und sichtbares Blatthäutchen. 4–8blütige Ährchen mit lanzettlicher Deckspelze, die länger als Hüllspelzen. Blütenstand eine Traube mit unten je einer Abästung. Blütezeit: Mai–Juli. Gemein auf Wegen, Triften, in Kiefernwäldern. Weide- und Kulturgras, das im Wald nicht erwünscht ist.

6 Rotschwingel, *Festuca rubra.* Bis 1 m hohes, ausdauerndes, rasen- und ausläuferbildendes Gras. Unten borstliche, oben flache, geriefte Blätter ohne Blattöhrchen, Blattscheidewände aber öhrchenartig hochgezogen. Sehr kurzes Blatthäutchen. Ährchen 4–6blütig, oft rötlich überlaufen (Name). Deckspelze mit Spitzengranne. Blütenstand eine Traube mit unten 1–2 Abästungen. Blütezeit: Juni–Juli. Gemein auf Wiesen, in Wäldern. Wiesen- und Weidenfuttergras.

7 Wiesenschwingel, *Festuca pratensis.* Bis 120 cm hohes, ausdauerndes Gras. Geriefte Blätter mit Blattöhrchen und kurzem Blatthäutchen. 5–10blütige, längliche, unbegrannte Ährchen. Blütenstand einfache bis doppelte Traube mit unten 2 Abästungen. Blütezeit: Juni–Juli. Gemein auf Wiesen, Grasplätzen. Futtergras für feuchte Wiesen.

8 Strandsalzschwaden, *Puccinellia maritima.* 20 bis 70 cm lange, ausdauernde, ausläuferartig niederliegende Pflanze. Blätter an der Spitze kapuzenförmig zusammengezogen. Ohne Blattöhrchen, kurzes, rundliches Blatthäutchen. Ährchen 5–9blütig, grannenlos. Blütenstand schmale Rispe, unten nur 2 Abästungen. Blütezeit: Juni–September. Verbreitet auf Strandwiesen der Küste.

SÜSSGRÄSER Poaceae

1 Federgras, *Stipa pennata.* 30–80 cm hohes, ausdauerndes, dichtrasiges Gras. Blaugrüne, borstliche, meist zusammengerollte Blätter. Einblütiges Ährchen. Hüllspelze länger als Deckspelze, beide begrannt. Granne der Deckspelze bis 25 cm lang, fedrig (Name), mit steifen Haaren. Blütenstand eine zusammengezogene Rispe. Blütezeit: Mai–Juni. Zerstreut an sonnigen Hängen auf trockenem Kalk- und Sandboden, fehlt im Nordwesten.

2 Alpenlieschgras, *Phleum alpinum.* 15–30 cm hohes, ausdauerndes Gras mit sehr langen, grasartigen Blättern. Scheide des obersten Halmblattes aufgeblasen. Einblütiges Ährchen. Granne der Hüllspelze bewimpert. Blütenstand eine dicke, kurze, trübviolette Ährenrispe. Blütezeit: Juli–August. Verbreitet auf Wiesen und Triften im Hochgebirge.

3 Sandlieschgras, *Phleum arenarium.* 8–20 cm hohes, einjähriges Gras mit glatten, kurzen Blättern, bauchigen Blattscheiden und länglich-spitzen Blatthäutchen. Das einblütige Ährchen mit einer 2. unfruchtbaren Blüte. Die lanzettlich-spitze Hüllspelze kurz begrannt, 2–3mal so lang wie die bewimperte Deckspelze. Blütenstand ovale, weißgrüne Scheinähre. Blütezeit: Juni–August. Verbreitet bis zerstreut an sandigen Stellen der Küste. Vom Aussterben bedroht!

4 Alpenstraußgras, *Agrostis alpina.* 10–30 cm hohes, ausdauerndes, rasenbildendes Gras. Grundständige, borstliche, graugrüne Blätter, obere schmal und flach, beide mit länglichen Blatthäutchen. Kleine, einblütige Ährchen mit begrannter Deckspelze zu 1–3 in abstehender, nach der Blüte zusammengezogener Rispe. Blütezeit: Juli–August. Verbreitet auf Wiesen und Weiden, grasigen Felshängen im Hochgebirge.

5 Waldreitgras, *Calamagrostis arundinacea.* 60 bis 120 cm hohes, ausdauerndes, horstbildendes Gras. Die flachen Grasblätter am Rande rauh, mit kurzem Blatthäutchen. Einblütiges Ährchen mit lanzettlicher, stark begrannter Hüllspelze, kaum länger als die Deckspelze. Blütenstand schmale Rispe, nur zur Blütezeit etwas auseinandergezogen. Blütezeit: Juni–August. Verbreitet in schattigen, feuchten Wäldern. Kalkmeidend.

6 Gemeiner Salzschwaden, *Puccinellia (Festuca) distans.* 15–50 cm hohes, ausdauerndes, horstbildendes Gras. Die graugrünen Grasblätter mit langen Scheiden und kurzem Blatthäutchen. 4–6blütige Ährchen, oft violett überlaufen, in locker ausgebreiteter Rispe mit zur Blütezeit abstehenden Ästen. Blütezeit: Mai–Oktober. Verbreitet auf feuchtem Salzboden (Salzwiesen).

7 Strandquecke, Strandweizen, *Agropyron junceum.* 30–80 cm hohes, ausdauerndes, weitkriechendes Gras. Hellgrüne, kurze, meist eingerollte Blätter mit kurzem Blatthäutchen. 5–8blütige Ährchen mit stumpfen Hüll- und Deckspelzen. Blütenstand aufrechte, 2zeilige, starre Ähre. Blütezeit: Juni–August. Verbreitet am Meeresstrand und auf Dünen.

8 Strandroggen, *Leymus (Elymus) arenarius.* 60 bis 150 cm hohes, ausdauerndes Gras mit weitkriechendem Wurzelstock. Blätter wie ganze Pflanze blaugrün mit steifer, eingerollter Blattspreite und langem Blatthäutchen. Meist 3blütiges Ährchen mit unbegrannter Deckspelze. Blütenstand große, dicke, aufrechte Ähre. Blütezeit: Juni–August. Verbreitet auf Dünen der Küste, im Binnenland selten. Dient zum Befestigen des Flugsandes.

RIEDGRASGEWÄCHSE Cyperaceae

1 Scheidiges Wollgras, *Eriophorum vaginatum.* 30 bis 60 cm hohes, ausdauerndes Wollgras. Die rauhen, 3kantigen Stengelblätter haben eine aufgeblasene Scheide. Am Ende des Stengels nur ein Ährchen, aus zwittrigen Blüten mit vielen Blütenhüllhaaren bestehend. Aufrecht stehende Frucht (Wollbausch). Blütezeit: März–Mai. Zerstreut auf torfigen Wiesen, Waldsümpfen, Hochmooren, in Gräben, von der Ebene bis ins Gebirge.

2 Schmalblättriges Wollgras, *Eriophorum angustifolium.* 30–60 cm hohes, ausdauerndes, Ausläufer treibendes Wollgras. Rinnige, schmal-linealische, an der Spitze 3kantige Blätter. Zwittrige Blüten, von Hüllhaaren umgeben, meist 3–5 Ährchen auf langen Stielen zusammenstehend. Reife Früchte (Wattebäusche) hängend. Blütezeit: April–Mai. Verbreitet auf Flachmooren, sauren Torfböden, nassen Wiesen, Waldsümpfen.

3 Gemeine Sumpfsimse, *Eleocharis palustris.* 10 bis 60 cm hohe, ausdauernde Simse mit binsenartigem Stengel. Blattscheiden der Blätter unten gelb oder rotbraun. Blüten wie bei allen Simsen von 6 Blütenhüllborsten umgeben. Unterste Blüte von spitzer Spelze halb umfaßt. Blüten in lanzettlichen Ährchen, einzeln an der Spitze des Stengels stehend. Blütezeit: Juni–August. Gemein in Gräben, Sümpfen, Teichen.

4 Gemeine Teichsimse, *Schoenoplectus (Scirpus) lacustris.* 1–3 oder 4 m hohe, ausdauernde Simse mit kriechendem Wurzelstock. Stielrunde Blatthalme, 10–40 cm lange Blätter mit langer Blattscheide. Simsenblüte mit glatten Spelzen und rotbraunen Deckblättern, in endständigen, verschieden lang gestielten Ährchen, einen spirrigen Blütenstand bildend. Blütezeit: Mai–Juli. Verbreitet in langsam fließenden Gewässern, Teichen und Seen.

5 Gemeine Strandsimse, *Bolboschoenus (Scirpus) maritimus.* 30–100 cm hohe, ausdauernde Simse mit knolligen, unterirdischen Ausläufern und linealischen Blättern. Simsenblüten mit braunen, bestachelten Spelzen, in großen Ährchen, meist zu 2–5 zusammenstehend. Blütenstand zusammengesetzte Spirre. Blütezeit: Juni–August. Verbreitet an Gräben, Ufern, am Meeresstrand, auf Salzboden.

6 Waldsimse, *Scirpus sylvaticus.* 40–100 cm hohe, ausdauernde, Ausläufer treibende Simsenart mit einem stielrunden Halm und flacher Blattspreite. Hüllborsten so lang wie die Frucht, stumpfe Spelzen, die in feine Spitzen auslaufen. Gestielte Blütenährchen zu 3–6 zusammenstehend. Blütenstand eine reichährige Spirre mit am Ende der Äste sitzenden Ährchen. Blütezeit: Mai–Juli. Verbreitet auf Wiesen, in Wäldern, an Gräben, feuchten Stellen und Gebüschen.

7 Wiesensegge, *Carex nigra (C. fusca, C. stolonifera).* Bis 50 cm hohe, ausdauernde Segge mit unterirdischen Ausläufern. Am Rande eingerollte Knickrandblätter, die nur oben rauh sind. Seggenblüten eingeschlechtig, ♂ Blüten aus 3 Staubblättern und ♀ Blüten aus Fruchtknoten und Narbe bestehend, die beide in den Achseln eines Deckblattes sitzen, von einem Schlauch eingeschlossen und zu mehreren in Ährchen angeordnet sind. 1 ♂ Ährchen endständig am Stengel, 2–4 sitzende oder kurzgestielte ♀ Ährchen darunter. Blütezeit: April–Juli. Gemein auf nassen Wiesen, Mooren, an Ufern. Bildet Kleinseggensumpfwiesen mit sehr minderwertigem Heu.

RIEDGRASGEWÄCHSE Cyperaceae

1 Hasenpfotensegge, *Carex leporina.* 20–60 cm hohe, ausdauernde, dichthorstige Segge mit Ausläufern. Knickrandige, etwas starre, 50 cm lange Blattschläuche mit langem, 2zähnigem Schnabel. Stengel stumpfkantig, glatt, 2–3 mm breit, starr, linealisch zugespitzt. Ährchen mit ♂ und ♀ Seggenblüten, zu 4–6 gedrängt, einen ovalen, dicken Ährenstand bildend. Blütezeit: Mai–Juli. Verbreitet auf Wiesen, Triften, an Wegrändern, in Wäldern. Hat auch als Futterpflanze Bedeutung.

2 Blaugrüne Segge, *Carex flacca.* 20–60 cm hohe, ausdauernde Segge mit rötlichen, unterirdischen Ausläufern. Knickrandblätter bis 50 cm lang, in 3kantiger Spitze endend, steif, Stengel glatt. ♂ und ♀ Seggenblüten. 2 ♂ Ährchen an der Spitze des Stengels, 2–3 etwas entfernt gestielte, walzlich-kugelige ♀ Ährchen oft darunter sitzend. Blütezeit: April–Juli. Verbreitet auf feuchten Wiesen, an Rainen, Waldrändern, auf Waldblößen.

3 Gelbsegge, *Carex flava.* Bis 50 cm hohe, ausdauernde, gelbgrüne, borstig wachsende Segge. Kahle, nur am Grunde beblätterte Stengel mit flachen oder rinnigen Knickrandblättern in 3kantiger Spitze endend. ♂ und ♀ Seggenblüten. ♀ Ährchen kugelig bis eiförmig, 2–3 ziemlich genähert stehend. 1 ♂ Ährchen darüber im Blütenstand angeordnet, mit großem, unterem Hüllblatt, das es oft überragt. Blütezeit: Mai–August. Verbreitet auf feuchten Wiesen, Flach- und Zwischenmooren, an sumpfigen Waldstellen.

4 Hirsesegge, *Carex panicea.* Bis 50 cm hohe, ausdauernde, graugrüne Segge mit unterirdischen Ausläufern. Lange Knickrandblätter in Dreikantspitze endend, flach, am Rande rauh. 1 ♂ aufrechtes Seggenährchen, oben im Blütenstand stehend, darunter meist 2 walzige ♀ Ährchen mit stumpfen Deckspelzen. Blütezeit: Mai–Juli. Gemein auf feuchten Wiesen, Mooren und weniger nassem Grünland.

5 Rispensegge, *Carex paniculata.* Bis 1 m hohe, ausdauernde Segge, dichte Polsterhorste bildend. Sehr lange, über 5 mm breite, hohlrinnige Blätter an kräftigem, scharfkantigem Stengel. ♂ und ♀ Seggenblüten zusammen in Ährchen eine lockere Rispe mit abstehenden Ästen bildend. Blütezeit: Mai–Juni. Verbreitet in Sümpfen, Erlenbrüchen, an Ufern, Rändern von Tümpeln, aber auch auf quelligen Wiesen.

6 Behaarte Segge, *Carex hirta.* Bis 80 cm hohe, ausdauernde Segge mit dicken, unterirdischen Ausläufern. Beiderseitig behaarte Blattspreiten (Name), Knickrandblätter. ♀ Seggenährchen zu 2–4 aufrecht, entfernt stehend, untere gestielt, obere fast sitzend. Darüber 2–3 ♂ Ährchen mit Deckspelze, die lange, rauhe Haarspitze hat. Blütezeit: Mai–Juni. Gemein auf Wiesen, Hügeln, an Ufern, Trockenheit und Nässe vertragend. Wohl häufigste Segge.

BINSENGEWÄCHSE Juncaceae

7 Krötenbinse, *Juncus bufonius.* Bis 50 cm hohe, einjährige Binse von büscheligem Wuchs. Sehr schmale Blattspreiten, aber eine grasblättrige, nicht röhrige Binse. Wie alle Binsenblüten zwittrig mit 6 Blütenhüllblättern und 3–6 Staubblättern. Blumenhüllblätter lanzettlich, grau, einzeln oder 1–3 zusammenstehende Blüten in aufrechten Spirren. Blütezeit: Juni–Oktober. Gemein auf feuchtem Sandboden, Waldwegen, Äckern, in Gräben.

BINSENGEWÄCHSE Juncaceae

1 Gliederbinse, *Juncus articulatus.* Bis 60 cm hohe, ausdauernde, lockerrasige Binse mit kurzen Ausläufern. Knotig gegliederte, röhrige Grund- und Stengelblätter. Von den Blütenhüllblättern der Binsenblüte sind die 3 inneren stumpf, die äußeren spitz, rotbraun. Der Blütenstand ist eine wenig verzweigte Spirre. Blütezeit: Juli–September. Gemein auf nassen Wiesen, Mooren, feuchtnassem Grünland, in Gräben.

2 Blaugrüne Binse, *Juncus inflexus.* Bis 60 cm hohe, ausdauernde Binse mit gestreiftem Stengel, dichthorstig wachsend. Grundblätter gestreift oder gerollt, röhrige Binsenblätter ohne Knoten. Binsenblüte mit 6 Staubblättern, in vielblütiger, ausgebreiteter Spirre stehend. Blütezeit: Juni–August. Verbreitet an feuchten, quelligen Stellen, Gräben. Kalkliebend.

3 Flatterbinse, *Juncus effusus.* 30–80 cm hohe, ausdauernde Binse, bültige Horste bildend. Grundblätter glatt, glänzend, am Grunde hellgelb, runde Binsenblätter ohne Knoten. Binsenblüte mit bräunlichen Blütenhüllblättern, in lockerer Spirre (flattrig) stehend. Blütezeit: Juni–August. Verbreitet auf feuchten Wiesen, in Sümpfen, Gräben, Wäldern. Häufigste Bültbinse, die sehr schlechtes Heu ergibt und Pionierpflanze für die Ansiedlung von Waldbäumen ist.

4 Knäuelbinse, *Juncus conglomeratus.* Bis 70 cm hohe, ausdauernde, dichte Horste bildende Binse. Deutlich geriefte Grundblätter, röhrige, knotenlose Binsenblätter. Binsenblüte mit Vorblättern. In dichtem Kopf gedrängt (geknäuelt) stehende Blüten. Blütezeit: Mai–Juni. An feuchten Orten, in Gräben, Sümpfen sehr häufig anzutreffende Horstbinse.

5 Zusammengedrückte Binse, *Juncus compressus.* Bis 50 cm hohe, ausdauernde Binse mit kriechender Grundachse, in dichten Horsten. Grasartige Binsenblätter mit derben, linealischen Blattspreiten. Binsenblüte mit 6 Staubblättern und gelbbraunen Blütenhüllblättern mit grünem Rückenstreifen, in spirrigem Blütenstand zusammenstehend. Blütezeit: Juni bis August. Verbreitet auf feuchten Wiesen, an Weg- und Grabenrändern sowie Ufern.

6 Haarhainsimse, *Luzula pilosa.* 15–30 cm hohe, ausdauernde Hainsimse. Grundständige Blätter 5 bis 10 mm breit, stengelständige schmaler, an der Mündung der Blattscheiden weiß behaart. Die Blüte binsenähnlich mit 6 Blütenhüllblättern und 6 Staubblättern. Die Blütenhüllblätter spitz. Jede Blüte einzeln, gestielt zu 3 zusammen einen Ast einer lockeren, 10–20ästigen Spirre bildend. Blütezeit: März–Mai. Verbreitet in Wäldern und Gebüschen.

7 Gemeine Hainsimse, Hasenbrot, *Luzula campestris.* 5–40 cm hohe, ausdauernde, lockerrasige Hainsimse. Grasartige, stark behaarte Blätter. Binsenartige Blüte mit 6 Blütenhüll- und 6 Staubblättern in 5–10-blütigen Ährchen, die teils gestielt, teils sitzend einen spirrigen, 2–6ästigen, lockeren Blütenstand bilden. Blütezeit: März–Mai. Gemein auf Wiesen, Triften, Heiden, an Waldrändern.

8 Vielblütige Hainsimse, *Luzula multiflora.* 20–50 cm hohe, ausdauernde, dichtrasige Hainsimse ohne Ausläufer. Flache, grasartige Blätter und Binsenblüte. 8–20blütige, eiförmige bis längliche Ährchen bildend, die in 3–10ästigem, dichtem Blütenstand stehen. Blütezeit: April–Juni. Verbreitet auf Heiden, Wald- und Bergwiesen, an Sumpfrändern.

ARONSTABGEWÄCHSE Araceae

1 Gefleckter Aronstab, *Arum maculatum.* 15–40 cm hohe, ausdauernde Pflanze mit unterirdischem Sproß (Rhizom). Grundständige, spießpfeilförmige, oft braun gefleckte Blätter. Blüten an einem keulenförmigen Kolben sitzend, von tütenförmigem, grünlichweißem Hüllblatt umgeben. Oben ♂, unten ♀ Blüten, darüber braunrotviolettes Kolbenende. Kesselfallenblume mit Bestäubung durch gefangene Insekten. Rote Beeren, wie ganze Pflanze, giftig. Blütezeit: April–Mai. Zerstreut in schattigen, feuchten Laubwäldern, besonders Auwäldern.

LILIENGEWÄCHSE Liliaceae

2 Waldgoldstern, *Gagea lutea.* 10–30 cm hohe, ausdauernde Pflanze mit einer umhüllten Zwiebel. Ein grundständiges, breit linealisches, an der Spitze kapuzenförmig zusammengezogenes, zugespitztes Blatt. 6 Blütenblätter, innen gelb, außen grüngestreift, in bis 7blütiger Scheindolde, von 2 schmalen Hochblättern umgeben, Kapselfrucht. Blütezeit: April bis Mai. Verbreitet in Wäldern, Gebüschen, Hecken.

3 Wiesengoldstern, *Gagea pratensis.* 8–20 cm hohe, ausdauernde Pflanze mit einer Haupt- und 2 Nebenzwiebeln. Blätter ähnlich Waldgoldstern, aber schmaler und oben nicht zusammengezogen, Blütenblätter länger. Blütezeit: März–Mai. Verbreitet auf Grasplätzen, Triften, Äckern, an Wegrändern.

4 Zweiblättrige Schattenblume, *Maianthemum bifolium.* 5–15 cm hohe, ausdauernde Pflanze mit kriechender Grundachse. 2 wechselständige, herzförmige, gestielte Blätter. Sehr kleine Blüten mit 4 Blütenblättern, in endständiger Traube. Beeren reif kirschrot, glänzend, giftig. Blütezeit: Mai–Juni. Häufig in schattigen Laub- und Nadelwäldern, Gebüschen, auf saurem Boden.

5 Vielblütige Weißwurz, *Polygonatum multiflorum.* 30–80 cm hoch, ausdauernd, mit unterirdischer Sproßachse (Rhizom). Wechselständige, eiförmig zugespitzte, halbstengelumfassende Blätter an stielrundem Stengel. Verwachsene, weiße, 6zählige Blütenhülle mit grünem Saum. Duftende Blüten zu 2–4 als hängende Glocken in den Achseln der Blätter. Schwarzblaue, giftige Beeren. Blütezeit: Mai–Juni. Verbreitet in Laubwäldern und in Gebüschen.

6 Maiglöckchen, *Convallaria majalis.* 10–25 cm hohe, ausdauernde Pflanze mit kriechendem Wurzelstock. 2 grundständige, gegenständige, elliptische Blätter. Weiße, verwachsene, 6zähnige Blütenblätter. Duftende Blütenglöckchen in einseitswendiger Traube. Rote Beeren, wie ganze Pflanze, giftig. Blütezeit: Mai–Juni. Verbreitet in Laubwäldern und Gebüschen. Zierpflanze. Arzneipflanze.

AMARYLLISGEWÄCHSE Amaryllidaceae

7 Frühlingsknotenblume, Märzbecher, *Leucojum vernum.* 10–30 cm hohes, ausdauerndes Zwiebelgewächs mit 3–4 linealischen Blättern. Blütenhülle 6teilig, 3 innere und 3 äußere, fast gleichlange, weiße Blütenblätter mit gelbgrünem Fleck. Duftende Blüten in hängenden Glocken, einzeln oder zu 2 am Stengel sitzend, von Hüllblatt umgeben. Grüne, kreiselförmige Kapselfrucht, die dem Boden später aufliegt. Blütezeit: Februar–April. Zerstreut in feuchten, schattigen Laub-, vor allem Auwäldern und -wiesen. Fehlt im Norden völlig. Sehr beliebter Frühlingsblüher in Gärten. Giftig!

LILIENGEWÄCHSE Liliaceae

1 Kelchsimsenlilie, *Tofieldia calyculata*. 10–30 cm hohe, ausdauernde, rasige Pflanze. Die meist grundständigen, grasähnlichen Blätter sind steif-schwertförmig, schmal-linealisch. Gelblichweiße Blüten mit 6zähliger Blütenhülle und 6zähligem Kelch, unter der Blütenhülle mit einem 3lappigen Außenkelch in einer verlängerten Traube. Vielsamige Kapselfrüchte. Blütezeit: Juni–August. Zerstreut auf feuchten Wiesen und in Mooren. Vom Aussterben bedroht!

2 Weißer Germer, *Veratrum album*. 50–150 cm hohe, ausdauernde Pflanze mit fleischigem Wurzelstock. Die wechselständigen Blätter breit-elliptisch bis lanzettlich-linealisch, sitzend, mit starker Nervatur, unterseits weich behaart. Die weißen, außen grünlichen Blüten mit 6zähliger Blumenkrone und grünem, 6zähligem Kelch, untere zwittrig, obere meist ♂, in reichblütiger, langer Rispe. Behaarte, 3klappig aufspringende Kapselfrüchte. Blütezeit: Juni–August. Verbreitet auf Matten, feuchten Wiesen, an Ufern im Hochgebirge. Stark giftige Pflanze. Vom Vieh auf den Almen gemieden.

3 Herbstzeitlose, *Colchicum autumnale*. 5–20 cm hohe, ausdauernde Pflanze mit halbeiförmiger Knolle. Die breit-lanzettlichen, riemenförmigen Blätter umgeben im Frühjahr die Kapselfrucht und fehlen während der Blüte meist. Violette Blüte mit 6 verwachsenen Blütenblättern, die eine trichterig-glokkige Röhre bilden. Keine Kelchblätter vorhanden. Der Fruchtknoten sitzt tief im Boden, aus dem sich im Frühjahr inmitten der Blätter eine aufgeblasene Kapselfrucht mit fast kugeligen Samen bildet. Blütezeit: August–Oktober. Verbreitet im Süden auf feuchten Wiesen, im Norden selten oder fehlend. Ganze Pflanze giftig. Arzneipflanze.

4 Bärenlauch, *Allium ursinum*. 15–30 cm hohes, ausdauerndes Zwiebelgewächs. Im zeitigen Frühjahr entwickeln sich 2 grundständige, ei-lanzettliche, langgestielte Blätter, aus denen sich dann die weißen Blüten mit 6 Blütenblättern und ohne Kelch in einer flachen, von 2 Hochblättern umgebenen Scheindolde erheben. Kapselfrüchte. Blütezeit: April–Juni. Verbreitet in feuchten Laub-, besonders Auwäldern. Die ganze Pflanze mit starkem Knoblauchgeruch.

5 Türkenbundlilie, *Lilium martagon*. 30–100 cm hohes, ausdauerndes Zwiebelgewächs mit großer, gelblicher Zwiebel. Die elliptisch-lanzettlichen Blätter stehen oben und unten am Stengel einzeln, die mittleren zu 5–8 quirlständig. Hellpurpurne, nickende Blüten mit dunklen Flecken aus 6 zurückgerollten Blumenblättern und ohne Kelch, eine endständige, oft reich-, aber auch nur wenigblütige Traube bildend. 6fächerige Kapselfrucht. Blütezeit: Juni–Juli. Zerstreut in Laub- und Buchenwäldern, besonders auf Kalkboden im Süden. Häufig in Gärten angepflanzt.

SCHWERTLILIENGEWÄCHSE Iridaceae

6 Frühlingskrokus, *Crocus albiflorus*. 5–15 cm hohes, ausdauerndes Knollengewächs mit linealischen, unbehaarten Blättern, die in Büscheln nach der Blüte aus der Knolle kommen. Die weißen, selten violetten Blüten erscheinen vor den Blättern und stehen einzeln. Die 6 Blütenblätter sind unten zu einer Röhre verwachsen. Die längliche Kapsel tritt erst nach der Reife über die Erdoberfläche. Blütezeit: März–April. Verbreitet vor allem auf Wiesen und Weiden im Hochgebirge. Häufig als Gartenpflanze anzutreffen.

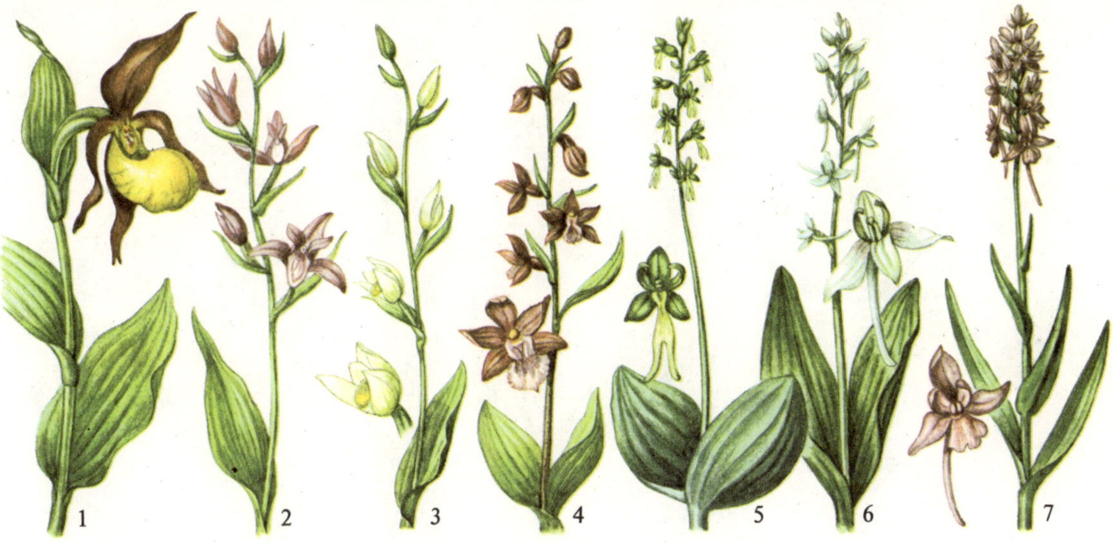

KNABENKRAUTGEWÄCHSE, ORCHIDEEN Orchidaceae

1 Frauenschuh, *Cypripedium calceolus.* 15–25 cm hohe, ausdauernde Orchidee mit langem, kriechendem, unterirdischem Wurzelstock (Rhizom). 3–4 eiförmig-elliptische, zugespitzte Blätter. 1 oder 2 Orchideenblüten am Stengel mit rötlichbraunen Kronblättern und zitronengelber Lippe (Schuh), die innen rotpurpurn punktiert ist. Kesselfallenblume. Braune Kapselfrucht. Blütezeit: Mai–Juni. Selten in schattigen, warmen, kalkreichen, trockenen Laub- und Kiefernwäldern. Wie alle Orchideen geschützt!

2 Rotes Waldvöglein, *Cephalanthera rubra.* 30–50 cm hohe, ausdauernde Orchidee mit unterirdisch kriechendem Wurzelstock (Rhizom). Wechselständige, lanzettliche Blätter an kantigem Stengel. Rötliche Orchideenblüte. Die beiden Kronblätter sind wie Flügel nach außen gebogen (Vöglein). 3–12 Blüten in einer Traube. Blütezeit: Mai–Juli. Zerstreut in Laub- und Kiefernwäldern, nur auf Kalkboden.

3 Bleiches Waldvöglein, *Cephalanthera damasonium (C. alba).* 30–60 cm hohe, ausdauernde Orchidee mit unterirdisch kriechendem Wurzelstock (Rhizom). Wechselständige, länglich-eiförmige, zugespitzte Blätter, kräftiger, kantiger Stengel. 6 gelblichweiße Blütenblätter dicht zusammengeneigt wie eine Knospe. 3–8 Blüten in lockerer Traube am Ende des Stengels. Frucht eine Kapsel. Blütezeit: Mai–Juni. Zerstreut in lichten Laubwäldern (meist Buchenwäldern) und Gebüschen, auf Kalkboden.

4 Braunrote Sitter, *Epipactis atrorubens (E. atropurpurea).* 30–60 cm hohe, ausdauernde Orchidee mit kurzem Wurzelstock. Eiförmig-längliche, rötlichviolett überlaufene Blätter. Rötlichbraune, ungespornte Orchideenblüte mit herzförmiger Lippe, in reichblütiger, einseitswendiger Traube. Blüte nach Vanille duftend. Kapselfrucht. Blütezeit: Juni bis August. Zerstreut in Dünenwäldern, an Waldrändern und sonnigen Hängen von Kalkbergen.

5 Großes Zweiblatt, *Listera ovata.* 20–50 cm hohe, ausdauernde Orchidee mit kriechendem Wurzelstock. Nur 2 gegenständige, eiförmig-längliche Blätter. Grüne, ungespornte Orchideenblüte mit 2spaltiger, nach unten gebogener Lippe, in langer, reichblütiger Traube. Kapselfrucht. Blütezeit: Juni–Juli. Zerstreut in lichten Laubwäldern, auf Wiesen, in Gebüschen.

6 Weiße Waldhyazinthe, *Platanthera bifolia.* 20 bis 45 cm hohe, ausdauernde Orchidee mit länglich-eiförmiger Knolle. 2 große, gegenständige, grundständige, verkehrt-eiförmig bis ovale Blätter. Weiße, gelbgrün behauchte, nach Hyazinthen duftende Orchideenblüte mit zungenförmiger, langer Lippe und fadenförmig gebogenem Sporn. Wenige Einzelblüten in einer Traube. Kapselfrucht. Blütezeit: Juni–Juli. Zerstreut auf lichten Waldstellen, Heiden, Wiesen, in Gebüschen.

7 Große Händelwurz, *Gymnadenia conopsea.* 20 bis 60 cm hohe, ausdauernde Orchidee mit 2lappiger, handförmig geteilter Knolle. Breit-linealische bis lanzettliche Blätter, die unten zu 3–5 genähert an schlankem Stengel sitzen. Die rosenrote bis violettrote, duftende Orchideenblüte mit 3lappiger Lippe, fadenförmig gespornt, in lockerer, vielblütiger, langwalziger Scheinähre. Kapselfrucht. Blütezeit: Juni bis Juli. Zerstreut auf sumpfigen Wiesen, grasigen Hängen, in lichten Kiefern- und Heidewäldern, im Norden nur selten. Kalkliebend.

KNABENKRAUTGEWÄCHSE, ORCHIDEEN Orchidaceae

1 Fliegenragwurz, *Ophrys insectifera.* 15–40 cm hohe, ausdauernde Orchidee mit ungeteilter, rundlicher Knolle. Lanzettliche Blätter, von denen 1–2 den Stengel scheidenförmig umfassen. 3 hellgrüne, äußere, schmal-linealische, innen rotbraune Blütenhüllblätter und dunkelbraune, 3spaltige Lippe mit 4eckigem bläulichem Fleck, ungespornt. Bis 20 Blüten einzeln in Scheinähre am Stengel stehend (einer Fliege ähnlich). Kapselfrucht. Blütezeit: Mai–Juni. Zerstreut auf trockenen Wiesen, vor allem in lichten Kiefernwäldern, auf Kalkboden.

2 Kleines Knabenkraut, *Orchis morio.* 8–40 cm hohe, ausdauernde Orchidee mit runder, ungeteilter Knolle. Länglich-lanzettliche Blätter. Wohlriechende Orchideenblüte mit dunkel- bis purpurvioletten, helmförmigen, oberen Deckblättern und 3spaltiger Lippe, gespornt, Kapselfrucht. Blütezeit: April–Juni. Zerstreut auf trockenen Wiesen, Hügeln, lichten Waldstellen. Vom Aussterben bedroht!

3 Purpurknabenkraut, *Orchis purpurea.* 30–80 cm hohe, ausdauernde Orchidee mit ovaler Knolle. Länglich-eiförmige Blätter. Orchideenblüte mit oben braunrotem Helm (Deckblättern) und hellpurpurner Lippe mit dunkelroten Punkten, gespornt, in walziger Scheinähre. Kapselfrucht. Blütezeit: Mai–Juni. Zerstreut in Laubwäldern, Gebüschen, auf trockenen Wiesen. Kalkliebend.

4 Helmknabenkraut, *Orchis militaris.* 25–50 cm hohe, ausdauernde Orchidee mit eiförmiger, ungeteilter Knolle. Sehr breit-ovale, längliche Blätter. Wohlriechende Orchideenblüte, violettrot mit hellerem Helm und purpurn gefleckter, 3teiliger Lippe, gespornt, in dichter Scheinähre. Kapselfrucht. Blütezeit: Mai–Juni. Zerstreut auf Wiesen, Lichtungen, auf Kalkboden.

5 Stattliches Knabenkraut, *Orchis mascula.* 15–50 cm hohe, ausdauernde Orchidee mit länglich-runder, ungeteilter Wurzelknolle. Lanzettartige bis länglich-eiförmige, nach dem Grund schmaler werdende Blätter an schlankem Stengel. Karminrote oder purpurne Blüte mit oberen, purpurvioletten Deckblättern und 3lappiger, purpurn punktierter Lippe, gespornt, in langer, lockerer Scheinähre. Kapselfrucht. Blütezeit: Mai–Juni. Zerstreut bis selten in warmen, lichten Laubwäldern, auf Magerrasen.

6 Breitblättriges Knabenkraut, *Dactylorhiza (Dactylorchis) majalis.* 15–50 cm hohe, ausdauernde Orchidee mit handförmig 3teiligen Wurzelknollen. 4–6 stengelumfassende, länglich-eiförmige bis lanzettliche, rotbraun gefleckte Blätter. Violettrote oder purpurne Orchideenblüte mit 3lappiger Lippe und 2 Seitenlappen sowie kegel-walzenförmigem Sporn in zylindrischer, dichter Scheinähre. Kapselfrucht. Blütezeit: Mai–Juli. Auf feuchten Wiesen, Flachmooren. Verbreitetste Orchidee.

7 Geflecktes Knabenkraut, *Dactylorhiza (Dactylorchis) maculata.* 25–60 cm hohe, ausdauernde Orchidee mit handförmig 3–4teiliger Knolle. Meist braun gefleckte Laubblätter, länglich bis lanzettlich-spitz, schmaler als bei Breitblättriger Kuckucksblume. Hellrötlichlila Orchideenblüte mit 3lappiger, violetter Lippe und purpurnen Flecken, abwärts kegelwalzenförmig gespornt, in dicht-walzenförmiger Scheinähre. Kapselfrucht. Blütezeit: Juni–Juli. Zerstreut in lichten Wäldern, auf feuchten Waldwiesen, Flachmooren, in Erlenbrüchen.

KNABENKRAUTGEWÄCHSE, ORCHIDEEN Orchidaceae

1 Grüne Hohlzunge, *Coeloglossum viride.* 10–30 cm hohe, ausdauernde Orchidee mit tief 2teiliger Knolle. Blätter eiförmig bis länglich-lanzettlich, meist 2–4, oben länger als unten. Gelb- bis bräunlichgrüne Orchideenblüte mit 3zähniger, abwärts gerichteter Lippe und kurzem Sporn. Kapselfrucht wie bei allen Orchideen. Blütezeit: Mai–Juli. Zerstreut bis selten auf feuchten, moorigen, oft kalkhaltigen Wiesen. Vom Aussterben bedroht!

2 Dufthändelwurz, *Gymnadenia odoratissima.* 15 bis 40 cm hohe, ausdauernde Orchidee mit einer geteilten Knolle. Blaugrüne, lange, lanzettliche bis breit-linealische Blätter, die oberen kürzer. Rote, selten weiße, duftende Orchideenblüten mit 3spaltiger Lippe und kurzem, kaum die Länge des Fruchtknotens erreichendem, selten fehlendem Sporn in dünner, zylindrischer Traube. Blütezeit: Juni bis August. Auf feuchten Wiesen, besonders im Süden verbreitet, sonst selten.

3 Schwarzes Kohlröschen, *Nigritella nigra.* 5–25 cm hohe, ausdauernde Orchidee mit handförmig geteilter Knolle. Untere Blätter lanzettlich, obere linealisch, bis zum Blütenstand reichend. Dunkelbraunrote bis schwarzrote, duftende Orchideenblüten mit ungeteilter, selten leicht 3lappiger Lippe und kurzem Sporn in fast kugeligem Blütenstand. Blütezeit: Juni–August. Verbreitet auf kalkreichen Matten der Hochgebirge.

4 Weißzunge, *Pseudorchis (Gymnadenia) albida.* 10–20 cm hohe, ausdauernde Orchidee mit tief geteilten, handförmigen Knollen. Verkehrt-eiförmige bis lanzettliche Blätter. Kleine, weiße bis gelblichweiße Orchideenblüten mit 3spaltiger Lippe und Sporn, der $^{1}/_{3}$ so lang wie der Fruchtknoten ist, in kleiner, schmaler Ähre. Blütezeit: Mai–August. Auf Bergwiesen und Matten im Mittel- und Hochgebirge verbreitet, sonst selten.

5 Zwergorchis, *Chamorchis alpina.* 5–10 cm hohe, ausdauernde Orchidee mit einer ungeteilten, länglichen Knolle. Grundständige, schmal-linealische, etwa zu 8 den Blütenstand erreichende Blätter. Gelblichgrüne bis bräunliche, helmförmig zusammengeneigte Orchideenblüten mit undeutlich 3lappiger Lippe, ungespornt in lockerer, kleiner, 5–10blütiger Ähre. Blütezeit: Juli–August. Zerstreut auf kalkreichem, steinigem Ödland und Matten im Hochgebirge.

6 Einknollige Honigorchis, *Herminium monorchis.* 10 bis 30 cm hohe, ausdauernde Orchidee mit kleiner, rundlicher Knolle und knollentragenden Ausläufern. 2–3 länglich-spitze bis lanzettliche Laubblätter. Sehr kleine, grünlichgelbe, nickende, duftende Orchideenblüten mit 3spaltiger Lippe und kaum entwickeltem Sporn. Blütezeit: Mai–August. Selten bis zerstreut auf kalkreichen Wiesen und Berghängen. Vom Aussterben bedroht!

7 Kugelorchis, *Traunsteinera (Orchis) globosa.* 30 bis 50 cm hohe, ausdauernde Orchidee mit einfachen, länglichen Knollen. Lanzettliche bis längliche, zugespitzte Blätter, von denen das oberste den Blütenstand fast erreicht. Fleischfarben-hellrote Orchideenblüten mit dunkelpurpurn punktierter 3lappiger Lippe und halb so langem Sporn wie der Fruchtknoten. Blütezeit: Juni–August. Selten auf kalkreichen Gebirgswiesen im Mittel- und Hochgebirge. Vom Aussterben bedroht!

ROHRKOLBENGEWÄCHSE Typhaceae

1 Breitblättriger Rohrkolben, *Typha latifolia.* 1–2 m hohe, ausdauernde Pflanze mit kriechendem Wurzelstock. Blätter wechselständig, schmal-linealisch. Kleine ♀ und darüber ♂ Blüten in schwarzbraunen, walzenförmigen Kolben, beide Kolben berühren sich. Blütezeit: Juli–August. Verbreitet an Ufern von Seen, Flüssen und Gräben, in Sümpfen und Mooren.

2 Der zur gleichen Zeit blühende **Schmalblättrige Rohrkolben,** *Typha angustifolia,* hat schmale Blätter und Kolben, wobei ♂ und ♀ Kolben durch ein Stengelstück 3–5 cm entfernt sind.

IGELKOLBENGEWÄCHSE Sparganiaceae

3 Einfacher Igelkolben, *Sparganium emersum.* 20 bis 60 cm hohe, ausdauernde Pflanze. Blätter schmal, aufrecht- oder lang flutend. Unten ♀ Blüten in Köpfen, oben ♂ Blüten. Blütenkolben gelblichweiß. Lang geschnäbelte Frucht. Blütezeit: Juni–Juli. Verbreitet an Ufern von Teichen und Gräben.

LAICHKRAUTGEWÄCHSE Potamogetonaceae

4 Krauses Laichkraut, *Potamogeton crispus.* Bis 2 m lange, ausdauernde Pflanze mit verzweigtem Wurzelstock. Gegenständige, lineal-längliche, wellig-krause Blätter. Blüte mit 4 Blütenblättern in wenigblütiger, kurzer Ähre, aus dem Wasser ragend. Blütezeit: Mai–September. Verbreitet in stehenden und langsam fließenden Gewässern.

5 Schwimmendes Laichkraut, *Potamogeton natans.* 60–150 cm hohe, ausdauernde Pflanze mit langem Wurzelstock. Schwimmblätter elliptisch-herzförmig, untergetauchte Blätter lineal-lanzettlich. Blüte mit 4 unscheinbaren, grünlichen Blütenblättern. Blütenstand vielblütige Ähre über dem Wasser. Blütezeit: Juni–August. Häufig in Teichen, Seen, Gräben, langsam fließenden Gewässern.

SEEGRASGEWÄCHSE Zosteraceae

6 Echtes Seegras, *Zostera marina.* 30–100 cm lange, ausdauernde Pflanze mit kriechendem Wurzelstock, bis in 10 m Tiefe vorkommend. Grasartige, lange, flutende Blätter. Unscheinbare, einfache Blüte, von Blattscheide eingeschlossen. Kolbenförmiger Blütenstand unter Wasser blühend. Blütezeit: Juni–September. An Küsten gemein.

FROSCHLÖFFELGEWÄCHSE Alismataceae

7 Gemeiner Froschlöffel, *Alisma plantago-aquatica.* Bis 120 cm hohe, ausdauernde Pflanze mit knollig verdicktem Wurzelstock. Wasserblätter bandartig, vor den löffelartigen (Name), langgestielten Luftblättern erscheinend. Weiße bis rötliche Blüten mit 3 Kelch- und 3 Kronblättern, gestielt, in pyramidenartig-quirliger Rispe mit abstehenden Ästen. Frucht ein Nüßchen. Blütezeit: Juni–September. Gemein in Sümpfen, Gräben, Teichen, Seen.

8 Pfeilkraut, *Sagittaria sagittifolia.* 30–100 cm hohe, ausdauernde, mit Knollen am Ende unterirdischer Ausläufer überwinternde Pflanze. Untere Blätter bandförmig, flutend, Schwimmblätter oval-pfeilförmig, langgestielt, Luftblätter tief pfeilförmig, aufrecht. Blüten mit 3 rötlichgrünen Kelch- und 3 weißen Blütenblättern. In 3zähligen Quirlen, unten ♀ weiße, oben länger gestielte ♂ Blüten. Blütezeit: Juni bis August. Zerstreut an Teichen, Seen, Gräben.

WASSERLIESCHGEWÄCHSE Butomaceae

1 Schwanenblume, Blumenbinse, *Butomus umbellatus.* 60–150 cm hohe Pflanze mit ausdauerndem, kurzem Wurzelstock (Rhizom). Die schwertförmigen Blätter bis über 1 m lang. Zwittrige, rötlichweiße Blüten mit 6 Blütenblättern, in Scheindolden. 6 Balgfrüchte. Blütezeit: Juni–August. Zerstreut in Gräben, an Ufern.

FROSCHBISSGEWÄCHSE Hydrocharitaceae

2 Kanadische Wasserpest, *Elodea canadensis.* 30 bis 60 cm lange. in sauberem Wasser noch verbreitete Wasserpflanze, die nur selten von Mai–August einzelne eingeschlechtliche Blüten bildet. Vermehrung durch Triebstücke und Winterknospen.

3 Froschbiß, *Hydrocharis morsus-ranae.* 15–30 cm hohe, ausdauernde Schwimmpflanze. Rundliche Schwimmblätter in einer Rosette stehend. Bildet Ausläufer und im Herbst Winterknospen. Zweihäusige Pflanze mit weißen ♂ Blüten zu 2–3 oder einzelnen ♀ Blüten mit 3 weißen Kronblättern. Blütezeit: Juni bis August. Zerstreut bis verbreitet in Gewässern.

SÜSSGRÄSER Poaceae

4 Gemeines Schilf, *Phragmites australis (Ph. communis).* 1–4 m hohes, ausdauerndes Gras mit unterirdischem, kriechendem Wurzelstock. Lange, schneidend scharfe Blätter, Blatthäutchen in Haarkranz aufgelöst. Ährchen 3–7blütig. Blütenstand lockere Rispe. Blütezeit: Juli–September. Gemein in der Verlandungszone von Seen und Flüssen, in Sümpfen.

5 Wasserschwaden, *Glyceria maxima.* Bis 2 m langes, ausdauerndes Gras. Lineale, geschiente Blätter. Kein Blattöhrchen und weißes Blatthäutchen. Lange 5- bis 8blütige, grannenlose Ährchen. Blütenstand lange Rispe. Blütezeit: Juli–August. Verbreitet in Verlandungszonen von Teichen und Gräben.

ARONGEWÄCHSE Araceae

6 Sumpfcalla, Sumpfschlangenwurz, *Calla palustris.* Bis 50 cm hohe, ausdauernde, giftige Pflanze mit kriechendem Wurzelstock. Rundlich-herzförmige, zugespitzte Blätter. Kleine, zwittrige, grüne Blüten in kurzwalzigem Blütenkolben, mit grünem, innen weißem Hüllblatt, durch widerlichen Geruch Aasfliegen anlockend. Rote Beeren auch giftig. Blütezeit: Mai bis September. Zerstreut in Waldsümpfen, Erlenbrüchen, Heidemooren.

WASSERLINSENGEWÄCHSE Lemnaceae

7 Kleine Wasserlinse, *Lemna minor.* Kleine Schwimmpflanze mit 0,3–0,5 cm großem Blättchen und nur einem Würzelchen. Einhäusig, 2 ♂ und 1 ♀ Blüten, selten ausgebildet. Vermehrung fast nur durch Sprossung. Blütezeit: Mai–Juni. Gemein in Gräben, Teichen, Sümpfen. Bei Großer Wasserlinse Blättchen über 0,5 cm und mehrere Würzelchen.

SCHWERTLILIENGEWÄCHSE Iridaceae

8 Wasserschwertlilie, *Iris pseudacorus.* 60–100 cm hohe, ausdauernde giftige Pflanze mit dickem, verzweigtem Wurzelstock (Rhizom). Schwertförmige, lineal-lanzettliche Blätter. Gelbe Blüten mit 6 Blütenblättern, die 3 äußeren mit braunem Mal und 3 blumenblattartigen Narbenästen. Frucht 3fächerige, braune Kapsel. Blütezeit: Mai–Juni. Verbreitet an Gräben, Ufern, in Sümpfen, im Erlenbruchwald.

SEEROSENGEWÄCHSE Nymphaeaceae

1 Weiße Seerose, *Nymphaea alba.* Ausdauernde Pflanze mit dickem, kriechendem Wurzelstock. Schwimmblätter herzförmig, wachsüberzogen. 9 bis 12 cm große Blüten mit 4–5 grünen Kelch- und weißen Blütenblättern, von 7–17 Uhr geöffnet. Kugelige Frucht mohnkapselähnlich. Blütezeit: Juni–August. Verbreitet in der Verlandungszone von Gewässern bis 1,50 m Wassertiefe.

2 Die **Große Mummel,** *Nuphar lutea,* mit langgestielten, lederartigen Schwimmblättern hat von Juni bis August entfaltete, gelbe Blüten und grüne, flaschenförmige Früchte. Verbreitet in Gewässern.

HAHNENFUSSGEWÄCHSE Ranunculaceae

3 Gemeiner Wasserhahnenfuß, *Ranunculus aquatilis.* Bis 2 m lange, ausdauernde Wasserpflanze. Schwimmblätter nierenförmig, 3–5lappig, Unterwasserblätter mehrfach 3teilig, fein zerteilt. Blüten mit 5 Kelch- und 5 weißen Blütenblättern, über das Wasser erhebend. Rauhhaarige, ovale Früchte. Blütezeit: Juni–September. Verbreitet in Gewässern.

HORNBLATTGEWÄCHSE Ceratophyllaceae

4 Gemeines Hornblatt, *Ceratophyllum demersum.* 50 bis 100 cm hohe, ausdauernde, wurzellose Pflanze. Blätter starr, in Quirlen. Pflanze einhäusig. ♂ und ♀ Blüten selten, unter Wasser bleibend. Blütezeit: Juni–September. Verbreitet in Gewässern.

WASSERSTERNGEWÄCHSE Callitrichaceae

5 Gemeiner Wasserstern, *Callitriche palustris.* 5–30 cm hohe, ausdauernde oder einjährige Pflanze. Linealische Unterwasser-, eiförmige Schwimmblätter. Einhäusig. Eiförmige Frucht mit gekielten bis schwach geflügelten Klausen. Die 1–2 mm langen Narben, die doppelt so lang wie Fruchtknoten, dienen zur Bestimmung. Blütezeit: Mai–Oktober. Gemein in Gewässern, Tümpeln der Gebirge, seltener in der Ebene.

SEEBEERENGEWÄCHSE Haloragaceae

6 Ährentausendblatt, *Myriophyllum spicatum.* Bis 2 m lange, ausdauernde Pflanze, meist kriechend, im Grund des Wassers wachsend. Fiederspaltige Blätter, meist zu 4 im Quirl. Einhäusig, ♂ und ♀ kleine Blüten mit 4 rosarötlichen Kronblättern, in 4zähligen Quirlen aufrechte Ähren bildend. Blütezeit: Juli–August. Verbreitet in Gewässern. Kalkliebend.

TANNENWEDELGEWÄCHSE Hippuridaceae

7 Gemeiner Tannenwedel, *Hippuris vulgaris.* Meist 10–50 cm hohe, ausdauernde Pflanze mit kriechendem Wurzelstock. Schmal-linealische Blätter in Quirlen. Sehr kleine, zwittrige, grünliche Blüten in Achseln der Blätter. Blütezeit: Mai–August. Zerstreut bis verbreitet an Rändern von Gewässern. Kalkliebend.

PRIMELGEWÄCHSE Primulaceae

8 Wasserfeder, Wasserprimel, *Hottonia palustris.* 15 bis 50 cm hohe, ausdauernde Pflanze mit untergetauchtem Stengel. Fiederspaltige, kammförmige Blätter mit rosettiger Triebspitze. Langgestielte Blüten mit rosa bis weißen Kronblättern, in quirliger Blütentraube am Ende der Sprosse über dem Wasser. Kapselfrüchte im Wasser reifend. Blütezeit: Mai–Juni. Zerstreut in Gräben, Tümpeln, Verlandungszonen.

KNÖTERICHGEWÄCHSE Polygonaceae

1 Stumpfblättriger Ampfer, *Rumex obtusifolius.* 60 bis 100 cm hohe, ausdauernde Pflanze mit aufsteigenden Trieben. Grundständige Blätter herz-eiförmig, lang, gestielt. Wie bei allen Blüten der Gattung Ampfer *(Rumex)* mit 6 Blütenhüllblättern, meist klein, grünlich, innere Blüten deutlich gezähnt. Blütenstand eine aus Scheinquirlen bestehende Scheintraube. Blütenblätter das Nüßchen mit zerschlitztem Flügel einschließend. Blütezeit: Juni–August. Häufig auf Wiesen, Kahlschlägen, Ödland, an Gräben, feuchten Gebüschen, Wegrändern.

2 Sumpfampfer, *Rumex palustris.* Bis über 1 m hohe, einjährig überwinternde Pflanze mit lineal-lanzettlichen Blättern. Kleine Blüten grün- bis rötlich. Fruchthülle des Nüßchens mit 1–3 Zähnen und einer Schwiele. Blütezeit: Juli–September. Verbreitet auf feuchten Wiesen, Ödland, an Gräben, Ufern.

3 Knäuelampfer, *Rumex conglomeratus.* 30–80 cm hohe, ausdauernde Pflanze mit spindelförmigem, ästigem Wurzelstock. Blätter herzförmig-länglich bis lanzettlich, zugespitzt. Kleine Blüten grünlich, in Scheinquirlen, eine Scheintraube bildend. Frucht scharfkantiges Nüßchen mit Schwielen. Zipfel der Fruchthülle ganzrandig. Blütezeit: Juni–August. Häufig an Ufern, Gräben, Wegrändern.

4 Krauser Ampfer, *Rumex crispus.* 60–100 cm hohe, ausdauernde, rötlich überlaufene Pflanze. Blätter lanzettlich, spitz, wellig-kraus, am Grunde gestutzt bis herzförmig. Blüten grünlich, in Scheintrauben wie Nr. 1. Zipfel der inneren Fruchthülle des Nüßchens ganzrandig, am Grund gezähnelt. Blütezeit: Juni bis August. Gemein auf Wegen, Wiesen, feuchten Äckern, Schuttplätzen, an Wegrändern.

5 Kleiner Sauerampfer, *Rumex acetosella.* 10–30 cm hohe, mehrjährige Pflanze. Lanzettlich oder linealisch-spießförmige, gestielte Blätter mit Zipfeln. Blüten mit 3 äußeren Blütenhüllblättern und rötlichen Blütenblättern, in Quirlen aufrechte, traubige Blütenstände bildend. Glänzend braune, nicht geflügelte Schließfrüchte (Nüßchen). Innere Zipfel der Fruchthülle kantig, äußere halb angedrückt. Blütezeit: Mai–August. Gemein in trockenen Wäldern, Heiden, auf Sandfeldern, Mauern, Äckern, Triften, an Wegrändern. Kalkmeidend.

6 Wiesensauerampfer, *Rumex acetosa.* Bis 100 cm hohe, ausdauernde Pflanze mit langer Pfahlwurzel. Blätter länglich-pfeilförmig, untere langgestielt, obere den Stengel umfassend, beide in häutiger Tute. Blüten rötlich, in Quirlen, schlanke, schmale Rispe bildend. Schwarzbraune, scharfkantige Früchte an roten Stielen. Innere Zipfel der Fruchthülle häufig mit Schuppe. Blütezeit: Mai–Juli. Gemein auf frischen, feuchten Wiesen und Grasplätzen. Blätter in größerer Menge nicht bekömmlich.

7 Wiesenknöterich, *Polygonum bistorta.* 30–100 cm hohe, ausdauernde Pflanze mit Ausläufern und schlangenförmig gekrümmtem Wurzelstock. Die länglich-eiförmigen Blätter am Grunde abgestutzt bis herzförmig mit geflügeltem Stiel und röhrigen Nebenscheiden (Tuten), obere Blätter mehr lanzettlich-linealisch. Sehr kleine Blüten, 5 Blütenhüll- und 5 Blütenblätter in dichter, walzenförmiger, weißlicher oder rosa Scheinähre an der Spitze des Stengels. Die Frucht ist braun, eine scharf 3kantige, ungeflügelte Nuß. Blütezeit: Mai–Juli. Verbreitet bis zerstreut auf feuchten Wiesen, aber auch in Flachmooren häufig anzutreffen.

KNÖTERICHGEWÄCHSE Polygonaceae

1 Wasserknöterich, *Polygonum amphibium.* 30 bis 100 cm hohe, ausdauernde Pflanze mit aufrechtem oder im Wasser flutendem Stengel. Blätter der Wasserform länglich, langgestielt, die der Landform lanzettlich, kurzgestielt. Rötliche Blüten mit 5 Blütenblättern in ährenförmigem Blütenstand. Linsenförmige Früchte mit gewölbten Seiten und scharfem Rand. Blütezeit: Juni–September. Verbreitet an Ufern, Gräben, feuchten Stellen.

2 Flohknöterich, *Polygonum persicaria.* 20–80 (auch 100) cm hohe, einjährige Pflanze mit länglich-lanzettlichen, lang zugespitzten Blättern, Scheide dem Stengel anliegend. Rosa oder weiße, am Grunde grünliche Blüten in end- oder blattwinkelständiger, langwalzlicher Scheinähre. Frucht schwarzes Nüßchen, von Blütenhülle umgeben, mit flacher und gewölbter Seite. Blütezeit: Juli–Oktober. Gemein auf feuchten Äckern, Schutt, an Ufern, Gräben, Wegrändern.

3 Pfefferknöterich, *Polygonum hydropiper.* 25–60 cm hohe, einjährige Pflanze mit giftigen, lanzettlich-länglichen Blättern, obere sitzend, untere gestielt. Scheiden (Tuten) fast kahl. Blüten mit grünlicher, 4teiliger Blütenhülle mit purpurnem oder weißem Rand und 6–8 Staubblättern, in langer, dünner, überhängender Scheinähre. Früchte in Blütenhülle eingeschlossen, mit flacher oder gewölbter Seite. Blütezeit: Juli–September. Verbreitet an Gräben, Teichen, auf feuchten Waldstellen und Äckern. Kalkmeidend.

4 Vogelknöterich, *Polygonum aviculare.* 10–50 cm hohe, einjährige Pflanze mit meist niederliegendem, kriechendem, ästigem Stengel. Blätter länglich-linealisch, langgestielt, mit 2spaltigen, zerschlitzten Scheiden. 5 grüne, am Rand purpurn oder weiße Blüten- und 5 Staubblätter. Die kleinen Blüten meist in 2- bis 5blütigen Büscheln aus den Blattwinkeln, traubenährenähnliche Blütenstände bildend. Früchte etwa so lang wie Blütenhülle, fein gestreift, am Grund am dicksten. Blütezeit: Mai–November. Gemein auf Wegen, Pflaster, Äckern, Triften. Arzneipflanze.

5 Gemeiner Windenknöterich, *Fallopia (Polygonum) convolvulus.* 15–100 cm hohe, einjährige Pflanze mit windendem Stengel und herz-pfeilförmigen Blättern. Blüten außen grün, mit weißem Rand. Frucht kleine, ungestielte Nuß mit stumpfem Kiel. Blütezeit: Juli bis Oktober. Gemein auf Äckern, in Gärten.

AMARANTGEWÄCHSE Amaranthaceae

6 Zurückgebogener Fuchsschwanz, *Amaranthus retroflexus.* 15–100 cm hohe, einjährige Pflanze. Eiförmige zugespitzte, langgestielte Blätter, zottig behaarter Stengel. Grüne Blüte mit 5teiliger Blütenhülle und stachelspitzigen Vorblättern, meist in Knäueln in den Blattachseln. Runzlige, 2–3spitzige Deckelfrucht. Blütezeit: Juli–September. Verbreitet auf Ödland, Äckern, Schuttplätzen, an Wegen.

RESEDENGEWÄCHSE Resedaceae

7 Gelbe Resede, *Reseda lutea.* 20–60 cm hohe, ein- bis mehrjährige, einmal blühende Pflanze. Blätter 3spaltig bis 1–2fach fiederteilig, alle mit lanzettlichen Abschnitten, untere ungeteilt. Hellgelbe, kleine Blumenkrone, 4 Kelch- und Blütenblätter, Blüten in dichter Traube. Früchte bei Reife aufrecht. Blütezeit: Mai–September. Verbreitet an Wegrändern, Ufern, auf Schuttplätzen, Äckern, sonnigen Hängen.

GÄNSEFUSSGEWÄCHSE Chenopodiaceae

1 Weißer Gänsefuß, *Chenopodium album.* 20–60 (auch 150) cm hohe, einjährige, mehlig bestäubte Pflanze. Stengelblätter eiförmig-lanzettlich, spitz. Grünliche Blüten wie bei allen Gänsefuß- *(Chenopodium-)* Arten mit 5 Blüten- und 5 Staubblättern. Blütenstand pyramidenförmig-ästige, aus Knäueln bestehende Scheinähren. Frucht eine Nuß mit glänzendem Samen. Blütezeit: Juli–Oktober. Gemein auf Schutt, Äckern, in Gärten.

2 Dorfgänsefuß, Guter Heinrich, *Chenopodium bonus-henricus.* 20–60 cm hohe, ausdauernde Pflanze mit kräftigem Wurzelstock, mehlig bestäubt. 3eckig-spießförmige, etwas wellige, gestielte Blätter. Blüten oft nur mit 2–5 Staubgefäßen oder ♀. Endständiger, ährig-rispiger Blütenstand, aufrecht stehend. Frucht geschlossen bleibende Nuß mit einem Samen. Blütezeit: Mai–August. Verbreitet auf Schutt, an Wegrändern, in der Nähe von Dungstätten.

3 Vielsamiger Gänsefuß, *Chenopodium polyspermum.* 15–60 cm hohe, einjährige, nicht bestäubte Pflanze mit eiförmigen bis länglichen Blättern. Blüten in ährenförmigem, lockerem Blütenstand. Blütezeit: Juli–September. Verbreitet bis zerstreut auf Äckern, an Wegrändern, Ufern, in Gärten.

4 Spreizende Melde, *Atriplex patula.* 30–80 cm hohe, einjährige Pflanze mit aufsteigendem Stengel. Stengelblätter 3eckig, spießförmig bis lanzettlich-linealisch. Eingeschlechtliche, grünliche Blüten, ♂ 5teilige Blütenhülle, ♀ 2teilig, gemischt in Knäueln, kurze Scheinähren bildend. Frucht ein Nüßchen mit fast 3eckiger Fruchthülle und Zipfeln. Blütezeit: Juli bis Oktober. Gemein auf Schutt, Äckern, an Wegrändern. Ähnlich Spießmelde, *A. hastata.*

5 Kalisalzkraut, *Salsola kali.* 15–60 cm hohe, einjährige Pflanze mit pfriemlich-zylindrischen, sitzenden, fleischigen Blättern, untere mit dorniger Spitze. Blüte mit 5 Blütenblättern und 2 stehenden Deckblättern, in Blattachseln einen ährenförmigen Blütenstand bildend. Blütezeit: Juli–September. Zerstreut am Meeresstrand, an Küsten, Salzstellen und Wegrändern, auch im Binnenland.

HANFGEWÄCHSE Cannabaceae

6 Gemeiner Hopfen, *Humulus lupulus.* 2–6 m lange, ausdauernde Schlingpflanze mit windenden Stengeln, die Klimmhaken tragen. Handförmig 3–5lappige, herzförmige, rauhhaarige, langgestielte Blätter. Zweihäusige Pflanze, ♀ Blüten gelbgrüne, kätzchenähnliche, zapfenartige Scheinähren bildend, ♂ Blütenstände rispig, aus Blattwinkeln herabhängend, mit weißgrüner Blütenhülle. Gelbgrüne, dann gelbbraune Fruchtschuppen (Fruchtzapfen) mit Harzdrüsen. Blütezeit: Juli–August. Verbreitet in Hecken, Auwäldern, Erlenbrüchen. Arzneipflanze. Hopfenbitter zur Bierbereitung. Wird zu diesem Zweck angebaut.

NESSELGEWÄCHSE Urticaceae

7 Große Brennessel, *Urtica dioica.* 60–150 cm hohe, ausdauernde Pflanze mit kriechendem Wurzelstock (Rhizom). Länglich-herzförmige, zugespitzte, grob gesägte Blätter mit Brennhaaren. Zweihäusige Pflanze. ♂ Blüten mit 4 Blütenhüll- und 4 Staubblättern in aufrechter, ♀ Blüten mit 2 Blütenblättern in blattachselständiger, hängender Blütenrispe. Frucht einsamiges Nüßchen. Blütezeit: Juli–Oktober. Gemein in Erlenbrüchen, Hecken, feuchten Wäldern, an Wegrändern und Ruderalstellen. Arzneipflanze.

KARDENGEWÄCHSE Dipsacaceae

1 Wilde Karde, *Dipsacus sylvestris.* Bis 2 m hohe, zweijährige Pflanze. Blätter länglich-eiförmig bis lanzettlich, gekerbt bis gesägt. Die lila Blüten mit röhrig verwachsenen Blütenblättern und 4–5spaltigem Saum in walzigem Blütenstand. Blütezeit: Juli bis August. Zerstreut an Weg- und Waldrändern, Ufern, Dämmen. Kalkliebend.

2 Teufelsabbiß, *Succisa pratensis.* 20–80 cm hohe, ausdauernde Pflanze mit kurzem, dickem, abgebissenem Wurzelstock (Name). Die Blätter sind länglich-lanzettlich bis eilänglich. Blüten mit 4spaltiger, blauer Blumenkrone, in vielblütigen, halbkugeligen Blütenköpfen. Fruchtköpfchen kugelig. Blütezeit: Juli bis September. Verbreitet auf feuchten Wiesen, Heiden, an Waldrändern.

3 Ackerwitwenblume, *Knautia arvensis.* 30–80 cm hohe, ausdauernde Pflanze mit ästigem Wurzelstock. Blätter fiederspaltig, behaart, untere ungeteilt. Blüten 4spaltig, meist bläulich-lila, in vielblütigen Köpfchen und mit strahlenden Randblüten. Blütezeit: Juni–August. Gemein bis verbreitet auf Wiesen, an Wald- und Ackerrändern.

4 Gelbe Skabiose, *Scabiosa ochroleuca.* 25–80 cm hohe, ausdauernde Pflanze. Blätter oben schmalfiederteilig mit lineal-lanzettlichen, spitzen Abschnitten. Gelbe, 5spaltige Blüten in korbblütenähnlichen Köpfchen. Blütezeit: Juli–Oktober. Häufig bis zerstreut auf Triften, an Wegrändern.

BALDRIANGEWÄCHSE Valerianaceae

5 Gemeines Rapünzchen, *Valerianella locusta.* 10 bis 25 cm hohe, einjährig überwinternde oder zweijährige Pflanze. Blätter länglich-spatelig. Blüten mit 5spaltiger, bläulicher, verwachsener Blumenkrone, entfernt angeordnete Köpfchen bildend. Früchte rundlich-eiförmig, zusammengedrückt. Blütezeit: April–Mai und Juli–August. Verbreitet auf Äckern, Triften, in Hecken, an Wegrändern. Gemüsepflanze.

6 Kleiner Baldrian, *Valeriana dioica.* 10–30 cm hohe, ausdauernde Pflanze mit kriechenden Ausläufern. Blätter rundlich-eiförmig bis fiederspaltig, oben 3paarig-fiederschnittig. Zweihäusig. ♀ Blüten rötlichweiß, sehr klein, ♂ Blüten rosarötlich, beide mit 5spaltigen, verwachsenen Kronblättern in endständiger Trugdolde. Blütezeit: Mai–Juni. Verbreitet auf sumpfigen Wiesen, Flachmooren, in Erlenbrüchen.

MOSCHUSKRAUTGEWÄCHSE Adoxaceae

7 Moschuskraut, Bisamkraut, *Adoxa moschatellina.* 5–15 cm hohe, ausdauernde Pflanze. Blätter 3- bis doppelt 3zählig, nach Moschus riechend (Name). Grünlichweiße Blüten mit 5 oder 4 (oberen) Blütenblättern, in endständigem, 3–7blütigem, würfeligem Kopf. Frucht beerenartig. Blütezeit: März–Mai. Zerstreut in feuchten Gebüschen, Laub- und Auwäldern.

EISENKRAUTGEWÄCHSE Verbenaceae

8 Echtes Eisenkraut, *Verbena officinalis.* 30–100 cm hohe, einjährige bis ausdauernde Pflanze. Eilängliche bis 3spaltige Blätter. Kleine Blüten mit 5spaltiger, verwachsener, lila, rötlich oder weißer Blütenkrone in rutenförmigen Ähren. Frucht in 4 Teilfrüchte zerfallend. Blütezeit: Juli–September. Verbreitet auf Weiden, Schutt, an Ufern, Wegrändern, Zäunen. Früher Arzneipflanze.

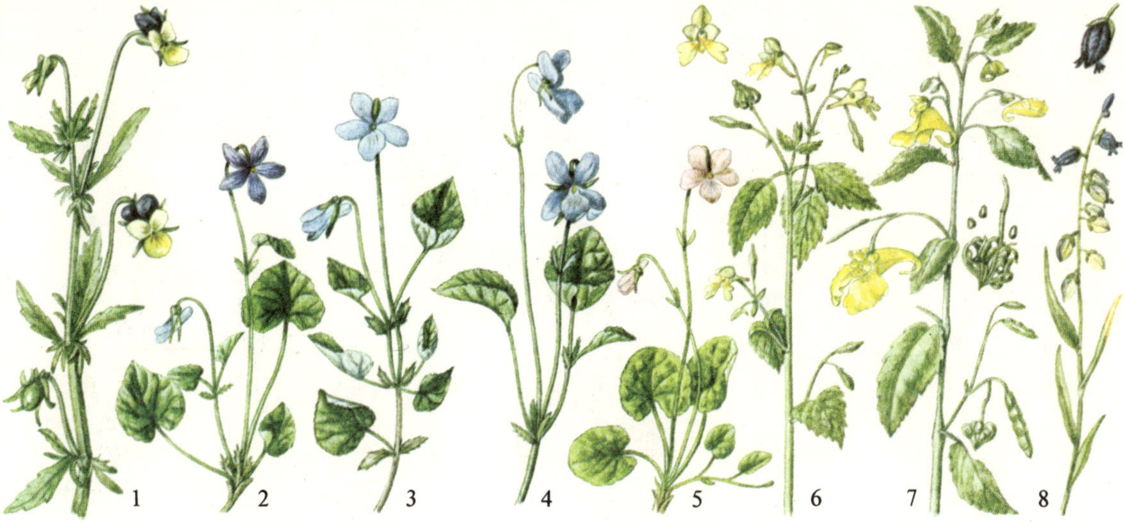

VEILCHENGEWÄCHSE Violaceae

1 Wildes Stiefmütterchen, *Viola tricolor*. 10–30 cm hohe, ein-, zweijährige oder ausdauernde Pflanze. Blätter herz-eiförmig bis länglich. Nebenblätter leierförmig-fiederspaltig. Blüten wie bei allen *Viola*-Arten mit 5 Blütenblättern, die violett, gelb oder weißlich sind. Untere Kronblätter mit Sporn. Einzeln stehende Blüten. 3klappige Kapselfrucht wie bei allen *Viola*-Arten. Blütezeit: Mai–Oktober. Gemein auf Äckern, Wiesen, Brachen. Garten- und Arzneipflanze.

2 Waldveilchen, *Viola reichenbachiana*. Bis 20 cm hohe, ausdauernde Pflanze mit grundständiger Blattrosette. Blätter nieren- bis breit-herzförmig, zugespitzt. Nebenblätter lineal-lanzettlich, gefranst-gesägt, kürzer als Blattstiel. Blüten zu 1–3 zusammen, tiefblau-violett. Sporn dünn, schlank. Blütezeit: April–Juni. Verbreitet in Laubwäldern, Hecken, Hainen.

3 Hainveilchen, *Viola riviniana*. 10–40 cm hohe, ausdauernde Pflanze. Blätter herzförmig. Lanzettliche, wenig gefranste Nebenblätter, kürzer als Blattstiel. Blüten blaßblau bis weißlich, mit weißem, dickem Sporn. Blütezeit: April–Mai. Verbreitet in Hecken, Gebüschen, lichten Wäldern.

4 Hundsveilchen, *Viola canina*. Bis 30 cm hohe, ausdauernde Pflanze. Länglich-eiförmige, herzförmige bis nierenförmig-rundliche, langgestielte Blätter. Nebenblätter klein, meist gefranst-gesägt. Kleine, meist tiefblaue Blüte mit weißem oder gelblichem Sporn. Blütezeit: April–Juni. Verbreitet auf Wiesen, Mooren, Heiden, in lichten Wäldern.

5 Sumpfveilchen, *Viola palustris*. 8–15 cm hohe, ausdauernde Pflanze mit grundständigen, nieren-herzförmigen Blättern und freien, eiförmigen, fransiggezähnten Nebenblättern. Kleine, lila bis weiße Blüten mit kurzem Sporn, einzeln stehend. Blütezeit: Mai–Juni. Verbreitet bis zerstreut auf Wiesen, in Torfsümpfen, nassen Wäldern, auf kalkarmen Böden.

BALSAMINENGEWÄCHSE Balsaminaceae

6 Kleinblütiges Springkraut, *Impatiens parviflora*. 15 bis 60 cm hohe, einjährige Pflanze mit länglich-eiförmigen, gesägten, oben gegen-, unten wechselständigen Blättern. Kleine, blaßgelbe, rotpunktierte Blüten mit 5 verwachsenen Kron- und 5 Kelchblättern, von denen 2 einen geraden Sporn bilden, aufrecht in lockeren Trauben. Frucht eine vielsamige, aufspringende Kapsel. Blütezeit: Juni–September. Verbreitet in Gärten, Hecken, Laubwäldern, auf Schutt.

7 Echtes Springkraut, *Impatiens noli-tangere*. 30 bis 80 cm hohe, einjährige Pflanze mit länglich-eiförmigen, grob-gesägt-gezähnten Blättern. Gespornte, zitronengelbe, innen rotpunktierte Blüten, zu 3–4 zusammen. Ebenfalls aufspringende Kapselfrucht. Blütezeit: Juni–September. Zerstreut an feuchten Orten, Gräben, Bächen, in Erlenwäldern.

KREUZBLÜMCHENGEWÄCHSE Polygalaceae

8 Gemeines Kreuzblümchen, *Polygala vulgaris*. 10 bis 25 cm hohe, ausdauernde, meist grün überwinternde Pflanze. Wechselständige Blätter ei- bis lineal-lanzettlich, spitz. Blüte mit 5 Kelchblättern, davon 2 innere blumenblattartig, und 3 blauen oder rötlichen Kronenblättern, in 10–20blütiger, lockerer Traube. Blütezeit: Mai–August. Verbreitet auf trockenen Wiesen, in lichten Wäldern.

WOLFSMILCHGEWÄCHSE Euphorbiaceae

1 Sonnenwendwolfsmilch, *Euphorbia helioscopia.* 10 bis 30 cm hohe, einjährige Pflanze mit aufrechtem Stengel. Wechselständige, verkehrt-eiförmige Blätter. Unscheinbare Blüten mit 5zähliger, gelbgrüner Hülle am Ende 3gabeliger Zweige, die wie bei allen Euphorbiaceen von Hüllchenblättern umgeben sind und eine 5strahlige Trugdolde bilden, die von Hüllblättern eingeschlossen ist. Kapselfrucht. Blütezeit: Mai–Oktober. Verbreitet auf Acker- und Gartenland. Pflanze wie alle Wolfsmilcharten mit weißem, giftigem Milchsaft.

2 Zypressenwolfsmilch, *Euphorbia cyparissias.* 15 bis 30 cm hohe, ausdauernde Pflanze mit kriechendem, fleischigem Wurzelstock. Wechselständige, schmallinealische Blätter. ♂ und ♀ grüngelbe Blüten in becherförmiger Hülle an 2spaltigen Ästen, die in endständiger, vielstrahliger Trugdolde sitzen. Kapselfrucht. Blütezeit: April–Mai. Verbreitet auf Heiden, Weiden, an Dämmen, Wegen, Ufern, in lichten Wäldern.

3 Gartenwolfsmilch, *Euphorbia peplus.* 10–30 cm hohe, einjährige Pflanze mit wechselständigen, verkehrt-eiförmigen bis spatelförmigen Blättern. Gelbgrüne Blüten in endständigen, 3strahligen Trugdolden mit mehrfach 2spaltigen Ästen. Kapselfrucht. Blütezeit: Juli–Oktober. Verbreitet bis gemein auf Äckern, Schutt und in Gärten.

4 Einjähriges Bingelkraut, *Mercurialis annua.* 20 bis 50 cm hohe, einjährige Pflanze mit gegenständigen, länglichen, grobgesägten Blättern. Kleine, grüngelbliche ♂ Blüten in geknäuelten, ährenförmigen Blütenständen, ♀ Blüten mit 3teiliger, gleichfarbiger Blütenhülle zu 1–3. Zweihäusig. Kapselfrucht mit borstigen Haaren. Blütezeit: Juni–Oktober. Verbreitet bis zerstreut auf Feldern, Schutt, in Gärten.

5 Ausdauerndes Bingelkraut, Waldbingelkraut, *Mercurialis perennis.* 15–30 cm hohe, ausdauernde Pflanze mit kriechendem Wurzelstock. Blätter gegenständig, eilänglich-lanzettlich. ♂ Blüten grünlich, in Blütenständen wie bei *M. annua,* ebenso ♀ Blüten, aber zu mehreren auf langen Stielen. Zweihäusig. Kapselfrucht mit rauhen Haaren. Blütezeit: April–Mai. Verbreitet bis selten in schattigen Laubwäldern.

HAHNENFUSSGEWÄCHSE Ranunculaceae

6 Feldrittersporn, *Consolida regalis.* 20–40 cm hohe, ein- bis zweijährige Pflanze. Wechselständige, geteilte Blätter mit linealischen Zipfeln. Blüten meist azurblau mit 5 verwachsenen, äußeren Blütenblättern, oberes gespornt, und 2 inneren, zu einem Sporn verwachsenen Blütenhüllblättern, in dem äußeren Sporn steckend, wenigblütige Trauben bildend. Balgkapseln einzeln sitzend. Blütezeit: Mai–September. Verbreitet auf Kalkboden, besonders Äckern, sonst selten.

7 Blauer Eisenhut, *Aconitum napellus.* 50–150 cm hohe, ausdauernde Pflanze. 5–7fach geteilte, fingerförmige Blätter mit gesägten Abschnitten. Blaue Blüten mit kronblattartigem, oben sturmhutförmigem Kelch, darunter 2 langgestreckte Blumenblätter, in endständigen, vielblütigen Trauben. Balgfrüchte aufreißend. Blütezeit: Juni–August. Zerstreut in feuchten Wäldern und auf Matten des Mittel- und Hochgebirges. Zierpflanze und giftige Arzneipflanze. Ähnlich ist der gelbblühende Gelbe Eisenhut, *Aconitum vulparia,* der an gleichen Standorten, vor allem im Gebirge, vorkommt.

KREUZBLÜTENGEWÄCHSE Brassicaceae (Cruciferae)

1 Wegrauke, *Sisymbrium officinale.* 30–80 cm hohe, einjährige Pflanze. Untere Blätter gestielt, 2–3paarig fiederteilig, obere spießförmig. Blaßgelbe, kleine Kreuzblüten in langen, blattlosen Trauben. Aufrechte Schoten, zur Spitze pfriemförmig verschmälert, kurzgestielt. Blütezeit: Mai–Oktober. Gemein an Wegen (Name), auf Schutt, selten im höheren Bergland anzutreffen.

2 Ackerschöterich, *Erysimum cheiranthoides.* 20 bis 80 cm hohe, einjährige oder einjährig-überwinternde Pflanze. Blätter länglich-lanzettlich, ganzrandig oder leicht gezähnelt, mit 3spaltigen Haaren. Kreuzblüten mit kleinen, dottergelben Kronblättern in aufrechter Traube. 4kantige, aufrechte, abstehende Schoten, 2mal so lang wie die Stiele. Blütezeit: Mai–September. Verbreitet an Zäunen, Wegrändern, auf Äckern (Name), Schutt.

3 Echte Winterkresse, Barbarakraut, *Barbarea vulgaris (B. iberica):* 30–80 cm hohe, ein- bis zweijährige Pflanze. Untere Blätter leierförmig-fiederteilig mit großen End- und 2–4paarigen Seitenlappen, obere verkehrt-eiförmig, gezähnt oder buchig. Blütenblätter der goldgelben Kreuzblüten doppelt so lang wie Kelch. Blütenstand beim Aufblühen gedrungene Traube. Aufrechte Schoten mit einreihigem Samenfächer. Blütezeit: April–Juli. Verbreitet bis zerstreut an feuchten Orten, Ufern, auf Wiesen, Feldern, Schutt.

4 Ackersenf, *Sinapis arvensis.* 30–60 cm hohe, einjährige Pflanze mit kurzborstigem Stengel. Obere Blätter länglich-eiförmig, sitzend, untere fast leierförmig, gestielt. Kreuzblüten mit goldgelben Blütenblättern und grünem, länglichem, waagerecht abstehendem Kelch, in doldenähnlicher Traube am Ende des Stengels. Stielrunde, kahle oder kurzborstige Schote 2klappig aufspringend. Blütezeit: Juni bis Oktober. Verbreitet auf Feldern, Wegen, Schutt, lästiges Unkraut. Kalkliebend.

5 Ackerrettich, Hederich, *Raphanus raphanistrum.* 30–60 cm hohe, einjährige Pflanzen mit rübenförmiger Wurzel. Fiederspaltige, unten gestielte Blätter, nach oben mehr und mehr ungeteilt lanzettlich. Kreuzblüten mit gelben, selten weißen, violett oder schwarz geaderten Blumenblättern und aufrechten (im Gegensatz zum Ackersenf) Kelchblättern, in endständigen, doldenähnlichen Trauben. Aufrecht stehende, in einen Schnabel endende Schoten in einsamige Teile zerfallend. Blütezeit: Juni–Oktober. Verbreitet bis gemein auf Äckern, Schutt, Wegen, Rainen.

6 Gemeine Sumpfkresse, *Rorippa palustris (R. islandica).* 15–60 cm hohe, einjährige oder einjährig-überwinternde Pflanze mit aufstrebendem Stengel. Untere Blätter leierförmig, halbstengelumfassend, obere fiederspaltig, mit länglichen Abschnitten. Kreuzblüten mit grün- bis blaßgelben Kronblättern, meist gleichlang wie Kelchblätter, in Doldentraube. Ellipsoidische, stielrunde, gedunsene Schoten. Blütezeit: Juni–September. Verbreitet an feuchten Orten, Gräben, Ufern.

7 Wilde Sumpfkresse, *Rorippa sylvestris.* 15–50 cm hohe, ausdauernde Pflanze mit ästigem, hohlem Stengel. Blätter einfach- oder doppelt fiederspaltig bis gefiedert. Kreuzblüten mit goldgelben, fast doppelt so langen Blumen- wie Kelchblättern. Linealische Schoten mit 2 gewölbten Klappen. Blütezeit: Juni bis September. Verbreitet an feuchten Orten, Wegrändern, auf Äckern, Schutt, lästiges Gartenunkraut.

KREUZBLÜTENGEWÄCHSE Brassicaceae (Cruciferae)

1 Meerrettich, *Armoracia rusticana (A. lapathifolia).* 60–125 cm hohe, ausdauernde Pflanze mit fleischigem Sproß und dicker, unterirdischer Wurzel. Große, grundständige, längliche Blätter mit herz-eiförmigem Grund, grob- und ungleich gekerbt, etwas wellig, obere lanzettlich-linealisch, gekerbt-gesägt. Weiße Kreuzblüten in Trugdolden. Gedunsene, elliptische Schötchen mit 3–5samigem Fächer, kaum Samen bildend. Blütezeit: Mai–Juli. Verbreitet an Ufern, auf feuchten Stellen, in Gärten als Gewürzpflanze stellenweise auch angebaut.

2 Frühlingshungerblümchen, *Erophila verna.* 3–12 cm hohes, einjähriges oder einjährig-überwinterndes Pflänzchen. Bildet eine grundständige Blattrosette mit länglich-lanzettlichen, gezähnten oder ganzrandigen Blättern und blattlosem Stengel. Weiße Kreuzblütchen mit gespaltenen Blütenblättern, zu mehreren als Traube am unbeblätterten Stengel. Rundlich-längliche, elliptisch-lanzettliche Schötchen. Blütezeit: März–Mai. Verbreitet bis gemein auf kargem Boden, trockenen Äckern, Triften, Wegen, Felsen, Mauern.

3 Gemeines Hirtentäschel, *Capsella bursa-pastoris.* Bis 50 cm hohe, einjährige oder einjährig-überwinternde Pflanze mit tiefgehender Wurzel und aufrechtem Stengel. Blätter der grundständigen Rosette fiederspaltig, buchtig, schrotsägeförmig gezähnt, Stengelblätter meist ungeteilt, mit pfeilförmigem Grund sitzend. Weiße Kreuzblüten mit Blütenblättern, die doppelt so lang wie Kelchblätter, in trugdoldigem Blütenstand, der sich zu einer langen Traube streckt. Vielsamige, 3eckige, verkehrt-herzförmige Schötchen. Blütezeit: März–November, oft das ganze Jahr. Gemein auf Ödland, Äckern, Schutt, Mauern und Wegrändern. Arzneipflanze.

4 Ackerhellerkraut, *Thlaspi arvense.* 10–30 cm hohe, einjährige oder einjährig-überwinternde Pflanze mit aufrechtem oberwärts meist ästigem Stengel. Wechselständige Blätter länglich-pfeilförmig, obere sitzend, meist entfernt grobbuchtig gezähnt. Weiße Kreuzblüten in einer Traube sitzend. Fast kreisrunde, vielsamige Schötchen mit breitem, am Rand tief eingeschnittenem Flügel. Blütezeit: Mai–Oktober, oft das ganze Jahr. Gemein bis verbreitet auf Feldern, Schutt, Wegen.

5 Schuttkresse, *Lepidium ruderale.* 10–30 cm hohe, ein- oder zweijährige Pflanze. Obere Blätter stengelständig, linealisch, ganzrandig, sitzend, am Grunde herzförmig-stengelumfassend. Grundständige Blätter fiederspaltig mit länglichen oder lanzettlichen, oft fiederteiligen Abschnitten, fein behaart. Blüten mit selten ausgebildeter Blumenkrone, so lang wie der gelblichweiße Kelch, in einer Traube sitzend. Kugelig-eirunde, abstehend gestielte Schötchen mit schmalem Flügel. Blütezeit: Mai–Oktober. Verbreitet auf Dämmen, Schutt, Wegen, Ödland, an Ufern. Unangenehm riechende Pflanze.

6 Kelchsteinkraut, *Alyssum alyssoides.* 5–30 cm hohe, ein- oder zweijährige Pflanze. Obere Blätter lanzettlich, stumpf, untere oft spatelförmig oder verkehrt-eiförmig, alle ungeteilt, mit grauen Sternhaaren bedeckt. Die Kreuzblüten mit aufrechten, gelbweißen Blumen- und lanzettlichen Kelchblättern, erst in knäuelähnlichem, später locker-traubigem Blütenstand. Die rundlichen Schötchen sind wenig länger als breit, 2samig, grau behaart. Blütezeit: April bis September. Verbreitet bis zerstreut auf sandigen Äkkern, Mauern, an Eisenbahndämmen, auf trockenen Rasenflächen.

KREUZBLÜTENGEWÄCHSE Brassicaceae (Cruciferae)

1 Alpengänsekresse, *Arabis alpina.* 5–40 cm hohe, ausdauernde Pflanze mit grundständiger Blattrosette aus graugrünen, eilänglichen, behaarten, buchtig gezähnten Blättern. Weiße Kreuzblüten in gedrungener, reichblütiger Traube. Mehrsamige, längliche, kleine Schoten mit rundlichen, braunen, geflügelten Samen. Blütezeit: April–August. Verbreitet im Hochgebirge und höheren Bergland auf Felsschutt und Geröll. Vom Aussterben bedroht!

2 Immergrünes Felsenblümchen, *Draba aizoides.* 3 bis 15 cm hohes, ausdauerndes Pflänzchen mit kugeliger Blattrosette aus linealischen, glänzend hellgrünen, lederigen, spitzen Blättern und Borsten am Rande. Goldgelbe Kreuzblüten zu vielen in kopfiger Schirmtraube. Vielsamige, längliche Schötchen, den Winter überdauernd, im Frühling Samenverbreitung durch den Wind. Blütezeit: Je nach Höhe April–August. Verbreitet im höheren Gebirge im Süden auf steinigem Ödland, Schutt, in Felsspalten. Kalkliebend.

3 Gebräuchliches Löffelkraut, *Cochlearia officinalis.* 10–30 cm hohe, einjährig-überwinternde oder zweijährige Pflanze. Schwach rundlich-herzförmige bis breiteiförmige, fleischige, langgestielte Grundblätter, gestielte Stengelblätter, oben stengelumfassend sitzend, grob gezähnt. Weiße, wohlriechende Kreuzblüten in langer, gedrängter Traube. Kleine, elliptische, fast kugelige Schötchen mit rundlichen, rauhen Samen. Blütezeit: Mai–Juni. Zerstreut am Meeresufer, auf Salzwiesen, an Bächen im höheren Bergland und Hochgebirge. Arzneipflanze, gegen Skorbut verwendet. Stellenweise Gemüsepflanze.

4 Felsenkugelschötchen, *Kernera saxatilis.* 10–30 cm hohe, ausdauernde Pflanze mit kräftigem Wurzelstock. Rosettige, ei-lanzettliche bis fiederspaltige Grundblätter, rauh behaart, ganzrandig oder gezähnt, Stengelblätter lineal-lanzettlich, obere ganzrandig, sitzend. Die weißen Kreuzblüten in einer Traube. Runde, kugelige (Name) Schoten mit 2reihig stehenden, glatten Samen. Blütezeit: Juni–August. Verbreitet an Felsen, steinigen Orten, auf Kalk im Hochgebirge und höheren Bergland.

5 Alpengemskresse, *Hutchinsia alpina.* 5–12 cm hohe, ausdauernde Pflanze. Rosettige, gestielte Blätter unten geteilt oder 3teilig, Stengelblätter gefiedert mit kleinen, verkehrt-eilänglichen Blättchen. Weiße Kreuzblüten in gedrungener Traube. Kurze, elliptisch-stumpfe Schötchen mit 1–2 Samen in jedem Fach. Blütezeit: Mai–August. Zerstreut in den Alpen und Vorland im Geröll von Bächen und Flüssen, in Felsspalten, auf Triften. Kalkliebend.

6 Steintäschel, *Aëthionema saxatile.* 5–20 cm hohe, ausdauernde Pflanze mit länglich-linealischen, bläulich bereiften, ganzrandigen Blättern. Weiße oder rötliche Kreuzblüten in endständiger Traube. Meist breit geflügelte, rundliche, 2klappige Schötchen. Blütezeit: April–Juni. Verbreitet auf felsigen, kalkhaltigen Stellen im Süden im Gebirge.

7 Echter Meerkohl, *Crambe maritima.* 30–60 cm hohe, ausdauernde Pflanze mit dicker, ästiger Wurzel. Große, fleischige, blaugrüne Blätter mit welligbuchtigem, gelapptem und gezähntem Rand. Weiße, duftende Kreuzblüten in ebensträußigen Doldentrauben. Eiförmige, nicht aufspringende, 2gliedrige Schötchen, einen Samen enthaltend. Blütezeit: Mai bis Juli. Selten am Meeresstrand und auf Dünen. Wird mancherorts als Gemüse verwendet.

SCHMETTERLINGSBLÜTENGEWÄCHSE Fabaceae

1 Vielblättrige Lupine, *Lupinus polyphyllus.* Ausdauernde, 100–150 cm hohe Pflanze mit blauen, seltener weißlichen oder rosa Blüten in vielblütigen, auffallenden Blütenständen. Blätter 10–15zählig, gefingert, stets deutlich gestielt. Blütezeit: Juni–August. Verbreitet in lichten Wäldern, auf Kahlschlägen, an Waldrändern und Böschungen, auch als Zierpflanze in Gärten. Heimat: Nordamerika. Andere, kleinere Arten (z. B. Gelbe Lupine, *Lupinus luteus*) mit weniger auffallenden Blüten angebaut.

2 Kriechende Hauhechel, *Ononis repens.* Ausdauernde, unten bisweilen verholzte, 30–60 cm hohe Pflanze mit liegendem oder aufsteigendem, zerstreut dornigem oder dornenlosem, ringsum drüsig-zottig behaartem Stengel. Blätter 3zählig geteilt, drüsig behaart. Blättchen vorn abgerundet, gezähnt, Endblättchen länger gestielt als die seitlichen. Blüten rosa, selten weiß. Blütezeit: Juni–Juli. Verbreitet auf Weiden, trockenen Wiesen und an Wegrändern. Die gesamte Pflanze riecht unangenehm.

3 Dornige Hauhechel, *Ononis spinosa.* Ähnlich wie die vorige Art, aber Stengel ein- oder 2reihig behaart und meist stark dornig. Dornen meist zu 2. Stengel aufsteigend oder aufrecht. Blättchen schmaler, ziemlich kahl, eiförmig-länglich, gezähnelt. 30–60 cm hoch. Blütezeit: Juni–Juli. Verbreitet auf Weiden, Rainen, Wegrändern und Wiesen. Ebenfalls mit einem unangenehmen Geruch. Arzneipflanze.

4 Hopfenluzerne, Gelbklee, *Medicago lupulina.* Einjährige oder ausdauernde, 15–60 cm hohe Pflanze mit gestielten 3zähligen Blättern. Blättchen verkehrteiförmig, unten keilförmig, ganzrandig. Blüten gelb, etwa 3 mm lang, in vielblütigen, fast kugeligen Trauben. Blütezeit: Mai–Oktober. Häufig auf Wiesen, Feldern und an Wegrändern. Kulturpflanze. Verwandt sind Saatluzerne *(Medicago sativa)* mit blauen Blüten und die häufig als Futterpflanze angebaute Bastardluzerne *(Medicago varia)*.

5 Weißer Steinklee, Bucharaklee, *Melilotus alba.* Zweijährige, 30–120 cm hohe Pflanze mit gestielten, 3zähligen Blättern. Blättchen länglich-lanzettlich. Blüten weiß, klein, 3–8 mm lang, dicht in verlängerten, ährenförmigen Trauben. Hülse stumpf, stachelspitzig, kahl, meist schwarz. Blütezeit: Juni bis September. Verbreitet bis häufig auf Wegen, Wegrändern, Rainen, Dämmen, Wiesen und an unbebauten Orten.

6 Echter oder Gelber Steinklee, *Melilotus officinalis.* Zweijährige, 30–100 cm hohe, der vorigen Art ähnliche Pflanze. Blüten jedoch gelb, 5–7 mm lang, in verlängerten ährenförmigen Trauben. Hülse stumpf, stachelspitzig, kahl, meist lederbraun. Stengel aufsteigend oder liegend. Blätter 3zählig, gestielt. Blättchen eiförmig. Blütezeit: Juni–September. Verbreitet auf Weg- und Ackerrändern, Dämmen und an wüsten Plätzen.

7 Gemeiner Wundklee, *Anthyllis vulneraria.* Unterirdisch ausdauernde, 10–30 cm hohe Pflanze mit meist aufsteigendem Stengel. Blättchen unpaarig gefiedert, Endblättchen viel größer als die übrigen. Blüten hell goldgelb, in dichten kugeligen Köpfchen an den Enden von mehr oder weniger langen, beblätterten Stielen. Blütezeit: Mai–August. Verbreitet bis häufig auf trockenen Wiesen, Hügeln, an Wegrändern und Rainen. Kalkliebend. Auch angebaut. Arzneipflanze.

SCHMETTERLINGSBLÜTENGEWÄCHSE Fabaceae

1 Feldklee, *Trifolium campestre.* Alle Kleearten der Gattung *Trifolium* haben meist relativ kleine, 3zählige (sehr selten 4- oder mehrzählige) Blätter. Blüten meist in dichten rundlichen oder länglichen Köpfchen. Kronblätter unter sich und mit den Staubblättern verwachsen. Hülsen kurz, wenigsamig, bei der Reife noch von der verwelkten Krone umgeben. Hummelbestäubung. Viele Arten werden als wertvolle Futterpflanzen angebaut. Außer den angeführten kommen noch mehrere andere Arten sowie zahlreiche, mitunter gezüchtete Bastarde zwischen ihnen vor.
Der Feldklee ist eine einjährige, 10–30 cm hohe Pflanze mit niederliegendem, aufsteigendem oder aufrechtem Stengel. Blättchen verkehrt-eiförmig, das mittlere mit längerem Stiel als die seitlichen. Blüten goldgelb, verblüht bräunlich. Blütezeit: Juni–September. Gemein bis verbreitet auf Äckern, Wiesen, Weiden und an Wegrändern.

2 Kleiner Klee, *Trifolium dubium.* Einjährige, 5 bis 30 cm hohe, der vorigen Art ähnliche Pflanze mit niederliegendem oder aufsteigendem Stengel. Köpfchen mit wenigen Blüten, Blütenstiele kürzer. Blütezeit: Mai–September. Verbreitet bis häufig auf Wiesen, Weiden, Triften, Grasplätzen und an Wegrändern.

3 Weißklee, *Trifolium repens.* Ausdauernde, 15 bis 45 cm hohe Pflanze mit kriechendem, kahlem oder nur oben schwach behaartem Stengel. Blüten weiß, deutlich gestielt, nach dem Verblühen hängend, in kugeligen Köpfchen. Ausläufer bildend. Blütezeit: Mai–September. Gemein auf Wiesen und an Wegrändern. Als wichtige Futterpflanze häufig auch angebaut.

4 Schwedenklee, Bastardklee, *Trifolium hybridum.* Ausdauernde, 30–50 cm hohe, der vorigen Art ähnliche Pflanze mit aufsteigendem oder niederliegendem Stengel, ohne Ausläufer. Blüten anfangs weiß, später rötlich. Blütezeit: Mai–September. Verbreitet auf feuchten Wiesen, an Gräben, Wegrändern, auf Schutt und Kleeäckern. Häufig auch angebaut.

5 Hasenklee, *Trifolium arvense.* Einjährige, 10–30 cm hohe Pflanze mit aufrechtem oder aufsteigendem Stengel. Blättchen lineal-länglich. Blüten weißlich, später rötlich werdend, sitzend oder nur ganz kurz gestielt, in etwas länglichen, dichten, etwa 1 cm breiten Köpfchen. Blütezeit: Juni–September. Gemein bis häufig auf sandigen Äckern und auf dürren, steinigen Hügeln. Kalkmeidend. Häufig angebaut.

6 Rotklee, *Trifolium pratense.* Ausdauernde oder zweijährige, 15–40 cm hohe Pflanze mit aufrechtem oder aufsteigendem, angedrückt behaartem Stengel. Blättchen eiförmig oder elliptisch. Blüten hellpurpurn, seltener fleischfarben oder weiß, sitzend oder ganz kurz gestielt. Köpfchen kugelig, meist zu 2. Blütezeit: Juni–September. Gemein bis häufig auf Wiesen, Weiden und in Gebüschen. Sehr häufig angebaut.

7 Zickzackklee, Mittlerer Klee, *Trifolium medium.* Unterirdisch ausdauernde, 15–45 cm hohe Pflanze mit aufsteigendem, hin- und hergebogenem Stengel. Blättchen länglich-elliptisch. Blüten purpurn, sitzend oder kurz gestielt, in kugeligen, lockeren, einzeln stehenden Köpfchen. Blütezeit: Juni–August. Verbreitet auf trockenen Wiesen, in Laubwäldern und Gebüschen, an trockenen Wald- und Straßenrändern. Im Nordosten meistens etwas seltener.

SCHMETTERLINGSBLÜTENGEWÄCHSE Fabaceae

1 Gemeiner Hornklee, *Lotus corniculatus.* Unterirdisch ausdauernde, 10–30 cm hohe Pflanze mit aufsteigendem oder niederliegendem, kantigem, hartem Stengel. Blätter mit 5 Blättchen, unteres Blättchenpaar unmittelbar am Stengel, von den anderen Blättchen etwas entfernt. Blüten gelb, meist zu 5 in kopfigen Dolden. Blütezeit: Mai–September. Verbreitet bis gemein auf Wiesen, Weiden und an Wegrändern. Der verwandte Sumpfhornklee *(Lotus uliginosus)* hat 10–12blütige Dolden und einen runden Stengel.

2 Vogelwicke, *Vicia cracca.* Die Wickenarten der Gattung *Vicia* sind krautige Pflanzen mit paarig gefiederten und meist in einer einfachen oder geteilten Ranke endenden Blättern.
Die Vogelwicke ist eine unterirdisch ausdauernde, 30–120 cm hohe Pflanze mit schlaffem, kletterndem, weichhaarigem Stengel. Blätter mit 6–12, meist 10 Paaren lineal-lanzettlicher Blättchen und endständiger Ranke. Blüten blauviolett, 8–11 mm lang, in vielblütigen, langgestielten Trauben. Blütezeit: Juni bis August. Gemein bis häufig auf Wiesen, Äckern, in Gebüschen und an Zäunen.

3 Zaunwicke, *Vicia sepium.* Unterirdisch ausdauernde, 60–80 cm hohe Pflanze mit kahlem oder spärlich behaartem Stengel. Blätter mit 4–8 Paaren eiförmig-länglicher Blättchen und geteilter Ranke. Blüten trüb-lila, selten fast weiß, zu 2–5 in kurzen, kurzgestielten Trauben. Blütezeit: Mai–August. Häufig bis verbreitet auf Wiesen, in Gebüschen und Laubwäldern.

4 Schmalblättrige Wicke, *Vicia angustifolia.* Einjährige, 15–60 cm hohe Pflanze. Blätter mit 3–8 Paaren oben lineal-lanzettlichen, unten breiteren Blättchen und meist geteilter Ranke. Blüten purpurn, kurzgestielt, einzeln oder zu 2 in den Blattachseln. Reife Hülsen schwarz. Blütezeit: Mai–Juli. Verbreitet bis häufig auf Grasplätzen, Äckern und in trokkenen Wäldern. Ähnlich, aber großblütiger und mit braunen Hülsen ist die häufig angebaute Saatwicke *(Vicia sativa)*, die nicht selten auch verwildert anzutreffen ist.

5 Zottelwicke, Winterwicke, *Vicia villosa.* Einjährige, 30–120 cm hohe Pflanze mit zottig behaarten Stengeln und Blättern. Blätter mit 6–12Paaren lineal-lanzettlicher Blättchen und endständiger Ranke. Blüten 15–20 mm lang, blau-violett bis purpurn, zu 12–30 in langgestielten Trauben. Blütezeit: Juni bis August. Verbreitet bis häufig auf Äckern und Wiesen. Manchmal auch angebaut. Heimat: Mittelmeergebiet.

6 Rauhhaarige Wicke, *Vicia hirsuta.* Einjährige, 15 bis 60 cm hohe Pflanze mit 2samiger, weichhaariger Hülse. Blätter mit 4–8, meist 6 Paaren lineal-lanzettlicher Blättchen und endständiger, bisweilen geteilter Ranke. Blüten klein, bläulich-weiß oder weiß, meist zu 3–6 in langgestielten Trauben. Blütezeit: Juni–Juli. Verbreitet bis häufig auf Äckern, Wiesen und an sandigen Stellen.

7 Viersamige Wicke, *Vicia tetrasperma.* Einjährige, 20–60 cm hohe Pflanze mit kahlen, in der Regel 4samigen Hülsen. Blätter mit 3 oder 4 Paaren länglicher, stachelspitziger Blättchen und endständiger Ranke. Blüten klein, blaßviolett, einzeln, zu 2 oder 3 in langgestielten Trauben. Blütezeit: Juni–Juli. Verbreitet auf Äckern, in Gebüschen und an Waldrändern.

SCHMETTERLINGSBLÜTENGEWÄCHSE Fabaceae

1 Süßholztragant, Bärenschote, *Astragalus glycyphyllos.* Unterirdisch ausdauernde, 50–150 cm hohe Pflanze mit niederliegendem, fast kahlem Stengel. Blätter unpaarig gefiedert, mit 11–13 großen eiförmigen Blättchen. Blüten gelblich-weiß, in deutlich gestielten Trauben. Blütezeit: Juni–Juli. Verbreitet in trockenen und lichten Laubwäldern, in Gebüschen und an Wegrändern.

2 Wiesenplatterbse, *Lathyrus pratensis.* Die Platterbsen-Arten der Gattung *Lathyrus* sind krautige Pflanzen mit paarig gefiederten Blättern mit oder ohne Wickelranke und mit deutlichen Nebenblättern. Von den Wickenarten unterscheiden sie sich durch die rechtwinklig abgeschnittene Staubfadenröhre.
Die Wiesenplatterbse ist eine unterirdisch ausdauernde, 30–100 cm hohe Pflanze mit ästigem, kletterndem, weichhaarigem, 4kantigem Stengel. Blätter mit einem Paar lanzettlicher, spitzer Blättchen und Wickelranke. Blüten gelb, geruchlos, in mehrblütigen Trauben. Blütezeit: Juni–August. Gemein auf Wiesen und in Gebüschen.

3 Waldplatterbse, *Lathyrus sylvestris.* Unterirdisch ausdauernde, 100–200 cm hohe Pflanze mit kletterndem, deutlich geflügeltem Stengel. Blätter mit einem Paar schmal-länglicher Blättchen und deutlichen Wickelranken. Blüten gelblichgrün, rosenrot überlaufen, in mehrblütigen, ziemlich langgestielten Trauben. Blütezeit: Juli–August. Verbreitet, im Norden zerstreut in Gebüschen, an Waldrändern und auf Geröllhalden.

4 Frühlingsplatterbse, *Lathyrus vernus.* Unterirdisch ausdauernde, 20–45 cm hohe Pflanze mit aufrechtem Stengel. Blätter mit 2–4 Paaren breit eiförmiger, lang zugespitzter, glänzender, 3–7 cm langer Blättchen und ohne Wickelranke. Blüten purpurn, dann blau, später blaugrün, meist zu 4–6 in gestielten Trauben. Blütezeit: April–Mai. Als erster Schmetterlingsblütler blühend. Verbreitet bis ziemlich häufig in schattigen, krautreichen Laubwäldern und Gebüschen, meist auf Kalkböden. Im Norden meistens etwas seltener.

5 Bergplatterbse, *Lathyrus linifolius.* Unterirdisch ausdauernde, 15–30 cm hohe Knollenstaude mit aufrechtem, deutlich geflügeltem Stengel. Blätter mit 2–3 Paaren länglich-lanzettlicher bis linealischer Blättchen und ohne Wickelranke. Blüten hellpurpurn bis trübblau, in 4–6blütigen Trauben. Blütezeit: April–Juni, zuweilen bis August. Verbreitet in lichten Laubwäldern, Gebüschen und auf trockenen Wiesen. Kalkmeidend.

6 Schwarze Platterbse, *Lathyrus niger.* Unterirdisch ausdauernde, 30–80 cm hohe Pflanze mit aufrechtem Stengel. Blätter meist mit 5–6 Paaren eiförmig-länglicher Blättchen, ohne Wickelranke. Blüten purpurn, in 4–6blütigen Trauben. Pflanzen beim Trocknen schwarz werdend. Blütezeit: Juni–Juli. Verbreitet in lichten Laubwäldern und Gebüschen.

7 Erdnußplatterbse, *Lathyrus tuberosus.* Unterirdisch ausdauernde, 30–100 cm hohe Knollenstaude mit kletterndem, kahlem, kantigem Stengel. Blätter mit einem Paar verkehrt-eiförmig-länglicher Blättchen und Wickelranken. Blüten dunkelrosenrot, wohlriechend, groß, in mehrblütigen Trauben. Blütezeit: Juni–August. Verbreitet auf Äckern und Rainen. Im Norden und in den Gebirgen seltener. Kalkliebend.

DOLDENGEWÄCHSE Apiaceae

1 Wiesenkerbel, *Anthriscus sylvestris.* Unterirdisch ausdauernde, 60–150 cm hohe Pflanze mit unten rauhhaarigem Stengel. Blätter 2–3fach fiederteilig, glänzend, mit länglich-lanzettlichen spitzen Zipfeln. Dolden 7–15strahlig, alle gestielt. Blüten weiß. Früchte länglich, weniger als 1 cm lang, kurz geschnäbelt, kahl, rippenlos, wie lackiert aussehend. Blütezeit: Mai–August. Gemein auf Wiesen, in Gebüschen, an Waldrändern. Durch zahlreiches Auftreten erscheinen die Wiesen oft völlig weiß.

2 Gemeiner Klettenkerbel, *Torilis japonica.* Ein- oder zweijährige, 30–120 cm hohe Pflanze. Blätter doppelt gefiedert, Blättchen länglich, eingeschnitten-gesägt bis fiederspaltig. Dolden zusammengesetzt, vielstrahlig, flach, langgestielt. Blüten weiß oder rötlich. Früchte 2–3 mm lang, länglich-eiförmig, stachelig, ungeschnäbelt. Blütezeit: Juni–August. Gemein bis sehr verbreitet in Gebüschen, Hecken, an Wald- und Wegrändern, Zäunen.

3 Taumelkälberkropf, *Chaerophyllum temulum.* Zweijährige oder einjährig-überwinternde, 30–120 cm hohe Pflanze mit zerstreut rauhhaarigem, unter den Knoten etwas verdicktem, meist rotgeflecktem Stengel. Blätter doppelt gefiedert, Blättchen fiederspaltig mit stumpfen Zipfeln. Dolden vielstrahlig. Blüten weiß. Frucht weniger als 1 cm lang, linealisch, ungeschnäbelt, stumpf gerippt, kahl. Blütezeit: Mai bis Juli. Häufig bis verbreitet an Zäunen, Hecken, Gebüschen und Waldrändern. Giftig.

4 Rübenkälberkropf, *Chaerophyllum bulbosum.* Zweijährige, 80–180 cm hohe, der vorigen Art ähnliche Pflanze. Stengel aber unten steifhaarig und nur unten rotgefleckt. Blätter 3–4fach gefiedert, zarter. Wurzeln knollig verdickt. Blüten weiß. Blütezeit: Juni–August. Verbreitet bis zerstreut an Flußufern, in Gebüschen und Wäldern. Häufig in den Stromtälern. Früher in einigen Gegenden manchmal angebaut.

5 Wiesenkümmel, *Carum carvi.* Zweijährige, 30 bis 100 cm hohe Pflanze mit ästigem Stengel. Blätter doppelt gefiedert, Blättchen fiederteilig, Zipfel linealisch. Blüten weiß. Dolden vielstrahlig. Früchte länglich, kahl, 4–5 mm lang, in zwei der bekannten sichelförmigen Teilfrüchte zerfallend. Blütezeit: Mai–Juli. Häufig bis verbreitet auf Wiesen, Schutthalden, an Rainen und Wegrändern. Als Gewürz- und Heilpflanze schon seit dem frühen Mittelalter angebaut.

6 Gefleckter Schierling, *Conium maculatum.* Einjährig-überwinternde oder zweijährige Pflanze mit 80–180 cm hohem, kahlem, schwach gefurchtem, am Grunde rot oder braun geflecktem Stengel. Untere Blätter 3fach gefiedert, mit rundem, hohlem Stiel. Blättchen tief fiederspaltig. Blüten weiß. Dolden meist 10–20strahlig. Früchte rundlich-eiförmig, mit welligen Rippen. Blütezeit: Juni–September. Verbreitet bis zerstreut an Schuttplätzen, Hecken, Zäunen und Wegrändern. Widerlicher Mäusegeruch. Giftig.

7 Giftwasserschierling, *Cicuta virosa.* Unterirdisch überwinternde, 60–120 cm hohe, kahle Pflanze. Blätter 3fach gefiedert, Blättchen lineal-lanzettlich, gesägt. Blüten weiß. Früchte rundlich, gerippt. Blütezeit: Juli–September. Verbreitet (im Norden) bis zerstreut (im Süden) an Sümpfen, Teichrändern und Gräben. Sehr giftig. Arzneipflanze.

DOLDENGEWÄCHSE Apiaceae

1 Kleine Pimpinelle, *Pimpinella saxifraga.* Unterirdisch ausdauernde, 30–60 cm hohe Pflanze mit meist wenig verzweigtem, rundem, gestreiftem, oben fast blattlosem Stengel. Blätter einfach gefiedert mit meist 3lappigem Endabschnitt. Blättchen der Grundblätter sitzend, rundlich, gekerbt oder gezähnt. Blütezeit: Juli–September. Blüten weiß. Dolden aus 6–15 Döldchen zusammengesetzt. Früchte kahl, rundlich-eiförmig. Gemein auf Wiesen, Hügeln, in trockenen Wäldern und an Wegrändern.
Verwandt ist der zuweilen als Gewürz- und Arzneipflanze angebaute, aus dem Orient stammende Anis *(Pimpinella anisum)*.

2 Große Pimpinelle, *Pimpinella major.* Unterirdisch ausdauernde, 50–100 cm hohe, der vorigen Art ähnliche Pflanze. Stengel aber kantig-gefurcht, beblättert. Blättchen der Grundblätter kurzgestielt. Blüten weiß. Blütezeit: Juni–September. Verbreitet auf Wiesen, in Gebüschen und an Waldrändern.

3 Zaungiersch, *Aegopodium podagraria.* Unterirdisch ausdauernde, 50–100 cm hohe, Ausläufer bildende Pflanze mit nur oben etwas ästigem Stengel. Obere Blätter einfach, untere doppelt 3zählig, gestielt, Blättchen eiförmig-länglich, spitz. Blüten weiß, in zusammengesetzten Dolden. Früchte länglich, seitlich schwach zusammengedrückt, kahl. Blütezeit: Juni–Juli. Gemein in Gebüschen, Hecken, Laubwäldern und auf Gartenland. Schwer ausrottbares Gartenunkraut.

4 Berle, Quellmerk, *Berula erecta.* Unterirdisch ausdauernde, 30–80 cm hohe, Ausläufer bildende Pflanze mit aufrechtem, rundem, feingerilltem Stengel. Blätter einfach gefiedert, untere mit eiförmigen, obere mit länglich-lanzettlichen, gesägten Blättchen. Blüten weiß, in kurzgestielten, zusammengesetzten Dolden. Früchte eiförmig, kahl. Blütezeit: Juli–September. Verbreitet an Gräben, Teich- und Sumpfrändern. Fehlt in höheren Lagen.

5 Breitblättriger Merk, *Sium latifolium.* Unterirdisch ausdauernde, 60–120 cm hohe, der vorigen Art ähnliche Pflanze. Stengel aber kantig gefurcht. Blätter mit längeren, schief-lanzettlichen, gesägten Blättchen. Früchte länglich, mit 5 stark hervortretenden Rippen. Blüten weiß. Blütezeit: Juli–August. Verbreitet an Gräben, Sümpfen und Ufern. Im Süden meist weniger häufig.

6 Wasserpferdesaat, *Oenanthe aquatica.* Ein- oder zweijährige, 30–120 cm hohe Pflanze mit aufrechtem, kantig gefurchtem Stengel. Blätter 2–3fach gefiedert. Blättchen fiederspaltig, mit lanzettlichen Zipfeln. Blüten weiß, in zusammengesetzten, vielstrahligen Dolden. Früchte länglich. Blütezeit: Juni bis August. Verbreitet bis zerstreut an Gräben, Sümpfen, Seen. Im Süden meist etwas seltener, besonders in großen Flußtälern.

7 Gemeine Hundspetersilie, *Aethusa cynapium.* Einjährige, 10–120 cm hohe Pflanze mit sehr ästigem Stengel. Blätter, besonders an der Unterseite, glänzend, 2- oder 3fach gefiedert. Blättchen fiederspaltig. Blüten weiß, in zusammengesetzten 10–18strahligen Dolden. Früchte kugelig-eiförmig, kahl. Blütezeit: Juni–September. Gemein bis häufig auf Äckern, in Gärten und an Zäunen. Giftig. Von der Gartenpetersilie durch die weniger krausen, glänzenden Blätter und unangenehmen Knoblauchgeruch zu unterscheiden.

DOLDENGEWÄCHSE Apiaceae

1 Wilde Möhre, *Daucus carota.* Zweijährige, 30 bis 100 cm hohe Pflanze mit gefurchtem, steifhaarigem Stengel. Blätter 2- oder 3fach gefiedert. Blättchen fiederspaltig, mit länglich-lanzettlichen, haarspitzigen Zipfeln. Blüten weiß, in zusammengesetzten, fruchtend nestförmigen Dolden. Früchte länglich-eiförmig, Hauptrippen borstig, Nebenrippen stachelig. Blütezeit: Juni–September. Gemein bis häufig auf Wiesen, an Wald- und Wegrändern. Die Gartenmöhre *(Daucus sativus)* ist aus asiatischen Wildformen hervorgegangen.

2 Kümmelsilge, *Selinum carvifolia.* Unterirdisch ausdauernde, 30–90 cm hohe Pflanze mit einfachem, manchmal oben ästigem, kantig gefurchtem Stengel. Untere Blätter 3fach, obere 2fach gefiedert. Blättchen tief-fiederspaltig, mit lineal-lanzettlichen Zipfeln. Blüten weiß, in zusammengesetzten, schwach flaumigen Dolden. Früchte rundlich, kahl, am Rande 2flügelig. Blütezeit: Juli–August. Verbreitet auf Wiesen, in lichten Laubwäldern und Gebüschen.

3 Sumpfhaarstrang, *Peucedanum palustre.* Zweijährige oder ausdauernde, 60–150 cm hohe Pflanze mit kantig gefurchtem Stengel. Untere Blätter 3fach gefiedert, Blättchen eiförmig, mit lanzettlichen, weißspitzigen Zipfeln. Blüten weiß, in zusammengesetzten, rauhflaumigen Dolden. Früchte linsenförmig, kahl, am Rande geflügelt. Blütezeit: Juli-August. Verbreitet auf sumpfigen Wiesen, in Gebüschen und Mooren.

4 Waldengelwurz, *Angelica sylvestris.* Mehrjährige, aber nur einmal blühende, 80–150 cm hohe Pflanze mit rundem, gestreiftem, oben gefurchtem Stengel. Blätter 2–3fach gefiedert, mit oben rinnigem Stiel, Blättchen groß, meist eiförmig, gesägt, lang stachelspitzig. Blüten weiß oder rötlich, in zusammengesetzten, flaumig behaarten Dolden. Früchte kahl, länglich, am Rande 2flügelig. Blütezeit: Juli–September. Verbreitet bis häufig an Waldrändern, Gräben und Gebüschen. Verwandt ist die seltenere, als Gewürz- und Arzneipflanze auch angebaute Echte Engelwurz *(Angelica archangelica).*

5 Wiesenbärenklau, *Heracleum sphondylium.* Unterirdisch ausdauernde, 50–150 cm hohe, steif behaarte Pflanze mit kantig gefurchtem Stengel. Blätter groß, gefiedert, Blättchen meist tief gelappt. Blüten weiß, seltener grünlichgelb oder rötlich, in großen, zusammengesetzten Dolden. Früchte linsenförmig, kahl, am Rande geflügelt. Blütezeit: Juni–Oktober. Gemein bis häufig auf Wiesen, an Weg- und Waldrändern.

6 Wiesensilau, Roßfenchel, *Silaum silaus.* Unterirdisch ausdauernde, 30–100 cm hohe Pflanze mit ästigem, unten fast rundem, oben gefurchtem Stengel. Blätter 3–4fach gefiedert, Blättchen lineal-lanzettlich, feingesägt. Blüten blaßgelb, in zusammengesetzten Dolden, Früchte rund, scharf gerippt. Blütezeit: Juni bis September. Verbreitet, nach Norden seltener werdend, auf wechselfeuchten Wiesen, an Gräben und in Gebüschen.

7 Gemeiner Pastinak, *Pastinaca sativa.* Zweijährige, 30–100 cm hohe Pflanze mit kurzhaarigem, kantig gefurchtem Stengel. Blätter gefiedert, Blättchen eiförmig oder länglich. Blüten gelb, in zusammengesetzten Dolden, endständige Dolde viel größer als die seitlichen. Früchte linsenförmig, geflügelt. Blütezeit: Juli–September. Verbreitet auf Wiesen, an Wegrändern und Gräben. Auch angebaut.

DOLDENGEWÄCHSE Apiaceae

1 Stranddistel, *Eryngium maritimum.* Zweijährige oder unterirdisch ausdauernde, 15–60 cm hohe blaugrüne Pflanze mit sehr ästigem Stengel und steifen, stacheligen, oben stengelumfassenden Blättern. Blüten bläulich, seltener weiß, dichtgedrängt in endständigen, von Hochblättern umgebenen Köpfchen. Blütezeit: Juni–August. Zerstreut an den Küsten, besonders der westlichen Ostsee. Stellenweise fast ausgerottet.

2 Rauher Kälberkropf, *Chaerophyllum hirsutum.* Unterirdisch ausdauernde, 30–100 cm hohe Pflanze mit unter den Knoten kaum verdicktem Stengel. Blätter 2–3fach fiederschnittig. Blüten weiß oder rötlich, mit gewimperten Kronblättern und Hüllchenblättern. Blütezeit: Mai–Juli. Verbreitet im Süden in den Gebirgen in Laubwäldern, Gebüschen und an Bächen.

3 Wiesenpferdesaat, *Oenanthe lachenalii.* Ausdauernde, 30–60 cm hohe Pflanze mit markigem, oben 4kantigem Stengel und bisweilen verdickter Wurzel. Untere Blätter 2fach fiederschnittig mit ei- oder keilförmigen Zipfeln, langgestielt, untere einfach fiederschnittig, mit lineal-lanzettlichen Zipfeln. Blüten weiß, Kronblätter bis zur Mitte 2spaltig. Blütezeit: Juli–September. Verbreitet an Küsten, auf Salzböden und im Röhricht.

4 Alpenaugenwurz, *Athamantha cretensis.* Ausdauernde, 10–40 cm hohe, kurzbehaarte, oft rötlich überlaufene Pflanze mit mehreren gerillten Stengeln und 2–3fach gefiederten Blättern in grundständiger Rosette und an den Stengeln. Blüten weiß, in 5- bis 9strahligen Dolden. Blütezeit: Mai–August. Kalkliebend. Verbreitet auf Steingeröll und in Felsspalten in den Hochgebirgen, seltener im Vorland.

5 Feinblättrige Bärwurz, *Meum athamanthicum.* Unterirdisch ausdauernde, 10–45 cm hohe Pflanze mit meist einfachem, gefurchtem Stengel und 2fach gefiederten Blättern mit haarfeinen Zipfeln. Blüten weiß. Blütezeit: Mai–Juni. Stellenweise häufig auf Bergwiesen und an Rainen in den Mittelgebirgen. In den Hochgebirgen zerstreut bis fehlend.

6 Alpenmutterwurz, *Ligusticum mutellina.* Ausdauernde, 10–50 cm, selten bis 80 cm hohe Pflanze mit oben gerieftem, blattlosem oder wenig beblättertem verzweigtem Stengel mit einem Faserschopf am Grunde. Grundständige und Stengelblätter 2–3fach gefiedert, gestielt. Blüten erst rot oder purpurn, später weißlich. Blütezeit: Juni–August. Verbreitet auf Wiesen und in Gebüschen in den Hochgebirgen und höheren Mittelgebirgen.

7 Echte Meisterwurz, *Peucedanum ostruthium.* Unterirdisch ausdauernde, 30–100 cm hohe Pflanze mit wenig verzweigtem, gestreiftem, röhrigem Stengel und doppelt 3zähligen, unterseits blaßgrünen Blättern. Blattscheiden häutig, aufgeblasen. Blüten weiß. Blütezeit: Juli–August. Verbreitet in den Hochgebirgen und im Vorland, zerstreut in den Mittelgebirgen, auf Bergwiesen und an Bächen. Alte Arzneipflanze.

8 Große Sterndolde, *Astrantia major.* Unterirdisch ausdauernde, 30–100 cm hohe Pflanze mit einfachem oder wenig verzweigtem, aufrechtem Stengel und langgestielten, handförmig 5teiligen Grundblättern. Blüten weißlich oder rötlich, mit zahlreichen Hüllblättern. Blütezeit: Juli–August. Kalkliebend. Zerstreut auf Wiesen, in Gebüschen und an Waldrändern, besonders in den Hoch- und Mittelgebirgen.

LIPPENBLÜTENGEWÄCHSE Lamiaceae

1 Gemeine Braunelle, *Prunella vulgaris.* Unterirdisch ausdauernde, 5–30 cm hohe, Ausläufer bildende Pflanze. Blätter gestielt, eiförmig bis lanzettlich, gezähnt oder ganzrandig. Blüten blauviolett oder rötlich, selten weiß, 7–15 mm lang, in endständigen walzigen Köpfchen. Krone und Kelch deutlich 2lippig, 2 lange und 2 kurze Staubfäden. Blütezeit: Juni bis Oktober. Gemein auf Wiesen, Grasplätzen, in Wäldern und an Wegrändern.

2 Gundermann, *Glechoma hederacea.* Ausdauernde, etwa 15–60 cm hohe, Ausläufer bildende Pflanze mit kriechendem Stengel. Blütentragende Zweige aufsteigend. Blätter langgestielt, nierenförmig bis rundlich-herzförmig, stumpf gekerbt. Blüten blauviolett, 10–20 mm lang, meist zu 6 in Scheinquirlen in den oberen Blattachseln. Krone 2lippig, Kelch 5zähnig, 2 lange und 2 kurze Staubfäden. Blütezeit: April–Juni. Gemein bis häufig in Wäldern, Gebüschen, an Hecken, Mauern, Zäunen und auf Wiesen.

3 Stechender Hohlzahn, *Galeopsis tetrahit.* Einjährige, 10–50 cm hohe Pflanze. Stengel unter den Knoten mit deutlichen, borstigen Anschwellungen. Blätter lanzettlich bis eiförmig-lanzettlich, gezähnt, kurzgestielt. Blüten rot oder weiß mit gelb und purpurn gefleckter Unterlippe, 15–20 mm lang, Krone 2lippig, Kelch 5zähnig, Unterlippe mit 2 hohlen Höckern, 2 lange und 2 kurze Staubfäden. Blütezeit: Juni–Oktober. Gemein auf Äckern, Schutt, an Zäunen, Wegrändern, Gebüschen und in Wäldern.

4 Ackerhohlzahn, *Galeopsis ladanum.* Einjährige, 5 bis 30 cm hohe, der vorigen Art ziemlich ähnliche Pflanze. Stengel aber nicht verdickt, mit weichen, nach unten angedrückten Haaren. Blätter eiförmig-lanzettlich, gezähnt. Blüten purpurn, Unterlippe mit gelblichem, rotpunktiertem Fleck. Blütezeit: Juni bis Oktober. Verbreitet bis häufig auf Äckern, Schutt und in Gebüschen sowie vor allem auf sandigen Böden.

5 Kriechender Günsel, *Ajuga reptans.* Ausdauernde, 7–30 cm hohe, beblätterte Ausläufer bildende Pflanze mit kahlem oder wenig behaartem Stengel. Grundblätter groß, spatelförmig, langgestielt, zur Blütezeit noch vorhanden. Blüten blau, selten rosa oder weiß, in ährig zusammengedrückten Scheinquirlen. Oberlippe sehr kurz, fast fehlend. Blütezeit: Mai–August. Verbreitet bis häufig auf Wiesen, in Gebüschen und Laubwäldern.

6 Heidegünsel, *Ajuga genevensis.* Ausdauernde, 7 bis 30 cm hohe, der vorigen Art ähnliche Pflanze. Stengel jedoch dicht zottig behaart und keine Ausläufer bildend. Grundblätter zur Blütezeit nicht mehr vorhanden. Blüten dunkelblau, selten rosa oder weiß, zu 5–12 in Scheinquirlen. Blütezeit: April–Juni, manchmal nochmals August–September. Verbreitet in trockenen Wäldern, auf Wiesen, Rainen und Hügeln. Im Norden meist etwas seltener.

7 Gemeines Helmkraut, *Scutellaria galericulata.* Unterirdisch ausdauernde, 30–60 cm hohe, Ausläufer bildende Pflanze mit länglich-lanzettlichen, am Grunde herzförmigen Blättern. Blüten blauviolett, selten rötlich oder weiß, 12–20 mm lang, einzeln blattachselständig, alle nach einer Seite gerichtet, Kelch und Krone 2lippig, 2 kurze und 2 lange Staubfäden. Blütezeit Juni–September. Verbreitet bis häufig an Gräben, Sumpfrändern und an feuchten Waldstellen.

LIPPENBLÜTENGEWÄCHSE Lamiaceae

1 Weiße Taubnessel, *Lamium album.* Die Taubnesseln der Gattung *Lamium* sind durch große oder mittelgroße Blüten in Scheinquirlen der oberen Stengelblätter, einen ziemlich regelmäßig 5zähnigen Kelch, eine deutlich 2lippige Krone mit ausgehöhlter oder gewölbter Oberlippe sowie 2 lange und 2 kurze Staubfäden ausgezeichnet.
Die Weiße Taubnessel ist eine ausdauernde, 20 bis 50 cm hohe, Ausläufer bildende Pflanze mit aufrechtem Stengel. Blätter gestielt, lang herzförmig, zugespitzt, gesägt. Blüten ziemlich groß, weiß. Blütezeit: April–Oktober. Verbreitet in Wäldern, an Hekken und Zäunen, auf Schutt. Arzneipflanze.

2 Gefleckte Taubnessel, *Lamium maculatum.* Ausdauernde, 15–60 cm hohe, Ausläufer bildende Pflanze mit aufrechtem Stengel. Blätter herz-eiförmig, spitz oder zugespitzt, gekerbt oder gesägt. Blüten hellpurpurn, Unterlippe dunkel gefleckt. Blütezeit: April bis Oktober. Verbreitet in Laubwäldern, Gebüschen und Hecken. Im Norden seltener, manchmal fehlend.

3 Purpurrote Taubnessel, *Lamium purpureum.* Einjährige, 7–30 cm hohe Pflanze mit aufrechtem Stengel. Blätter gekerbt, obere herz-eiförmig, kurzgestielt, untere rundlich, langgestielt, im oberen Teil ziemlich dichtstehend. Blüten hellpurpurn oder rosa, selten weiß. Blütezeit: März–Oktober, manchmal das ganze Jahr. Gemein auf Äckern, Schutt und in Gärten.

4 Stengelumfassende Taubnessel, *Lamium amplexicaule.* Einjährige, 10–30 cm hohe Pflanze mit nierenförmigen, sitzenden, stengelumfassenden oberen Blättern. Blüten purpurn. Blütezeit: April–Oktober. Verbreitet auf Äckern und in Gärten.

5 Goldnessel, *Galeobdolon luteum.* Ausdauernde, meistens 15–45 cm hohe, Ausläufer bildende Pflanze mit aufrechtem oder aufsteigendem Stengel. Blätter gekerbt, untere langgestielt, stumpf, herz-eiförmig, obere kürzer gestielt, spitz. Blüten gelb, Unterlippe mit roten Flecken. Blütezeit: April–Juli. Verbreitet in feuchten Laubwäldern und Gebüschen.

6 Echtes Herzgespann, *Leonurus cardiaca.* Ausdauernde, 30–100 cm hohe Pflanze mit aufrechtem, behaartem, oft rotviolettem Stengel. Blätter gestielt, obere 3spaltig oder 3lappig, untere 5spaltig. Blüten rosa, klein, in reichblütigen Scheinquirlen. Krone 2lippig, Kelch 5zähnig, 2 kurze und 2 lange, aus der Krone herausragende Staubfäden. Blütezeit: Juni bis September. Verbreitet bis zerstreut an Wegrändern, Hecken, Zäunen, auf Wiesen und Schutt. Arzneipflanze. Heimat: Asien.

7 Wiesensalbei, *Salvia pratensis.* 30–60 cm hohe Rosettenstaude mit aufrechtem, wenig beblättertem Stengel. Grundständige Blätter langgestielt, länglich, am Grunde herzförmig, gekerbt. Blüten dunkelblau, selten weiß, mit 2 Staubfäden. Krone 2lippig. Blütezeit: Mai–August. Verbreitet auf Wiesen, Rainen, in Gebüschen. Als Arzneipflanze wird die Echte Salbei *(Salvia officinalis)* angebaut.

8 Bergminze, *Calamintha sylvatica.* Ausdauernde, 30–60 cm hohe Pflanze mit zottig behaartem Stengel und großen, dünnen, eiförmigen, kurzgestielten oder sitzenden Blättern. Blüten purpurn, in vielblütigen Scheinquirlen, mit 2 kurzen und 2 langen Staubfäden. Kelch und Krone 2lippig. Blütezeit: Juli–September. Verbreitet an Weg- und Waldrändern, in Gebüschen.

LIPPENBLÜTENGEWÄCHSE Lamiaceae

1 Heilbetonie, Heilziest, *Betonica officinalis*. Ausdauernde, 30–100 cm hohe Pflanze mit einfachem, kurzhaarigem Stengel. Blätter länglich-eiförmig, am Grunde herzförmig, untere rosettig, langgestielt, obere kleiner, sehr kurzgestielt. Blüten purpurn, selten weiß, in einer dichten endständigen Scheinähre, mit 2 kurzen und 2 langen Staubfäden. Kelch 5zähnig, Krone 2lippig. Blütezeit: Juli–August. Verbreitet in lichten Wäldern, Flachmooren, auf Wiesen, Rainen und sonnigen Hügeln. Arzneipflanze.

2 Sumpfziest, Schweinerübe, *Stachys palustris*. Unterirdisch ausdauernde, 30–100 cm hohe, Ausläufer bildende Knollenstaude mit aufrechtem Stengel. Blätter länglich-lanzettlich, gekerbt, spitz, obere sitzend, untere kurzgestielt. Blüten rosa, in 6–10blütigen Scheinquirlen, mit 2 kurzen und 2 langen Staubfäden. Kelch 5zähnig, Krone 2lippig. Blütezeit: Juni–September. Verbreitet bis häufig auf feuchten Äckern, an Gräben und Ufern.

3 Waldziest, *Stachys sylvatica*. Unterirdisch ausdauernde, 30–100 cm hohe, der vorigen Art ähnliche Pflanze. Blätter jedoch breit, tief herz-eiförmig, kerbig, gesägt, dicht behaart, untere lang-, obere kurzgestielt. Blüten purpurn, in meist 6blütigen Scheinquirlen. Blütezeit: Juni–September. Verbreitet bis häufig in feuchten Laubwäldern, Gebüschen und Hecken.

4 Gemeiner Dost, *Origanum vulgare*. Unterirdisch ausdauernde, 20–60 cm hohe, Ausläufer bildende Pflanze mit aufrechtem, rot bis braunrot überlaufenem, manchmal zottig behaartem Stengel. Blätter länglich-eiförmig, durchscheinend punktiert, gestielt, fast kahl. Blüten hellpurpurn, mit 2 langen und 2 kurzen Staubfäden, in endständigen, doldigen Blütenständen. Kelch 5zähnig, Krone 2lippig. Blütezeit: Juli–September. Verbreitet bis zerstreut an Waldrändern, Gebüschen und auf Hügeln. Im Norden seltener. Arzneipflanze.

5 Uferwolfstrapp, *Lycopus europaeus*. Unterirdisch ausdauernde, 20–100 cm hohe Pflanze mit ästigem Stengel. Blätter eiförmig-länglich, am Grunde oft fiederspaltig, kurzgestielt, grob gezähnt. Blüten weiß, innen rotpunktiert, mit 2 Staubfäden, in vielblütigen Scheinquirlen, Krone fast regelmäßig 4spaltig, Kelch 5spaltig. Blütezeit: Juli–September. Verbreitet bis häufig an Gräben, Ufern und feuchten Stellen.

6 Wasserminze, *Mentha aquatica*. Unterirdisch ausdauernde, 20–80 cm hohe, Ausläufer bildende, der vorigen Art ähnliche Pflanze. Scheinquirle der Blüten jedoch am Ende des Stengels kopfig gedrängt. Blätter zerstreut behaart. Blüten rötlich-lila. Blütezeit: Juni–Oktober. Verbreitet bis zerstreut an Ufern, Gräben und in feuchten Gebüschen. Die angebaute Pfefferminze *(Mentha piperita)* hat fast ährige Blütenstände und den typischen Geruch.

7 Ackerminze, *Mentha arvensis*. Unterirdisch ausdauernde, 15–45 cm hohe, Ausläufer bildende Pflanze mit liegendem oder aufsteigendem Stengel mit einem Blattbüschel am Ende. Blätter eiförmig oder elliptisch, gestielt, meist gesägt. Blüten lila, mit 4 fast gleichlangen Staubfäden in entfernten Scheinquirlen in den Achseln von Laubblättern. Krone fast regelmäßig 4spaltig, Kelch 5zähnig. Blütezeit: Juni bis Oktober. Gemein bis häufig auf Äckern, Wiesen, an Gräben und Ufern.

PRIMELGEWÄCHSE Primulaceae

1 Milchweißer Mannsschild, *Androsace lactea.* Ausdauernde, bis 20 cm hohe, lockere Rasen bildende Pflanze mit kahlem, blattlosem Stengel und linealischen, grundständigen Blättern. Blüten weiß mit goldgelbem Schlund, in endständigen Dolden. Blütezeit: Juni–August. Verbreitet in den Hochgebirgen, seltener im oberen Vorland auf Kalkfelsen und auf Geröll.

2 Schweizer Mannsschild, *Androsace helvetica.* Ausdauernde, bis 10 cm hohe, graufilzig behaarte, dichte Kugelpolster bildende Pflanze mit ungestielten, ganzrandigen Blättern. Blüten weiß mit rotem Schlund, einzeln, fast sitzend in den Achseln der oberen Stengelblätter. Blütezeit: Mai–August. Kalkliebend. Verbreitet in Felsspalten und auf Felsen nur in den Alpen.

3 Alpentroddelblume, Alpenglöckchen, *Soldanella alpina.* Ausdauernde, 5–20 cm hohe Pflanze mit unbeblätterten Stengeln und grundständigen, gestielten, ganzrandigen, nierenförmigen, 1–3 cm breiten Blättern. Blüten blau mit dunkleren Streifen, glockenförmig, mit stumpfen Kronzipfeln, gestielt, in 1–3blütigen Dolden. Blütezeit: April–Juli. Verbreitet im Hochgebirge und in den höheren Lagen der Mittelgebirge auf Wiesen und in feuchten Wäldern.

4 Zwergtroddelblume, *Soldanella pusilla.* Ausdauernde, bis 10 cm hohe, der vorigen Art ähnliche Pflanze, aber insgesamt kleiner und Blätter etwas rundlich, bisweilen auch schwach gekerbt, dünn. Blüten blutrot, innen dunkler gestreift, meist einzeln endständig, eng-trichterförmig, länger als der Griffel. Blütezeit: Mai–Juni. Verbreitet nur in den Hochgebirgen in Klüften, Schneetälchen, auf Felsen.

5 Waldalpenveilchen, *Cyclamen purpurascens.* Unterirdisch ausdauernde, bis 15 cm hohe Pflanze mit knolligem Wurzelstock, blattlosen, einblütigen Stengeln und gestielten, rundlich-herzförmigen Blättern. Blüten rosarot, duftend, mit zurückgeschlagenen Zipfeln. Blütezeit: Juli–September. Kalkliebend. Teilweise verbreitet in Gebüschen, Laubwäldern und an Waldrändern der Hochgebirge, selten in hohen Mittelgebirgen. Kultiviert wird häufig *Cyclamen persicum* in verschiedenen Spielarten.

6 Salzbunge, *Samolus valerandi.* Ausdauernde, 5 bis 50 cm hohe gelbgrüne Pflanze mit aufrechten, beblätterten Stengeln und grundständiger Rosette aus meist verkehrt-eiförmigen, etwas fleischigen Blättern. Blüten weiß mit gelbem Schlund, klein, in endständigen Trauben. Blütezeit: Juni–Oktober. Verbreitet nur auf Salzboden an den Küsten, seltener auch im Binnenland zu finden.

7 Gamsblume, Alpenaurikel, *Primula auricula.* Ausdauernde, 5–25 cm hohe Pflanze mit blattlosem Stengel und rosettigen, allmählich in den Stiel verschmälerten, kahlen, ganzrandigen oder gezähnten Blättern. Blüten gelb mit mehlig-weißem Schlund, wohlriechend, trichterig oder glockig, zahlreich. Blütezeit: März–Juni. Kalkliebend. Verbreitet im Hochgebirge, selten im Vorland.

8 Zwergprimel, Habmichlieb, *Primula minima.* Ausdauernde, bis 5 cm hohe Pflanze mit meist einblütigem, kurzem Stengel und keilförmigen, vorn tief gesägten, feindrüsigen, etwas lederigen Blättern. Blüten leuchtend rot, groß. Blütezeit: Mai–August. Verbreitet auf steinigen Wiesen und Schneeböden in den Hochgebirgen.

PRIMELGEWÄCHSE Primulaceae

1 Waldschlüsselblume, *Primula elatior*. Ausdauernde, 10–30 cm hohe Pflanze mit aufrechtem, kurz behaartem, blattlosem Stengel und grundständigen, in einer Rosette angeordneten, runzeligen, unten behaarten, ungeteilten Blättern. Blüten hellgelb, mit röhriger Krone, in einer reichblütigen Dolde angeordnet. Fast geruchlos. Blütezeit: März–Mai. Verbreitet in Laubwäldern, Gebüschen und auf Wiesen. Im Norden seltener. Arzneipflanze.

2 Wiesenschlüsselblume, *Primula veris*. Ausdauernde, 10–30 cm hohe, der vorigen Art ähnliche Pflanze, Blüten aber dottergelb, mit 5 rotgelben Flecken im Schlund, nur 8–15 mm breit. Kelch weißlich, bauchig erweitert. Wohlriechend. Blütezeit: April–Juni. Verbreitet auf trockenen Wiesen, Hügeln, in Wäldern und an Waldrändern. Im Norden etwas seltener. Arzneipflanze. Vielfarbige und gelbe Formen werden neben anderen Arten auch als Zierpflanzen kultiviert.

3 Roter oder **Ackergauchheil,** *Anagallis arvensis*. Einjährige, 5–30 cm hohe Pflanze mit verzweigtem, 4kantigem Stengel und sitzenden, gegenständigen, meist eiförmigen, unten schwarz punktierten Blättern. Blüten rot, selten rosa oder blau, gestielt, einzeln in den Blattachseln. Blütezeit: Juni–Oktober. Gemein bis häufig auf Äckern und Gartenland. Akkerunkraut. Schwach giftig. Die Blüten öffnen sich nur von etwa 9 Uhr bis gegen 15 Uhr.

4 Europäischer Siebenstern, *Trientalis europaea*. Unterirdisch ausdauernde, Ausläufer bildende, 5 bis 20 cm hohe Pflanze mit aufrechtem Stengel und lanzettlichen, wechselständigen, am Ende einen fast quirligen Schopf bildenden Blättern. Blüten einzeln, seltener zu zweit am Ende des Stengels, langgestielt, weiß, 7teilig. Blütezeit: Mai–Juli. Verbreitet bis zerstreut in Mooren, schattigen Laub- und Nadelwäldern höherer Lagen.

5 Pfenniggilbweiderich, *Lysimachia nummularia*. Ausdauernde, 10–60 cm lange, Ausläufer bildende Pflanze mit kriechendem, beblättertem Stengel und rundlich-eiförmigen, stumpfen, kahlen, gegenständigen gelbgrünen Blättern. Blüten einzeln oder zu zweit in den Blattachseln, gestielt, mittelgroß, 5zählig, goldgelb, Blütezeit: Juni–Juli. Verbreitet bis häufig auf feuchten Wiesen, an Ufern und in Gebüschen.

6 Gemeiner Gilbweiderich, *Lysimachia vulgaris*. Unterirdisch ausdauernde, 50–150 cm hohe, Ausläufer bildende Pflanze mit aufrechtem, rundlichem, zottig behaartem, beblättertem Stengel und gegen-, seltener quirlständigen, länglich-eiförmigen bis lanzettlichen, rotpunktierten Blättern. Blüten in einer beblätterten, endständigen Rispe, mittelgroß, 5zählig, goldgelb. Blütezeit: Juni–August. Häufig bis verbreitet in feuchten, besonders Auwäldern, Gebüschen, Erlenbrüchen, an Ufern und Gräben.

7 Salzmilchkraut, *Glaux maritima*. Ausdauernde, 5–20 cm hohe Pflanze mit verzweigtem, aufrechtem Stengel und dichtstehenden, meist gegenständigen, fleischigen, elliptischen oder länglich-lanzettlichen graugrünen Blättern. Blüten ohne Krone, mit hellrosafarbenem, 5spaltigem, glockigem Kelch, sitzend in den Achseln der oberen Blätter. Blütezeit: Mai bis August. Verbreitet bis zerstreut auf feuchten Wiesen und an Wegrändern an der Küste, sonst zerstreut bis selten. Nur auf Salzboden vorkommend. Arzneipflanze.

WINTERGRÜNGEWÄCHSE Pyrolaceae

1 Kleines Wintergrün, *Pyrola minor.* Ausdauernde, 7–20 cm hohe, Ausläufer bildende Pflanze mit aufrechtem, fast blattlosem Stengel und ei-rundlichen, gekerbten, nur im unteren Stengelteil angeordneten gestielten, oberseits dunkelgrünen Blättern. Blüten hellrosa, seltener weiß, kugelig, geschlossen, in einer lockeren, allseitswendigen Traube am Ende des Stengels. Blütezeit: Juni–Juli. Verbreitet in schattigen Wäldern, Gebüschen und Mooren.

2 Rundblättriges Wintergrün, *Pyrola rotundifolia.* Ausdauernde, 15–30 cm hohe, Ausläufer bildende, der vorigen Art ähnliche Pflanze mit kantigem Stengel, großen runden oder ovalen Blättern und glockigen, offenen, meist weißen, seltener rötlichen Blüten. Blütezeit: Juni–Juli. Verbreitet in schattigen Wäldern und in Gebüschen. Im Norden seltener anzutreffen.

FICHTENSPARGELGEWÄCHSE Monotropaceae

3 Echter Fichtenspargel, *Monotropa hypopitys.* Ausdauerde, 10–25 cm hohe, blaßgelbe, später schwarz werdende Pflanze mit aufrechtem, einfachem, brüchigem Stengel und schuppigen, chlorophyllfreien Blättern. Blüten in einer nickenden Traube, blaßgelb, Endblüte 5zählig, Seitenblüten 4zählig. Kelch und Krone freiblättrig. Blütezeit: Juni–Juli. Verbreitet in Nadelwäldern. Im Norden seltener. Fäulnispflanze auf verwesenden Nadeln.

WINDENGEWÄCHSE Convolvulaceae

4 Ackerwinde, *Convolvulus arvensis.* Ausdauernde, bis 250 cm lange Schlingpflanze mit zahlreichen beblätterten, windenden oder niederliegenden Trieben und gestielten, länglich-eiförmigen bis lanzettlichen, unten pfeil- oder spießförmigen Blättern. Blüten 15–25 mm lang, weiß oder rosa, außen mit 5 hellpurpurnen Streifen, gestielt, einzeln in den Blattachseln. Blütezeit: Juni–September. Gemein auf Äckern, Schutt und an Wegrändern.

5 Uferzaunwinde, *Calystegia sepium.* Ausdauernde, 100–300 cm lange Schlingpflanze mit verzweigtem, beblättertem, windendem Stengel und pfeilförmigen, gestielten Blättern. Blüten reinweiß, bis 70 mm lang, gestielt, meist einzeln in den Blattachseln, Kelch von zwei großen Vorblättern eingeschlossen. Blütezeit: Juni–September. Verbreitet bis häufig in feuchten Gebüschen und Hecken, meist an Ufern.

BORRETSCHGEWÄCHSE Boraginaceae

6 Echtes Lungenkraut, *Pulmonaria officinalis.* Ausdauernde, 10–30 cm hohe Pflanze mit aufrechtem, beblättertem, behaartem Stengel und eiförmig-lanzettlichen, oberseits rauhen Blättern. Blüten trichterförmig, erst rot, dann über Violett in Blau übergehend, in einem endständigen Blütenstand. Blütezeit: Mai–Juli. Verbreitet in Laubwäldern, Gebüschen und an Ufern. Arzneipflanze.

7 Gemeiner Beinwell, *Symphytum officinale.* Unterirdisch ausdauernde, 30–100 cm hohe, behaarte Pflanze mit ästigem Stengel und lanzettlichen, oben sitzenden, unten herablaufenden Blättern. Blüten rötlich, violett oder gelblichweiß, walzig-glockig, in einem langgestielten, überhängenden Blütenstand in den Achseln der oberen Blätter. Blütezeit: Mai bis Juli. Verbreitet auf Wiesen, an Gräben und Ufern. Arzneipflanze.

BORRETSCHGEWÄCHSE Boraginaceae

1 Gemeiner Natterkopf, *Echium vulgare.* Zweijährige, 25–100 cm hohe, borstig behaarte Pflanze mit aufrechtem, beblättertem Stengel und sitzenden, lanzettlichen Blättern. Blüten erst rötlich, dann blau, seltener weiß oder fleischfarben, fast 2lippig, mit herausragenden, ungleichlangen Staubfäden. Blütezeit: Mai–Oktober. Gemein bis verbreitet auf Äkkern, trockenen Hängen, Ödland und an Wegrändern.

2 Sumpfvergißmeinnicht, *Myosotis palustris.* Ausdauernde, 15–50 cm hohe, weichbehaarte Pflanze mit aufrechtem, kantigem Stengel und fast kahlen, länglich-lanzettlichen Blättern. Blüten zuerst rosa, dann hellblau, innen gelb, in einem traubigen, endständigen, meist blattlosen Blütenstand. Blütezeit: April–Oktober. Gemein bis häufig auf feuchten Wiesen, an Gräben, Ufern und in Wäldern.

3 Ackervergißmeinnicht, *Myosotis arvensis.* Einjährige oder einjährig-überwinternde, 10–50 cm hohe Pflanze mit verzweigtem Stengel und länglich-lanzettlichen Blättern. Blüten blau, 3–5 mm breit, trichterförmig, in endständigen, blattlosen Blütenständen an den Zweigen. Kelch abstehend behaart. Blütezeit: Mai–Oktober. Verbreitet auf Äckern, Wiesen, in Wäldern und an Wegrändern.

4 Sandvergißmeinnicht, *Myosotis stricta.* Einjährige oder einjährig-überwinternde, 3–20 cm hohe Pflanze mit mehreren aufrechten Stengeln und kleinen linealischen Blättern. Blüten hellblau, klein, trichterförmig, in vielblütigen, beblätterten Blütenständen. Blütezeit: März–Juni. Verbreitet auf sandigen Äkkern, Heiden und Hügeln. Andere Arten werden häufig auch als Zierpflanzen kultiviert.

5 Ackersteinsame, *Lithospermum arvense.* Einjährige oder einjährig-überwinternde, 10–50 cm hohe Pflanze mit aufrechtem, nur oben verzweigtem, entfernt beblättertem Stengel und lineal-lanzettlichen, meist einnervigen Blättern. Blüten röhrig-trichterig, weiß oder gelblichweiß, 5–10 mm lang, in den Achseln der obersten Blätter. Blütezeit: April–Juli. Verbreitet auf Äckern und an Wegrändern. Ackerunkraut.

6 Gebräuchliche Ochsenzunge, *Anchusa officinalis.* Zweijährige oder ausdauernde, 30–80 cm hohe, borstig behaarte Pflanze mit aufrechtem, beblättertem Stengel und länglichen bis lanzettlichen, ganzrandigen, unten gestielten, oben sitzenden Blättern. Blüten dunkelviolett, seltener blau oder weiß, 5–15 mm breit, mit gerader Röhre. Blütezeit: Mai–Oktober. Verbreitet auf Äckern, Schutt und an Wegrändern.

7 Ackerkrummhals, *Anchusa arvensis.* Einjährige oder einjährig-überwinternde, weiß-borstig behaarte Pflanze mit verzweigtem, beblättertem Stengel und lineal-lanzettlichen, gezähnten, am Rande welligen, unten gestielten oder halbstengelumfassenden Blättern. Blüten hellblau, mit weißer, gekrümmter Röhre, in den Achseln von Tragblättern. Blütezeit: Mai–Oktober. Verbreitet auf Äckern und an Wegrändern. Ackerunkraut.

8 Echte Hundszunge, *Cynoglossum officinale.* Zweijährige, 30–80 cm hohe, grau-kurzhaarige Pflanze mit aufrechtem, beblättertem Stengel und unten elliptischen, oben lanzettlichen, halbstengelumfassenden Blättern. Blüten braunrot, selten weiß, trichterig, gestielt. Blütezeit: Mai–Juli. Verbreitet an Wegrändern. Unangenehm riechend.

ENZIANGEWÄCHSE Gentianaceae

1 Gelber Enzian, *Gentiana lutea.* Ausdauernde, 45 bis 140 cm hohe Pflanze mit unverzweigtem, aufrechtem, rundem, hohlem Stengel und blaugrünen, elliptischen, großen, unten kurzgestielten, oben sitzenden, kreuzweise gegenständigen Blättern. Blüten goldgelb, fast bis zum Grunde 5teilig, zu vielen in den oberen Blattachseln. Blütezeit: Juni–August. Kalkliebend. Verbreitet im Hochgebirge, seltener in Mittelgebirgen.

2 Frühlingsenzian, *Gentiana verna.* Unterirdisch ausdauernde, 5–20 cm hohe Pflanze mit aufrechten Stengeln, rosettigen Grundblättern und elliptisch-lanzettlichen, spitzen Stengelblättern. Blüten himmelblau, einzeln, endständig, mit schmalgeflügeltem, eiförmig-aufgeblasenem Kelch. Blütezeit: März bis Mai. Selten auf Bergwiesen und in Flachmooren, gebietsweise vom Aussterben bedroht.

3 Stengelloser Enzian, *Gentiana clusii.* Ausdauernde, bis 10 cm hohe Pflanze mit kurzem, einblütigem Stengel und grundständigen, rosettigen Blättern. Blüte dunkelblau, selten gestreift oder weiß, bis 6 cm lang, trichter- oder glockenförmig. Blütezeit: April bis August. Verbreitet auf Felsen und Wiesen im Hochgebirge, zerstreut im Vorland.

4 Schwalbenwurzenzian, *Gentiana asclepiadea.* Unterirdisch ausdauernde, 15–80 cm hohe Pflanze mit beblättertem Stengel und eiförmig-lanzettlichen, lang zugespitzten, gegenständigen Blättern. Blüten blau, innen rötlich punktiert, einzeln oder zu 2–3 in den Achseln der oberen Blätter. Blütezeit: Juli–September. Verbreitet in Wäldern, auf Wiesen und an Bachufern des Hochgebirges und im Vorland, selten in Mittelgebirgen.

5 Schnee-Enzian, *Gentiana nivalis.* Einjährige, 5 bis 20 cm hohe Pflanze mit dünnem, ästigem Stengel und eiförmigen, stumpfen, gegenständigen, unten eine kleine Rosette bildenden Blättern. Blüten blau, bis 1 cm breit, mit deutlich abstehenden Zipfeln, endständig. Blütezeit: Juli–August. Verbreitet bis zerstreut auf Wiesen und an Felsen in den Hochgebirgen.

6 Fransenenzian, *Gentianella ciliata.* Zweijährige oder unterirdisch ausdauernde, 10–30 cm hohe Pflanze mit einfachem oder ästigem Stengel und spitzen, linealischen, gegenständigen Blättern. Blüten leuchtend blau, tief 4teilig, Zipfel am Rande gefranst, meist endständig. Blütezeit: August–Oktober. Kalkliebend. Zerstreut in lichten Wäldern und Gebüschen, im Norden sehr selten oder fehlend.

7 Deutscher Enzian, *Gentianella germanica.* Ein- oder zweijährige, 5–40 cm hohe Pflanze mit einfachem oder oben kurzästigem Stengel und eiförmig-lanzettlichen, spitzen oder stumpfen gegenständigen Blättern. Blüten violett, selten weiß oder gelblich, trichterförmig, 5zipfelig, kurzgestielt, endständig. Blütezeit: Juni bis Oktober. Kalkliebend. Zerstreut bis verbreitet auf Waldwiesen und Hügeln im Süden.

8 Tüpfelenzian, *Gentiana punctata.* Ausdauernde, 20–60 cm hohe Pflanze mit aufrechtem, beblättertem Stengel und gegenständigen, unten gestielten, oben sitzenden Blättern. Blüten hellgelb, dunkelpurpurn punktiert, röhrig-glockig, mit 5–8 Zipfeln, zu mehreren an der Stengelspitze und in den oberen Blattachseln. Blütezeit: Juli–August. Verbreitet bis zerstreut auf Wiesen, Weiden und Matten in den Hochgebirgen.

FIEBERKLEEGEWÄCHSE Menyanthaceae

1 Fieberklee, Bitterklee, *Menyanthes trifoliata.* Ausdauernde, 15–30 cm hohe, Ausläufer bildende Pflanze mit kriechender Grundachse und grundständigen, 3zähligen, langgestielten, oben etwas glänzenden Blättern mit verkehrt-eiförmigen Blättchen. Blüten rötlichweiß oder weiß, trichterförmig, mit innen bärtigen Zipfeln, in einer endständigen, langgestielten Traube. Blütezeit: Mai–Juni. Verbreitet in Sümpfen, an Gräben und Teichrändern.

ENZIANGEWÄCHSE Gentianaceae

2 Echtes Tausendgüldenkraut, *Centaurium minus.* Einjährige oder einjährig-überwinternde, 10–45 cm hohe Pflanze mit aufrechtem, einfachem, oben ästigem, vierkantigem Stengel und länglich-eiförmigen bis lanzettlichen, meist 5nervigen, unten rosettigen Blättern mit glattem Rand. Blüten rosa, 5spaltig, in schirmförmigen Trugdolden. Blütezeit: Juli–September. Verbreitet auf Wiesen und in lichten Gebüschen.

3 Lungenenzian, *Gentiana pneumonanthe.* Unterirdisch ausdauernde, 15–60 cm hohe Pflanze mit verzweigtem, aufrechtem oder aufsteigendem, beblättertem Stengel und linealischen oder lineal-lanzettlichen, meist einnervigen, am Rand umgerollten Blättern. Blüten dunkelblau, außen mit 5 grünen Streifen, 5zählig, groß, trichterförmig, einzeln end- oder blattachselständig. Blütezeit: Juli–Oktober. Zerstreut in Flachmooren und auf feuchten Wiesen. Kalkmeidend.

4 Kreuzenzian, *Gentiana cruciata.* Unterirdisch ausdauernde, 15–50 cm hohe Pflanze mit meist mehreren aufsteigenden Stengeln und länglich-lanzettlichen, gegenständigen, etwas lederigen Blättern, untere zu einer kurzen Scheide verwachsen. Blüten blau, 4zählig, keulig, gehäuft an der Stengelspitze und in den oberen Blattachseln. Blütezeit: Juli–August. Zerstreut auf Waldwiesen.

NACHTSCHATTENGEWÄCHSE Solanaceae

5 Bittersüßer Nachtschatten, *Solanum dulcamara.* Ausdauernde, oft auch strauchartige, 30–200 cm hohe Pflanze mit oft kletterndem, kahlem Stengel und länglich-eiförmigen, oben oft spießförmigen Blättern. Blüten violett, selten weiß, mit zurückgeschlagener Krone, in Trugdolden. Beeren scharlachrot, eiförmig oder elliptisch. Blütezeit: Juni–August. Verbreitet an Ufern, in feuchten Gebüschen und Auwäldern. Giftig! Arzneipflanze.

6 Schwarzer Nachtschatten, *Solanum nigrum.* Einjährige, 10–80 cm hohe, zerstreut-behaarte oder fast kahle Pflanze mit aufrechtem, verzweigtem Stengel und eiförmigen, oft schwach gezähnten Blättern. Blüten weiß, klein. Beeren schwarz, grün, gelblich oder weiß, kugelig. Blütezeit: Juni–Oktober. Häufig bis zerstreut auf Äckern, Schutt, in Gärten und an Wegrändern. Unkraut. Giftig!

7 Schwarze Tollkirsche, *Atropa bella-donna.* Unterirdisch ausdauernde, 50–150 cm hohe, oben wollig behaarte Pflanze mit verzweigtem Stengel. Blätter kurzgestielt, eiförmig, oben zu 2, je ein großes und ein kleines. Blüten violettbraun, glockig, nickend. Beeren glänzend schwarz, mit violettem Saft, kugelig, aus dem sternförmigen Kelch herausragend. Blütezeit: Juni–August. Zerstreut auf Kahlschlägen und an Waldrändern. Im Norden seltener. Arzneipflanze. Giftig!

1 2 3 4 5 6 7

GLOCKENBLUMENGEWÄCHSE Campanulaceae

1 Rundblättrige Glockenblume, *Campanula rotundifolia.* Ausdauernde, 15–30 cm hohe, Ausläufer bildende Pflanze mit aufrechtem, oft verzweigtem Stengel, lanzettlichen oder länglichen Stengelblättern und gestielten, rundlichen, herz- oder nierenförmigen Grundblättern. Blüten blau, glockig, 5lappig, gestielt, geneigt in einer einseitigen Rispe. Blütezeit: Juni–Oktober. Gemein bis verbreitet auf Wiesen, Weiden, in trockenen Wäldern und an Wegrändern.

2 Wiesenglockenblume, *Campanula patula.* Zweijährige oder ausdauernde, 30–60 cm hohe Pflanze mit aufrechten Stengeln und lineal-lanzettlichen, sitzenden, gekerbten, unten länglich-verkehrt-eiförmigen Blättern. Blüten blauviolett, selten weiß, trichterförmig, tief 5spaltig, mit etwas zurückgebogenen Zipfeln, gestielt, in einer lockeren Schirmrispe. Blütezeit: Mai–Juli. Verbreitet bis häufig auf Wiesen, an Rainen, Wegrändern und in Gebüschen.

3 Ackerglockenblume, *Campanula rapunculoides.* Ausdauernde, 30–80 cm hohe, Ausläufer bildende Pflanze mit kurzhaarigem, kantigem Stengel, herzeiförmigen, gestielten unteren und länglich-lanzettlichen sitzenden oberen Blättern. Blüten meist hellviolett, groß, 2–3 cm lang, kurz gestielt, am Rand gewimpert, in einer einseitswendigen Traube. Blütezeit: Juni–September. Verbreitet bis häufig auf Äckern, an Rainen, Wegrändern und in Gebüschen.

4 Knäuelglockenblume, *Campanula glomerata.* Ausdauernde, 30–60 cm hohe, kurzbehaarte Pflanze mit aufrechtem Stengel und eiförmigen bis lanzettlichen, am Grunde abgerundeten oder herzförmigen, unten gestielten, oben sitzenden Blättern. Blüten violett, sitzend, klein, in einem endständigen Knäuel, einzelne auch in den Achseln der obersten Blätter. Blütezeit: Juni–September. Verbreitet auf Wiesen, an Wegrändern und in Gebüschen. Im Norden seltener. Auch als Zierpflanze häufig in Gärten zu finden.

5 Bergsandknöpfchen, *Jasione montana.* Zweijährige oder einjährig-überwinternde, 20–45 cm hohe, steifbehaarte Pflanze mit ästigem, oben blattlosem Stengel und verkehrt-eiförmigen, stumpfen unteren sowie linealischen, spitzen oberen, am Rande welligen Blättern. Blüten himmelblau, seltener weiß oder rötlich, Zipfel vor dem Aufblühen röhrig verwachsen, sich von unten nach oben öffnend, gerade, in dichten, von einer gemeinsamen Hülle umgebenen endständigen Köpfchen. Blütezeit: Juni–August. Verbreitet auf Äckern, Dünen, in Kiefernwäldern und an Bahndämmen. Kalkmeidend.

6 Ährige Teufelskralle, *Phyteuma spicatum.* Ausdauernde, 30–80 cm hohe Pflanze mit aufrechten Stengeln und doppelt-gekerbt-gesägten, unten gestielten, herzförmigen Blättern. Blüten wie bei der vorigen Art, aber gelblichweiß, gekrümmt, in walzigährigen Köpfen. Blütezeit: Mai–Juli. Verbreitet auf Wiesen, in Laubwäldern und Gebüschen. Im Norden etwas seltener.

7 Schwarze Teufelskralle, *Phyteuma nigrum.* Ausdauernde, 20–50 cm hohe, der vorigen Art ähnliche Pflanze. Blätter aber ungleich gekerbt, untere länglich-linealisch, mittlere am Grunde verschmälert. Blüten dunkel- oder schwarzblau, in mehr eiförmigen Köpfen. Blütezeit: Mai–Juli. Verbreitet bis zerstreut auf Wiesen und in Wäldern nur in den Mittelgebirgen. Streckenweise auch fehlend.

GLOCKENBLUMENGEWÄCHSE Campanulaceae

1 Hallers Teufelskralle, *Phyteuma ovatum.* Ausdauernde, 30–90 cm hohe Pflanze mit aufrechten Stengeln und herz-eiförmigen, grob doppelt-gesägten Blättern. Blüten dunkelviolett, mit am Grunde wolligen Staubfäden, in länglich-eiförmigen, zuletzt fast walzigen Blütenständen. Blütezeit: Mai–August. Verbreitet auf feuchten Wiesen und auf Matten in den Hochgebirgen.

2 Bärtige Glockenblume, *Campanula barbata.* Ausdauernde, 10–40 cm hohe, rauhhaarige Pflanze mit aufrechtem, meist einfachem, wenig beblättertem Stengel und rosettig angeordneten Grundblättern. Blüten hellblau, glockig, mit innen bärtigen Kronzipfeln und stumpfen Kelchanhängseln, in einer wenigblütigen, einseitswendigen Traube. Blütezeit: Juni–August. Kalkmeidend. Verbreitet auf Wiesen und in Gebüschen in Hochgebirgen.

3 Scheuchzers Glockenblume, *Campanula scheuchzeri.* Ausdauernde, 10–30 cm hohe Pflanze mit aufrechten, kahlen Stengeln, linealisch-lanzettlichen, gekerbten, sitzenden Stengelblättern und rundlichen oder nierenförmigen, zur Blütezeit meist vertrockneten Grundblättern. Blüten dunkelblau, glockig, einzeln endständig oder in 2–6blütigen Trauben, Knospen nickend oder herabgebogen. Blütezeit: Juni–September. Verbreitet auf Wiesen, Weiden und in Gebüschen in den Hochgebirgen, seltener in den höheren Mittelgebirgen.

4 Kleine Glockenblume, *Campanula cochleariifolia.* Ausdauernde, bis 15 cm hohe, dichte Rasen bildende Pflanze mit aufsteigenden, am Grunde behaarten Stengeln, meist rundlichen, grobgesägten Grundblättern und elliptischen, gekerbten unteren Stengelblättern. Blüten hellblau, halbkugelig-glockig, fast so breit wie lang, einzeln oder in 2–6blütigen Trauben. Blütezeit: Juni–September. Kalkliebend. Verbreitet in den Hochgebirgen und im Vorland.

5 Rapunzelglockenblume, *Campanula rapunculus.* Zweijährige, 50–80 cm hohe Pflanze mit aufrechtem, beblättertem Stengel und lineal-lanzettlichen, meist kahlen, am Rande welligen Blättern. Blüten blau bis violett, trichterig, 5spaltig, gestielt, in einer schmalen, fast traubigen Rispe. Blütenstiele am Grunde mit 2 Blättchen. Blütezeit: Mai–August. Verbreitet auf Wiesen und an Wegrändern im Süden und Westen.

6 Nesselblättrige Glockenblume, *Campanula trachelium.* Ausdauernde, 60–100 cm hohe, steif-behaarte Pflanze mit aufrechtem, beblättertem, scharfkantigem Stengel sowie unten herz-eiförmigen, langgestielten, oben eiförmig-länglichen, kurzgestielten oder sitzenden Blättern. Blüten blauviolett, selten weiß, groß, Krone gewimpert, gestielt, Stiele am Grunde mit 2 Blättchen, aufrecht oder abstehend. Blütezeit: Juli–August. Verbreitet in Laubwäldern, Gebüschen und an Hecken, im Nordwesten zerstreut.

KUGELBLUMENGEWÄCHSE Globulariaceae

7 Echte Kugelblume, *Globularia elongata.* Ausdauernde, 5–30 cm hohe Pflanze mit aufrechtem, bis oben beblättertem Stengel, langgestielten, spateligen oder breit-eiförmigen Grundblättern sowie sitzenden Stengelblättern. Blüten blau bis violett, 2lippig, in dichten, 10–15 mm breiten, etwas kugeligen Köpfchen. Blütezeit: Mai–Juni. Kalkliebend. Zerstreut bis selten auf steinigen Hängen und Triften. In den Hochgebirgen andere Arten.

BRAUNWURZGEWÄCHSE Scrophulariaceae

1 Schwarze Königskerze, *Verbascum nigrum.* Zweijährige oder ausdauernde, 50–120 cm hohe Pflanze mit aufrechtem, dünn-filzig behaartem, oben scharfkantigem Stengel und oberseits fast kahlen, unten am Grunde herzförmigen, gestielten Blättern. Blüten hellgelb, seltener weiß, am Grunde rot gefleckt, 15 bis 20 mm breit, mit 5 ungleichen, violett-wolligen Staubfäden, kurzgestielt in ährig angeordneten Knäueln. Blütezeit: Juni–September. Verbreitet bis häufig an Wegrändern, Rainen, Bahndämmen und in Gebüschen.

2 Großblumige Königskerze, *Verbascum densiflorum.* Zweijährige, 50–300 cm hohe, der vorigen Art ähnliche Pflanze, aber mit beiderseits wollig-filzig behaarten, herablaufenden, oben dichtstehenden, deutlich gekerbten Blättern, sehr kurzgestielten, hellgelben, seltener weißen, flachen, 30–35 mm breiten Blüten und weiß-wolligen Staubfäden. Blütezeit: Juli bis September. Verbreitet an Wegrändern, Ufern, wüsten Plätzen und auf Hügeln. Arzneipflanze. Auch angebaut.

3 Mehlige Königskerze, *Verbascum lychnitis.* Zweijährige, 60–120 cm hohe, den vorigen Arten ähnliche Pflanze mit oberseits fast kahlen, unterseits staubig-filzigen, nicht herablaufenden Blättern und hellgelben, selten weißen, deutlich gestielten, 10 bis 15 mm breiten Blüten in einem rispig-ästigen Blütenstand. Staubfäden weiß-wollig. Blütezeit: Juni–September. Verbreitet an Weg- und Waldrändern und kiesigen Ufern.

4 Gemeines Leinkraut, *Linaria vulgaris.* Ausdauernde, 15–60 cm hohe, Ausläufer bildende Pflanze mit aufrechtem, meist einfachem, kahlem Stengel und lineal-lanzettlichen, spitzen, dichten, sitzenden Blättern. Blüten schwefelgelb, innen orangefarben, 2lippig, mit 2 langen und 2 kurzen Staubfäden, in einer endständigen, drüsenhaarigen Traube. Blütezeit: Juni–Oktober. Gemein bis häufig auf Äckern, an Rainen, Wegrändern und Mauern.

5 Kleiner Orant, *Chaenarrhinum minus.* Einjährige, 10–20 cm hohe, drüsig behaarte Pflanze mit aufrechtem, ästigem Stengel und länglich-lanzettlichen, ganzrandigen, stumpfen, sitzenden Blättern. Blüten hellviolett, innen gelblich, 3–6 mm lang, 2lippig, mit 2 langen und 2 kurzen Staubfäden, deutlich gestielt, blattachselständig, in lockeren Trauben. Blütezeit: Juni–Oktober. Verbreitet auf Äckern, Bahngelände, Geröll, an Wegrändern und Mauern.

6 Knotige Braunwurz, *Scrophularia nodosa.* Unterirdisch ausdauernde, 30–120 cm hohe, Ausläufer bildende Pflanze mit aufrechtem, kräftigem, 4kantigem, kahlem Stengel und eiförmigen unteren, ei-lanzettlichen oberen, gesägten Blättern. Blüten trübbraun, selten gelbgrün, 2lippig, mit 2 langen und 2 kurzen Staubfäden, deutlich gestielt, in einer endständigen Rispe. Blütezeit: Mai–September. Verbreitet in Wäldern und Gebüschen.

7 Gelbe Gauklerblume, *Mimulus guttatus.* Unterirdisch ausdauernde, 30–60 cm hohe Pflanze mit aufrechtem oder aufsteigendem, kahlem oder leicht drüsigem Stengel und kahlen, rundlichen bis länglich-eiförmigen Blättern. Blüten groß, 10–40 mm lang, gelb, manchmal mit roten Flecken, gestielt in einer endständigen Traube. Blütezeit: Juni–Oktober. Zerstreut an Fluß- und Bachufern im Süden. Heimat: Westliches Nordamerika.

BRAUNWURZGEWÄCHSE Scrophulariaceae

1 Gamanderehrenpreis, *Veronica chamaedrys.* Die Ehrenpreis-Arten der Gattung *Veronica* sind krautige Pflanzen mit meist blauen, radförmigen Blüten mit 4 ungleichen Zipfeln und 2 Staubfäden.
Der Gamanderehrenpreis ist eine ausdauernde, 15 bis 30 cm hohe, Ausläufer bildende Pflanze mit aufrechtem, 2reihig behaartem Stengel und eiförmigen, sitzenden oder kurzgestielten, gekerbten Blättern. Blüten himmelblau, dunkler geadert, in lockeren, gestielten, blattachselständigen Trauben. Blütezeit: Mai–Juni. Gemein auf Wiesen, an Wegrändern und in Mischwäldern.

2 Efeuehrenpreis, *Veronica hederifolia.* Einjährige oder einjährig-überwinternde, 8–30 cm hohe Pflanze mit kriechendem oder aufsteigendem Stengel und rundlich-eiförmigen, 3–7lappigen, efeuähnlichen, gestielten Blättern. Blüten klein, hellblau oder lila, einzeln blattachselständig, gestielt. Blütezeit: März bis Mai. Gemein auf Äckern und an Wegrändern.

3 Feldehrenpreis, *Veronica arvensis.* Einjährige oder einjährig-überwinternde, 5–30 cm hohe, zerstreut behaarte Pflanze, mit ästigem, aufsteigendem Stengel und ungeteilten, herz-eiförmigen, gekerbten, sitzenden Blättern. Blüten hellblau oder weiß, sehr klein. Blütezeit: April–Oktober. Verbreitet auf Äckern und an Wegrändern.

4 Persischer Ehrenpreis, *Veronica persica.* Einjährige oder einjährig-überwinternde, 15–40 cm hohe Pflanze mit aufsteigendem oder niederliegendem Stengel und kerbig-gezähnten Blättern. Blüten himmelblau, 10 bis 15 mm breit, langgestielt, blattachselständig. Blütezeit: April–Oktober. Häufig auf Äckern, auf Schutt und in Gärten. Heimat: Westasien.

5 Bachehrenpreis, Bachbunge, *Veronica beccabunga.* Ausdauernde, 15–60 cm hohe, Ausläufer bildende, fleischige Pflanze mit kahlem, verzweigtem Stengel und länglichen oder rundlichen, stumpfen, gestielten Blättern. Blüten himmelblau, klein, in lockeren, gestielten, blattachselständigen Trauben. Blütezeit: Mai–September. Verbreitet an Gräben, Bächen, Quellen und Ufern.

6 Roter Fingerhut, *Digitalis purpurea.* Zweijährige, 40–150 cm hohe Pflanze mit aufrechtem, graufilzigem Stengel und eiförmigen bis ei-lanzettlichen, unterseits graufilzigen Blättern. Blüten purpurn, selten weiß, mit weiß umrandeten dunklen Flecken, hängend. Blütezeit: Juni–August. Verbreitet in Bergwäldern und auf Kahlschlägen. Kalkmeidend. Arzneipflanze. Giftig! An vielen Stellen wahrscheinlich erst vom Menschen eingeschleppt.

7 Roter Zahntrost, *Odontites rubra.* Einjährige, 25 bis 50 cm hohe Pflanze mit aufrechtem, ästigem Stengel und lanzettlichen bis lineal-lanzettlichen, gesägten Blättern. Blüten rot, selten weiß, zottig behaart, 2lippig, mit 2 langen und 2 kurzen Staubfäden. Blütezeit: Mai–August. Häufig bis verbreitet auf Äckern, feuchten Wiesen und an Straßenrändern. Halbschmarotzer.

8 Sumpfläusekraut, *Pedicularis palustris.* Zweijährige, 15–50 cm hohe Pflanze mit aufrechtem, ästigem Stengel und fiederspaltigen, gestielten Blättern. Blüten rosa, 2lippig, mit helmförmig zusammengedrückter Oberlippe, 2 kurze und 2 lange Staubfäden, einzeln in den Blattachseln zu Ähren vereinigt. Blütezeit: Mai–Juli. Verbreitet auf sumpfigen Wiesen, in Flachmooren und an Ufern. Halbschmarotzer.

BRAUNWURZGEWÄCHSE Scrophulariaceae

1 Reichblättriges Läusekraut, *Pedicularis foliosa.* Ausdauernde, 20–60 cm hohe, behaarte Pflanze mit aufrechtem Stengel und gefiederten Blättern mit doppelt-fiederspaltigen Abschnitten. Blüten schwefelgelb, 2lippig, Oberlippe filzig behaart, in reichblütiger Traube, fast ungestielt. Deckblätter länger als die Blüte. Blütezeit: Juni–August. Kalkliebend. Verbreitet auf Wiesen im Hochgebirge. Halbschmarotzer.

2 Ährenläusekraut, *Pedicularis rostrato-capitata.* Ausdauernde, 5–20 cm hohe Pflanze mit leicht bogig aufsteigendem Stengel und tief buchtig fiederspaltigen Blättern. Blüten rot, mit lang geschnäbelter Oberlippe, in einer fast kopfigen, wenigblütigen Traube. Blütezeit: Juni–August. Verbreitet auf Wiesen, Matten und in Felsritzen in den Hochgebirgen. Halbschmarotzer.

3 Quirlblättriges Läusekraut, *Pedicularis verticillata.* Ausdauernde, 5–30 cm hohe Pflanze mit einfachem Stengel und fiederspaltigen Blättern in 3–4zähligen Wirteln. Blüten purpurrot, kahl, mit gebogener Röhre und ungeschnäbelter Oberlippe in den oberen Wirteln. Kelch bauchig, rauhhaarig. Blütezeit: Juni bis August. Verbreitet auf feuchten Wiesen und Matten der Hochgebirge. Halbschmarotzer.

4 Gestutztes Läusekraut, *Pedicularis recutita.* Ausdauernde, 20–60 cm hohe Pflanze mit einfachem, steif aufrechtem Stengel und tief fiederspaltigen, wechselständigen Blättern. Blüten braunrot oder grünlich, mit ungeschnäbelter Oberlippe und glokkigem Kelch, in einer gedrungenen, später walzlichen Traube. Blütezeit: Juni–August. Verbreitet auf Wiesen, in Gebüschen sowie an Gräben, wohl nur in den Alpen. Halbschmarotzer.

5 Gemeiner Alpenhelm, *Bartsia alpina.* Ausdauernde, 5–25 cm hohe Pflanze mit aufsteigendem, oben drüsig-rauhhaarigem Stengel und eiförmigen, sitzenden, oben blauvioletten Blättern. Blüten dunkelviolett, am Grunde etwas heller, keulenförmig, mit längerer Oberlippe, blattachselständig. Blütezeit: Juni–August. Verbreitet auf Wiesen an feuchten Stellen in den Hochgebirgen. Halbschmarotzer.

6 Gemeiner Alpenrachen, *Tozzia alpina.* Ausdauernde, 10–50 cm hohe, fettig glänzende Pflanze mit aufsteigendem, kantigem, ästigem, oben kurzhaarigem Stengel und eiförmigen, sitzenden, halbstengelumfassenden, kerbig gesägten Blättern. Blüten gelb, mit rotpunktierter Unterlippe, einzeln blattachselständig. Blütezeit: Juni–August. Kalkliebend. Verbreitet auf Hängen und an Bächen der Hochgebirge.

7 Großblütiger Fingerhut, *Digitalis grandiflora.* Unterirdisch ausdauernde, 60–120 cm hohe Pflanze mit aufrechtem, oben drüsig-weichhaarigem Stengel und länglich-lanzettlichen, gesägten, weichhaarigen Blättern. Blüten hellgelb, innen mit braunen Adern, waagerecht abstehend, gestielt, in endständiger, einseitswendiger Traube. Blütezeit: Juni–Juli. Kalkliebend. Zerstreut in Laubwäldern und Gebüschen. Giftig!

8 Alpenleinkraut, *Linaria alpina.* Ausdauernde, 5 bis 15 cm hohe Pflanze mit liegendem oder aufsteigendem Stengel und lanzettlichen oder verkehrt-eiförmigen Blättern, die meist zu 4 in Quirlen stehen. Blüten blauviolett mit orangegelbem Gaumen, gespornt, in endständigen, eiförmigen, kurzen Trauben. Blütezeit: Juni–August. Verbreitet auf Felsen, Geröll und Flußschotter im Hochgebirge.

BRAUNWURZGEWÄCHSE Scrophulariaceae

1 Wiesenwachtelweizen, *Melampyrum pratense.* Einjährige, 10–50 cm hohe Pflanze mit aufrechtem, ästigem Stengel und ganzrandigen, schmal-lanzettlichen Blättern. Blüten gelblichweiß, vorn dunkler, 15 bis 20 mm lang, 2lippig, mit 2 langen und 2 kurzen Staubfäden und gerader Kronröhre, in lockeren Ähren. Blütezeit: Mai–September. Verbreitet in Wäldern und auf Waldwiesen. Halbschmarotzer.

2 Hainwachtelweizen, *Melampyrum nemorosum.* Einjährige, 10–60 cm hohe, der vorigen Art ähnliche Pflanze, aber mit herzförmig-lanzettlichen, borstlich gezähnten, oben meist blauvioletten Deckblättern, wollig-zottig behaartem Kelch und goldgelben, größeren Blüten mit rotbrauner Röhre. Blütezeit: Juni bis September. Verbreitet in Laubwäldern und auf Wiesen. Halbschmarotzer.

3 Ackerwachtelweizen, *Melampyrum arvense.* Einjährige, 15–30 cm hohe, der vorigen Art ähnliche Pflanze. Blüten aber in allseitswendigen, rundlichen, lockeren Ähren, purpurn mit weißlichem Ring, obere Deckblätter hellpurpurn, unterseits dunkel punktiert. Blütezeit: Mai–September. Verbreitet bis zerstreut auf Äckern, Wiesen, in Gebüschen und an Wegrändern. Halbschmarotzer.

4 Gemeiner Augentrost, *Euphrasia officinalis.* Einjährige, 3–40 cm hohe Pflanze mit aufrechtem, ästigem Stengel und eiförmigen oder ei-länglichen, gezähnten, sitzenden Blättern. Blüten weiß, selten lila, Oberlippe violett, Unterlippe durch gelben Schlundfleck und dunkle Streifen gezeichnet, mit 2 langen und 2 kurzen Staubfäden. 6–14 mm lang, in endständigen Ähren. Blütezeit: Mai–Oktober. Häufig auf Wiesen, Weiden und an Waldrändern. Halbschmarotzer.

5 Großer Klappertopf, *Rhinanthus serotinus.* Einjährige, 20–50 cm hohe Pflanze mit einfachem oder ästigem, fast kahlem Stengel und länglich-lanzettlichen, kerbig-gesägten Blättern. Blüten hellgelb, 2lippig, mit 2 langen und 2 kurzen Staubfäden, 20 mm lang, mit bauchig aufgeblasenem Kelch und bleichen Deckblättern, in einseitswendigen Ähren. Blütezeit: Mai–September. Häufig auf Wiesen, Äckern und in Gebüschen. Halbschmarotzer.

6 Kleiner Klappertopf, *Rhinanthus minor.* Einjährige, 5–40 cm hohe, der vorigen Art ähnliche Pflanze, aber Deckblätter grün, Kronröhre gerade, Blüten hellgelb, 15 mm lang. Blütezeit: Mai–August. Verbreitet bis häufig auf Wiesen. Halbschmarotzer.

7 Zottiger Klappertopf, *Rhinanthus alectorolophus.* Einjährige, 15–40 cm hohe, den vorigen Arten ähnliche Pflanze mit zottig behaarten Stengeln, Deckblättern und Kelchen, stark aufwärts gekrümmter Kronröhre und 20 mm langen, hellgelben Blüten. Blütezeit: Mai–Juni. Verbreitet auf Äckern, Wiesen und in Gebüschen. Im Norden fehlend. Kalkliebend. Halbschmarotzer.

8 Rötliche Schuppenwurz, *Lathraea squamaria.* Unterirdisch ausdauernde, 10–30 cm hohe, insgesamt blaß-rosenrote, selten weißliche Pflanze mit dickfleischigem, unverzweigtem, mit Schuppen besetztem Stengel und ohne Blätter. Blüten dunkler, mit helmförmiger, ungeteilter Oberlippe und 3lappiger Unterlippe und großen Deckblättern, in einer dichten, einseitswendigen, endständigen Traube. Blütezeit: März–Mai. Verbreitet in feuchten Gebüschen und Laubwäldern. Vollschmarotzer auf den Wurzeln von Laubhölzern.

OSTERLUZEIGEWÄCHSE Aristolochiaceae

1 Braune Haselwurz, *Asarum europaeum.* Unterirdisch ausdauernde, 5–10 cm hohe Pflanze mit kurzem Stengel und 2 nierenförmigen, immergrünen, langgestielten Blättern. Blüten einzeln, endständig, kurzgestielt, nickend, mit drei verwachsenen, dunkelbraunroten Hüllblättern und 12 Staubfäden. Blütezeit: März–Mai. Verbreitet in schattigen Laubwäldern und Gebüschen. Im Norden seltener. Scharf nach Pfeffer riechend. Früher Arzneipflanze.

WEGERICHGEWÄCHSE Plantaginaceae

2 Breitwegerich, *Plantago major.* Ausdauernde, 15 bis 30 cm hohe Pflanze mit aufrechtem, unbeblättertem Stengel und einer Rosette aus grundständigen, breit-eiförmigen, meist kahlen, gestielten Blättern. Blüten klein, unscheinbar, mit weißlichen Staubfäden, geruchlos, in einer langen lineal-walzigen Ähre. Blütezeit: Juni–Oktober. Gemein auf Wiesen, Weiden und an Wegrändern. Arzneipflanze.

3 Mittlerer oder **Weidewegerich,** *Plantago media.* Ausdauernde, 15–45 cm hohe, der vorigen Art ähnliche Pflanze. Blätter aber schmaler, elliptisch, kurzhaarig, kürzer oder nicht gestielt, Ähren walzig, kürzer, Staubfäden lila, Blüten wohlriechend. Blütezeit: Mai–Juni. Verbreitet auf Wiesen, Weiden und an Wegrändern. Kalkliebend. Arzneipflanze.

4 Spitzwegerich, *Plantago lanceolata.* Ausdauernde, 5–50 cm hohe, den vorigen Arten ähnliche Pflanze. Stengel aber 5furchig, Blätter lanzettlich, 3–7nervig, mit langem, rinnigem Stiel, Ähren walzig oder eirundlich, Staubfäden gelb. Blütezeit: Mai–September. Gemein auf Wiesen, Äckern und an Wegrändern. Arzneipflanze.

BLEIWURZGEWÄCHSE Plumbaginaceae

5 Gemeine Grasnelke, *Armeria maritima.* Ausdauernde, 5–50 cm hohe Pflanze mit einfachem, aufrechtem, kahlem, blattlosem Stengel und grasartigen, 1–2 mm breiten, einnervigen, linealischen, oft behaarten Blättern in einer grundständigen Rosette. Blüten rosa oder purpurn, strahlig, 5teilig, in einem kopfigen, von Hochblättern umgebenen Blütenstand. Blütezeit: Mai–November. Verbreitet auf Weiden, Dämmen, Dünen, sandigen Wiesen und Schotter. Kalkmeidend.

SEIDEGEWÄCHSE Cuscutaceae

6 Europäische Seide, *Cuscuta europaea.* Einjährige, 30–150 cm lange, bleiche Schmarotzerpflanze ohne Wurzeln und Blätter, mit dünnem, windendem Stengel und sehr kleinen Blüten mit 4- oder 5spaltigem Kelch und meist glockiger, 4- oder 5spaltiger, rötlicher oder weißer Krone. Blütezeit: Juni–August. Verbreitet an Gräben, Ufern und in Gebüschen. Vollschmarotzer auf verschiedenen Kräutern, besonders Brennesseln, Hopfen und Weiden. Oft schwer zu erkennen.

7 Quendelseide, *Cuscuta epithymum.* Einjährige, 20 bis 60 cm lange, der vorigen Art sehr ähnliche Schmarotzerpflanze, aber Griffel länger als der Fruchtknoten und aus der Krone herausragend, Zipfel der Krone zugespitzt. Blüten weiß oder rötlich. Blütezeit: Juli–September. Verbreitet auf Weiden, Wiesen, Äckern und Heiden. Im Norden etwas seltener. Vollschmarotzer auf Thymian, Ginster, Heide. Auf Lippen- und Schmetterlingsblütengewächsen wächst die Kleeseide *(Cuscuta trifolii).* Verschollen ist die auf Lein vorkommende Leinseide *(Cuscuta epilinum).*

RÖTEGEWÄCHSE Rubiaceae

1 Klettenlabkraut, Klebkraut, *Galium aparine.* Die Labkrautarten der Gattung *Galium* sind krautige Pflanzen mit radförmigen, flachen, meist 4spaltigen, kurzröhrigen Blüten und quirlständigen, bei den angeführten Arten einnervigen oder fast nervenlosen Blättern.
Das Klebkraut ist eine einjährige oder einjährig-überwinternde, 60–150 cm hohe Pflanze mit klimmendem Stengel. Blätter lineal-lanzettlich, stachelspitzig, zu 6–8 im Quirl. Stengel und Blattränder durch rückwärtsgerichtete Stacheln rauh, dadurch Pflanze an rauhen Oberflächen haftend. Blüten weiß oder grünlich, 2 mm breit, in zusammengesetzten Trugdolden. Blütezeit: Juni–Oktober. Gemein auf Äckern, in Gebüschen und Hecken.

2 Wiesenlabkraut, *Galium mollugo.* Ausdauernde, 25–100 cm hohe, Ausläufer bildende Pflanze mit meist zahlreichen, 4kantigen, meist aufrechten Stengeln. Blätter linealisch oder verkehrt-eiförmig-länglich, 2–8 mm breit, zu 4–8 im Quirl, meist stachelspitzig, am Rande stachelig-rauh. Blüten weiß oder gelblichweiß, mit begrannten Kronzipfeln, in traubigen Rispen. Blütezeit: Mai–September. Gemein bis häufig auf Wiesen, in Gebüschen sowie an Wald- und Wegrändern.

3 Waldlabkraut, *Galium sylvaticum.* Ausdauernde, 30–120 cm hohe Pflanze mit steif-aufrechtem, stielrundem, leicht 4rippigem Stengel. Blätter länglich-lanzettlich, bis 10 mm breit, meist zu 8 im Quirl, blaugrün, stachelspitzig. Blüten milchweiß, auf haardünnen Stielen, beckenförmig, mit kurzgespitzten Kronzipfeln, in doldentraubigen Rispen. Blütezeit: Juli–August. Verbreitet in Laubwäldern und Gebüschen. Im Norden meistens etwas seltener.

4 Sumpflabkraut, *Galium palustre.* Unterirdisch ausdauernde, 15–80 cm hohe, Ausläufer bildende Pflanze mit rauhem, locker beblättertem Stengel. Blätter lineal-länglich, vorn breiter, stumpf, meist zu 4 im Quirl. Blüten weiß, mit roten Staubbeuteln, in lockeren Rispen. Blütezeit: Mai–September. Verbreitet in Wäldern und Gebüschen, an Gräben und Ufern.

5 Echtes Labkraut, *Galium verum.* Unterirdisch ausdauernde, 30–60 cm hohe Pflanze mit aufrechtem, aufsteigendem oder niederliegendem, stielrundem, leicht 4rippigem Stengel. Blätter schmal-linealisch, etwa 1 mm breit, stachelspitzig, unterseits weichhaarig, zu 6–12 im Quirl. Blüten gelb, in schlanken, dichten, endständigen Rispen. Blütezeit: Mai–September. Wohlriechend. Verbreitet auf Wiesen, Weiden und in lichten Gebüschen.

6 Waldmeister, *Galium odoratum.* Unterirdisch ausdauernde, 10–30 cm hohe, Ausläufer bildende Pflanze mit 4kantigem Stengel und oben 8 lanzettlichen, unten 6 spatelförmigen, am Rande rauhen, stachelspitzigen Blättern im Quirl. Blüten weiß, trichterförmig, 4spaltig, langgestielt, in Trugdolden. Blütezeit: Mai–Juni. Wohlriechend. Verbreitet bis zerstreut in schattigen Laubwäldern und Gebüschen. Arznei- und Gewürzpflanze.

7 Gemeine Ackerröte, *Sherardia arvensis.* Einjährige, 5–25 cm hohe Pflanze mit meist liegendem, ästigem Stengel und oben 6 lanzettlichen und unten 4 spateligen, oberseits und am Rande rauhen Blättern im Quirl. Blüten lila, selten weiß, trichterförmig, kopfförmig gehäuft. Blütezeit: Juni–Oktober. Verbreitet auf Äckern und Gartenland. Im Norden etwas seltener. Kalkliebend.

KORBBLÜTENGEWÄCHSE Asteraceae

1 Gänseblümchen, Maßliebchen, *Bellis perennis.* Ausdauernde Pflanze mit meist mehreren, 5–15 cm hohen, blattlosen Stengeln. Blätter grundständig rosettig, spatelförmig, stumpf, oft gekerbt. Blütenstände einzeln, endständig. Randblüten zungenförmig, weiß, manchmal besonders an der Unterseite rötlich. Innere Blüten röhrig, gelb. Blütezeit: Fast das ganze Jahr blühend. Eine Form mit größeren, reinweißen bis dunkelroten gefüllten Blütenständen wird sehr häufig als Zierpflanze kultiviert.

2 Wiesenmargerite, *Leucanthemum vulgare.* Unterirdisch ausdauernde, 30–60 cm hohe Pflanze mit stets einfachem, aufrechtem, locker beblättertem Stengel. Blätter nach oben kleiner werdend, untere deutlich gestielt, meist gekerbt, obere sitzend, meist grob gesägt. Blütenstände einzeln, endständig. Äußere Blüten zungenförmig, weiß, innere röhrig, gelb. Blütezeit: Juni–Oktober. Gemein auf Wiesen, manchmal auch in lichten Wäldern. Andere Arten der Gattung und auch die aus Süd- und Ostasien stammende Chrysantheme *(Chrysanthemum indicum)* werden vor allem wegen der späten Blütezeit häufig kultiviert.

3 Kanadisches Berufkraut, *Conyza canadensis.* Einjährig-überwinternde oder einjährige, 30–100 cm hohe Pflanze mit verästeltem Stengel. Blätter lineal-lanzettlich, gewimpert. Blütenstände 4–5 mm lang, zahlreich in länglichen Rispen. Äußere Blüten schmutzig-weiß, sehr schmal, innere gelb. Blütezeit: Juli–Oktober. Gemein an Wegrändern und Bahndämmen, in Gärten und auf Äckern. Im 17. Jahrhundert aus Nordamerika eingeschleppt und schon 1655 in der Gegend von Paris häufig nachgewiesen. Eines der gemeinsten Unkräuter.

4 Kleinblütiges Knopfkraut, *Galinsoga parviflora.* Einjährige, 10–80 cm hohe Pflanze mit sehr ästigem, oben kurz borstig-flaumig behaartem Stengel. Blätter gegenständig, ungeteilt, lanzettlich. Blütenstände klein, mit meist 5 weißen, zungenförmigen äußeren und gelben, röhrigen inneren Blüten. Blütezeit: Mai bis Oktober. Verbreitet auf Äckern, in Gärten, an Wegrändern und Zäunen. Diese Art wurde Mitte des vorigen Jahrhunderts aus Südamerika eingeschleppt und hat sich seitdem stark ausgebreitet. Stärker behaart ist das ebenfalls verbreitete Zottige Knopfkraut *(Galinsoga ciliata).*

5 Gemeines Katzenpfötchen, *Antennaria dioica.* Ausdauernde, 7–20 cm hohe Pflanze mit Ausläufern und einfachem Stengel. Grundblätter rosettig, spatelig, Stengelblätter lineal-lanzettlich, oft angedrückt, beide oben kahl, unten weißfilzig behaart. Zweihäusig. Blütenstände zu mehreren endständig. ♂ mit röhrigen Blüten und weißen Hüllblättern, ♀ mit fädlichen Blüten und rosa Hüllblättern. Blütezeit: Mai bis Juni. Verbreitet bis gemein auf Dünen, Heiden, Waldwiesen, Weiden und in trockenen, lichten Wäldern. Arzneipflanze.

6 Große Eberwurz, Silberdistel, *Carlina acaulis.* Ausdauernde, 3 bis selten 40 cm hohe Pflanze mit meist sehr kurzem Stengel und einem 4–12 cm breiten, dicht am Boden stehenden Blütenstand. Blätter mit Stiel bis 30 cm lang, rosettig angeordnet, tief fiederspaltig. Blüten röhrig, weiß bis rötlich, innere Hüllblätter silberweiß, trockenhäutig. Blütezeit: Juli bis September. Verbreitet bis zerstreut auf Heiden, Steinhängen, trockenen Hügeln und in lichten Wäldern. Gern, aber nicht ausschließlich auf Kalkböden. Arzneipflanze.

KORBBLÜTENGEWÄCHSE Asteraceae

1 Gemeine Schafgarbe, *Achillea millefolium.* Unterirdisch ausdauernde, 15–60 cm hohe, Ausläufer bildende Pflanze mit aufrechtem, unverzweigtem, beblättertem Stengel. Blätter 2–3fach fiederteilig, im Umriß lineal-lanzettlich. Blütenstände klein, zu vielen in endständigen Schirmrispen vereinigt, 4–6 mm breit, mit meist 5 weißen, seltener rosafarbenen, zungenförmigen äußeren und mehreren schmutzigweißen, röhrigen inneren Blüten. Blütezeit: Juni bis Oktober. Gemein auf Wiesen, an Wegrändern und Rainen. Von der sehr vielgestaltigen Art kommen mehrere Unterarten vor. Arzneipflanze. Schwach aromatisch riechend.

2 Sumpfschafgarbe, *Achillea ptarmica.* Unterirdisch ausdauernde, 30–80 cm hohe, Ausläufer bildende Pflanze mit aufrechtem, beblättertem Stengel und ungeteilten, lineal-lanzettlichen, gesägten Blättern. Blütenstände in lockerer Rispe, etwa 15 mm breit, mit etwa 10 weißen, zungenförmigen äußeren Blüten. Blütezeit: Juli–September. Häufig bis verbreitet an Ufern, Gräben, auf sumpfigen Wiesen und in Gebüschen. Verschiedene Formen auch kultiviert.

3 Ackerhundskamille, *Anthemis arvensis.* Einjährige oder einjährig-überwinternde, 15–50 cm hohe, weichhaarige oder kahle Pflanze mit aufrechtem Stengel und endständigem Blütenstand. Blätter doppelt fiederteilig, mit lineal-lanzettlichen, meist gezähnten Zipfeln. Blütenstand etwa 5–7 cm breit, außen mit weißen zungenförmigen, innen mit gelben röhrigen Blüten. Blütenboden spitzkegelförmig, innen nicht hohl. Blütezeit: Mai–Oktober. Verbreitet bis häufig auf Äckern und an Wegrändern. Als Arzneipflanze wird die Römische Kamille *(Anthemis nobilis)* kultiviert.

4 Geruchlose Strandkamille, *Tripleurospermum inodorum.* Einjährige oder ausdauernde, 15–45 cm hohe Pflanze mit aufrechtem, meist nur oben verzweigtem Stengel und doppelt bis 3fach fiederteiligen Blättern mit fadenartigen Zipfeln. Blütenstände endständig, mit weißen, zungenförmigen äußeren und gelben, röhrigen inneren Blüten. Blütenboden kurz kegelförmig, nicht hohl. Blütezeit: Juni–Oktober. Gemein bis häufig als Unkraut auf Äckern, auf Schutt, an Wegrändern und Rainen. Pflanze geruchlos.

5 Echte Kamille, *Chamomilla recutita.* Einjährige, 15–55 cm hohe Pflanze mit aufrechtem, rundem, verzweigtem Stengel und doppelt fiederteiligen Blättern mit flachen, schmal-linealischen Zipfeln. Blütenstände langgestielt, einzeln an den Zweigenden, mit etwa 15 weißen, zungenförmigen äußeren und zahlreichen gelben, röhrigen inneren Blüten. Blütenboden lang-kegelförmig, hohl. Blütezeit: Mai–September. Verbreitet auf Wiesen, Äckern, Brachland und an Wegrändern, besonders an vom Menschen beeinflußten Stellen. Pflanze mit typischem Geruch. Arzneipflanze.

6 Weiße Pestwurz, *Petasites albus.* Unterirdisch ausdauernde, Ausläufer bildende, zur Blütezeit 5–30 cm, zur Fruchtzeit bis 80 cm hohe Pflanze mit schuppigem, aufrechtem, vielköpfigem Stengel. Blätter nach den Blüten erscheinend, rundlich, langgestielt, bis 25 cm breit, unterseits filzig behaart, mit deutlichen Adern, stachelspitzig gezähnt. Blütenstände klein, schmutzigweiß, zahlreich in einer lockeren, endständigen Traube. Einzelblüten undeutlich. Blütezeit: April–Mai. Verbreitet an Waldbächen und auf Waldwiesen, besonders in den Gebirgen und im Vorland.

KORBBLÜTENGEWÄCHSE Asteraceae

1 Alpenmaßlieb, Maßliebaster, *Aster bellidiastrum.* Ausdauernde, 10–30 cm hohe Pflanze mit aufrechtem, blattlosem, einköpfigem Stengel und rosettig angeordneten, spatelförmigen bis verkehrt-eiförmigen, entferntgesägten, langgestielten Grundblättern. Blütenstände einzeln, endständig. Randblüten zungenförmig, weiß, manchmal rötlich. Innere Blüten röhrig, gelb. Kelch der mittleren Blüten zu einem Haarkranz umgewandelt. Blütezeit: April–September. Verbreitet auf sumpfigen Wiesen in den Hochgebirgen und im Vorland.

2 Edelweiß, *Leontopodium alpinum.* Ausdauernde, 5–25 cm hohe, fast völlig weiß-filzig behaarte Pflanze mit aufrechten, beblätterten Stengeln und ungeteilten Blättern. Blüten gelb, alle röhrenförmig. Mehrere Blütenstände sind gemeinsam von weißfilzigen Hochblättern sternförmig umgeben. Blütezeit: Juli bis September. Kalkliebend. Zerstreut auf steinigen Hängen und in Felsspalten der Hochgebirge, stellenweise auch kultiviert.

3 Meerstrandkamille, *Tripleurospermum maritimum.* Ausdauernde, 10–30 cm hohe Pflanze mit aufsteigendem oder niederliegendem, vom Grunde an ästigem Stengel und 2–3fach fiederteiligen Blättern mit lineal-walzigen, etwas fleischigen Zipfeln. Blütenstände endständig, mit weißen, zungenförmigen äußeren und gelben, röhrigen inneren Blüten. Blütenboden nicht hohl. Geruchlos. Nur auf Salzboden. Verbreitet auf Wiesen und Dünen an den Küsten. Selten im Binnenland.

4 Ebensträußige Margerite, *Tanacetum corymbosum.* Ausdauernde, 50–100 cm hohe Pflanze mit aufrechtem, oben ästigem Stengel und derben, fiederschnittigen, länglichen, an der Spindel gesägten, in der Mitte des Stengels sitzenden Blättern. Blütenstände über 10 mm breit, in einer Schirmrispe, mit weißen, zungenförmigen, lineal-länglichen äußeren und gelben, röhrigen inneren Blüten. Blütezeit: Juni–August. Kalkliebend. Verbreitet auf Wiesen, in Gebüschen.

5 Grauer Alpendost, *Adenostylis alliariae.* Ausdauernde, 50–100 cm hohe Pflanze mit aufrechtem Stengel und ungeteilten, breit-herzförmigen, langgestielten, ungleich grobgezähnten, unterseits etwas graufilzigen, enggeaderten Blättern. Blütenstände gestielt, in endständigen oder blattachselständigen Trauben, mit wenigen (3–6) röhrigen, fleischroten Blüten. Blütezeit: Juli–August. Verbreitet in Schluchten und an quelligen Orten der höheren Gebirge.

6 Alpenaster, *Aster alpinus.* Ausdauernde, 5–15 cm hohe Pflanze mit aufrechtem, einfachem, einköpfigem, wenigbeblättertem Stengel und ganzrandigen, spateligen bis lineal-länglichen, 3nervigen, weichhaarigen, unten rosettig stehenden Blättern. Blütenstände groß, einzeln, endständig, mit äußeren zungenförmigen blauen oder violetten und inneren röhrigen gelben Blüten. Blütezeit: Juni–August. Verbreitet auf Wiesen und an felsigen Abhängen in den Hochgebirgen.

7 Kahles Berufkraut, *Erigeron polymorphus.* Ausdauernde, 5–30 cm hohe Pflanze mit aufrechten, 1–10köpfigen, wenigbeblätterten Stengeln und spatelförmigen kahlen Blättern. Blütenstände mit rötlichen oder weißlichen, zungenförmigen, langen äußeren und gelben, röhrigen, kurzen inneren Blüten. Blütezeit: Juni–September. Kalkliebend. Verbreitet auf Wiesen und an Felsen in den Hochgebirgen.

KORBBLÜTENGEWÄCHSE Asteraceae

1 Sumpfkratzdistel, *Cirsium palustre.* Zweijährige, 50–200 cm hohe Pflanze mit aufrechtem, nur oben verzweigtem Stengel. Blätter herablaufend, bis oben am Stengel lineal-lanzettlich, buchtig fiederspaltig. Blütenstände gehäuft, sehr kurz gestielt. Alle Blüten röhrig, purpurn. Pflanze spinnwebig behaart. Blütezeit: Juli–September. Gemein auf sumpfigen Wiesen, an Gräben und in Wäldern.

2 Ackerkratzdistel, *Cirsium arvense.* Unterirdisch ausdauernde, Ausläufer bildende, 60–120 cm hohe Pflanze mit aufrechtem Stengel und wenig herablaufenden, meist wellig-krausen, dornig-gewimperten Blättern. Blütenstände in Rispen. Alle Blüten röhrig, hellpurpurn, zweihäusig. Blütezeit: Juli–September. Gemein auf lehmigen Äckern, Waldschlägen, Wegrändern und Schutt.

3 Lanzettkratzdistel, *Cirsium vulgare.* Zweijährige, 60–120 cm hohe, stachelige Pflanze mit herablaufenden, unten meist filzig-behaarten, krausen Blättern mit stacheligen Zipfeln und verzweigtem Stengel. Blütenstände einzeln endständig, eiförmig-länglich. Blüten alle röhrig, hellpurpurn. Blütezeit: Juni–Oktober. Gemein bis häufig an Weg- und Ackerrändern, auf Schutt, in Auwäldern, auf Triften und Weiden.

4 Kleine Klette, *Arctium minus.* Zweijährige, 50 bis 100 cm hohe Pflanze mit aufrechtem, längsgefurchtem, verästeltem Stengel und gestielten, ungeteilten Blättern. Stiele der Grundblätter hohl. Blütenstände etwa haselnußgroß, traubig, mit hakigen Hüllblättern, leicht behaart. Blüten alle röhrig, purpurn. Blütezeit: Juli–September. Verbreitet bis häufig an Wegrändern, Zäunen, Rainen und wüsten Plätzen. Arzneipflanze.

5 Große Klette, *Arctium lappa.* Zweijährige, 80 bis 150 cm hohe, der vorigen Art ähnliche Pflanze. Blütenstände aber locker doldentraubig, meist kahl und ziemlich groß. Grundblattstiele markig. Blüten alle röhrig, purpurn. Blütezeit: Juli–August. Verbreitet an Wegrändern, Zäunen, Rainen und auf Schuttplätzen. Arzneipflanze.

6 Filzklette, *Arctium tomentosum.* Zweijährige, 60 bis 120 cm hohe, den vorigen Arten ähnliche Pflanze. Blütenstände aber schirmrispig, dicht spinnwebig-wollig, klein. Hüllblätter nicht hakenförmig, sondern mit gerader, meist rötlicher Spitze. Blüten alle röhrig, purpurn. Blütezeit: Juli–September. Meist verbreitet in Gebüschen, an Wegrändern, Zäunen, Ufern und auf wüsten Plätzen. Im Norden bisweilen etwas seltener. Arzneipflanze.

7 Nickende Distel, *Carduus nutans.* Zweijährige, 30–100 cm hohe Pflanze mit aufrechtem Stengel und fiederteiligen Blättern mit handförmigen, langstacheligen Zipfeln. Blütenstände einzeln, über 3 cm breit, nickend, auf ziemlich langen, filzigen, ungeflügelten Stielen. Hüllblätter eingeschnürt. Blüten alle röhrig, purpurn. Blütezeit: Juli–September. Verbreitet an Weg- und Ackerrändern, auf Weiden und in Wäldern.

8 Krause Distel, *Carduus crispus.* Zweijährige, 60 bis 120 cm hohe, der vorigen Art ähnliche Pflanze. Stengel und Äste jedoch breit kraus geflügelt, Blütenstände kleiner, gehäuft, auf aufrechten Stielen und mit nicht eingeschnürten Hüllblättern. Blätter fiederspaltig, unterseits filzig behaart. Blüten alle röhrig, purpurn, selten weiß. Blütezeit: Juli–September. Verbreitet in Gebüschen, Auwäldern und an Wegrändern.

KORBBLÜTENGEWÄCHSE Asteraceae

1 Klettendistel, *Carduus personata.* Ausdauernde oder zweijährige, 60–120 cm hohe Pflanze mit schmal geflügeltem Stengel, unten fiederteiligen oder buchtigen und oben eiförmig-lanzettlichen, ungeteilten, dornig-gezähnten Blättern. Blütenstände endständig gehäuft, mittelgroß, mit purpurnen röhrigen Blüten. Blütezeit: Juli–August. Verbreitet in Laubwäldern und auf Wiesen in den höheren Gebirgen.

2 Norwegisches Ruhrkraut, *Gnaphalium norvegicum.* Ausdauernde, 15–30 cm hohe Pflanze mit aufrechtem, beblättertem Stengel und meist 3nervigen Blättern, die mittleren mindestens so lang wie die unteren, oberseits dünnfilzig. Blütenstände in einer kurzen, gedrängten Ähre, mit braunen, röhrigen Blüten und brauner Hülle. Blütezeit: Juli–September. Kalkmeidend. Verbreitet in Wäldern und auf Wiesen der höheren Gebirge.

3 Gewöhnlicher Alpenlattich, *Homogyne alpina.* Ausdauernde, 15–30 cm hohe Pflanze mit aufrechtem, einköpfigem Stengel mit meist 2 Schuppenblättern. Laubblätter grundständig, herz-nierenförmig, gestielt, an den Nerven unterseits behaart. Blütenstände meist einzeln, endständig, mit rötlichen, selten weißen, röhrigen Blüten. Blütezeit: Mai–Juli. Verbreitet in Wäldern, Gebüschen und an quelligen Stellen der höheren Gebirge.

4 Bachkratzdistel, *Cirsium rivulare.* Ausdauernde, 30–100 cm hohe Pflanze mit aufrechtem, weißfilzigem, oben blattlosem Stengel und kurzbehaarten, geöhrt stengelumfassenden Blättern. Blütenstände zu 2–4 gehäuft, mit röhrigen, purpurnen Blüten. Blütezeit: Mai–Juli. Kalkmeidend. Verbreitet auf Wiesen und in Wäldern in den Hochgebirgen.

5 Alpenmilchlattich, *Cicerbita alpina.* Ausdauernde, 60–120 cm hohe, oben stark drüsig behaarte Pflanze mit aufrechtem Stengel und 3eckig-spießförmigen, mit dem geflügelten Stiel stengelumfassenden Blättern. Blütenstände rispig-traubig angeordnet, mit blauvioletten, zungenförmigen Blüten. Blütezeit: Juni–September. Verbreitet bis zerstreut in den Hochgebirgen und höheren Mittelgebirgen.

6 Purpurhasenlattich, *Prenanthes purpurea.* Ausdauernde, 50–150 cm hohe Pflanze mit aufrechtem, beblättertem Stengel und am Grunde herzförmigen, stengelumfassenden, kahlen, unterseits blaugrünen, oben lanzettlichen Blättern. Blütenstände rispig angeordnet, klein, anfangs nickend, mit meist 5 zungenförmigen hellpurpurnen Blüten. Blütezeit: Juli bis August. Verbreitet in schattigen Wäldern in den Hoch- und Mittelgebirgen.

7 Perückenflockenblume, *Centaurea pseudophrygia.* Ausdauernde, 30–100 cm hohe Pflanze mit aufrechtem, kantigem, oben meist verzweigtem Stengel und breiten, oben eiförmigen, mit den herzförmigen Grund stengelumfassenden Blättern. Blütenstände einzeln oder zu 2–3 in Doldentrauben, mit röhrigen, hellroten, selten weißlichen Blüten. Blütezeit: Juli bis September. Verbreitet in den Gebirgen.

8 Bergflockenblume, *Centaurea montana.* Ausdauernde, 30–70 cm hohe Pflanze mit einfachem, spinnwebig-filzigem Stengel und oben länglich-lanzettlichen, unterseits spinnwebigen, etwas herablaufenden Blättern. Blütenstände einzeln endständig, mit röhrigen blauvioletten, selten roten oder weißen Blüten. Blütezeit: Mai–September. Verbreitet auf Wiesen und in Wäldern der Gebirge.

KORBBLÜTENGEWÄCHSE Asteraceae

1 Kornblume, Kornflockenblume, *Centaurea cyanus.* Einjährige oder einjährig-überwinternde, 30–60 cm hohe Pflanze mit aufrechtem, verzweigtem Stengel und nicht herablaufenden, lineal-lanzettlichen behaarten Blättern. Blütenstände einzeln endständig. Blüten blau, äußere trichterförmig, geschlechtslos, innere röhrig. Blütezeit: Juli–August. Gemein bis häufig auf Getreideäckern. Großblütige, auch rote und weiße Formen oft als Zierpflanzen. Arzneipflanze.

2 Wiesenflockenblume, *Centaurea jacea.* Ausdauernde, 10–80 cm hohe, der vorigen Art ähnliche Pflanze mit aufrechtem, wenig verzweigtem Stengel, elliptischen bis länglich-lanzettlichen Stengelblättern und länglich-elliptischen, kahlen oder graufilzigen Grundblättern. Blütenstände einzeln endständig, mit schmaleren, pfirsichroten, seltener weißen Blüten. Blütezeit: Juni–Oktober. Gemein auf trockenen Wiesen, an Wegrändern und in Gebüschen.

3 Gemeine Wegwarte, Zichorie, *Cichorium intybus.* Ausdauernde, 30–150 cm hohe Pflanze mit verzweigtem Stengel. Untere Blätter buchtig bis fiederspaltig, oberste lanzettlich mit fast stengelumfassendem Grund. Blütenstände locker traubig. Blüten alle zungenförmig, blau. Blütezeit: Juli–Oktober. Mit weißem Milchsaft. Verbreitet bis häufig an Wegrändern, Rainen, Weiden und Bahndämmen. Die Kulturform hat eine große, fleischige Wurzel und ist insgesamt kräftiger.

4 Gemeiner Wasserdost, *Eupatorium cannabinum.* Ausdauernde, 50–120 cm hohe Pflanze mit aufrechtem Stengel und gegenständigen, 3teiligen, kurzgestielten Blättern mit lanzettlichen Zipfeln. Blütenstände sehr klein, 4–6blütig zu vielen in dichten Doldenrispen. Alle Blüten röhrig, rötlich, selten weiß. Blütezeit: Juli–September. Häufig bis verbreitet an Ufern, Gräben, in feuchten Gebüschen und Wäldern.

5 Feldbeifuß, *Artemisia campestris.* Ausdauernde, 30–60 cm hohe Pflanze mit dickem, holzigem Wurzelstock, aufsteigenden blühenden und niederliegenden nichtblühenden Stengeln. Blätter fiederteilig mit linealischen, spitzen Zipfeln, obere sitzend. Blütenstände klein, etwa 2 mm breit, eiförmig, rispig oder traubenrispig. Alle Blüten röhrig, rotbraun. Blütezeit: August–Oktober. Verbreitet bis häufig auf trockenen Hügeln, Weiden, Äckern, Dünen und an Wegrändern.

6 Gemeine Pestwurz, *Petasites hybridus.* Unterirdisch ausdauernde, Ausläufer bildende, blühend 10–40 cm, fruchtend über 100 cm hohe Pflanze mit aufrechtem, purpurn überlaufenem Stengel. Blätter nach den Blüten erscheinend, rundlich-herzförmig, bis 60 cm breit, längsgerippt, widerlich riechend. Blütenstände traubig angeordnet, klein, die männlichen größer als die weiblichen, mit inneren röhrigen und äußeren zungenförmigen, rötlichen Blüten. Blütezeit: April–Mai. Verbreitet an Ufern, Gräben und auf feuchten Wiesen. Früher Heilmittel gegen die Pest.

7 Strandaster, *Aster tripolium.* Zweijährige, 15–60 cm hohe Pflanze mit aufrechtem, kahlem, mehrköpfigem Stengel und etwas fleischigen, lineal-lanzettlichen, meist ganzrandigen Blättern. Blütenstände mit violetten, zungenförmigen äußeren und gelben, röhrigen inneren Blüten. Blütezeit: Juli–September. Verbreitet an den Küsten an Gräben und auf Sumpfwiesen. Sonst auf Salzboden.

KORBBLÜTENGEWÄCHSE Asteraceae

1 Sumpfruhrkraut, *Gnaphalium uliginosum.* Einjährige, 5–20 cm hohe Pflanze mit ästigem Stengel und lineal-länglichen, am Grunde verschmälerten Blättern. Blütenstände in dichten, von Hochblättern umgebenen Knäueln, mit röhrigen, gelblichweißen Blüten. Blütezeit: Juli–August. Pflanze filzig behaart. Verbreitet bis gemein auf feuchten Äckern, an Ufern, in austrocknenden Gräben, Teichen und Sümpfen. Nicht auf Kalkboden.

2 Waldruhrkraut, *Gnaphalium sylvaticum.* Ausdauernde, 20–45 cm hohe, der vorigen Art ähnliche Pflanze mit kräftigem, aufrechtem Stengel und schmallanzettlichen Blättern. Blütenstände jedoch oben am Stengel zahlreich in einer meist verlängerten Ähre. Blüten alle röhrig, gelblichweiß. Blütezeit: Juli–September. Pflanze filzig behaart. Verbreitet bis häufig in trockenen Wäldern, an Waldwegen und Kahlschlägen, seltener in Gebüschen und auf Wiesen.

3 Echte Goldrute, *Solidago virgaurea.* Ausdauernde, meist 60–100 cm hohe Pflanze mit aufrechtem Stengel und länglichen bis lanzettlichen, oben fast sitzenden Blättern. Blütenstände 6–15 mm lang, in endständigen, aufrechten, allseitswendigen Trauben, mit gelben, zungenförmigen äußeren und röhrigen inneren Blüten. Blütezeit: Juli–Oktober. Verbreitet in trockenen Wäldern, auf Wiesen und sonnigen Hügeln. Arzneipflanze.

4 Kanadische Goldrute, *Solidago canadensis.* Ausdauernde, bis 250 cm hohe Pflanze mit aufrechtem, dichtbehaartem Stengel und lanzettlichen, zugespitzten Blättern. Blütenstände 2–4 mm lang, in einseitswendigen, endständigen Rispen. Blüten gelb. Blütezeit: August–Oktober. Verbreitet an Ufern, in Gebüschen und Auwäldern. Sehr ähnlich ist die Riesengoldrute *(Solidago gigantea)* mit unten kahlem Stengel. Beide Arten wurden im 19. Jahrhundert aus Nordamerika als Zierpflanzen eingeführt und sind stark verwildert.

5 Ackerfilzkraut, *Filago arvensis.* Einjährige oder überwinternde, 15–30 cm hohe, dicht weißbehaarte Pflanze mit aufrechtem, oben verästeltem Stengel und lanzettlichen, zugespitzten, oft anliegenden Blättern. Blütenstände zu 2–7 in dichten Knäueln, mit äußeren zungenförmigen und inneren röhrigen gelblichen Blüten. Blütezeit: Juli–September. Verbreitet auf Äckern, Kahlschlägen, Weiden, Bahngelände und an Mauern. Nicht auf Kalkboden.

6 Sandstrohblume, *Helichrysum arenarium.* Ausdauernde, 10–30 cm hohe, wollig behaarte Pflanze mit einfachem, dichtbeblättertem Stengel. Obere Blätter lineal-lanzettlich, untere länglich-verkehrt-eiförmig, etwas anliegend. Blütenstände 6–7 mm breit, mit 3–20 röhrigen, orangefarbenen Blüten, endständig in meist dichten Doldentrauben. Blütezeit: Juli bis August. Im Nordosten gemein auf Dünen, in Kiefernwäldern, an Weg- und Waldrändern auf Sandboden, sonst seltener. Arzneipflanze.

7 Dreiteiliger Zweizahn, *Bidens tripartita.* Einjährige, 15–100 cm hohe Pflanze mit ästigem, oft braunrot überlaufenem Stengel und meist 3teiligen, dunkelgrünen, gesägten, gestielten, gegenständigen Blättern. Blütenstände aufrecht, endständig am Stengel und an einander gegenüberstehenden Ästen, meist nur mit röhrigen, gelbbraunen Blüten. Blütezeit: Juli bis Oktober. Häufig bis verbreitet an feuchten Orten, Gräben, Ufern, Sumpfstellen und auf Äckern.

KORBBLÜTENGEWÄCHSE Asteraceae

1 Gemeiner Rainfarn, *Tanacetum vulgare.* Unterirdisch ausdauernde, Ausläufer bildende, 60–120 cm hohe Pflanze mit aufrechtem, kantigem Stengel, einfach- oder doppelt-fiederteiligen Blättern und gesägten Blättchen. Blütenstände 8–11 mm breit, halbkugelig, oben abgeplattet, nur mit goldgelben röhrigen Blüten, in einer dichten, endständigen Trugdolde. Blütezeit: Juli–September. Häufig bis verbreitet an Rainen, Wegen, Waldrändern, Ufern und Bahndämmen. Arzneipflanze.

2 Strahlenlose Kamille, *Chamomilla suaveolens.* Einjährige, 5–30 cm hohe Pflanze mit stark verzweigtem Stengel und 2–3fach fiederteiligen Blättern mit linealischen Zipfeln. Blütenstände einzeln endständig an den Zweigen, weniger als 1 cm breit, mit kegelförmigem, hohlem Boden, nur mit röhrigen gelben Blüten. Blütezeit: Juni–August. Verbreitet an Wegrändern, auf Schutt und Bahngelände. Heimat: Ostasien und westliches Nordamerika. Seit 1852 eingebürgert.

3 Färberhundskamille, *Anthemis tinctoria.* Ausdauernde, 30–60 cm hohe Pflanze mit verzweigtem Stengel und meist doppelt-fiederteiligen Blättern mit gesägten Zipfeln. Blütenstände einzeln endständig an den Zweigen, relativ groß, mit gelben, röhrigen inneren und zungenförmigen äußeren Blüten. Blütezeit: Juni–September. Verbreitet an Weg- und Ackerrändern, Bahndämmen und Mauern, im Norden seltener. Kalkliebend. Blüten früher zum Gelbfärben verwendet.

4 Gemeiner Beifuß, *Artemisia vulgaris.* Unterirdisch ausdauernde, Ausläufer bildende, 60–120 cm hohe Pflanze mit ästigem Stengel und oberseits meist kahlen, fiederteiligen Blättern mit lanzettlichen Zipfeln. Blütenstände klein, länglich-eiförmig. Blüten gelb oder rotbraun, alle röhrig, undeutlich. Blütezeit: Juli–Oktober. Gemein bis häufig in Gebüschen, an Wegen, Ufern, Bahndämmen und auf Schutt. Bekanntes Küchengewürz. Arzneipflanze.

5 Wermut, *Artemisia absinthium.* Ausdauernde, 60 bis 120 cm hohe, der vorigen Art ähnliche, aber weißgrau-filzig behaarte Pflanze mit verzweigtem Stengel und fiederteiligen, durchscheinend punktierten Blättern mit lineal-lanzettlichen Zipfeln. Blütenstände 3–4 mm breit, rispig angeordnet, nickend, Blüten gelb. Blütezeit: Juli–September. Verbreitet an Zäunen, Hecken, Mauern, auf Schuttstellen und Dorfplätzen. Auch angebaut.

6 Kohlkratzdistel, *Cirsium oleraceum.* Ausdauernde, 50–150 cm hohe Pflanze mit wenig verzweigtem, entfernt beblättertem Stengel und unten fiederspaltigen, oben meist ungeteilten, fast kahlen, stengelumfassenden, dornig gezähnten Blättern, Blütenstände mittelgroß, endständig, gehäuft, von bleichen Hochblättern umhüllt. Blüten alle röhrig, gelblichweiß, selten purpurn. Blütezeit: Juni–September. Verbreitet bis häufig auf feuchten Wiesen, an Gräben und Ufern.

7 Kleine Eberwurz, Golddistel, *Carlina vulgaris.* Zweijährige, 10–50 cm hohe Pflanze mit aufrechtem, beblättertem, mehrköpfigem Stengel und länglich-lanzettlichen, buchtig-dornig gezähnten, unterseits filzig behaarten Blättern. Blütenstände 2–5 cm breit, mit gelben, röhrigen Blüten und gelben inneren Hüllblättern, endständig an den Zweigen. Blütezeit: Juli–September. Verbreitet bis häufig auf trockenen Hügeln, Weiden, an Wegrändern und Bahndämmen.

KORBBLÜTENGEWÄCHSE Asteraceae

1 Gemeines Greiskraut, *Senecio vulgaris.* Die Greis- oder Kreuzkräuter der Gattung *Senecio* sind krautige Pflanzen mit fiederspaltigen, fiederteiligen oder ganzen, wechselständigen, nicht stacheligen Blättern und gelben Blüten. Die Blütenstände stehen in Rispen oder Scheinrispen, haben einreihig angeordnete, nicht laubartige Hüllblätter sowie kurze, wenige oder keine zungenförmigen Blüten.
Das Gemeine Greiskraut ist eine einjährige oder einjährig-überwinternde, 10–30 cm hohe Pflanze mit meist kahlen, buchtig-fiederspaltigen Blättern. Zungenblüten fehlen. Blütezeit: Februar–November. Gemein auf Äckern, Gartenland und an Wegrändern.

2 Waldgreiskraut, *Senecio sylvaticus.* Einjährige, 15 bis 80 cm hohe, spinnwebig-weichhaarige, drüsenlose Pflanze mit buchtig-fiederspaltigen Blättern. Zungenblüten kurz, meist zurückgerollt, hellgelb. Blütezeit: Juni–August. Häufig bis verbreitet auf Kahlschlägen, Sandfeldern, Dämmen und an Wegrändern.

3 Klebriges Greiskraut, *Senecio viscosus.* Einjährige, 15–50 cm hohe, drüsenhaarig-klebrige Pflanze mit buchtig-fiederspaltigen Blättern. Zungenblüten kurz, meist zurückgerollt, hellgelb. Blütezeit: Juni bis Oktober. Häufig bis verbreitet auf Kahlschlägen, Schutt und Bahngelände. Unangenehm riechend.

4 Jakobsgreiskraut, *Senecio jacobaea.* Zweijährige oder ausdauernde, 30–100 cm hohe Pflanze mit unteren leierförmigen und mittleren fiederteiligen Blättern. Zungenblüten vorhanden oder fehlend, Blüten goldgelb. Blütezeit: Juli–September. Häufig bis verbreitet auf sonnigen Hügeln, in Gebüschen, an Gräben, Weg- und Waldrändern.

5 Haingreiskraut, *Senecio nemorensis.* Unterirdisch ausdauernde, Ausläufer bildende, 60–150 cm hohe Pflanze mit reichbeblättertem Stengel und ungeteilten, länglich-lanzettlichen, gezähnten, undeutlich gestielten oder sitzenden, behaarten oder kahlen, oben dunkel-, unten hellgrünen Blättern. Blütenstände zu vielen doldenrispig angeordnet, mit meist 5 hellgelben zungenförmigen und zahlreichen röhrigen inneren Blüten. Blütezeit: Juli–September. Verbreitet in Gebüschen und Wäldern sowie an Bachufern.
Zahlreiche weitere Arten der Greiskräuter (Gattung *Senecio*) kommen bei uns vor, sind aber seltener, darunter das giftige Frühlingsgreiskraut (*Senecio vernalis*) mit unten behaarten Blättern: dieses wurde im vorigen Jahrhundert aus Südosteuropa eingeschleppt.

6 Gemeiner Huflattich, *Tussilago farfara.* Unterirdisch ausdauernde, Ausläufer bildende, 7–20 cm hohe Pflanze. Stengel aufrecht, mit eiförmig-lanzettlichen, rötlichen Schuppen und einem endständigen Blütenstand aus äußeren zungenförmigen und inneren röhrigen, gelben Blüten. Blätter nach dem Blühen erscheinend, herzförmig-rundlich, gestielt, unterseits weißfilzig. Blütezeit: März–April. Verbreitet an Weg- und Ackerrändern, Ufern und auf Schutt. Arzneipflanze.

7 Kleines Flohkraut, *Pulicaria vulgaris.* Einjährige, 10–30 cm hohe Pflanze mit ästigem, oben zottigbehaartem Stengel und sitzenden oberen, kurzgestielten unteren, ungeteilten Blättern. Blütenstände einzeln endständig an den Zweigen, etwa 1 cm breit, mit äußeren zungenförmigen aufrechten und inneren röhrigen gelben Blüten. Blütezeit: Juli–September. Verbreitet auf Dorfplätzen, an Gräben und Ufern.

KORBBLÜTENGEWÄCHSE Asteraceae

1 Gemeines Rindsauge, *Buphthalmum salicifolium.* Unterirdisch ausdauernde, 15–70 cm hohe, kurzbehaarte Pflanze mit aufrechtem, wenig verzweigtem, beblättertem Stengel und lanzettlichen, ganzrandigen oder schwach gezähnten Blättern. Blütenstände einzeln, endständig, mit äußeren gelben, zungenförmigen und inneren gelben röhrigen Blüten. Blütezeit: Juni–September. Kalkliebend. Verbreitet in trockenen Wäldern, an Hängen und Felsen in den Hochgebirgen und im Vorland.

2 Strandbeifuß, *Artemisia maritima.* Ausdauernde, 30–60 cm hohe, weißfilzige, rasenbildende Pflanze mit aufrechtem Stengel und 2–3fach fiederteiligen Blättern mit stumpfen linealischen Zipfeln. Blütenstände klein, länglich, mit röhrigen gelblichgrünen Blüten. Blütezeit: August–Oktober. Stark aromatisch riechend. Verbreitet auf Salzboden an den Küsten, östlich bis zur Insel Rügen, selten auch im Binnenland.

3 Bergwohlverleih, Arnika, *Arnica montana.* Ausdauernde, 20–50 cm hohe Pflanze mit aufrechtem, einfachem, 1–3köpfigem Stengel, derben, hellgrünen, sitzenden, länglich-lanzettlichen, meist gegenständigen Stengelblättern und verkehrt-eiförmigen Grundblättern. Blütenstände groß, mit leuchtend orangegelben, zungenförmigen äußeren und gelben, röhrigen inneren Blüten. Blütezeit: Juni–Juli. Kalkmeidend. Häufig bis verbreitet auf Wiesen, Mooren und an Waldrändern in den Gebirgen bis über 2000 m. Arzneipflanze.

4 Großblütige Gemswurz, *Doronicum grandiflorum.* Ausdauernde, 10–60 cm hohe Pflanze mit aufrechtem, einfachem, beblättertem Stengel, gestielten, breit–eiförmigen, am Grunde herzförmigen unteren und halbstengelumfassenden oberen Blättern. Blütenstände meist einzeln, endständig, mit gelben, zungenförmigen äußeren und gelben, röhrigen inneren Blüten. Blütezeit: Juli–August. Kalkliebend. Verbreitet auf Geröll in den Hochgebirgen.

5 Stinksalat, Hainsalat, *Aposeris foetida.* Ausdauernde, 5–25 cm hohe Pflanze mit aufrechten, unbeblätterten, einfachen, einköpfigen Stengeln und grundständigen, fiederteiligen Blättern mit fast rautenförmigen Seitenlappen und 3eckigem Endlappen. Blütenstände einzeln endständig, mit goldgelben zungenförmigen Blüten. Blütezeit: Juni–August. Verbreitet in Laubwäldern, Gebüschen und auf Wiesen in den Hochgebirgen und im Vorland.

6 Krönchenlattich, *Calycocorsus stipitatus.* Ausdauernde, 15–45 cm hohe Pflanze mit aufrechtem, steifhaarigem, oben ästigem Stengel, kleinen oder schuppenartigen Stengelblättern und spatelförmigen, schwach bläulichgrünen, kahlen, rosettigen Grundblättern. Blütenstände vielblütig, einzeln endständig, mit zungenförmigen, goldgelben Blüten. Blütezeit: Juni–August. Verbreitet an Bachrändern, quelligen Stellen und auf Wiesen in den Hochgebirgen.

7 Weicher Pippau, *Crepis mollis.* Ausdauernde, 60 bis 100 cm hohe Pflanze mit aufrechten, oben ästigen, beblätterten, schwach behaarten Stengeln, länglichen, umfassenden Stengelblättern und ganzrandigen oder schwach gezähnten Grundblättern. Blütenstände schirmtraubig angeordnet, relativ groß, mit gelben zungenförmigen Blüten. Blütezeit: Juni bis August. Verbreitet auf Wiesen, an Waldrändern und an Ufern in den Gebirgen, sonst selten.

KORBBLÜTENGEWÄCHSE Asteraceae

1 Gemeine Kuhblume, Gemeiner Löwenzahn, *Taraxacum officinale.* Ausdauernde, 5–50 cm hohe Pflanze mit unbeblätterten, unverzweigten Stengeln und rosettig angeordneten, eingeschnittenen, am Grund fiederspaltigen, vorn gezähnten Blättern. Blütenstände einzeln endständig, nur mit goldgelben, zungenförmigen Blüten, 3–5 cm breit. Blütezeit: April bis Juni. Gemein auf Wiesen, Äckern und an Wegrändern. Arzneipflanze.

2 Herbstlöwenzahn, *Leontodon autumnalis.* Ausdauernde, 15–45 cm hohe Pflanze mit aufrechten, unbeblätterten, ästigen Stengeln und rosettig angeordneten, grundständigen, buchtig gezähnten oder fiederspaltigen Blättern. Blütenstände einzeln endständig, aufrecht, mit verdicktem Stiel, nur mit gelben, zungenförmigen Blüten. Blütezeit: Juli–September. Gemein auf Wiesen und Rainen.

3 Gemeines Ferkelkraut, *Hypchoeris radicata.* Unterirdisch ausdauernde, 15–60 cm hohe Pflanze mit ästigem, blaugrünem, mehrköpfigem, nicht oder wenig beblättertem Stengel und grundständigen, buchtigen, borstigen Blättern. Blütenstände einzeln endständig an den Zweigen, Stiele nur unter den Köpfen wenig verdickt. Blüten alle zungenförmig, gelb. Blütezeit: Juni–September. Gemein auf Wiesen.

4 Gemeiner Rainkohl, *Lapsana communis.* Einjährige, 30–100 cm hohe Pflanze mit ästigem, bis zur Mitte beblättertem Stengel und eckig gezähnten, oben lanzettlichen, unten leierförmigen Blättern. Blütenstände klein, locker rispig angeordnet, mit wenigen blaßgelben, zungenförmigen Blüten. Blütezeit: Juni–August. Verbreitet auf Äckern, in Gebüschen, Gärten, an Hecken und Zäunen.

5 Wiesenbocksbart, *Tragopogon pratensis.* Zweijährige, 30–60 cm hohe Pflanze mit wenig verzweigtem, aufrechtem, beblättertem Stengel und ungeteilten, lanzettlichen, scheinbar parallelnervigen Blättern. Blütenstände einzeln endständig an den wenigen Zweigen, nur mit goldgelben, zungenförmigen Blüten. Blütezeit: Mai–Juli. Verbreitet auf Wiesen, Äckern und an Wegrändern.

6 Kohlgänsedistel, *Sonchus oleraceus.* Einjährige, 30 bis 100 cm hohe Pflanze mit stark ästigem, beblättertem Stengel und weichen, oft buchtigen, stachelspitzig gezähnten, am Grunde pfeilförmigen Blättern. Blütenstände zahlreich, in Doldenrispen angeordnet, nur mit hellgelben, zungenförmigen Blüten. Blütezeit: Juni–Oktober. Gemein auf Äckern, Schutt und Gartenland. Eines der häufigsten Unkräuter.

7 Ackergänsedistel, *Sonchus arvensis.* Unterirdisch ausdauernde, Ausläufer bildende, 50–150 cm hohe Pflanze mit aufrechtem, beblättertem, nur oben lokker doldentraubigem Stengel und am Grunde herzförmigen, grobbuchtigen Blättern. Blütenstände etwa 5 cm breit, nur mit goldgelben, zungenförmigen Blüten. Blütezeit: Juli–Oktober. Gemein auf Äckern, Wiesen und Schuttplätzen. Häufiges Ackerunkraut.

8 Zarter Mauerlattich, *Mycelis muralis.* Ausdauernde, 60–80 cm hohe Pflanze mit einfachem, aufrechtem, kahlem, oben rispig-ästigem Stengel und leierförmig-fiederteiligen Blättern mit eckigen Zipfeln und großem Endlappen. Blütenstände in lokkerer Rispe mit abstehenden Ästen, mit 5 dottergelben, zungenförmigen Blüten. Blütezeit: Juli bis August. Verbreitet bis häufig in Wäldern, an Hecken und Mauern.

KORBBLÜTENGEWÄCHSE Asteraceae

1 Wiesenpippau, *Crepis biennis.* Die Pippau- oder Grundfesten-Arten der Gattung *Crepis* sind krautige Pflanzen mit meist beblättertem Stengel und Blütenständen aus gelben, zungenförmigen Blüten.
Der Wiesenpippau ist eine zweijährige, 50–120 cm hohe Pflanze mit aufrechtem, an der Spitze doldentraubigem Stengel und kahlen oder zerstreut behaarten, etwas stengelumfassenden, grob buchtiggezähnten Blättern. Blüten goldgelb, in etwa 3 cm breiten Blütenständen. Blütezeit: Mai–August. Verbreitet bis häufig auf Äckern, Wiesen, in Gebüschen, an Rainen und Wegrändern.

2 Sumpfpippau, *Crepis paludosa.* Ausdauernde, 40 bis 80 cm hohe Pflanze mit aufrechtem, gleichmäßig beblättertem Stengel und herzförmig-stengelumfassenden, buchtig-gezähnten, kahlen Blättern. Blüten gelb, oft fast weißlich, in einzelnen endständigen Blütenständen. Blütezeit: Juni–August. Verbreitet bis häufig in Mooren, Sümpfen, Auwäldern und auf feuchten Wiesen.

3 Kleinköpfiger Pippau, *Crepis capillaris.* Ausdauernde oder einjährige, 15–60 cm hohe Pflanze mit stark verzweigtem, oben doldentraubigem Stengel und pfeilförmigen, am Grunde fiederspaltigen, stengelumfassenden, meist kahlen, flachen Blättern. Blüten goldgelb, in etwa 1 cm breiten Blütenständen. Blütezeit: Juni–Oktober. Verbreitet auf Wiesen, Äckern und Grasplätzen.

4 Mauerpippau, *Crepis tectorum.* Einjährige oder einjährig-überwinternde, 10–60 cm hohe, graugrüne Pflanze mit stark verzweigtem, oben locker doldentraubigem Stengel und linealischen, entfernt fiederspaltigen, oben ganzrandigen, am Rande umgerollten, stengelumfassenden, kurzhaarigen Blättern. Blüten hellgelb, in 1,5–2 cm breiten Blütenständen. Blütezeit: Mai–Oktober. Verbreitet auf sandigen Äckern, Grasplätzen, an Wegrändern und Mauern.

5 Kleines Habichtskraut, *Hieracium pilosella.* Die Habichtskräuter der Gattung *Hieracium* sind ausdauernde, krautige, bisweilen Ausläufer bildende Pflanzen mit vielblütigen Blütenständen aus gelben, zungenförmigen Blüten. Von den Pippau-Arten unterscheiden sie sich vor allem durch die oben abgestutzten, nicht verschmälerten oder geschnäbelten, meist 10rippigen Früchte. Neben den genannten kommen noch zahlreiche weitere Arten bei uns vor, die alle schwer zu unterscheiden sind.
Das Kleine Habichtskraut ist eine 5–30 cm hohe, Ausläufer bildende, graufilzig behaarte Pflanze mit unbeblättertem einköpfigem Stengel und rosettigen, länglichen Blättern. Blütezeit: Mai–Oktober. Gemein auf Wiesen und an Wegrändern.

6 Waldhabichtskraut, *Hieracium sylvaticum.* 20 bis 60 cm hohe Pflanze mit aufrechtem, meist einblättrigem Stengel und weitgezähnten, weichhaarigen Grundblättern. Blütenstände zu 4–15 locker rispig angeordnet. Blütezeit: Mai–Juli. Verbreitet bis häufig in Wäldern, Gebüschen und an Mauern.

7 Gemeines Habichtskraut, *Hieracium lachenalii.* 30 bis 100 cm hohe Pflanze mit aufrechtem, 3- bis mehrblättrigem Stengel und gezähnten, oben und am Rande rauhhaarigen, dunkelgrünen, elliptischen bis lanzettlichen Blättern. Blütenstände zu mehreren bis vielen in lockeren Rispen, mit behaarten Kopfstielen. Blütezeit: Juni–August. Häufig in Wäldern, Gebüschen, an Wegrändern und auf Ödland.

Die Tiere

Artbeschreibungen und Abbildungen

♂ männlich ♀ weiblich ♀ Arbeiterin

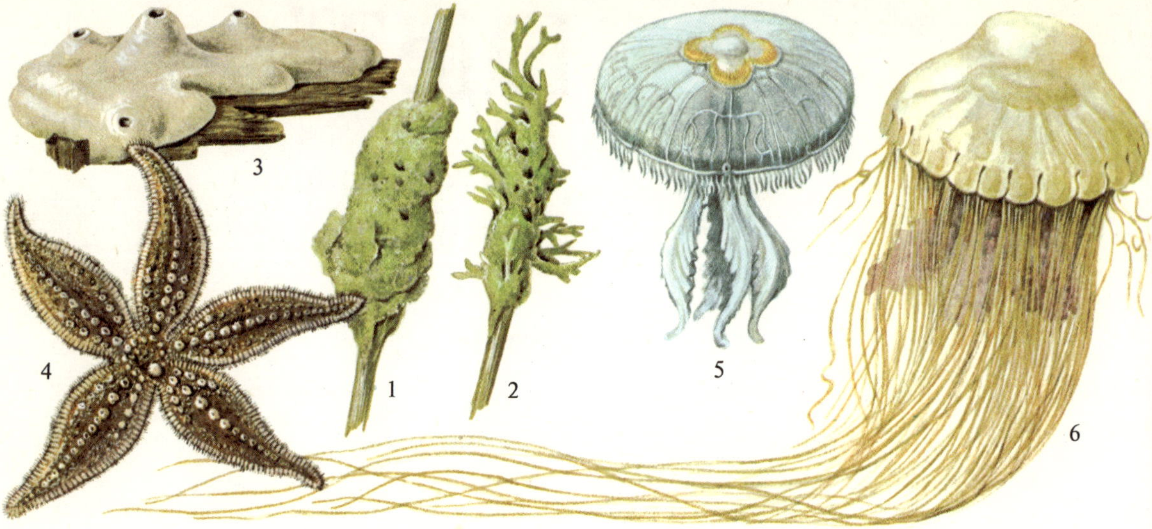

SCHWÄMME Porifera HOHLTIERE Coelenterata STACHELHÄUTER Echinodermata

1 Süßwasserschwamm, *Ephydatia fluviatilis.* Gehört ebenso wie die im Meer lebenden Badeschwämme zur Gruppe der Hornkieselschwämme. Bildet verschiedene Krusten- und Klumpenformen an Schilfstengeln usw., die bis 70 cm lang und 30 cm dick werden können; hart, Färbung variabel. Häufig, besonders in ruhigen Gewässern; auch im Brackwasser. Alle Schwämme ernähren sich von Kleinstlebewesen und Sinkstoffen, die sie mit dem dauernden Wasserstrom einstrudeln. Bildet im Herbst (wie auch viele andere Arten) auf ungeschlechtlichem Wege Dauerkeime (Gemmulae), die unter den Bedingungen des Frühjahrs wieder Schwämme bilden.

2 *Spongilla lacustris,* Ordnung Hornkieselschwämme. Bildet Geweih-, Busch- und Klumpenformen, die bis 1 m lang werden können und im Leben schleimig weich sind. In ihren Hohlräumen leben einzellige Algen, die den Schwamm grün färben (die Algen gedeihen jedoch nur im Licht). Im Süßwasser, häufig. An Steinen, Holz usw. zu finden. Sonst der vorigen Art ähnlich.

3 Gallertschwamm, *Halisarca dujardini.* Bildet Krusten, die einen Durchmesser bis zu 10 cm erreichen können. Schwamm weich, ohne Nadeln; mit glatter Oberfläche. Im Flachwasser der Ostsee östlich bis Darßer Ort. Auf Algen, Steinen usw. recht häufig.

4 Gemeiner Seestern, *Asterias rubens,* Stamm Stachelhäuter (Echinodermata) – weshalb der Seestern eigentlich ganz oben im System der wirbellosen Tiere stehen müßte (er steht hier nur aus didaktischen Gründen bei den Schwämmen und Hohltieren). Maximal 30 cm im Durchmesser, Färbung rotbraun bis violett. Häufigster Seestern in der Nordsee wie in der westlichen Ostsee (im Gegensatz zu den Seesternen der Kieler Bucht sind die der Mecklenburger Bucht meist nur ab 10 m Tiefe anzutreffen). Fortbewegung langsam mit Hilfe vieler kleiner Saugfüßchen. Ernährt sich räuberisch von Muscheln und Schnecken, weshalb er auf Austern- und Miesmuschelbänken erheblichen Schaden anrichten kann. In Meeresaquarien recht gut zu halten, wenn die Temperatur nicht zu hoch ansteigt.

5 Ohrenqualle, *Aurelia aurita,* Stamm Nesseltiere (Cnidaria), Klasse Schirmquallen (Scyphozoa). Schirmdurchmesser maximal 40 cm (besonders in der westlichen Ostsee wesentlich kleiner). Charakteristisch sind die 4 hufeisenförmigen Gonaden. In der Nord- und Ostsee häufig. Wie bei vielen Hohltieren wechselt auch bei dieser Art eine Polypengeneration mit einer Medusengeneration (die Polypen sind in dieser Gruppe sehr klein). Der Polyp erzeugt ungeschlechtlich durch Abschnürung kleine Medusenlarven (Ephyren) – man spricht von Strobilation –, aus diesen entwickeln sich Medusen, die dann wieder geschlechtlich Polypen hervorbringen können. Fortbewegung der Medusen durch Rückstoß (Zusammenklappen des Schirms). Die Nahrung besteht aus Plankton und verschiedenen Kleintieren. Massenansammlungen von Ohrenquallen, die nicht selten vorkommen (auch auf dem Grund), behindern die Fischerei. Die Wirkung der Nesselzellen auf den Menschen ist unbedeutend.

6 Gelbe Haarqualle, *Cyanea capillata.* Schirmqualle mit bis zu 50 cm Durchmesser (meist kleiner). In der Nordsee häufiger als in der Ostsee (besonders im Sommer). Sehr unangenehm sind die Nesselzellen (Vergiftungserscheinungen wurden beobachtet).

HOHLTIERE Coelenterata

1 Süßwasserpolyp, *Hydra* spec., Stamm Nesseltiere (Cnidaria). Der schlauchförmige und innen hohle Körper ist etwa 1 cm lang (Fangarme nicht mitgerechnet). In verschiedenen, aber nicht zu schnell fließenden Gewässern. Hat sich meist mit der Fußscheibe an Wasserpflanzen u. a. festgeheftet. Besonders in der Nähe der Wasseroberfläche. Schwer zu erkennen, da er sich bei der geringsten Störung stark zusammenzieht. Deshalb zur Beobachtung Wasserpflanzen in ein Glas bringen und einige Zeit ruhig stehen lassen. Kann sich nach Art einer Spannerraupe fortbewegen. Sehr gefräßig. Überwältigt Tiere, besonders Wasserflöhe, aber auch andere Kleintiere, die manchmal größer als der Polyp selbst sind. Fangorgane sind die Tentakel und die kompliziert gebauten Nesselkapseln. Die letzteren arbeiten wie Harpunen; das Opfer wird durch eingespritztes Gift gelähmt, oder die ausgeschleuderten Fäden umwickeln die Beute oder kleben an ihr fest. Der Süßwasserpolyp vermehrt sich hauptsächlich ungeschlechtlich. Dabei wachsen aus Knospen am Körper kleine Polypen, die sich ablösen. Nur zu bestimmten Zeiten geschlechtliche Fortpflanzung aus Ei und Samenzelle. Hohes Regenerationsvermögen.

2 Grüner Süßwasserpolyp, *Chlorohydra viridissima*, Stamm Nesseltiere (Cnidaria). Körper 1–1,50 cm lang. Die Fangarme sind kürzer als der Körper. Besonders in ruhigen, klaren Gewässern. Die grüne Farbe rührt von einzelligen Algen her, die in der Innenschicht des schlauchförmigen Körpers leben (Symbiose). Die Eier überwintern.

3 Gestielter Süßwasserpolyp, *Pelmatohydra oligactis*, Stamm Nesseltiere (Cnidaria). Körper bis 3 cm lang, die Fangarme sogar bis 25 cm! In verschiedenen Gewässern. Kommt auch noch im Brackwasser der Flußmündungen und im Bodden vor.

4 Keulenpolyp, *Cordylophora caspia*. Stamm Nesseltiere (Cnidaria). Bildet bis zu 8 cm hohe, büschelartige Kolonien. Einzeltiere (Polypenköpfe) nur wenige Millimeter groß. Im Brackwasser der Nord- und Ostsee sowie im Süßwasser. Die Kolonien sterben im Winter ab. Aus der wurzelartigen Verzweigung, mit der sich die »Büschel« festheften, bilden sich im nächsten Jahr neue Kolonien.

5 *Laomedea* spec., Stamm Nesseltiere (Cnidaria). Die Kolonien werden bis zu 30 cm hoch. Sie sitzen auf verschiedenen Algen, *Laomedea flexuosa* z. B. an *Fucus* und *Ascophyllum*, sowie auf Steinen und an anderen Gegenständen. Bei einigen *Laomedea*-Arten entstehen durch die ungeschlechtliche Fortpflanzung außer neuen Polypen auch kleine freischwimmende Medusen (Quallen), die den Namen *Obelia* tragen. Sie bilden durch geschlechtliche Fortpflanzung wieder Polypen *(Laomedea)*. Dieser Generationswechsel tritt häufig bei Hohltieren auf. Im Gebiet etwa 130 Hohltier-Arten, von denen die meisten im Meer leben.

6 Seenelke, *Metridium senile*, Stamm Nesseltiere (Cnidaria), Klasse Korallen (Anthozoa). Etwa 20 cm hoch. Verschieden gefärbt (z. B. gelb, rot, braun). Mundscheibe mit Hunderten von Fangarmen besetzt. Dringt bis in die westliche Ostsee vor. Dort etwa in 20 m Tiefe auf festem Untergrund. Frißt Kleinstlebewesen. Neben der geschlechtlichen ist auch die ungeschlechtliche Fortpflanzung häufig. Letztere erfolgt durch Abschnürung kleiner Stücke, die zu einem ganzen Tier auswachsen. Korallen leben sonst in wärmeren Meeren.

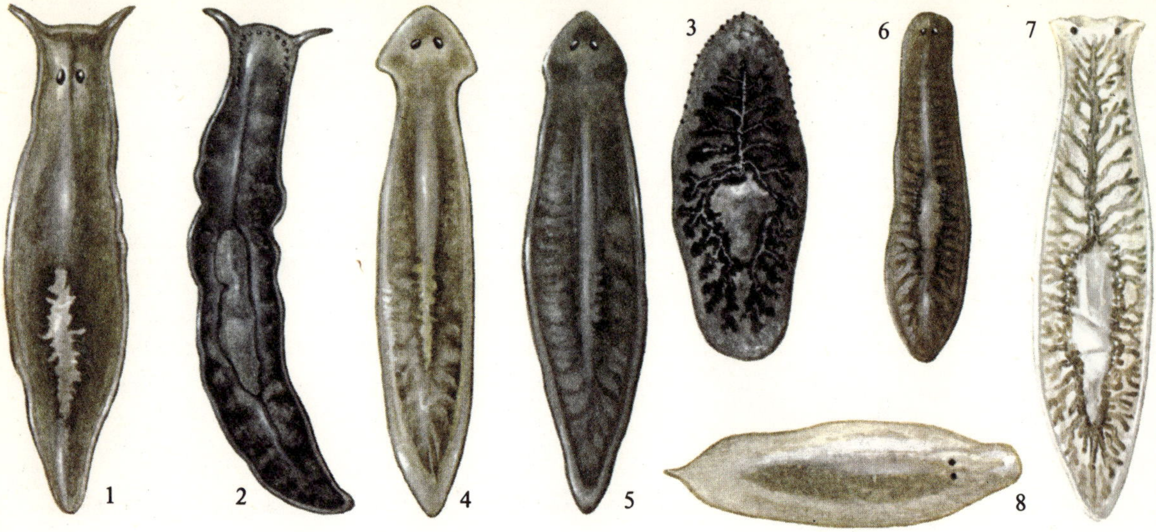

PLATTWÜRMER Plathelminthes STRUDELWÜRMER Turbellaria

Die **Planarien** (Ordnung Tricladida) sind – ebenso wie *Mesostoma ehrenbergi* – Verwandte der parasitisch lebenden Leberegel und der Bandwürmer. Sie bewohnen verschiedene Gewässertypen des Binnenlandes, wobei auch kleinste austrocknende Tümpel besiedelt werden. Planarien sind lichtscheu und führen eine nächtliche Lebensweise – am Tage im Schlamm, unter Blättern, Steinen usw. Die Fortbewegung ist gleitend und wird durch ein Wimperkleid ermöglicht. Der vorstreckbare Schlund liegt auf der Bauchseite. Durch ihn werden die Verdauungssäfte auf das Beutetier (kleine Krebse, Fische, Laich und Aas) gespritzt (äußere Verdauung). Die zwittrigen Tiere begatten sich gegenseitig und legen festumhüllte Eier (Kokons) ab. Daneben kommt ungeschlechtliche Vermehrung durch Querteilung vor. Mit dieser im Einklang steht das große Regenerationsvermögen; selbst kleine Körperteile können wieder ein ganzes Tier bilden. Oft werden Planarien in Aquarien eingeschleppt, wo sie sehr lästig werden können.

1 Alpenplanarie, *Crenobia alpina.* Bis 1,6 cm lang, mit einem Paar Augen und beweglichen Tentakeln. Färbung variabel, meist aber schiefergrau. Bevorzugt kalte, saubere Gewässer, beispielsweise Gebirgsbäche und Quellen. Verträgt nur geringe Temperaturschwankungen des Gewässers (stenotherme Art). Optimal sind 6–8 °C.

2 Gehörntes Vielauge, *Polycelis cornuta.* Bis knapp 2 cm lang. Färbung veränderlich grau, braun bis schwarz. Am Rande des Kopfes sitzen viele Augen. In kalten Fließgewässern, jedoch verträgt diese Art im Gegensatz zur Alpenplanarie auch etwas höhere Temperaturen, weshalb sie sich im Vorkommen an die Quellenregion *(Crenobia alpina)* anschließt.

3 Schwarzes Vielauge, *Polycelis nigra.* Bis 1,2 cm lang. Oft tiefschwarz, Vorderende heller. Kopf ohne Tentakel. In langsam fließenden und in stehenden Gewässern (Gräben, Teiche usw.); meist unter Blättern zu finden.

4 *Dugesia (Euplanaria) gonocephala.* Bis 2,5 cm lang, meist dunkelbraun gefärbt. Ohne Tentakel, an den Seiten mit sogenannten Öhrchen. Hauptsächlich in den wärmeren Mittel- und Unterläufen sauberer Fließgewässer, schließt sich also im Vorkommen an die Verbreitungsgebiete von Alpenplanarie und Gehörntem Vielauge an. Die Art verträgt Temperaturen von 0,5–25 °C (eurytherme Art).

5 Trauerplanarie, *Dugesia lugubris.* Bis 2 cm lang. Oft tiefschwarz gefärbt. Vorderrand herzförmig, ohne Tentakel, mit einem Paar Augen. Bevorzugt langsam fließende Gewässer mit reicher Vegetation.

6 *Planaria torva.* Bis 1,5 cm lang. Braun bis schwarz. In stehenden und langsam fließenden Gewässern weit verbreitet. Auch im brackigen Wasser der Ostsee.

7 Weiße Planarie, *Dendrocoelum lacteum.* Bis 2,5 cm lang. Mit kurzen Tentakeln. In bezug auf das Wohngewässer nicht wählerisch; weit verbreitet (unter Steinen usw.); auch im Brackwasser der Ostsee.

8 *Mesostoma ehrenbergi,* Ordnung Eulecithiphora. Bis 1,5 cm lang, glasig durchsichtig. In sauberen, ruhigen Gewässern mit Pflanzenwuchs. Oft an einem Schleimfaden an der Wasserfläche hängend. Frißt Kleintiere, die mit dem Giftsekret bespritzt werden, nachdem sie sich um die Beute herumgeschlagen hat. Im Sommer weichhäutige Eier (schnelle Vermehrung).

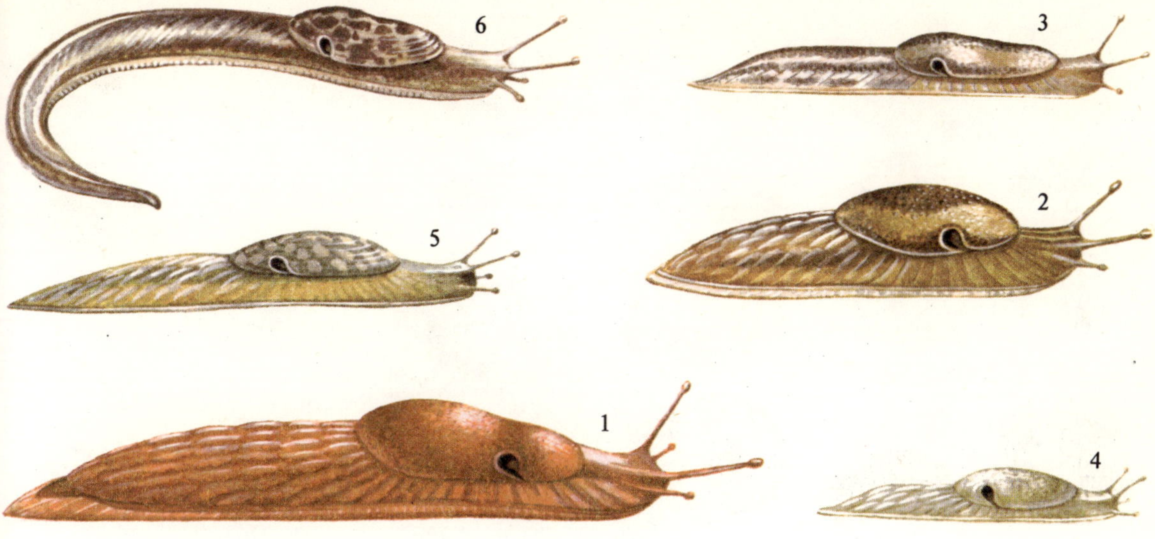

WEICHTIERE Mollusca NACKTSCHNECKEN

1 Rote Wegschnecke, *Arion rufus*, Familie Wegschnecken (Arionidae, Atemloch vor der Mitte des Mantelschildes, Rücken ungekielt, sehr träge). 14 bis 15 cm lang. Färbung sehr variabel: ziegelrot, kaffeebraun bis schwarz, aber fast immer mit rotem Fußsaum, wodurch sie sich von der immer dunklen *Arion ater* unterscheidet. Jungtiere grünlichweiß mit dunklem Kopf. Exakte Bestimmungen nur durch anatomische Untersuchungen möglich. In Wäldern, Büschen, Hecken, auf Wiesen. Vor allem nach Regen auf Wegen zu beobachten. Allesfresser (auch Aas). Mit dem Schleim Übertragung von Wurmeiern auf Gemüse möglich. Der bittere Schleim, der offenbar auch viele Feinde abhält, wurde früher zu medizinischen Zwecken verwendet (z. B. gegen Schwindsucht). Die Tiere sind Zwitter, die sich auch selbst befruchten können und bis 500 Eier ablegen.

2 *Arion subfuscus*, Familie Wegschnecken (Arionidae). Meist um 6 cm lang. Bräunlich bis rotgelb, Schleim orange. Typischer Waldbewohner (besonders häufig in Kiefernwäldern), oft unter Baumrinde. Frißt neben Pilzen (z. B. Steinpilze und andere *Boletus*-Arten) auch andere Pflanzennahrung.
Ebenfalls verbreitet ist die graue, 3–4 cm lange *Arion circumscriptus* (Binde scharf abgesetzt).

3 Baumschnegel, *Lehemannia marginata*, Familie Egelschnecken (Limacidae, Atemloch hinter der Mitte des Mantelschildes, Rücken immer etwas gekielt, beweglicher und schlanker als vorige Familie). 6–7,5 cm lang. Hinterleib durchscheinend, am Ende scharf gekielt. An Bäumen und Felsen in Laub- und Mischwäldern; bei Trockenheit in Verstecken. Frißt Pflanzen und Früchte – schädlich in Gewächshäusern. Scheidet bei Berührung Wasser aus.

4 Ackerschnecke, *Deroceras agreste*, Familie Egelschnecken (Limacidae). 3–6 cm lang. Weißlich bis hellbraun, auch mehr oder minder grau und schwarz marmoriert. Äcker, Gärten, Wälder und feuchte Wiesen. Am Tage in dunklen Verstecken, nachts aktiv. Allesfresser: Modder, Aas, Pilze, Kleintiere, Salat, Gemüse usw. Schädling (wie die ähnliche Art *Deroceras reticulatum*, die aber oft eine auffallende Netzzeichnung trägt) durch Fraß in Gärten und auf Äckern; weiterhin durch Übertragung von Wurmeiern, Viren, Bakterien usw.

5 Kellerschnecke, *Limax flavus*, Familie Egelschnecken (Limacidae). Bis etwa 10 cm lang. Färbung variabel, Netzzeichnung dunkler, Sohle hell. Im Gebiet nur in Kellern und Speichern, nicht im Freiland anzutreffen. Sehr feuchtigkeitsliebend. Ernährt sich von verschiedenen Vorräten, z. B. Kartoffeln, Wurzelgemüse, Blumenzwiebeln und ähnlichem. Oft ist eine Bekämpfung dieses Vorratsschädlings notwendig.

6 Großer Schnegel, *Limax maximus*, Familie Egelschnecken (Limacidae). Im Gebiet etwa 15 cm Maximallänge. Zeichnung ziemlich variabel, häufig grau (hell), Sohle einfarbig hell, ebenso der Kiel. Zieht sich bei Reizung nach vorn zusammen (im Gegensatz zu den *Arion*-Arten). Im Freien an verschiedenen feuchten Plätzen, z. B. unter Steinen. Bevorzugt die Nähe menschlicher Siedlungen, unter anderem häufig in Kellern, wobei er eine gewisse Ortstreue zeigen soll. Ernährt sich von grünen Pflanzen, Pilzen, Aas sowie räuberisch, z. B. von anderen Nacktschnecken. Der Große Schnegel wird ähnlich der vorigen Art schädlich durch Fraß an Vorräten (in Kellern) und Pflanzen (in Gewächshäusern).

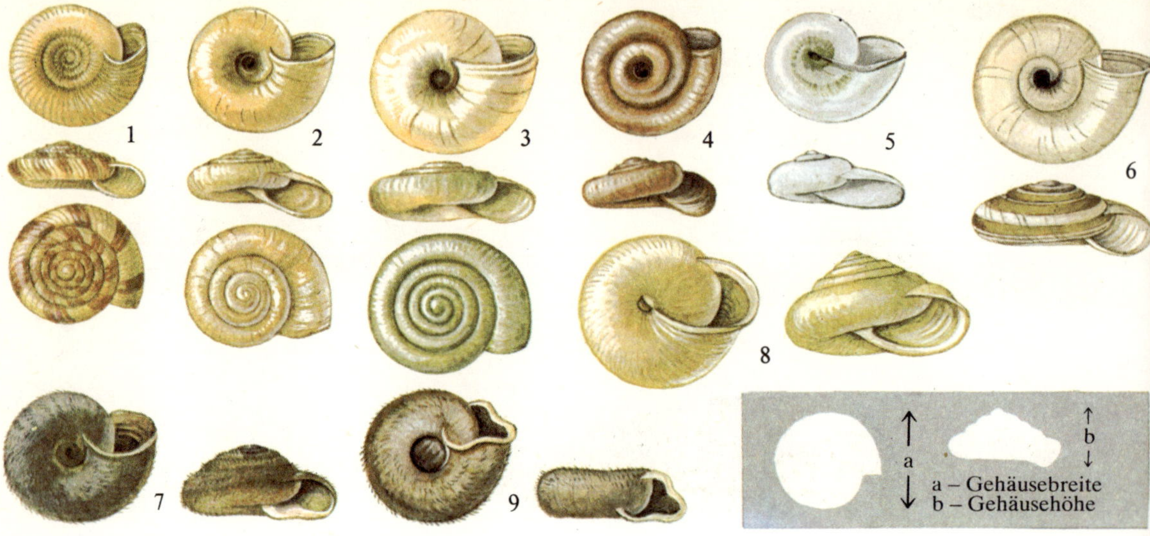

GEHÄUSESCHNECKEN (Land)

1 Schüsselschnecke, *Discus rotundatus.* Bis 7 mm breit und knapp 3 mm hoch. Unterscheidet sich von der weit weniger häufigen *Discus ruderatus* vor allem durch die rotbraune Fleckung und den etwas kantigen letzten Umgang. Fast überall häufig, unter Laub, Holz, Steinen usw. Ernährt sich hauptsächlich von Moderstoffen.

2 *Aegopinella nitens.* Knapp 1 cm breit und 0,5 cm hoch. Letzter Umgang wesentlich breiter als der vorletzte und in der Mündung schräg dachförmig nach unten abfallend. Unter den anderen Arten ist ihr besonders *Aegopinella pura* sehr ähnlich, die aber kleiner ist. Bevorzugt gebirgige Gebiete, fehlt in der nördlichen Tiefebene. Lebt unter Laub und Steinen. Wahrscheinlich tierische und pflanzliche Nahrung.

3 Kellerglanzschnecke, *Oxychilus cellarius.* Reichlich 1 cm breit und 0,5 cm hoch. Schale unterseits weißlich, auffällig glänzend. Unter Laub und abgestorbenem Holz; in Wäldern ebenso wie in Höhlen und Kellern. Ernährt sich wahrscheinlich vorrangig von Moderstoffen und Algen. Als Vorratsschädling ist sie wohl nicht von Bedeutung. Durch ihren Geruch fällt die Knoblauchglanzschnecke *(O. alliarius)* auf.

4 *Zonitoides nitidus.* Bis 7 mm breit und 4 mm hoch. Schale durchsichtig rotbraun, sie erscheint aber bei der lebenden Schnecke durch den durchschimmernden Körper fast schwarz. Kommt an sehr verschiedenen Plätzen vor (Wiesen, Wälder, Teichufer usw.), wenn nur der Boden sehr feucht oder naß ist. Ernährt sich von verrottenden Kräutern und Pilzen.

5 Glasschnecke, *Vitrina pellucida.* 6 mm breit und etwa 3 mm hoch. Schale wie bei allen Glasschnecken durchsichtig und stark glänzend. In sehr verschiedenen Lebensräumen – Wälder, Wiesen, Kulturland. Glasschnecken bevorzugen kühle Orte und sind in der kalten Jahreszeit aktiv, während sie sonst sehr verborgen leben. Jagen Insektenlarven, Asseln usw.

6 Heideschnecke, *Helicella itala.* Etwa 15 mm breit und 8 mm hoch. Unterscheidung von anderen Heideschnecken nicht immer einfach. Bevorzugt sonnige Trockenrasen, Ödländer, Kulturland (z. B. Luzerne) usw. Ernährt sich von verschiedenen Pflanzenstoffen. Heideschnecken werden wohl öfter mit Saatgut verschleppt. Zwischenwirt des Kleinen Leberegels.

7 *Trichia hispida.* Etwa 8 mm breit und 5 mm hoch. Horn- bis rotbraun, oft mit einer hellen Binde am letzten Umgang; sehr variabel. Erwachsen meist mit Haarnarben. Unter Steinen, Holz, Laub usw. (auch in der Nähe menschlicher Siedlungen). Ernährt sich von verrottenden Pflanzenstoffen und von Pilzen.

8 Rötliche Laubschnecke, *Monachoides incarnata.* Um 1,5 cm breit und 1 cm hoch. Schale fein gekörnelt, außen durchscheinend, an der Mündung mit braunrotem Saum. Nabel meist nur halb verdeckt. In Wäldern und Gebüschen; ziemlich häufig und verbreitet. Sehr feuchtigkeitsliebend. Ernährt sich von höheren Pflanzen (z. B. Brennesseln).

9 Eingerollte Schnecke, *Helicodonta obvoluta.* Reichlich 1 cm breit und 0,5 cm hoch. Festschalig, behaart oder mit Haarnarben. 3buchtige Mündung. Unter Laub, morschem Holz, Steinen usw. Besonders in Wäldern hügliger oder gebirgiger Gebiete; kalkliebend. Ernährt sich wahrscheinlich von Teilen höherer Pflanzen.

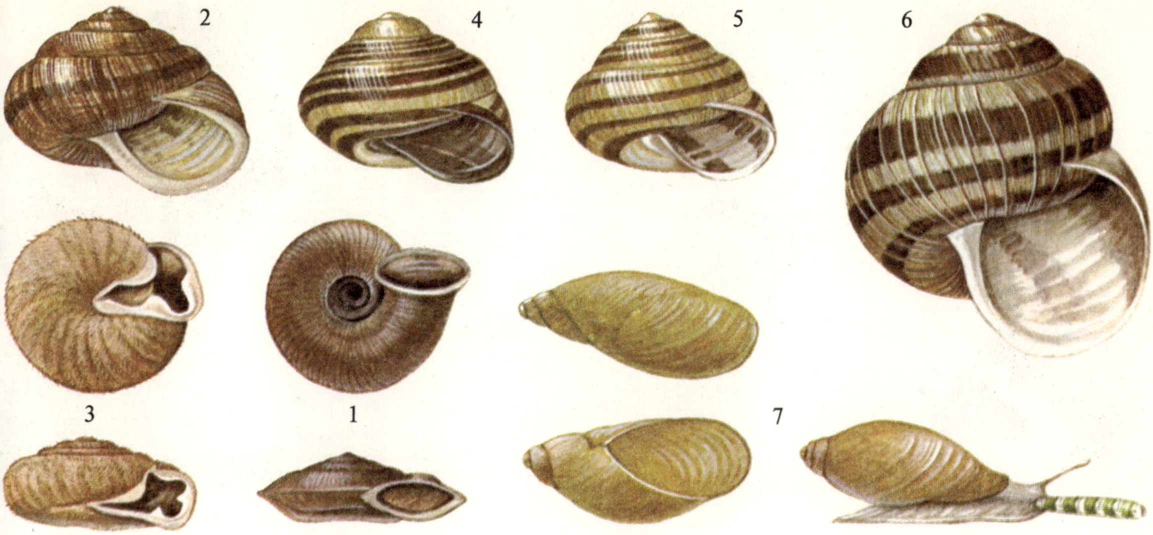

GEHÄUSESCHNECKEN (Land)

1 Steinpicker, *Helicigona lapicida.* Um 17 mm breit und 8 mm hoch. Durch den scharf gekielten letzten Umgang leicht kenntlich. In Laubwäldern (gern an Buchen) und an alten Mauern und Felsen. Bevorzugt Berg- und Hügelland. Ernährt sich von verwelkenden Pflanzenteilen.

2 Baumschnecke, *Arianta arbustorum.* Bis 2,5 cm breit und 2 cm hoch. Färbung und Größe variabel. Kommt in vielen Lebensräumen vor, wenn nur ein Mindestmaß an Feuchtigkeit gegeben ist: z. B. Wälder, Wiesen, Büsche. Ernährt sich hauptsächlich von höheren Pflanzen.

3 Maskenschnecke, *Isognomostoma isognomostoma.* Reichlich 1 cm breit und 0,5 cm hoch. Bereits durch die Behaarung und die 3buchtige Mündung leicht kenntlich. Unter Steinen und Laub sowie im Holzmulm. Waldbewohner (nicht in der nördlichen Tiefebene). Über die Biologie der Maskenschnecke ist bisher so gut wie nichts bekannt.

4 Hainschnirkelschnecke, *Cepaea nemoralis.* Bis 2,3 cm breit und knapp 2 cm hoch. Im Gegensatz zur folgenden Art Nabelfeld und Mündungssaum braun. Häufig in Kulturlandschaften (Parks, Gärten usw.), weniger in Büschen und Hainen (siehe aber Name!). Infolge der Auslese durch Feinde (hauptsächlich wohl Drosseln) sollen in Parks mehr dunkle, ungebänderte Formen vorkommen als z. B. auf Wiesen. Die Nahrung besteht vor allem aus verschiedenen frischen Kräutern.

5 Gartenschnirkelschnecke, *Cepaea hortensis.* Meist um 2 cm breit und 1,5 cm hoch. Im Gegensatz zur vorigen Art Nabelfeld und Mündungssaum weiß, in Färbung und Bänderung aber ebenso variabel wie jene. Weniger in Kulturlandschaften, mehr in Hainen (!), Büschen usw. Ernährung ähnlich der der vorigen Art.

6 Weinbergschnecke, *Helix pomatia.* Bekannteste Schnirkelschnecke. Um 4 cm breit und ebenso hoch. Früher häufig in Weinbergen, heute mehr in Büschen, lichten Waldrändern (nicht im Waldinneren), Gärten, Parks usw. Kalkliebend. Ernährt sich von verschiedenen Kräutern. Interessant sind die Liebesspiele dieser zwittrigen (!) Tiere, bei denen sich die Schnecken gegenseitig kalkige Liebespfeile in die Körper stoßen. Bis zu 60 Eier werden in eine Erdmulde gelegt. Überwintert immer am gleichen Ruheplatz und bildet je nach Härte des Winters verschieden dicke Kalkdeckel aus. Bei Trockenheit Verschluß des Gehäuses durch ein Schleimhäutchen (wie bei vielen Schnecken). Wohlschmeckend und besonders früher gern gegessen (z. B. als Fastenspeise), wodurch sie weit verbreitet wurde. Auch heute noch in Schneckengärten gezüchtet (vorzugsweise in Westeuropa).

7 Bernsteinschnecke, *Succinea putris.* Häufigste Bernsteinschnecke im Gebiet. Um 2 cm hoch und 1 cm breit. Wie fast alle Vertreter der Gattung sehr feuchtigkeitsbedürftig. Bevorzugt daher die direkte Nähe des Wassers, nasse Ufer, feuchte Wiesen, Auwälder usw. Ernährt sich hauptsächlich von höheren Pflanzen, auf denen man sie auch meist zuerst zu Gesicht bekommt. Dient einem in Singvögeln schmarotzenden Saugwurm *(Leucochloridium macrostomum)* als Zwischenwirt. Der Befall ist äußerlich schon an der Auftreibung eines Fühlers (siehe Bild) sichtbar, wodurch dann auch der Vogel angelockt wird.

GEHÄUSESCHNECKEN (Land, Wasser)

1 Achatschnecke, *Cochlicopa lubrica.* Knapp 6 mm hoch und 2,5 mm breit. Im Tiefland wie im Gebirge auf Wiesen, in Wäldern usw. Bevorzugt an feuchten Standorten (gern zwischen Laubhumus). Ernährt sich von lebenden und abgestorbenen Pflanzenteilen.

2 *Pupilla muscorum.* Bis 4 mm hoch und 2 mm breit. Vertreter einer Gruppe meist kleiner walzenförmiger Schnecken, von denen bei uns mehrere z. T. schwerbestimmbare Arten vorkommen. Gehäuse je nach Standort verschieden. Im Tiefland wie im Gebirge; an trockenen und feuchten Plätzen; Wiesen, Moos usw. Ernährt sich wahrscheinlich von Humusstoffen.

3 Weiße Turmschnecke, *Zebrina detrita,* bis 22 mm hoch und 9–10 mm breit. Oberfläche ist glatt, nur mit feinen Spirallinien. Wärmeliebend, besonders an Rasenhängen der Kalkberge, auf trockenen Wiesen und Weiden. Schutz vor Wärme durch weiße, dicke Schale, enge Mündung. Ankleben an Pflanzen. Frißt tote oder absterbende Pflanzenteile. Wichtiger Zwischenwirt des Kleinen Leberegels.

4 Zweizähnige Schließmundschnecke, *Laciniaria biplicata.* Bis 18 mm hoch und 4 mm breit. Wohl die häufigste Schließmundschnecke. Fast überall an feuchten Gemäuern und Felsen sowie an Baumstümpfen und am Boden. Schließmundschnecken kriechen nach Regen gern an Bäumen empor, lassen sich bei Trockenheit wieder fallen und verkriechen sich im Boden. Beim Zurückweichen des Tieres verschließt ein federndes Plättchen (Clausilium) das Gehäuse. Im Gegensatz zu den meisten anderen Schnecken oft in der Nähe menschlicher Siedlungen. Frißt gern moderndes Pflanzenmaterial und Pilze. Bringt meist lebende Junge zur Welt.

5 Gemeine Schließmundschnecke, *Cochlodina laminata.* Bis 17 mm hoch und 4 mm breit. Schale glatt. Verbreitet und häufig (gern an Buchen). Ansonsten ähnlich 4. Im Gebiet rund 30 ziemlich schwer unterscheidbare Arten.

6 Sumpfdeckelschnecken, *Viviparus* spec. Im Gebiet 2 Arten: *V. contectus* (mit scharfer Gehäusespitze, mehr in ruhigen, pflanzenreichen Gewässern) und *V. viviparus* (mit stumpfer Gehäusespitze, bewegteres Wasser). Bis 4 cm hoch und 3 cm breit. Frißt Schlammstoffe, Algen und Plankter. Sehr widerstandsfähig gegen verschiedene Einflüsse. Lebendgebärend.

7 Gemeine Strandschnecke, *Littorina littorea.* Bis 3 cm hoch. Gehäuse fest und gut verschließbar, auffallend flache Umgänge. Typische Schnecke der Gezeitenzone; an Steinen, Pflanzen usw. Nordsee und westliche Ostsee (neben anderen Arten der Gattung). Ernährt sich durch Abweiden von Algen.

8 Wattschnecke, *Hydrobia ulvae.* Bis 6 mm hoch. Im Meerwasser (Nordsee) und im stark salzhaltigen Brackwasser der Ostsee. Auf Schlick und Sandboden. Ernährt sich von kleinen Algen. Weniger Salzgehalt fordert *Hydrobia stagnorum* (knapp 5 mm hoch), die in der Ostsee vorkommt und stellenweise sehr häufig ist. In der Ostsee findet man auch *Theodoxus fluviatilis,* die durch die porzellanartige Innenseite und die Netzzeichnung unverkennbar ist.

9 Schleischnecke, *Bulimus tentaculatus.* Reichlich 10 mm hoch und 7 mm breit. Überall in ruhigen Gewässern (auch im Brackwasser der Ostsee). Ernährt sich von Schwebestoffen und dient Schleien und anderen Fischen als Nahrung.

GEHÄUSESCHNECKEN (Wasser)

1 Spitzhornschnecke, *Lymnaea stagnalis.* Unsere häufigste und größte Schlammschnecke. Bis 6 cm hoch und 3 cm breit. Färbung durch Auflagerungen verschieden. Bevorzugt ruhige, pflanzenreiche Gewässer. Wie alle Lymnaeen in der Form je nach Standort variabel, was die Bestimmung erschwert. Ernährt sich, wie alle Arten der Gattung, von Wasserpflanzen und Aas.

2 Sumpfschlammschnecke, *Lymnaea palustris.* Maximal 3,5 cm hoch, sehr variabel. Besonders letzter Umgang oft deutlich gehämmert. In wenig bewegten Gewässern, auch im Brackwasser. Ihr ähnlich ist die etwa 1 cm hohe Leberegelschnecke *(L. truncatula)*, in der sich Zwischenformen des Großen Leberegels entwickeln.

3 Ohrschlammschnecke, *Lymnaea auricularia.* Meist um 3 cm hoch und fast ebenso breit. Auffallend ohrförmige Verbreiterung der Mündung. Überall in ruhigen Gewässern (auch im Brackwasser). Ebenfalls verbreitet ist die oft eiförmige *Lymnaea ovata.*

4 Blasenschnecke, *Physa fontinalis.* Etwa 1 cm hoch und 0,5 cm breit. Schale dünn und glänzend. Bevorzugt saubere, ruhige Gewässer mit reichem Pflanzenwuchs. Ernährt sich vorzugsweise von höheren Pflanzen. Eingeschleppt ist die Blasenschnecke *P. acuta* (mit spitzer Schale), die auch stark verschmutzte Fließgewässer besiedelt.

5 Posthornschnecke, *Planorbarius corneus.* Um 3 cm breit, 1 cm hoch. Eben und scheibenförmig wie alle Tellerschnecken. Schale oft gehämmert. Im Tiefland fast überall in ruhigen Gewässern. Häufig im Bodenschlamm. Tellerschnecken ernähren sich von faulenden Pflanzenteilen, Algen und Sinkstoffen. Der rote Blutfarbstoff dient zur besseren Ausnutzung des Sauerstoffs.

6 Gerandete Tellerschnecke, *Planorbis planorbis.* Bis 17 mm breit und 3,5 mm hoch. Kiel unterseits im Gegensatz zu *P. carinatus*, die in der Mitte der Schale gekielt ist. Weit verbreitet in stehenden Gewässern, auch im Brackwasser. Meist nur 4 Windungen, die schnell an Größe zunehmen, hat die bis 7 mm breite *Gyraulus albus*, die in sehr verschiedenen Gewässern zu Hause ist und je nach dem Standort stark variiert.

7 Flache Tellerschnecke, *Anisus vortex.* Bis 10 mm breit und 1,5 mm hoch. Oberseits sind die Umgänge stark gewölbt und unterseits auffallend abgeflacht. Weit verbreitet, besonders in pflanzenreichen Seen und Teichen, z. T. sehr häufig auf Wasserpflanzen oder frei im Wasser schwimmend. 2 weitere, verbreitete Arten im Gebiet.

8 Gegliederte Tellerschnecke, *Segmentina nitida.* Bis 7 mm breit und knapp 2 mm hoch. Schale stark glänzend. Nach außen schimmern weißliche Leisten durch. Verbreitet und häufig in kleinen Wasseransammlungen wie Gräben, Sümpfen usw.

9 Flußnapfschnecke, *Ancylus fluviatilis.* Meist reichlich 0,5 cm lang, aber sowohl in der Größe als auch in der Form sehr variabel. Im Hinblick auf ihre Gestalt auch oft Mützenschnecke genannt. Bevorzugt saubere Fließgewässer des Berg- und Hügellandes, wo sie z. T. massenhaft an Steinen angeheftet ist. Ernährt sich wahrscheinlich vor allem von Algen. In der Form recht ähnlich ist die Teichnapfschnecke *(Acroloxus lacustris)*. Länge um 6 mm.

MUSCHELN

1 Malermuschel, *Unio pictorum.* Bis etwa 9 cm lang, 4 cm hoch, 3 cm dick. Größte *Unio*-Art im Gebiet. In schwach fließenden Bächen und Flüssen sowie in Teichen. Der Name weist auf die frühere Verwendung zum Farbenmischen hin. Lebensweise ähnlich *Anodonta.* Durch Wasserverunreinigungen stark zurückgegangen ist die dunkle, nierenförmige Flußperlmuschel *(Margaritifera margaritifera),* deren »Süßwasserperlen« früher nicht ohne Bedeutung waren. Ihr heutiges Vorkommen beschränkt sich auf wenige Gebiete (z. B. Fichtelgebirge).

2 Teichmuschel, *Anodonta cygnaea.* Bis 20 cm lang, 12 cm hoch und 6 cm dick. Mit starkem Perlmutterglanz auf der Innenseite. In stehenden Gewässern bis 20 m Tiefe. Bewegt sich kriechend im Schlamm fort, wobei sie auffallende Furchen hinterläßt. Wirbelt durch Rüttelbewegungen den Boden auf und bringt so neue Nahrung (Kleinlebewesen und Sinkstoffe) in den Saugstrom. Beteiligt sich durch diese Filterung in hohem Maße an der biologischen Selbstreinigung der Gewässer, was auch im Aquarium ausgenutzt werden kann. Im Gebiet mehrere Arten und Unterarten.

3 Gemeine Kugelmuschel, *Sphaerium corneum.* Um 12 mm lang, 10 mm hoch und 7,5 mm dick. Häufigste Kugelmuschel im Gebiet. In verschiedenen Gewässern, die aber keine starke Strömung aufweisen dürfen. Zur gleichen Familie gehören die Erbsenmuscheln (*Pisidium* spec.), unsere kleinsten Muscheln, über deren Vorkommen und Lebensweise bisher nur sehr wenig bekannt ist.

4 Wandermuschel, *Dreissena polymorpha.* Um 3 cm lang, 1,5 cm hoch und 2 cm dick. Nur äußerlich an eine Miesmuschel erinnernd, nicht näher verwandt! Mit Sekretfäden (Byssus) an harten Gegenständen (Steinen usw.) festgeheftet; im Süß- und Brackwasser. Aus dem Osten in das Gebiet eingeschleppt. Durch Massenauftreten besteht die Gefahr der Verstopfung von Wasserrohrsystemen, Filtern usw.

5 Sandklaffmuschel, *Mya arenaria.* Bis 12 cm lang, 6 cm hoch und 4 cm dick. In der Ostsee häufig; auf sandigen und verschlickten Böden. Bis 20 cm eingegraben, aber Schalen häufig auch angespült. Eßbar.

6 Eßbare Miesmuschel, *Mytilus edulis.* Meist um 7 cm lang, 3,5 cm hoch und ebenso dick (Größe sinkt mit Abnahme des Salzgehaltes). An unseren Küsten häufig oder auch massenhaft. Auf Weichböden wie auf harten Gegenständen (mit Byssusfäden angeheftet). Vielfach für die menschliche Ernährung genutzt; auch wichtige Fischnahrung.

7 Eßbare Herzmuschel, *Cardium edule.* In der Nordsee bis 4 cm lang, 3 cm hoch und ebenso dick; in der Ostsee wesentlich kleiner (sehr viele Arten nehmen in der salzärmeren Ostsee an Größe erheblich ab). In Sand- oder Weichböden; flach eingegraben. Springende Fortbewegung durch Abstoßen mit dem geknickten Fuß. In Massen angespült, ausgebleicht.

8 Große Pfeffermuschel, *Scrobicularia plana.* Bis 5 cm lang, 4 cm hoch und 1,5 cm dick. Durch verschiedene Auflagerungen oft dunkel verfärbt. In der westlichen Ostsee; bis zur Darßer Schwelle. Im schlickigen Weichboden der Gezeitenzone; bis 10 cm tief eingegraben. Oft angespült. Ebenfalls oft an den Strand getragen wird die um 2 cm lange weißliche bis rötliche Baltische Plattmuschel *(Macoma balthica).*

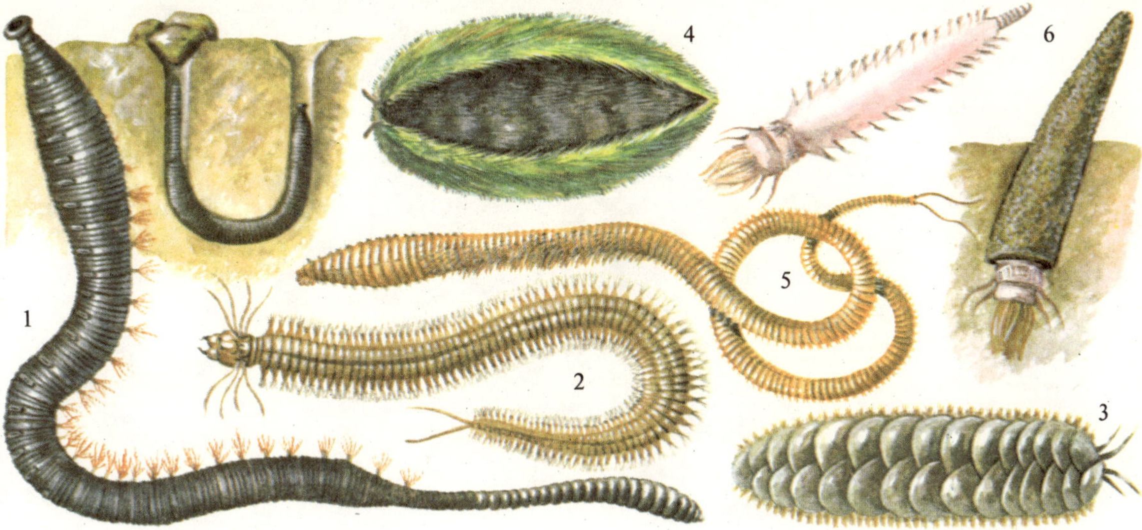

RINGELWÜRMER Annelida VIELBORSTER Polychaeta

1 Köderwurm, *Arenicola marina*, Familie Arenicolidae. Auch Sandpier genannt. Um 20 cm, aber manchmal bis 40 cm lang. Der etwa zylinderförmige Körper ist bräunlich, grünlich oder grünlichgelb. Am mittleren Körperabschnitt äußere blutrote Kiemen. Gräbt sich im schlammigen Sand der Nord- und Ostseeküsten einen etwa 20–30 cm tiefen, gebogenen Gang, dessen Wand durch Schleim befestigt wird. Durch diese Röhre saugt er Atemwasser ein. Zum Fressen hält er sich am unteren Ende des Ganges auf und nimmt dazu Sand mit den sich darin befindlichen Nahrungspartikeln auf. Dieser rutscht dadurch immer nach und bildet so den typischen Einsturztrichter. Von Zeit zu Zeit steigt der Köderwurm nach oben und setzt am Ende des befestigten Ganges geringelte Kothäufchen ab. ♀ legt die Eier auf dem Sand ab. Hier werden sie vom ♂ befruchtet (äußere Befruchtung). Die Eier entwickeln sich, wie bei allen Polychaeten, über ein Larvenstadium. *Arenicola* wird als Köder für den Fischfang benutzt.

2 *Nereis diversicolor*, Familie Nereidae. Bis zu 12 cm lang. Färbung verschieden (z. B. grünlich, gelblichbraun, rötlich). Gräbt sich an seichten Küsten etwa 30 cm tiefe Gänge. Frißt tote Kleintiere, Pflanzen und kleine Nahrungspartikeln. Streckt zum Fressen meist nur das Vorderende aus dem Gang. Fast alle Polychaeten leben im Meer. Im Gebiet kommen etwa 147 Vielborsterarten vor. Typisch für die Klasse der Vielborster sind die mit Borsten besetzten Stummelfüße (Parapodien).

3 Schuppenwurm, *Harmothoë* spec., Familie Polyneidae. Bis zu 5 cm lang. 15 Paar Rückenschuppen (Elytren). Ernährung räuberisch. Im Gebiet noch andere Arten von Schuppenwürmern.

4 Seemaus, *Aphrodite aculeata*, Familie Aphroditidae. 10–20 cm lang. Die die Rückenschuppen bedeckenden Borsten, die eine filzige Decke bilden, schillern in den Regenbogenfarben. Besonders auf dem Boden flacher Küstengewässer. Ernährung räuberisch. Gräbt sich zur Ruhe bis auf das Hinterende ein.

5 *Scoloplos armiger*, Familie Orbiniidae. Bis 15 cm lang. Rot oder orange gefärbt. 200 oder mehr Körperabschnitte. Wie bei vielen Polychaeten variiert die Segmentzahl, selbst innerhalb der gleichen Art. Besonders auf Weichböden der Nord- und Ostseeküste. Der selbst noch an sauerstoffarmen Stellen vorkommende Vielborster trägt mit Ausnahme der vorderen Segmente die Kiemen auf dem Rücken. Kriecht in 5–15 cm Tiefe. Nimmt Sand oder Schlamm auf und verdaut die darin enthaltenen Nahrungspartikeln.

6 Köcherwurm, *Pectinaria koreni*, Familie Amphictenidae. Körper 2–5 cm lang und blaß fleischfarben. Rote Kiemen. Lebt in einer bis 8 cm langen köcherförmigen Röhre (Name!), die er mit sich herumtragen kann. Sie besteht in der Hauptsache aus zusammengekitteten Sandkörnern. In der Nord- und westlichen Ostsee. Ernährt sich ähnlich wie der Köderwurm. Meist steckt *Pectinaria* nämlich mit dem Vorderende nach unten schräg im Sand. Durch das Hinterende der Röhre wird Atemwasser eingesaugt und Kot schornsteinartig (nicht geringelt!) abgesetzt. Mit den Schaufelborsten am Vorderende wird der Sand gelockert. Mit Hilfe der bis 7 cm langen Tentakelfäden werden dann die Nahrungspartikeln (z. B. Mikroorganismen) aufgenommen. Durch diese Tätigkeit des Köcherwurms sinkt frischer Sand mit Nahrungsteilchen nach.

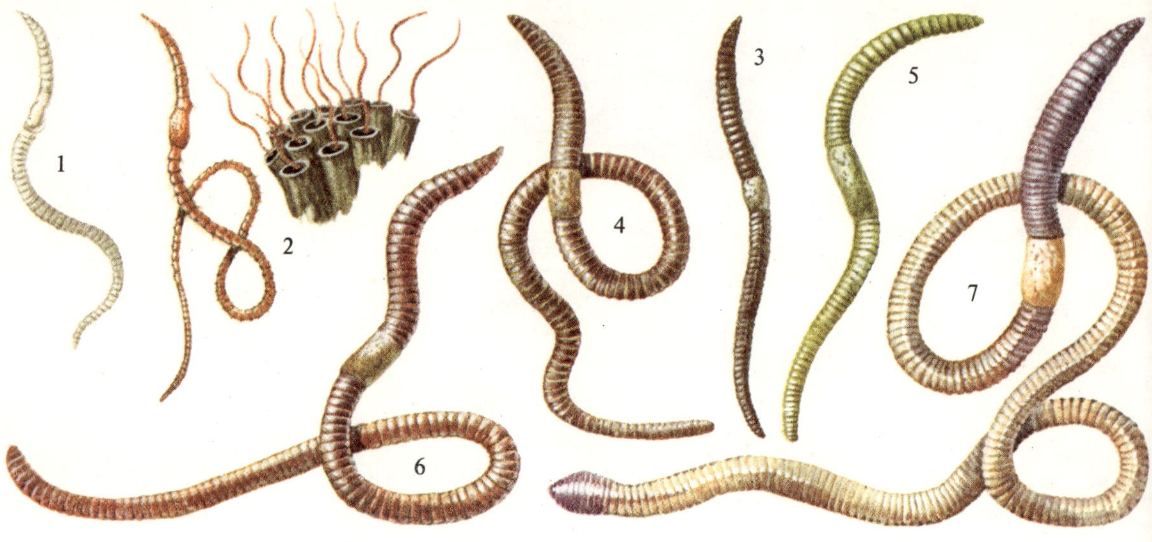

WENIGBORSTER Oligochaeta

1 *Enchytraeus albidus*, Familie Enchytraeidae. Bis 4 cm lang. In verschiedenen Lebensräumen anzutreffen: in Kompost- und Humuserde, an den Ufern von Gewässern (auch an der Nord- und Ostsee) und leider auch in Blumentöpfen, wo sie durch das Benagen der Wurzeln ein gutes Gedeihen der Pflanzen verhindert. Enchyträen sind als Fisch- und Vogelfutter bei Vivarianern sehr beliebt. Sie sind infolge ihrer Anspruchslosigkeit in einfachen Holzkisten leicht zu ziehen (Fütterung z. B. mit gekochten Kartoffeln). Fortpflanzung siehe unter 3.

2 Schlammröhrenwurm, *Tubifex tubifex*, Familie Tubificidae. Bis 8 cm lang. Das durchschimmernde Blut läßt den Körper rot erscheinen. Am Grunde schlammiger und abwasserbelasteter Bäche (geringes Sauerstoffbedürfnis), nicht selten zu Tausenden. Zieht sich bei Störung blitzschnell in die Wohnröhre zurück. Ernährt sich von organischen Bestandteilen des Schlammes (Schlammsieben). Beliebtes Futter für viele Aquarienfische sowie für Lurche.

3 *Eiseniella tetraedra*, Familie Regenwürmer (Lumbrisidae). 3–5 cm lang. Mittlerer und hinterer Körperteil sind auffallend 4kantig. Der Gürtel befindet sich an den Segmenten 23–26 (22–27). Kommt nur in sehr feuchten Lebensräumen vor, beispielsweise in feuchter Erde und feuchtem Moos sowie an Gewässern. Fortpflanzung durch Jungfernzeugung (Parthenogenese).

4 Mistwurm, *Eisenia foetida*, Familie Regenwürmer (Lumbricidae). 6–13 cm lang. Kennzeichnend sind die roten bis braunen Querbinden auf jedem Segment. Gürtel an den Segmenten 26–32 (24–32). Hauptsächlich in Dunghaufen und in fetter Gartenerde.

5 *Allophora chlorotica*, Familie Regenwürmer (Lumbricidae). 5–7 cm lang. Gürtel an den Segmenten 29–37 (28–37). Färbung verschieden: gelblich, grünlich bis rötlich. In feuchten bis nassen Böden (Gärten, Flußufer) sowie in faulendem Laub.

6 *Lumbricus rubellus*, Familie Regenwürmer (Lumbricidae). 7–15 cm lang. Rücken leuchtend rotbraun und violett, etwas irisierend. Gürtel an den Segmenten 27–32 (26–32). Typischer Bewohner mehr oder minder feuchter Humusböden (meist nicht sehr tief). Auch tagsüber an der Oberfläche anzutreffen, zwischen Moos usw.

7 Gemeiner Regenwurm, *Lumbricus terrestris*, Familie Regenwürmer (Lumbricidae). 9–30 cm lang. Gürtel an den Segmenten 32–37 (31–37). Verbreitet, doch nicht derart häufig, wie oft angenommen wird. Besonders in Lehmböden. Kommt in feuchten Nächten an die Oberfläche, um Pflanzenteile aufzunehmen. Unsere Regenwürmer ähneln sich in der Lebensweise sehr. Graben verschieden tiefe Gänge. Nach reichen Niederschlägen müssen sie diese verlassen, um nicht zu ersticken, und fallen dann oft dem Licht zum Opfer. Sie lassen schmatzende und schnurrende Geräusche hören. Ernähren sich von in Zersetzung befindlichen Pflanzenstoffen und in der Erde enthaltenen Mikroorganismen, wobei viele Arten durch Humusbildung, Lockerung, Belüftung und Düngung des Bodens sehr nützlich sind. Die geschlechtsreifen Tiere (ausgebildeter Gürtel) befruchten sich gegenseitig (Zwitter) und setzen Kokons ab. Nach neueren Forschungen sollen sie nach Reizung Schreckstoffe abgeben, die lange wirken (zu beachten bei Versuchen zum Lernvermögen!). Von den Anglern gern als Köder benutzt. Im Gebiet 35 Regenwurmarten.

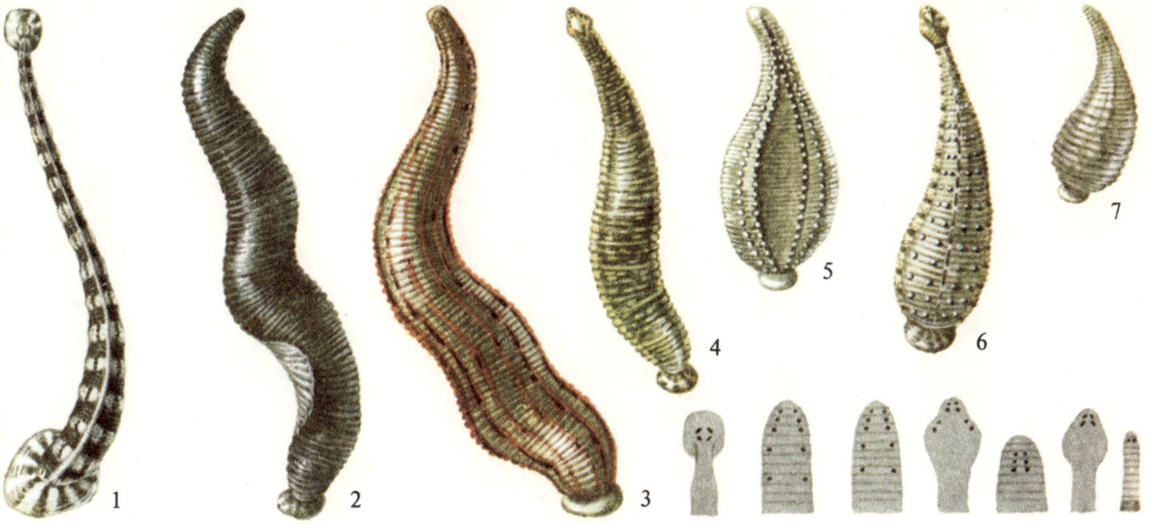

EGEL Hirudinea

1 Gemeiner Fischegel, *Piscicola geometra.* 1–5 cm lang. Sehr schlank, drehrund, mit sehr großer hinterer Saugscheibe. Frei im Wasser (Süß- und Brackwasser) sowie an Pflanzen. Saugt (oft zu mehreren) Blut von Fischen, denen er in steifer Haltung auflauert. Kommen sie in seine Nähe, dann führt er Suchbewegungen aus und saugt sich bei Berührung sofort fest. Wird bei Massenauftreten schädlich für die Fischwirtschaft (Blutverluste). Überträgt auch Erreger der Bauchwassersucht. Nach der Paarung, die auf einem Wirtsfisch stattfindet, setzen beide Egel (Zwitter) bis zu 90 Kokons an Wasserpflanzen ab.

2 Vielfraßegel, *Haemopis sanguisuga.* Meist um 10 cm lang, maximal 15 cm. Grünlich- oder bräunlichschwarz. Häufig in Teichen, Flüssen und Gräben; geht auch ans Ufer. Ernährt sich räuberisch von allen lebenden und toten Tieren, die er überwältigen kann (z. B. Regenwürmer). Paarung und Kokonablage in feuchten Böden des Ufers.

3 Medizinischer Blutegel, *Hirudo medicinalis.* Mit bis über 20 cm Länge der größte Egel im Gebiet. In der Färbung sehr variabel. Kommt in Seen, Teichen, Flachmooren usw. vor, ist heute weit weniger häufig als früher; jedoch wieder etwas in Zunahme begriffen. Während sich die Jungegel von Larven und Würmern ernähren, saugen die erwachsenen Blut von Wirbeltieren (besonders an Säugern) und können vollgesogen über ein Jahr ohne Nahrung auskommen. Paarung und Kokonablage in feuchter Erde. Egel sind wie die Wenigborster Zwitter und ähneln diesen auch im Fortpflanzungsverhalten (Abscheidung von Kokons durch den Gürtel); ihr Regenerationsvermögen ist aber weit geringer und die Fortpflanzung immer geschlechtlich. *H. medicinalis* wurde vor allem früher in der Medizin zum Blutschröpfen verwendet, wobei ein beim Saugakt abgeschiedener gerinnungshemmender Stoff (Hirudin) nützte. Besonders im vorigen Jahrhundert zu Millionen gesammelt und »gezüchtet«; in großen Mengen nach Übersee exportiert (hauptsächlich nach Amerika).

4 Hundeegel, *Herpobdella octoculata.* Bis 6 cm lang. Ziemlich platt. Färbung variabel. Häufig in stehenden oder langsam fließenden Gewässern, wobei auch stärkere Verschmutzung ertragen wird. Verschlingt verschiedene lebende und tote Larven und Kleintiere. Klebt die braunen Kokons an Steine, Pflanzen usw.

5 Großer Schneckenegel, *Glossiphonia complanata.* 1–3 cm lang. Durchscheinend; in der Färbung variabel, Rücken grünlich oder bräunlich. Überall häufig in fließenden und stehenden Gewässern; an Pflanzen und Steinen. Saugt hauptsächlich an Süßwasserschnecken, aber auch an Larven und Würmern. Betreibt Brutpflege, indem er Kokons und Jungtiere mit sich umherträgt.

6 *Hemiclepsis marginata.* Bis 6 cm lang. Verbreitet in stehenden und fließenden Gewässern. Saugt hauptsächlich Blut von Fischen und Amphibien (übrigens sind die Kenntnisse über die Wirtstiere vieler Egel noch recht unsicher). Klebt seine Kokons an Pflanzen und Steine. Betreibt Brutpflege, indem er den Kokons dauernd frisches Wasser zufächelt.

7 *Helobdella stagnalis.* Bis 1 cm lang. Leicht kenntlich an der dunklen Platte hinter den Augen. Überall an Pflanzen und Steinen stehender und fließender Gewässer. Saugt an Kleintieren und Larven (z. B. Zuckmückenlarven, Würmer, Asseln, Weichtiere).

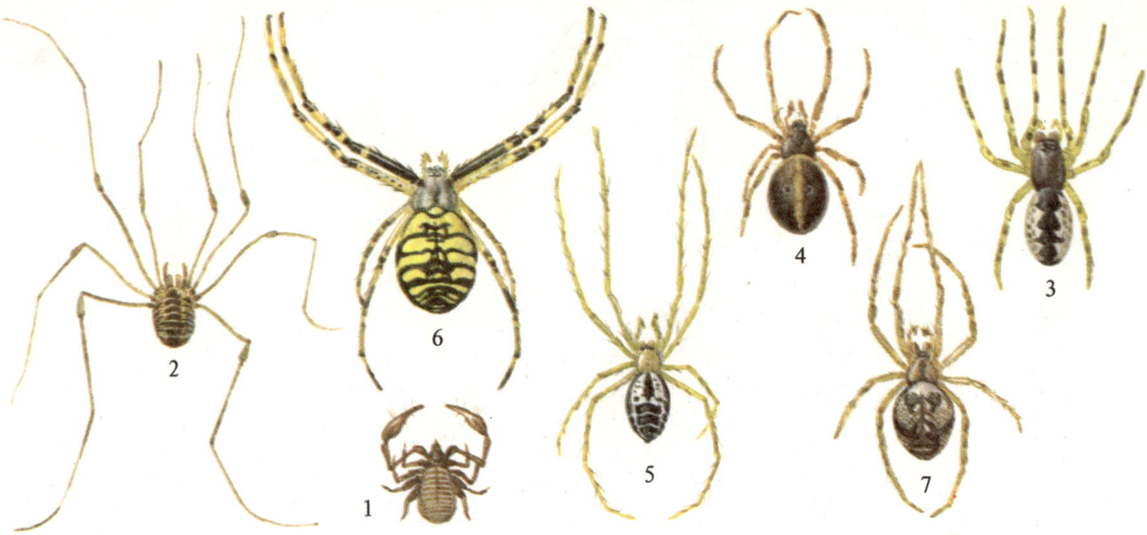

SPINNENTIERE Arachnida WEBESPINNEN Araneae (3–7)

1 Bücherskorpion, *Chelifer cancroides*, Ordnung Afterskorpione (Pseudoscorpiones). Bis 4,5 mm lang. Kein schwanzförmiger Hinterleibsanhang wie bei den echten Skorpionen. Das 2. Mundgliedmaßenpaar trägt die Scheren. In Wohnungen (z. B. zwischen Wäsche, in Büchern usw.), seltener im Freien (z. B. unter Rinde). Läuft vor- und rückwärts. Frißt meist Staubläuse, aber auch Bettwanzen. ♀ gibt die Eier (bis 40) sowie die Nährstoffe in ein an der Geschlechtsöffnung gebildetes Säckchen, in dem die Larven schlüpfen. Im Gebiet über 20 Afterskorpione.

2 Weberknecht, Kanker, *Opilio parietinus*. Ordnung Weberknechte (Opiliones). Bis etwa 0,7 cm lang. Der Hinterleib sitzt, im Gegensatz zu den Spinnen, mit ganzer Breite am Vorderkörper und ist gegliedert. Mit den langen Beinen wird auch die Umgebung tastend erkundet. Sie werden in Gefahr abgeworfen, wachsen aber nicht nach. In und an Gebäuden sowie im Freien auf Pflanzen. Frißt Kleintiere, auch Pflanzenteile. ♀ legt die Eier im Boden ab. Im Gebiet 35 Arten der Ordnung Weberknechte.

3 Sechsaugenspinne, *Segestria senoculata*, Familie Sechsaugen (Dysderidae). Körper bis 1 cm lang. Im Gegensatz zu anderen Sechsaugenspinnen (7 Arten im Gebiet) auch nachts nicht umherstreifend und meist in ihrer Gespinströhre. Diese ist unter Rinde und Steinen. Die von der vorderen Röhrenöffnung ausgehenden Fäden signalisieren ein daran stoßendes Insekt, das von der herauslaufenden Spinne überwältigt wird.

4 Fettspinne, *Steadota bipunctata*, Familie Kugelspinnen (Theridionidae). Körper bis 0,7 cm lang. In Häusern, Ställen, auch im Freien. Als Netz ein weitmaschiges Deckengerüst, von dem nach oben, den Seiten und senkrecht nach unten Fäden ziehen. Die letzteren teilweise mit Klebetröpfchen. Insekten verfangen sich in den Fäden und werden von der herbeieilenden Spinne durch Überwerfen mit Klebstoff überwältigt. Im Gebiet über 60, meist kleine Kugelspinnenarten.

5 Baldachinspinne, *Linyphia* spec., Familie Baldachinspinnen (Linyphiidae). Körper bis 0,7 cm lang. Deckennetze oft sehr zahlreich zwischen Zweigen und Pflanzen. Insekten bleiben im Fadengewirr hängen. Sie werden von der bauchoben unter der Decke sitzenden Spinne auf das Netz herabgeschüttelt. Die Spinne zieht dann die Beute durch die Netzdecke und frißt sie. Im Gebiet über 100 kleine Arten der Familie. Jungspinnen »fliegen« an Fäden.

6 Zebraspinne, *Argyope bruennichi*, Familie Radnetzspinnen (Araneidae). Körper etwa 1,5 cm (♂ nur 0,5 cm!) lang. Radnetz zwischen Pflanzen, meist mit 2 typischen, radiären »Zickzackbändern«. Die Spinne sitzt immer auf der mit weißlichen Fäden überzogenen Nabe. Erbeutet viele Heuschrecken. Eine der wenigen Spinnen, deren ♀ regelmäßig nach der Begattung das ♂ frißt. Nach dem Bau eines oder mehrerer Eikokons stirbt das ♀.

7 Herbstspinne, *Meta* spec., Familie Radnetzspinnen (Araneidae). Körper des ♀ 0,7 cm lang. Netz mit offener Nabe (wie Streckerspinne) zwischen verschiedenen Pflanzen. Reife Spinnen von Ende August bis Oktober. ♂ spinnt ein beim ♀ ins Netz geratenes Insekt ein und überreicht es dem ♀ als »Geschenk«. Dieses bekundet durch kurzes symbolisches Fressen seine Paarungsbereitschaft.

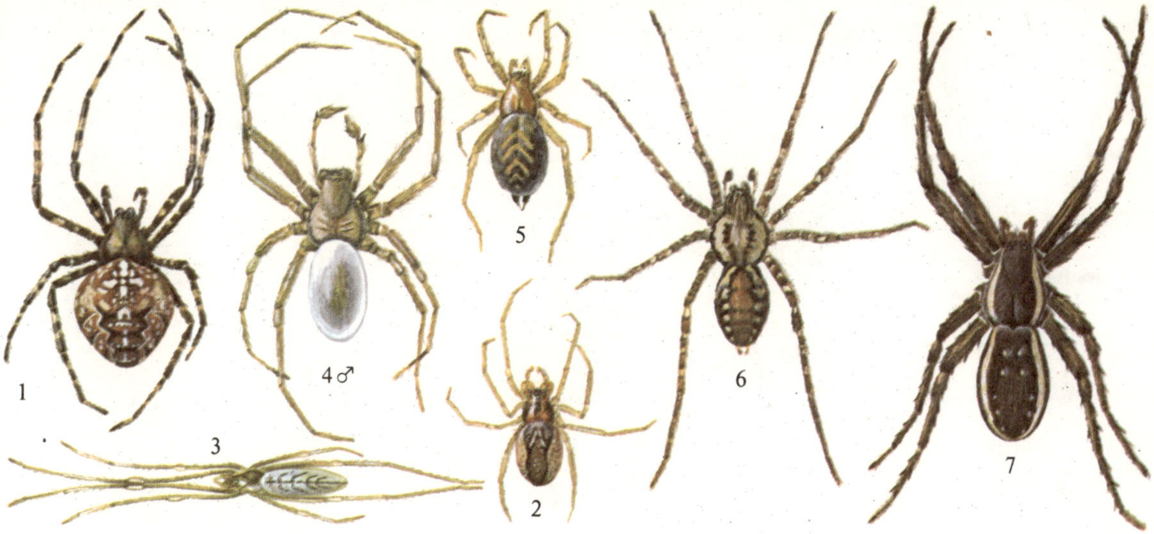

WEBESPINNEN Araneae

1 Gemeine Kreuzspinne, *Araneus diadematus*, Familie Radnetzspinnen (Araneidae). Körper des ♀ bis 1,7 cm lang. Färbung sehr veränderlich. Netze an Bäumen, Sträuchern, Gebäuden usw. Im Gebiet über 50 Radnetzspinnen mit artspezifischen Netzen. Die Beute wird durch den Biß der Chelizeren gelähmt (Gift!) und vor dem Fressen, wie bei den meisten Netzspinnen, eingesponnen. Für den Menschen ungefährlich. Der Verdauungssaft wird, wie bei allen Spinnen, in die Beute gepumpt und die verdaute Nahrung aufgesogen (Außenverdauung). *Araneus* legt die Eier meist im September in mehreren Kokons ab, danach Tod des ♀. Die im Mai schlüpfenden Jungen sind im folgenden Jahr geschlechtsreif. Die Jungspinnen fliegen, wie bei vielen seßhaften Spinnen, an Fäden (Altweibersommer!) in neue Lebensräume.

2 Dickkieferspinne *Pachygnatha* spec., Familie Streckerspinnen (Tetragnathidae). Körper bis 0,6 cm lang. Besonders zwischen Gras, z. B. an Straßenrändern, Bodenspinnen, die keine Netze weben.

3 Streckerspinne *Tetragnatha* spec., Familie Streckerspinnen (Tetragnathidae). Körper bis 1,2 cm lang. Radnetze wie bei Herbstspinnen mit offener Nabe; an Wasserläufen, auf Waldwiesen und Bäumen. Bei Gefahr werden die Beine weit vom Körper abgestreckt (Tarnung). Man kann sie so als ein Stengelstück oder ähnliches ansehen. Im Gebiet kommen 10 Streckerspinnen vor. Davon sind 3 *Pachygnatha*-Arten.

4 Wasserspinne, *Argyroneta aquatica*, Familie Trichterspinnen (Agelenidae). 1–2 cm lang. ♂ größer als ♀. In sauerstoff- und pflanzenreichen Gewässern. Baut hier glockenförmige Netze. Muß zur Atmung an die Wasseroberfläche, kann aber bis zu 4 Tage unter Wasser bleiben. Legt einen Luftvorrat in der Netzglocke an. Dazu wird in die Lufthülle so viel Luft aufgenommen, daß eine Luftblase entsteht, die transportiert wird. Frißt Kleintiere. Eier in mehreren Kokons in besonderen zweikammrigen Glocken. In der unteren Kammer sitzt das ♀ und bewacht die Brut.

5 Labyrinthspinne, *Agelena labyrinthica*, *Familie* Trichterspinnen (Agelenidae). Bis 1,4 cm lang. Netze besonders an sonnigen Orten zwischen Pflanzen und Gebüsch. Webt großflächige Netzdecken mit vielen Absturzfäden, die in eine beiderseits offene Röhre übergehen. Insekten bleiben nicht kleben, sondern sinken in die Decke ein und werden so in ihrer Beweglichkeit gehemmt. Die Jungspinnen überwintern im Eikokon.

6 Winkelspinne, *Tegenaria* spec., Familie Trichterspinnen (Agelenidae). Bis 2 cm lang. Wie viele Trichterspinnen mit langen Spinnwarzen. Die in Häusern lebenden Arten weben die bekannten 3eckigen Netzdecken, die in eine kurze Röhre übergehen. Andere Arten leben z. B. in Wäldern unter Steinen. In der Paarungszeit kann man die ♂♂ in den Abendstunden oft herumlaufen sehen. ♀♀ sterben nicht, wie die meisten Spinnen, nach der Eiablage, sondern können 7–8 Jahre alt werden.

7 Listspinne, *Dolomedes fimbriatus*, Familie Raubspinnen (Pisauridae). Über 2 cm lang. Fertigt als Jagdspinne keine Fangnetze an. In Gebüsch und Wäldern in Gewässernähe, auch auf dem Wasser. Taucht bei Gefahr unter. Einige Wolfsspinnen (*Pirata* spec.) leben ähnlich. Ernährt sich räuberisch (sogar kleine Fische!). ♀ trägt den Eikokon ständig mit Hilfe der Kieferklauen umher.

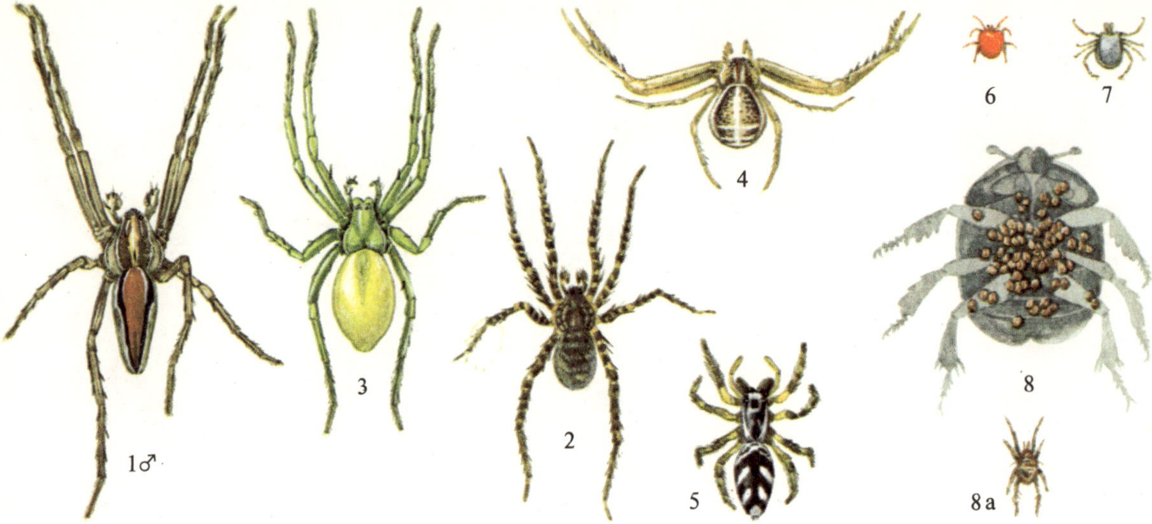

WEBESPINNEN Araneae (1–5)

1 Raubspinne, *Pisaura mirabilis*, Familie Raubspinnen (Pisauridae). Bis 1,5 cm lang. Nicht so sehr in Wassernähe wie die Listspinne, legt ebenso wie diese keine Fanggewebe an. Sie paart sich etwa im Mai. ♀ trägt den Kokon mit 100–300 Eiern dauernd unter dem Vorderkörper mit sich umher. Kurz vor dem Schlupf der Jungspinnen webt ♀ ein kuppelförmiges Netz, in dem sich dann die Jungen aufhalten.

2 Wolfsspinne, *Pardosa* spec., Familie Wolfsspinnen (Lycosidae). Bis 0,8 cm lang. Oft in Massen. Kein Fangnetz. Jagen Kleintiere durch Anschleichen. Der Kokon wird an den Spinnwarzen befestigt und mit umhergeschleppt. Eine Zeitlang trägt das ♀ die geschlüpften Jungspinnen auf seinem Rücken mit umher. Im Gebiet etwa 70 Arten der Familie.

3 Grasgrüne Huschspinne, *Micromata rosea*, Familie Jagdspinnen (Eusparassidae). Bis 1,3 cm lang. ♂ mit rotem Mittelband auf dem Hinterleib. Die angriffslustige Spinne lauert auf Pflanzen und im Gebüsch ihrer Beute auf, die sie blitzschnell mit den Vorderbeinen packt. Webt keine Fangnetze. ♀ stellt ein Einest her, in dem es den Eikokon unterbringt und bewacht.

4 Krabbenspinne, *Xysticus* spec., Familie Krabbenspinnen (Thomisidae). Körper etwa 1 cm lang. Färbung je nach dem Untergrund verschieden. Haltung der vorderen Beine und das Laufen seitwärts sind ähnlich wie bei den Krabben (Name!). Lauern ihrer Beute sitzend auf verschiedenen Pflanzen auf. Keine Netze. Eikokon vielfach in einem auf einer Seite offenen Einest. Im Gebiet etwa 40 Krabbenspinnenarten.

5 Springspinne, *Salticus* spec., Familie Springspinnen (Salticidae). Meist unter 1 cm. Von den 8 Augen die 2 vorderen besonders groß. Im Gegensatz zu vielen anderen Spinnen sieht sie ziemlich gut. Jagt Insekten, die sie durch Springen auf den Rücken überwältigt. Webt kleine Fangnetze. ♂♂ werben um ♀♀, indem sie charakteristische Tänze vor ihnen aufführen. Im Gebiet etwa 70 Springspinnen (schwer unterscheidbar!).

6 Sammetmilbe, *Trombidium holosericeum*, Ordnung Milben (Acari). Körper bis etwa 4 mm lang. Öfters bei der Gartenarbeit anzutreffen, da sie im Boden lebt. Saugt vornehmlich Insekteneier aus. Larven mit 6 Laufbeinen, fast alle erwachsenen Milben mit 8. *Trombidium* lebt parasitisch an Insekten und Spinnen. Im Gebiet über 2000 sehr verschieden aussehende Milben (oft nur um 1 mm groß). Kommen im Wasser und auf dem Land vor.

7 Holzbock, *Ixodes ricinus*, Ordnung Milben (Acari). Körper des ♀ 0,4 cm, mit Blut vollgesogen über 1 cm lang. Gehört zu den größten Milben. Überall dort, wo dichter Pflanzenwuchs und hohe Luftfeuchtigkeit sind. ♀ legt die Eier am Grunde von Pflanzen ab. Entwicklung über Larve und Nymphe mit mehrmaligem Wirtswechsel (verschiedene Wirbeltiere). Larve, Nymphe und erwachsener Holzbock lassen sich von Gebüschen auf Tiere fallen. Der erwachsene Holzbock saugt auf Haus- und anderen Säugetieren, auch auf dem Menschen.

8 Gemeine Käfermilbe, *Parasitus coleoptratorum*, Ordnung Milben (Acari). 1,2 mm lang. Ein Entwicklungsstadium, die Deutonymphe, benutzt Mistkäfer (*Geotrupes*, 8a) als Transportmittel, denn ihre Beutetiere (Fadenwürmer, Fliegenmaden) leben im Kot. Oft in Massen auf Käfern.

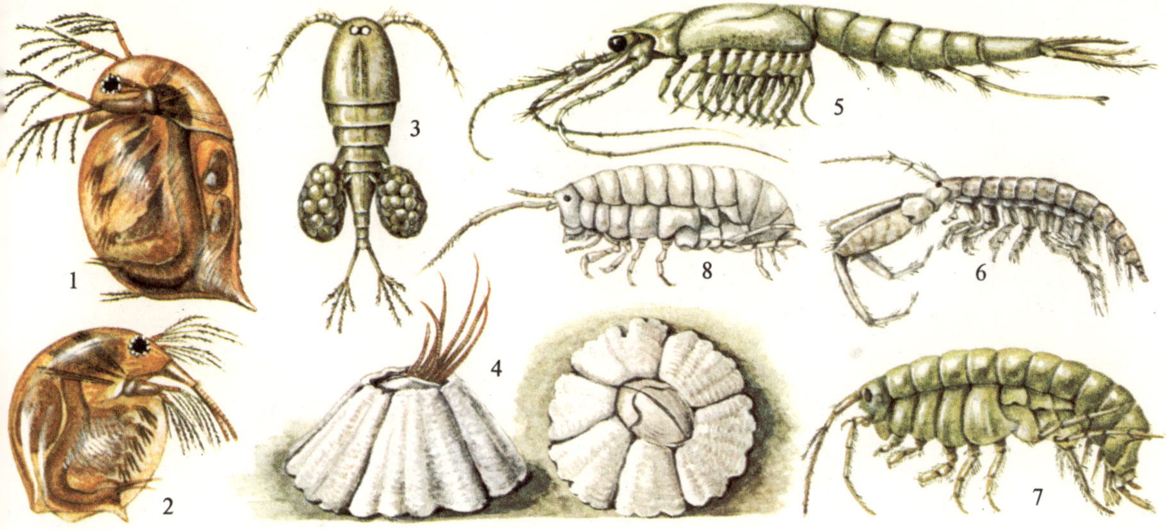

KREBSTIERE Crustacea

1 Gemeiner Wasserfloh, *Daphnia pulex*, Unterklasse Blattfußkrebse (Phyllopoda). ♀ bis 4 mm groß, ♂ kleiner. Durchsichtig grünlich, rötlich oder gelblich gefärbt. Wasserflöhe haben eine 2klappige Schale. Das 2. große Antennenpaar dient der Fortbewegung. Wie die meisten Wasserflöhe in flachen Teichen und in der Uferregion anderer stehender Gewässer. Filtrieren mit den Blattbeinen kleine (um 0,01 mm) Algen, Bakterien, organische Schwebstoffe usw. als Nahrung aus dem Wasser. Es werden unbefruchtete Eier (Jungfernzeugung) im Brutraum abgelegt, aus denen keine Larven, sondern sofort junge ♀♀ entstehen. Zu bestimmten Zeiten werden Dauereier sowie ♂♂ gebildet. Die unbefruchteten Dauereier können ungünstige Lebensbedingungen überdauern. Im Gebiet über 80 kleine Arten. Wichtige Fischnahrung.

2 Rüsselkrebschen, *Bosmina longirostris*, Unterklasse Blattfußkrebse (Phyllopoda). Im freien Wasser der Uferzone und im Plankton.

3 Hüpferling *Cyclops* spec., Unterklasse Ruderfußkrebse (Copepoda). *Cyclops*-Arten werden um 0,6 bis 5,5 mm lang. ♀♀ mit Eiersäckchen am Hinterleib. Am Ufer stehender Gewässer, zwischen Pflanzen. Schwimmt mit Hilfe der Brustbeine (Ruderfüße). Frißt Plankton. Aus den Eiern entstehen verschiedene Larvenstadien. Im Gebiet etwa 160 Ruderfußkrebsarten. Wichtige Fischnahrung.

4 Seepocke *Balanus* spec., Unterklasse Rankenfußkrebse (Cirripedia). Gehäusedurchmesser je nach Art 1–11 cm. Körper von Kalkplatten eingehüllt. Sitzen auf harten Substraten im Meer. Filtrieren mit den Rankenfüßen Nahrungsteilchen aus dem Wasser. Zwitter. Die wenig krebsähnlichen Tiere haben typische Krebslarven. Im Gebiet 4 Arten. Wirtschaftlich schädlich (Bewuchs der Schiffswände!).

5 *Neomysis integer*, Ordnung Mysidacea. 17 cm lang. Durchscheinend grün oder braun. Großes Kopfbruststück. In flachen Küstengewässern. Oft in großen Schwärmen. Filtriert kleine Nahrungsteilchen aus dem Wasser. Frißt auch größere Beutetiere. ♀♀ mit Brutbeutel, in dem sich die Eier und die Larvenstadien entwickeln. Wichtige Fischnahrung.

6 Wattkrebs, *Corophium volutator*, Ordnung Flohkrebse (Amphipoda). Körper 1 cm lang. Im flachen Wasser der Nord- und Ostsee. Oft in Massen. Gräbt sich U-förmige Wohnröhren. Nimmt mit Hilfe der sehr großen 2. Antennen kleine Nahrungspartikeln auf. Wichtige Nahrung der Grundfische.

7 Flohkrebs, *Gammarus locusta*, Ordnung Flohkrebse (Amphipoda). Körper 1,2–1,7 cm lang. Seitlich zusammengedrückt. Färbung verschieden. An den Küsten der Nord- und Ostsee (bis 5,5‰ Salzgehalt). Frißt Pflanzenteile und teilweise kleinere Tiere. ♀ legt die Eier in einen Brutbeutel. Im Gebiet über 40 schwer unterscheidbare Flohkrebsarten (im Meer, aber auch im Süß- und Grundwasser).

8 Strandhüpfer, *Talitrus saltator*, Ordnung Flohkrebse (Amphipoda). Bis 1,5 cm lang. Wie alle Flohkrebse ohne Carapax. Körper seitlich zusammengedrückt. Nord- und Ostsee. Im Anwurf des Sandstrandes. Am Tage im Sand eingegraben. Abends und nachts in Massen auf dem feuchten Sand umherlaufend und -springend. Frißt angeschwemmte Pflanzen und Tiere. Die ähnliche *Orchestia gammarellus* lebt im Spülsaum steiniger Strände.

KREBSTIERE Crustacea

1 Bachflohkrebs, *Rivulogammarus pulex*, Ordnung Flohkrebse (Amphipoda). Um 2 cm groß. In fließenden Gewässern, oft an und unter Steinen. Stellt bestimmte Anforderungen an den Kalk- und Sauerstoffgehalt. Schwimmt nicht weit. Rutscht in seitlicher Lage auf dem Gewässergrund entlang. Ernährt sich vorwiegend von Pflanzen, auch von Aas. ♂ ergreift wie viele Flohkrebse tagelang vor der Kopula das ♀, denn nur während der Häutung ist die weibliche Geschlechtsöffnung erreichbar. Die Eier werden im Brutbeutel befruchtet und entwickeln sich auch dort. Die geschlüpften Jungen sind den Eltern sehr ähnlich. ♀ bringt 6–9 Bruten in dem etwa 10monatigen Leben hervor. Wichtige Bachforellennahrung.

2 Wasserassel, *Asellus aquaticus*, Ordnung Asseln (Isopoda). Meist 1,2 cm lang, ♀ etwas kleiner. In stehenden oder langsam fließenden Süßgewässern, auch im Brackwasser. Zwischen Pflanzen oder auf dem Gewässergrund. Frißt besonders abgestorbene Pflanzenteile. ♀ legt die Eier in einem Brutbeutel ab, in dem auch die geschlüpften Jungen einige Zeit leben.

3 Karpfenlaus, *Argulus foliaceus*, Unterklasse Kiemenschwanzkrebse oder Fischläuse (Branchiura). Bis etwa 0,8 cm lang. Auf Karpfenfischen, aber auch auf Hechten, Barschen, Kaulquappen und Molchen. Kann gut schwimmen. Saugt sich nur zur Nahrungsaufnahme (Blut) an der Haut, besonders hinter den Kiemendeckeln, fest (temporärer Parasitismus). Schädlich. Im Gebiet 3 Arten.

4 Mauerassel, *Oniscus asellus*, Ordnung Asseln (Isopoda). Bis 1,8 cm lang. An mehr oder weniger feuchten Stellen, z. B. in Gärten, Laubwäldern, Kellern usw. Unter Steinen, Laub und ähnlichem. Frißt wie alle Landasseln Fallaub, Holz u. a. So als Zersetzer im Stoffkreislauf der Natur nützlich. Mauerassel und Kellerassel können durch Fraß an Pflanzen, z. B. in Gewächshäusern, schädlich werden.

5 Kellerassel, *Porcellio scaber*, Ordnung Asseln (Isopoda). Bis 1,6 cm lang. In der Färbung sehr veränderlich. Die Antennengeißel der 2. Antennen hat bei der Kellerassel 2, bei der Mauerassel dagegen 3 Glieder (Lupe!). An verschiedenen Stellen, z. B. in Kellern, Gewächshäusern, Gärten, unter Schutt usw. Die Eier der Asseln entwickeln sich im Brutbeutel des ♀. Die im Gebiet vorkommenden Landasseln häuten sich 10–13mal. Die Landasseln haben wie die meisten Krebse, die ja Wasserbewohner sind, Kiemen. Diese müssen immer feuchtgehalten werden. Sie liegen an den Hinterbeinen. Viele Landasseln decken ihren Sauerstoffbedarf aber mehr oder weniger durch Luftatmung. Tracheensysteme an den Hinterbeinen (Pleopoden).

6 Sumpfassel, *Ligidium hypnorum*, Ordnung Asseln (Isopoda). Bis 1 cm lang. Färbung sehr veränderlich. An feuchten Stellen, z. B. in Erlenbrüchen. Unter Laub, Steinen, Moos usw.

7 Kugelassel, *Armadillidium vulgare*, Ordnung Asseln (Isopoda). Bis 1,7 cm lang. In der Färbung sehr veränderlich. Kann sich kugelförmig zusammenrollen (Name!). Deshalb Verwechslung mit dem Tausendfüßer *Glomeris* möglich. Besonders an sonnigen, trockenen Stellen mit Kalkuntergrund, z. B. unter Steinen, Laub, im Moos usw. Von den heimischen Asseln ist die Kugelassel am besten dem Landleben angepaßt.

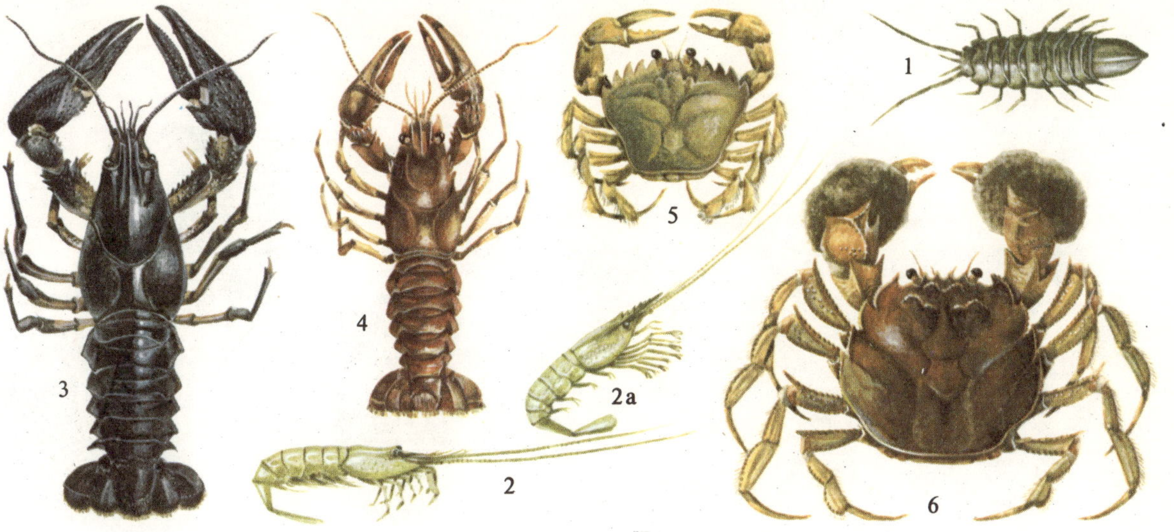

KREBSTIERE Crustacea

1 Klappenassel, *Idotea chelipes*, Ordnung Asseln (Isopoda). Der abgeflachte Körper bis 1,2 cm lang. An der Nord- und Ostseeküste, besonders zwischen Wasserpflanzen. Grünlich gefärbt, wobei sich die *Idotea*-Arten an die sich verändernde Helligkeit des Untergrundes anpassen. Weiden Algen ab; fressen auch andere Pflanzen und tote Tiere. Die Eier entwickeln sich im Brutbeutel. Die 4 *Idotea*-Arten, die an den mitteleuropäischen Küsten vorkommen, sind sich außerordentlich ähnlich.

2 Nordseegarnele, *Crangon crangon*, Ordnung Zehnfußkrebse (Decapoda). Körper 4–5 cm lang. An den Küsten der Nord- und Ostsee, besonders auf sandigem Untergrund, in den sie sich am Tage eingräbt. Paßt sich der Farbe des Untergrundes an. Schwimmt nachts umher und erbeutet Kleintiere; frißt auch Algen und Detritus. ♀ befestigt bei einer Brut 3000 bis 4000 Eier an den hinteren Gliedmaßen. In der Nordsee werden jährlich Tausende von Tonnen gefangen und zu Geflügelfutter oder Düngemehl verarbeitet. Ein Teil wird als Nahrungsmittel verwendet. Die 5–6 cm große Ostseegarnele *(Palaemon squilla*, 2a*)* lebt ebenfalls in der Nord- und Ostsee. Sie hat im Gegensatz zu *Crangon* einen kräftigeren und gezähnten Stirnfortsatz.

3 Edelkrebs, *Astacus astacus*, Ordnung Zehnfußkrebse (Decapoda). ♀ meist um 12 cm, ♂ um 16 cm lang. Färbung veränderlich. In sauberen Gewässern. Am Tage in Verstecken, schreitet nachts auf dem Gewässergrund umher. Schwimmt bei Gefahr schnell rückwärts, wobei der Hinterleib kräftig gegen den Vorderkörper eingeschlagen wird. Frißt kleinere Tiere, Pflanzen und Aas. Nach der Paarung im Herbst heftet das ♀ die befruchteten Eier an den Hinterleib (Brutpflege!). Die Larven schlüpfen im Mai des nächsten Jahres und entwickeln sich bald zu Jungkrebsen (etwa 1 cm lang). Wertvoller Speisekrebs. Durch Krebspest und Gewässerverschmutzung nicht mehr häufig.

4 Amerikanischer Flußkrebs, *Orconectes limosus*, Ordnung Zehnfußkrebse (Decapoda). Kleiner als der Edelkrebs; um 12 cm lang. 1890 in Deutschland ausgesetzt, hat er sich im Gebiet (besonders im Norden) stark ausgebreitet. Geht auch am Tage auf Nahrungssuche (überwiegend Pflanzen). Eiablage gegen Ende April. Stellt an die Sauberkeit der Gewässer nicht allzu große Ansprüche.

5 Strandkrabbe, *Carcinus maenas*, Ordnung Zehnfußkrebse (Decapoda). Um 6 cm breit. Hinterleib unter dem Kopfbruststück fest eingeschlagen. Das hinterste Brustbeinpaar ist nicht wie bei den anderen Schwimmkrabben zu Schwimmbeinen verbreitert, sondern zu Grabfüßen umgebildet. An der Nordseeküste sehr häufig, in der Ostsee bis zur Darßer Schwelle. Gräbt sich bei Ebbe oft ein. Läuft sehr schnell in seitlicher Richtung. Schwimmt schlecht. Frißt kleinere Tiere. Ein verletztes Schreitbein wird blitzschnell abgeworfen und wächst wieder nach.

6 Wollhandkrabbe, *Eriocheir sinensis*, Ordnung Zehnfußkrebse (Decapoda). Kopfbruststück bis 7,5 cm breit. Scheren dicht behaart (besonders beim ♂). Um 1912 aus China eingeschleppt. Hat sich besonders im Flußgebiet von Elbe und Weser ausgebreitet. Allesfresser. Wandert zur Fortpflanzung ins Meer. Die Larven entwickeln sich nur in der Nordsee (Salzgehalt!). Die Jungtiere wandern flußaufwärts. Verträgt verschiedene Salzkonzentrationen. Schädlich.

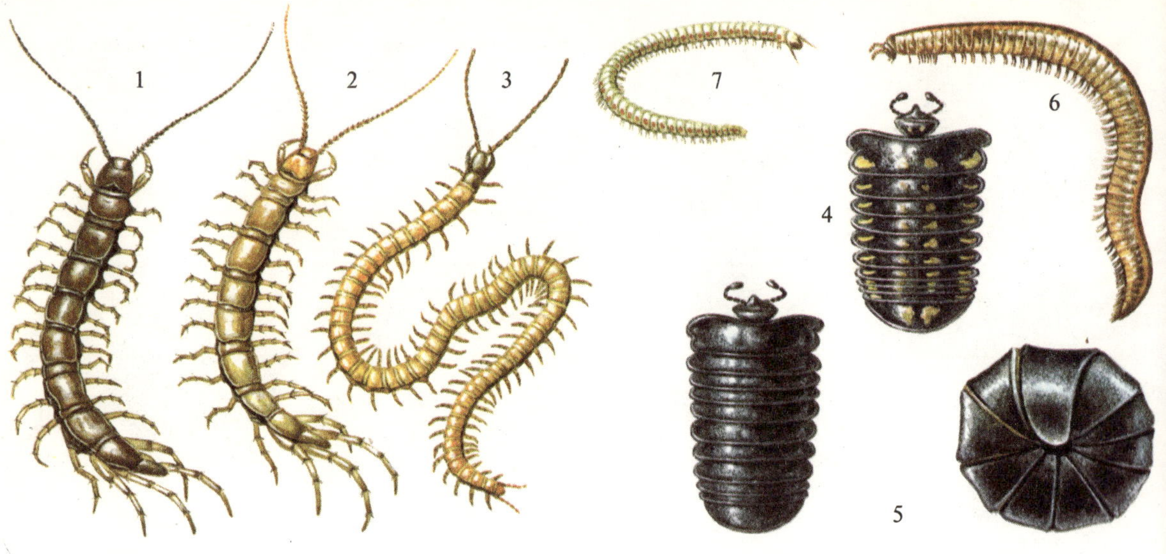

TAUSENDFÜSSER Myriopoda

1 Gemeiner Steinkriecher, *Lithobius forficatus*, Klasse Hundertfüßer (Chilopoda). Der langgestreckte, abgeflachte Körper bis 3,2 cm lang. Fühler vielgliedrig. An 15 Körperringen je ein Beinpaar. Letztes Laufbeinpaar sehr groß, wird als Waffe benutzt. Das 1. Laufbeinpaar ist zu Kieferfüßen mit Giftklaue umgebildet, mit deren Hilfe Insekten und andere Kleintiere erbeutet werden. Das Gift ist für den Menschen ungefährlich. Lauern ihrer Beute auf. Schnelle, feuchtigkeitsliebende und nachts aktive Tiere, die unter Steinen, Laub, Rinde usw. leben. Sie haben einen hochentwickelten Tastsinn. ♀ umgibt die Eier bei der Ablage mit einer schützenden Hülle. Die Larven mit weniger Segmenten als die Erwachsenen. Erreichen die volle Segmentzahl erst nach mehreren Häutungen. Nach 3 Jahren geschlechtsreif. Im Gebiet über 20 *Lithobius*-Arten.

2 Rotköpfiger Steinkriecher, *Lithobius erythrocephalus*, Klasse Hundertfüßer (Chilopoda). Bis 1,6 cm lang. Häufig unter Kiefernborke.

3 Gemeiner Erdläufer, *Geophilus longicornis*, Klasse Hundertfüßer (Chilopoda). Körper wurmartig, 2 bis 4 cm lang. Zahl der Körperringe wechselnd (49 bis 57 Beinpaare). Keine Augen, aber lichtempfindlich. Als feuchtigkeitsbedürftiges Tier in der Erde (bis 40 cm tief) und unter Steinen. Ernährt sich räuberisch von Kleintieren (z. B. Insektenlarven, Regenwürmer). Das ♀ beschützt die Eier und die geschlüpften Larven (sofort mit voller Segmentzahl). Etwa 10 Arten im Gebiet.

4 Saftkugler, *Glomeris connexa*, Klasse Doppel- oder Tausendfüßer (Diplopoda). Bis 1,7 cm lang. Wie fast alle Saftkugler im Gebirge und Hügelland. Zeichnung und Färbung sind bei den meisten *Glomeris*-Arten sehr veränderlich.

5 Saftkugler, *Glomeris marginata*, Klasse Doppel- oder Tausendfüßer (Diplopoda). Bis 2 cm lang. ♀ 17, ♂ 19 Beinpaare (Asseln hingegen nur 7!). Rollt sich, ähnlich den Kugelasseln, bei Gefahr kugelig zusammen. Sondert dann eventuell »Wehrsaft« ab. Vornehmlich an feuchten Stellen im Buchenwald. Pflanzliche Ernährung, wobei vermoderndes Buchenlaub bevorzugt wird. ♀ umgibt bei der Ablage jedes Ei mit einer Kapsel (Kokon). Larven mit unvollständiger Segmentzahl. Die Erwachsenen häuten sich noch! Sie werden bis 7 Jahre alt. Im Gebiet etwa 15 Saftkuglerarten. Durch ihre Ernährungsweise sind sie wichtige Humusbildner.

6 Sandschnurfüßer, *Schizophyllum sabulosum*, Klasse Doppel- oder Tausendfüßer (Diplopoda). Langsame, bis über 4 cm lange Tiere. Bis 202 Beine (bis 55 Segmente). Wie alle Diplopoden je Körperabschnitt meist 2 Beinpaare (Name!) und fast immer hart gepanzerter Körper. Im Boden und auf Pflanzen, im feuchten Erlenbruch sowie im Kiefernwald. Frißt besonders faulende Pflanzenteile. Larven anfangs wenig Segmente. Im Gebiet rund 50, bis auf *Schizophyllum* sich äußerst ähnliche Schnurfüßer (Familie Julidae).

7 Getüpfelter Tausendfuß, *Blaniulus guttulatus*, Klasse Doppel- oder Tausendfüßer (Diplopoda). Schlanker, etwa 1,6 cm langer Körper mit bis 57 Segmenten und bis 206 Beinen. In Gärten, Friedhöfen usw. (Kulturfolger). Frißt besonders faulende pflanzliche Stoffe, auch Aas. Eine der wenigen Arten, die schädlich werden kann. Fraß an Kulturpflanzen. Viele Diplopoden sind dagegen Bodenverbesserer.

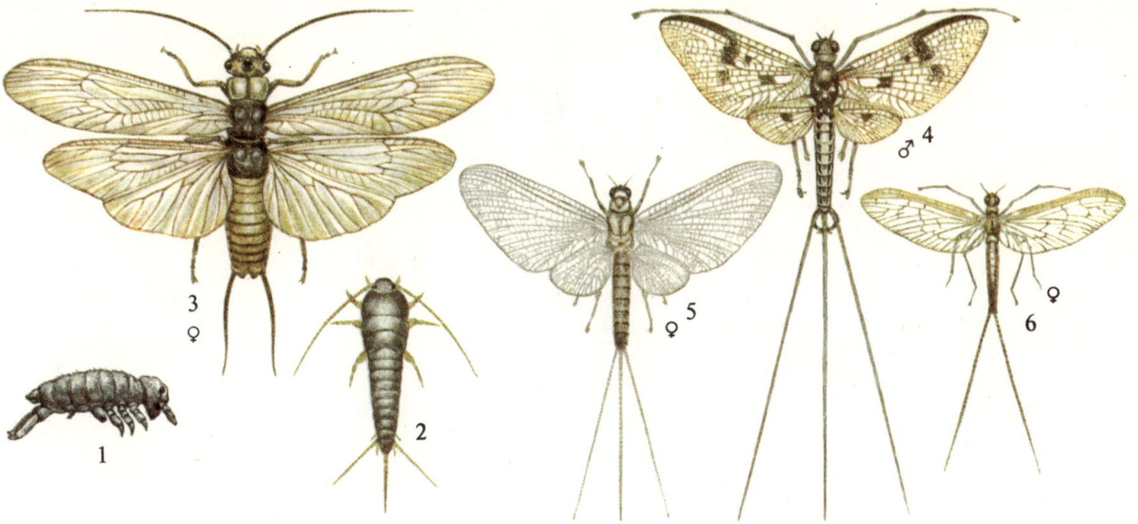

KERBTIERE Insecta

1 Wasserspringschwanz, *Podura aquatica*, Ordnung Springschwänze (Collembola). Neben anderen Arten auf Wasserflächen (Tümpeln) zu finden, wodurch der Eindruck auffallender Regentropfen entsteht. Springschwänze sind nur wenige Millimeter große niedere Insekten (*primär* flügellos), die in sehr unterschiedlichen Lebensräumen z. T. in Massen auftreten. Mit Hilfe einer Sprunggabel schnellen sie sich vom Boden ab. Sie ernähren sich, je nach Art, von Pflanzenstoffen oder auch räuberisch von verschiedenen Kleintieren.

2 Silberfischchen, *Lepisma saccharina*, Ordnung Borstenschwänze (Thysanuta). Um 1 cm lang, mit silbrigen Schuppen bedeckt. Hält sich an feuchtwarmen, dunklen Plätzen auf (sobald die Temperatur der Umgebung auf einige Grade *über* Null absinkt, verfällt das Silberfischchen schon in Kältestarre). Hauptsächlich in Wohnungen und Vorratsräumen. Ernährt sich von stärke- und zuckerhaltigen Substanzen und kann deshalb durch Benagen von Tapeten und ähnlichem schädlich werden; außerdem unhygienisch. Entwicklungszeit etwa 2 Monate. Die Borstenschwänze sind eine ziemlich niedere, primär flügellose Gruppe.

3 Steinfliege, *Perla marginata*, Ordnung Stein- oder Uferfliegen (Plecoptera). Körper 1,5–2,5 cm lang. In Färbung und Zeichnung sehr veränderlich. Fliegt von Mai–August. An Bächen der Mittelgebirge (bis 800 m). Im Gebiet über 100 Arten der Ordnung. Träge und unscheinbare Tiere mit 2 mehr oder weniger ausgebildeten Hinterleibsanhängen. Mit 4 Flügeln, also keine Fliegen (Diptera). Hauptsächlich in Wassernähe. Flügel in Ruhe flach auf dem Hinterleib. Die Larven (s. S. 30) in fließendem Wasser.

4 Gemeine Eintagsfliege, *Ephemera vulgata*, Ordnung Eintagsfliegen (Ephemeroptera). Körper 1,4 bis 2,2 cm lang. Flügelspanne bis etwa 5 cm. Fliegt von Mai–August. Besonders an langsam fließenden Gewässern. ♀ legt die Eier (etwa 5000) frei ins Wasser ab, indem es die Hinterleibsspitze in die Wasseroberfläche taucht. Die Schwanzborsten zeigen dabei nach oben. Im Gebiet kommen fast 70 Arten von Eintagsfliegen vor. Es sind zarte Tiere mit kleinen oder manchmal ganz fehlenden Hinterflügeln. Mit 3 oder auch nur 2 Hinterleibsanhängen. Die Mundwerkzeuge der Imagines sind verkümmert – sie nehmen keine Nahrung auf. Eintagsfliegen leben nur kurze Zeit, meist wenige Tage, manche sogar nur Stunden (Name!). Fliegen meist in den Abendstunden in Gewässernähe. Nach Beendigung der Fortpflanzungsperiode sterben die Imagines. Die im Süßwasser lebenden Larven (s. S. 30) fressen Pflanzen (z. B. Algen), Detritus oder auch Kleintiere. Entwicklung (ohne Puppe) in 1–3 Jahren.

5 Uferaas, *Ephoron virgo*, Ordnung Eintagsfliegen (Ephemeroptera). Körper 1–1,8 cm lang. Flügelspanne etwa 3 cm. Besonders im August und September an größeren Flüssen. Oft in Massen. Getrocknete Tiere als »Weißwurm« zum Angeln oder als Fischfutter verwendet.

6 Fliegenhaft, *Cloëon dipterum*, Ordnung Eintagsfliegen (Ephemeroptera). Körper 0,8–1 cm lang. Flügelspanne etwa 2 cm. Die Hinterflügel sind zurückgebildet. An stehenden und langsam fließenden Gewässern. In den letzten Stunden vor Sonnenuntergang steigen riesige Schwärme zum Hochzeitsflug auf. Interessanterweise legt das ♀ die Eier nicht ins Wasser, sondern bringt Embryonen zur Welt.

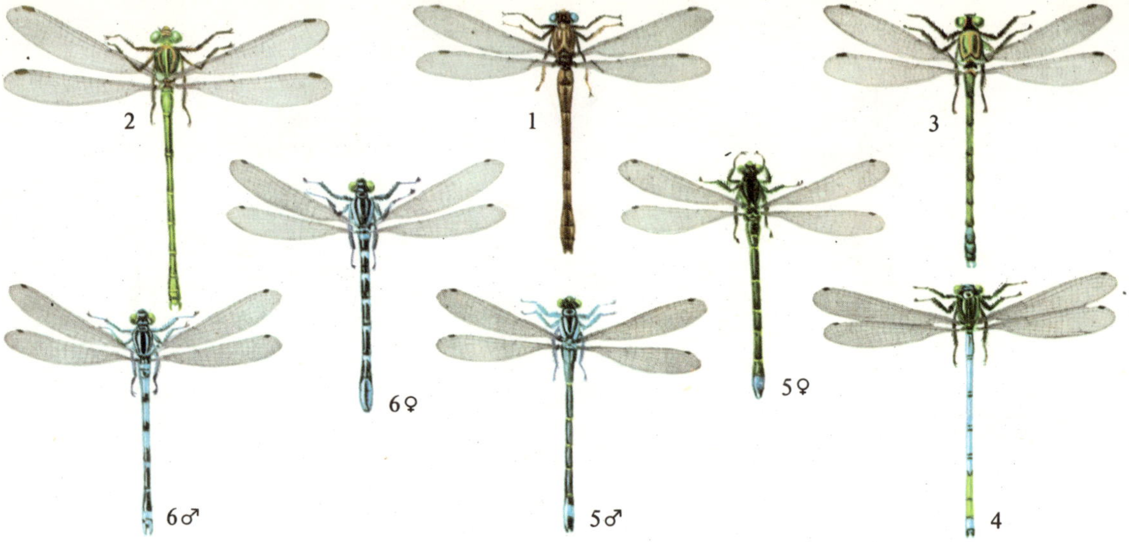

LIBELLEN Odonata

1 Gemeine Winterlibelle, *Sympecma fusca*, Kleinlibellenfamilie Teichjungfern (Lestidae). Etwa 3,5 cm lang. Flügelspanne bis 4,5 cm. ♂ und ♀ mit gleicher Färbung. An stehenden Gewässern, auch an Waldrändern. Die 2 *Sympecma*-Arten sind die einzigen Libellen, die als Erwachsene überwintern. *Sympecma fusca* fliegt von Juli–Oktober und im folgenden Jahr von März–Juli.

2 Große Binsenjungfer, *Lestes viridis*, Kleinlibellenfamilie Teichjungfern (Lestidae). Etwa 4,5 cm lang. Flügelspanne knapp 6 cm. Besonders an Teichrändern im Gebüsch. Fliegt von Juli–Oktober und stirbt dann. Im Gegensatz zu allen anderen Libellen werden die Eier in die Rinde der an den Ufern wachsenden Bäume und Sträucher gelegt (besonders Weiden). Als Folge entstehen Vorgallen. Überwintert als Ei.

3 Gemeine Binsenjungfer, *Lestes sponsa*, Unterordnung Kleinlibellen (Zygoptera), Familie Teichjungfern (Lestidae). Etwa 3,5 cm lang. Flügelspanne etwa 4–4,5 cm. Oben dunkelgrün metallisch, ♀ oft kupfrig. An Teichen und ähnlichen Gewässern, aber auch in nicht unmittelbar am Wasser liegenden Lebensräumen (besonders ♀♀). Fliegt von Juni–Anfang Oktober. Die Eier werden in verschiedene Wasser- oder Sumpfpflanzen abgelegt und überwintern hier. Die Larven schlüpfen im April. Im Gebiet etwa 30 Kleinlibellen. Die Form der Vorder- und Hinterflügel ist bei ihnen annähernd gleich. Sie fliegen langsam, mehr flatternd. Die Flügel werden in Ruhe über den Hinterleib nach oben zusammengelegt oder schräg nach hinten gehalten. Erbeuten kleinere Insekten (z. B. Mücken, Fliegen). Interessante Paarung. Das ♂ packt das ♀ im Fluge mit den Beinen an der Brust. Dann verankert es seine greifzangenartigen Hinterleibsanhänge an der Vorderbrust. Beim gekoppelten Paar fliegt das ♂ voran. Zur eigentlichen Kopulation biegt das ♀ den Hinterleib nach vorn unten zum Begattungsapparat des ♂ (»Paarungsrad«). (Siehe dazu auch bei *Aeschna cyanea*) Die Kleinlibellen legen die Eier in Pflanzenteile. Meist hat das ♂ das ♀ bei der Eiablage noch gepackt (Nachpaarungsstellung). Die schlanken Kleinlibellenlarven haben 3 charakteristische blattförmige Schwanzanhänge (s. S. 30). Leben räuberisch im Wasser. Lauern ihrer Beute auf, wozu sich ihre mehrgliedrige, vorschnellbare, zu einer »Fangmaske« umgebildete Unterlippe ausgezeichnet eignet. Die Verwandlung ist unvollkommen, das heißt ohne Puppenstadium.

4 Hufeisenazurjungfer, *Coenagrion puella*, Kleinlibellenfamilie Schlanklibellen (Coenagrionidae). ♀ anders gefärbt als ♂. ♀♀ treten in zwei Farbformen auf. An verschiedenen Gewässern. Fliegt von Mai bis September. Legt die Eier in Wasserpflanzen.

5 Große Pechlibelle, *Ischnura elegans*, Kleinlibellenfamilie Schlanklibellen (Coenagrionidae). Etwa 3 cm lang. Flügelspanne 3,5–4 cm. Ein Teil der ♀♀ fast genauso wie die ♂♂ gefärbt, ein anderer weicht von dieser Färbung ab. An verschiedenen Gewässern, auch an langsam fließenden. Fliegt von Mai–September.

6 Becherazurjungfer, *Enallagma cyathigerum*, Kleinlibellenfamilie Schlanklibellen (Coenagrionidae). Bis etwa 3,5 cm lang. Flügelspanne etwa bis 4,5 cm. ♀♀ grüne, bräunliche oder seltener blaue Grundfarbe. An verschiedenen Gewässern (besonders Seen und Teiche), aber auch weiter davon entfernt. Fliegt von Mai bis September.

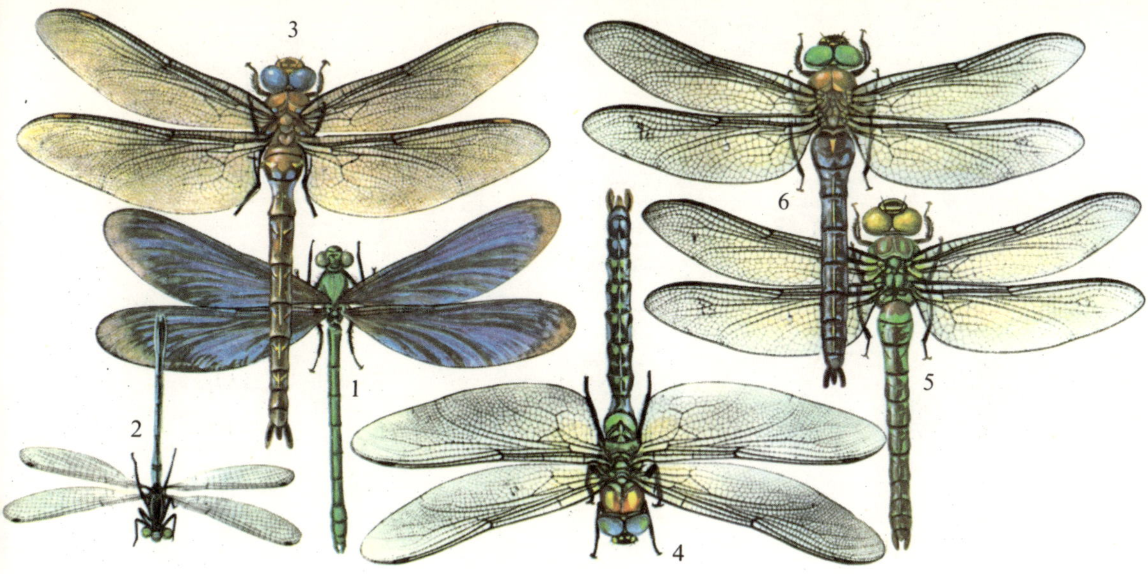

LIBELLEN Odonata

1 Blauflüglige Prachtlibelle, *Calopteryx virgo*, Kleinlibellenfamilie Prachtlibellen (Calopterygidae). Etwa 5 cm lang. Flügelspanne um 7 cm. ♀ anders gefärbt (z. B. Flügel bräunlich). Hauptsächlich an fließenden Gewässern. Von Mai–August. Die Larven überwintern. Entwicklung bis zur Imago in etwa 2 Jahren. Im Gebiet eine 2. Art, deren ♂♂ blaue Flügelbinden haben.

2 Federlibelle, *Platycnemis pennipes*, Kleinlibellenfamilie Federlibellen (Platycnemididae). Etwa 3,5 cm lang. Flügelspanne 4,5 cm. Typischer Beinbau (Name!). ♀ hellocker gefärbt. An verschiedenen Gewässern. Fliegt von Mitte Mai–Mitte September. Die Larven überwintern.

3 Braune Mosaikjungfer, *Aeshna grandis*, Großlibellenfamilie Edellibellen (Aeshnidae). 7–8 cm lang. Flügelspanne um 10 cm. ♂ und ♀ mit bräunlichen Flügeln. ♀ ohne blaue Flecke. An verschiedenen Gewässern von Juni–Ende September. Im Gegensatz zu anderen Edellibellen oft im Segelflug. ♀ legt die Eier hauptsächlich in abgestorbene Pflanzenteile, die sich im und am Wasser befinden. Die Eier überwintern ebenso wie die im Mai schlüpfenden Larven.

4 Blaugrüne Mosaikjungfer, *Aeshna cyanea*, Unterordnung Großlibellen (Anisoptera). Familie Edellibellen (Aeshnidae). 6,5–8 cm lang. Flügelspanne 9,5–11 cm. An verschiedenen Gewässern, aber auch weitab vom Wasser; sogar in Städten anzutreffen. Fliegt von Mitte Juni–Anfang November. ♀ legt die Eier in verschiedenste Pflanzenteile. Die Eier überwintern. Die etwa ab April schlüpfenden Larven (s. S. 30) überwintern und entwickeln sich, nachdem sie sich bis 13mal gehäutet haben, zur Imago (siehe bei *Sympetrum vulgatum*). Im Gebiet über 10 Edellibellenarten. Sie fliegen sehr gut (bis 60 km/h!). Jagen fliegende Insekten, selbst andere Libellen. Die Beute wird mit den sehr großen Augen wahrgenommen. Libellen stechen nicht! Sie haben keinen Stechrüssel, und die Hinterleibsanhänge stehen im Dienste der Fortpflanzung. ♂ packt das ♀ im Fluge (siehe bei *Lestes sponsa*). Bei ♂ und ♀ ist die Geschlechtsöffnung am Hinterleibsende. Das ♂ hat aber zwischen dem 2. und 3. Hinterleibsabschnitt einen kompliziert gebauten Begattungsapparat, mit dem die Samenübertragung erfolgt. Dabei wird das »Paarungsrad« gebildet. In dieser Stellung fliegen ♂ und ♀ in den Wipfelbereich von Bäumen und vollenden hier hängend die Paarung. Die Larven entwickeln sich im Wasser und atmen durch Darmkiemen. Sie ernähren sich von Mikroorganismen oder fangen kleine Wassertiere. Großlibellenlarven haben 5 stachelartige Hinterleibsanhänge.

5 Grüne Mosaikjungfer, *Aeshna viridis*, Großlibellenfamilie Edellibellen (Aeshnidae). Um 7 cm lang. Flügelspanne 8–9,5 cm. Hinterleib des ♂ mit großen, blauen Flecken. Hauptsächlich an Gewässern, in denen die Krebsschere (*Stratiotes aloides*) vorkommt, in die das ♀ die Eier ablegt. Fliegt von Juli–September.

6 Herbstmosaikjungfer, *Aeshna mixta*, Großlibellenfamilie Edellibellen (Aeshnidae). Um 6 cm lang. Flügelspanne etwa 8 cm. Hinterleib des ♀ meist braun und mit grünlichgelben Flecken. An stehenden Gewässern oder auch davon entfernt auf Wiesen, an Waldrändern usw. Fliegt von Ende Juli bis November. Das ♀ legt die Eier in abgestorbene Pflanzenteile ab.

LIBELLEN Odonata

1 Gemeine Smaragdlibelle, *Cordulia aenea*, Großlibellenfamilie Falkenlibellen (Corduliidae). Bis 5,5 cm lang. Flügelspanne um 7 cm. Stern vor den Augen gelb. An verschiedenen Gewässern. Imago von Mai–Anfang August. Das ♀ fliegt zur Eiablage über der Wasseroberfläche und taucht den Hinterleib in Abständen ein. Die Eier liegen dann verstreut auf dem Gewässergrund. Entwickelt sich in 2–3 Jahren, wobei die Larven überwintern.

2 Glänzende Smaragdlibelle, *Somatochlora metallica*, Großlibellenfamilie Falkenlibellen (Corduliidae). 5–6 cm lang. Flügelspanne etwa 7 cm. ♀ auch in einer blauen Form. An verschiedenen Gewässern, besonders aber an solchen, die in oder an Wäldern liegen. Auch abseits vom Wasser. Fliegt von Ende Mai–Mitte September. Das ♀ legt die Eier im Fluge an Ufer, Uferwände, in Moos usw. Für diese Art der Eiablage ist die Form des Hinterleibsendes mit der senkrecht nach unten stehenden Legescheide gut geeignet.

3 Vierfleck, *Libellula quadrimaculata*, Großlibellenfamilie Segellibellen (Libellulidae). Bis 5 cm lang. Flügelspanne um 8 cm. An verschiedenen stehenden Gewässern. Fliegt von Mai–Mitte August. Eiablage frei ins Wasser. Dabei fliegt das ♀ über die Wasseroberfläche und berührt diese jeweils mit dem Hinterleib. Die Eier verkleben zu Eipaketen. Entwicklung zur Imago in 2 Jahren, wobei die Larven überwintern. Öfters wurden »wandernde« Schwärme beobachtet.

4 Großer Blaupfeil, *Orthetrum cancellatum*, Großlibellenfamilie Segellibellen (Libellulidae). Etwa 5 cm lang. Flügelspanne 7,5–9 cm. Hinterleib der alten ♂♂ blau bereift. Besonders an Seen und ähnlichen Gewässern. ♀ paart sich mit mehreren ♂♂. Eiablage ähnlich wie bei Vierfleck. Bis zum Schlüpfen überwintern die Larven 2mal. Im Gebiet weitere 3 *Orthetrum*-Arten.

5 Blutrote Heidelibelle, *Sympetrum sanguineum*, Großlibellenfamilie Segellibellen (Libellulidae). Flügelspanne etwa 6 cm. ♀ mit gelb-rotbraunem Hinterleib. An stehenden Gewässern. Fliegt von Juni bis Oktober. Die Eier werden frei ins Wasser abgelegt. Das Ei oder die Larve überwintert.

6 Gemeine Heidelibelle, *Sympetrum vulgatum*, Unterordnung Großlibellen (Anisoptera), Familie Segellibellen (Libellulidae). Etwa 4 cm lang. Flügelspanne um 6 cm. Fliegt von Juni–Oktober. Die Eier werden frei ins Wasser abgelegt. Sie verklumpen bei der Ablage. Die Eier überwintern. Im Gebiet 9 *Sympetrum*-Arten. Im Gebiet treten etwa 40 Arten der Unterordnung Großlibellen auf. Bei ihnen ist die Form der Vorderflügel von den hinteren verschieden. Sie klammern sich in Ruhe mit den Beinen an Pflanzen u. ä. fest; Flügel dabei ausgebreitet. Mit den Beinen können die Libellen nur sehr schlecht laufen, sie sind dafür ausgezeichnet zum Packen der Beute geeignet, besonders das 1. Beinpaar. Viele Arten oft weitab von Gewässern. Die Eiablage ist verschieden. Sie erfolgt frei ins Wasser, in Schlamm oder ähnliches; aber auch in lebende oder abgestorbene Pflanzenteile. Die Larvenentwicklung dauert, je nach Art, einige Monate oder auch mehrere Jahre. Die gefräßigen, aber trägen Larven atmen durch Tracheen. Sie müssen dazu nicht an die Wasseroberfläche, da sie im Enddarm Tracheenkiemen haben. Das eingesogene Wasser dient beim Ausstoßen, entsprechend dem Rückstoßprinzip, der Fortbewegung.

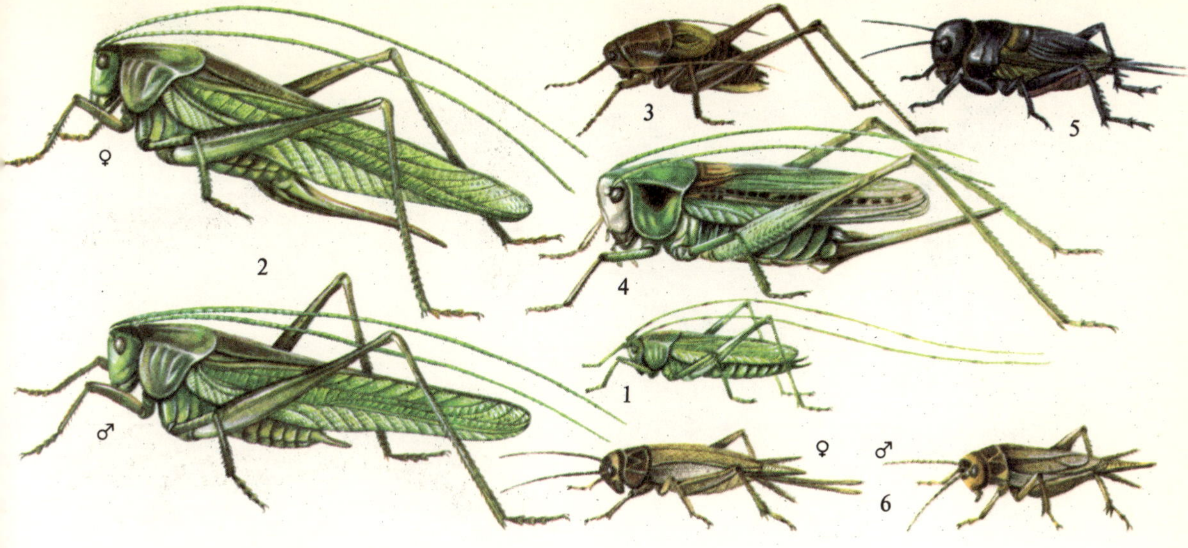

HEUSCHRECKEN Saltatoria

1 Eichenschrecke, *Meconema thalassinum*, Familie Eichenschrecken (Meconemidae). 1,1–1,5 cm lang. Tiere sehr zart. Vornehmlich in den Wipfeln verschiedener Laubbäume. Erst abends aktiv. Singt nicht, im Gegensatz zu anderen Langfühlerschrekken, sondern trommelt mit den Hinterbeinen. Frißt besonders junges Laub, aber auch Insekten. Eiablage im Herbst (in Rinde und Gallen). Zu dieser Zeit an Stämmen zu beobachten.

2 Großes Heupferd, *Tettigonia viridissima*, Familie Laubheuschrecken (Tettigoniidae). 2,8–3,5 cm lang. Tagsüber auf Sträuchern, auch auf Wiesen und Feldern, nachts höher auf Bäumen. Imagines von Juli bis Oktober. Frißt Insekten, gelegentlich Pflanzenteile. Klettert und springt sehr gut. Fliegt bei Gefahr hubschrauberartig, meist nur wenige Meter. Wie alle Langfühlerschrecken (z. B. Grillen, Laubheuschrekken) Lauterzeugung durch Aneinanderreiben besonderer Gebilde an der Basis der Vorderflügel. Gehörorgan an den Schienen der Vorderbeine. ♀ bringt mit Hilfe der Legeröhren die Eier in den Boden, die hier überwintern. Die ersten Larvenstadien besonders auf niedrigen Pflanzen. Die Larven ähneln, wie bei allen Heuschrecken, den Imagines. Im Gebiet zwei weitere ähnliche *Tettigonia*-Arten, insgesamt rund 35 Langfühlerschrecken.

3 Gewöhnliche Buschschrecke, *Pholidoptera griseoaptera*, Familie Laubheuschrecken (Tettigoniidae). 1,3 bis 1,8 cm lang. Flügel des ♀ sehr kurz, schuppenförmig. In der Kraut- und Strauchschicht, z. B. an Gehölzrändern. Von Juli–Oktober. Scheu; mit ausgezeichnetem Sprungvermögen. Frißt Insekten, weniger Pflanzen. Der artspezifische Gesang ist ab Ende Juli zu hören.

4 Warzenbeißer, *Decticus verrucivorus*, Familie Laubheuschrecken (Tettigoniidae). 2,4–4,4 cm lang. Färbung verschieden (grün-schwarzbraun). Auf feuchten und trockenen Wiesen und Feldern. Bewegt sich, wenn er nicht beunruhigt wird, schreitend fort (wie die meisten Heuschrecken). Springt weit. Frißt Insekten, gelegentlich Pflanzenteile. Es überwintern die Eier. Früher ließ man Warzen durch die kräftigen Kiefer abbeißen (Name!), wobei der dabei erbrochene bräunliche Magensaft eine günstige Wirkung ausüben sollte.

5 Feldgrille, *Gryllus campestris*, Familie Grillen (Gryllidae). 2–2,6 cm lang. Flügeldecken fast so lang wie der Hinterleib. Auf warmen, trockenen Wiesen und ähnlichen Lebensräumen. Sie ist die jahreszeitlich zuerst auftretende Heuschreckenart (ab Mai zu hören). In etwa 40 cm langen und 30 cm tiefen Erdgängen. Aus diesen kann man sie mit Hilfe eines Grashalmes herauslocken. Frißt Pflanzen und Kleintiere. Der typische Gesang ist während der Fortpflanzungszeit von Mai–Juli zu hören. Die Larven, die anfangs gesellig unter Steinen leben, graben sich im Herbst ein und überwintern (Ausnahme bei Heuschrecken!). Schaden gering.

6 Heimchen, *Acheta domestica*, Familie Grillen (Gryllidae). Körper 1,6–2 cm lang, wird von den zu einer Spitze ausgezogenen Hinterflügeln überragt. In Häusern und Ställen; im Sommer auch im Freien. Kann den Winter im Freien nicht überstehen. Nachts aktiv. Frißt pflanzliche und tierische Stoffe. Da Heimchen als »Heim«-Tiere von der Außentemperatur weitgehend unabhängig sind, trifft man das ganze Jahr über fortpflanzungsfähige ♀♀ an. Deshalb kann man sie auch zu allen Jahreszeiten hören.

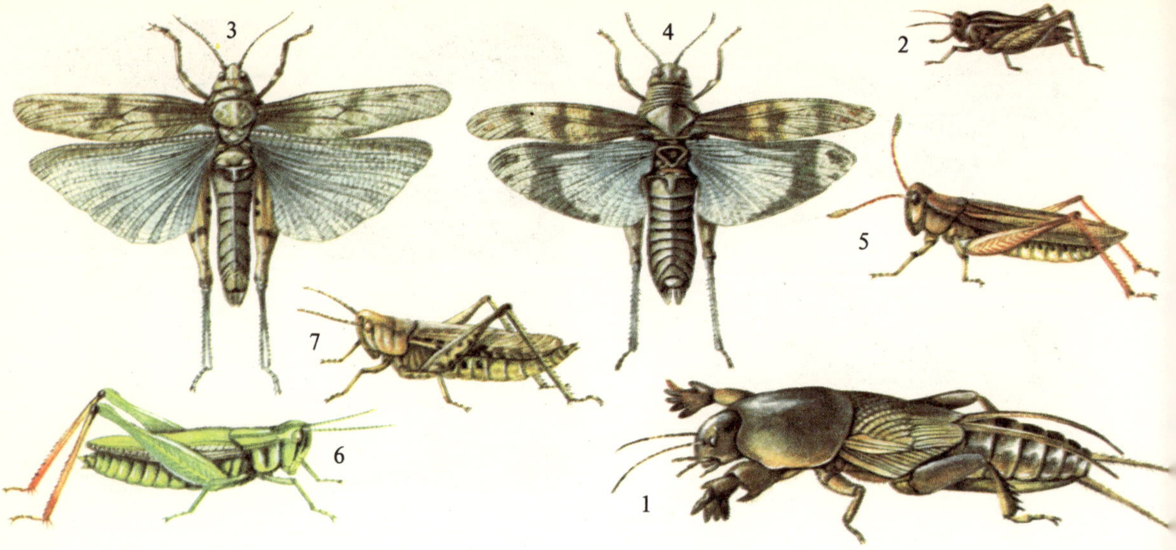

HEUSCHRECKEN Saltatoria

1 Maulwurfsgrille, *Gryllotalpa gryllotalpa.* Familie Maulwurfsgrillen (Gryllotalpidae). Der plumpe, dicht behaarte Körper ist 3,5–5 cm lang. Die Hinterflügel überragen, als Spitze zusammengerollt, den Hinterleib. ♂ mit 2 langen Körperanhängen. Die Vorderbeine mit Grabschaufeln. Gräbt unterirdische Gänge in Wiesen, Feldern und Gärten. Zur Fortpflanzungszeit (Mai–Juni) fliegt oder läuft sie an der Oberfläche. Schwimmt und taucht gut. Die Sprungbeine sind zurückgebildet. Frißt Kleintiere und Pflanzenteile. Oft erst nach über 2 Jahren geschlechtsreif. Larven oder Imagines überwintern. Bei Massenauftreten durch Wühltätigkeit und Verbiß schädlich.

2 Dornschrecken *Tetrix* spec., Familie Dornschrekken (Tetrigidae). Kleine, schwer zu bestimmende Arten. Meist um 1 cm lang. Halsschild stark verlängert, oft das Körperende überragend. Vorderflügel stark, Hinterflügel mehr oder weniger reduziert. Auf Wiesen, Waldlichtungen usw. Frißt Pflanzen. Als nicht musizierende Schrecke auch ohne Gehörorgane. Überwintert als Larve oder Imago. Etwa 10 Arten im Gebiet.

3 Sandheuschrecke, *Sphingonotus caerulans,* Familie Feldheuschrecken (Acrididae). 1,4–3,1 cm lang. Blaßblaue Hinterflügel, ohne dunkle Binde. Färbung veränderlich, an den Untergrund angepaßt. Das sitzende Tier ist schwer sichtbar. An ähnlichen Orten wie *Oedipoda* (besonders auf Sand). Fliegt von den mitteleuropäischen Feldheuschrecken am besten. Imagines von August–September.

4 Blauflüglige Ödlandschrecke, *Oedipoda caerulescens,* Familie Feldheuschrecken (Acrididae). 1,5 bis 2,8 cm lang. Sehr veränderliche Färbung in Anpassung an den Untergrund. Blaue Hinterflügel mit dunkler Binde. An trockenen, warmen, pflanzenarmen oder -losen Orten. Kann gut laufen und auch wenige Meter fliegen. Frißt besonders Gras. Imagines von Juli–September. Sie sterben bei den ersten Frösten. Die Eier überwintern.

5 Keulenschrecke *Gomphocerippus rufus,* Familie Feldheuschrecken (Acrididae). 1,4–2,4 cm lang. Fühler am Ende verdickt. Auf trockenen Wiesen, Waldlichtungen usw. Ernährt sich von Pflanzen. Langandauernder Werbegesang der ♂♂, der von den paarungswilligen ♀♀ (für uns kaum hörbar) erwidert wird. Imagines findet man von Juli–Oktober.

6 Linierter Grashüpfer, *Stenobothrus lineatus,* Familie Feldheuschrecken (Acrididae). 1,5–2,6 cm lang. Färbung sehr variabel (meist grün). Auf trockenen Wiesen, Heiden usw. Frißt Pflanzen. Der artspezifische Gesang hat große Bedeutung für die Paarung und wird durch Reiben der Hinterschenkel an einer Flügelader erzeugt. Imagines ab Juli. Die im Gebiet sehr häufigen Grashüpfer-Arten sehen sich oft sehr ähnlich.

7 Gemeiner Grashüpfer, *Chortippus biguttulus,* Familie Feldheuschrecken (Acrididae). 1,2–2,2 cm lang. Von Juni–Oktober auf wenig feuchten Waldwiesen, Wiesen usw. Heuschrecken stellen an den Lebensraum oft so spezifische Ansprüche, daß man aus dem Vorkommen bestimmter Arten Schlüsse auf das Mikroklima ziehen kann. Ausgeprägter Gesang. Wie bei allen Feldheuschrecken überwintern die Eier. Die Larven entwickeln sich bis zum Sommer nach mehrmaliger Häutung zu Imagines, die noch im gleichen Jahr sterben Im Gebiet etwa 40 Feldheuschrecken.

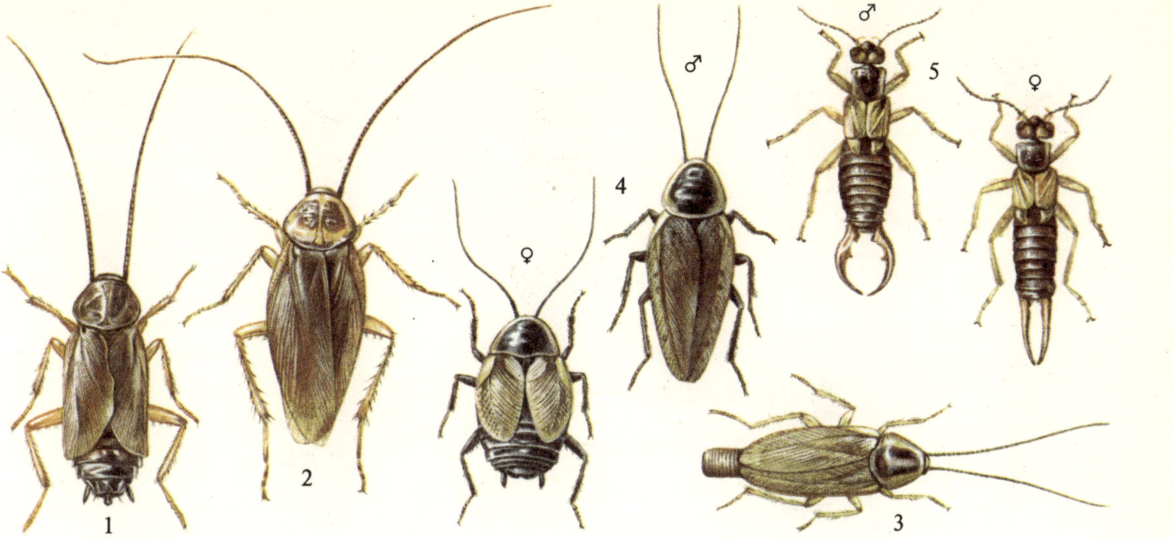

SCHABEN Blattodea, OHRWÜRMER Dermaptera

1 Küchenschabe, *Blatta orientalis*, Ordnung Schaben (Blattodea). Auch als Kakerlak oder Bäckerschabe bezeichnet. Bis um 2,5 cm lang. ♀ nur mit Vorderflügelstummeln; beim ♂ bedecken die Vorderflügel den Hinterleib nie ganz. Durch Verschleppung in allen Erdteilen. Als wärmeliebendes Tier im Gebiet in Verstecken in Häusern, Bäckereien usw. Lichtscheu. In der Dämmerung (in den Abend- bzw. Morgenstunden) aktiv. Nimmt pflanzliche und tierische Stoffe auf (Allesfresser). Das begattete ♀ legt in mehrtägigen Abständen die Eier als Eipakete ab. Diese Ootheken sind äußerst widerstandsfähig. Die den Erwachsenen ähnlichen Larven häuten sich bis zur Geschlechtsreife maximal 10mal. Die Imagines werden dann noch ungefähr ein Jahr alt. Wie alle Schaben kaum stärker schädlich, aber durch Verschmutzen von Nahrungsmitteln, Wohnungen usw. lästig. Krankheitsüberträger! Im Gebiet über 10 Schabenarten.

2 Amerikanische Großschabe, *Periplaneta americana*, Ordnung Schaben (Blattodea). Bis über 4 cm lang. Die Vorderflügel, im Gegensatz zur Küchenschabe, beim ♀ und ♂ etwas länger als der Hinterleib. Verbreitung, Ernährung und Lebensweise ähneln denen der *Blatta orientalis*. Im Gebiet durch dauernde Einschleppung aus den warmen Gegenden der Erde besonders in Speichern, Lagerhallen, Zoos usw. der größeren Städte. Der z. B. auch bei *Blatta* auftretende charakteristische Geruch wird durch Stinkdrüsen hervorgerufen.

3 Deutsche Schabe, *Blattella germanica*, Ordnung Schaben (Blattodea). Bis etwa 1,5 cm lang. Halsschild typisch gezeichnet. Diese wärmeliebende Art kommt bei uns in Häusern, z. B. in Backstuben, Küchen usw. vor. Lebensweise sonst der der anderen bei uns in Gebäuden lebenden Schaben ähnlich. ♂ und ♀ mit normal entwickelten Flügeln.

4 Gemeine Waldschabe, *Ectobius lapponicus*, Ordnung Schaben (Blattodea). Um 1 cm lang. Nur das ♂ hat häutige Hinterflügel. Auf Gebüsch und in der Krautschicht in Wäldern und an Waldrändern. Imagines von Mai–September. ♀ mehr in der Bodenschicht zwischen Laub usw. ♂ fliegt im Verhältnis zu anderen Schaben relativ häufig und gut. Am Tage aktiv. Frißt vermodernde Pflanzenteile. ♀ legt die Eipakete im Laub, unter Rinde usw. ab. Die ab Juni in der Bodenschicht zu findenden Larven überwintern und entwickeln sich nach der letzten Häutung im folgenden Frühjahr zur Imago. Im Gebiet leben insgesamt 5 *Ectobius*-Arten, sie sich alle sehr stark ähneln.

5 Gemeiner Ohrwurm, *Forficula auricularia*, Ordnung Ohrwürmer (Dermaptera). Bis 1,6 cm lang. Wohl überall in allerlei Schlupfwinkeln. Erkundet als Nachttier vornehmlich tastend die Umgebung. Fliegt, wie viele Ohrwürmer, nur selten. Bei der Entfaltung des Flügelpakets helfen die Zangen. Imagines und Larven oft zu Hunderten an bestimmten Schlafplätzen (lichtscheu, feuchtigkeitsliebend). Frißt pflanzliche Stoffe, z. B. Blütenteile, Obst, Moos usw., aber auch Insekten (meist tote). Überdauert einen Winter vielfach in selbstgegrabenen Röhren. ♀ legt die Eier in kleinen Erdkammern ab. Treibt Brutpflege wie fast alle Ohrwürmer. Durch Belecken, Wenden usw. werden für die Eier günstige Entwicklungsbedingungen geschaffen und so z. B. das Verpilzen verhindert. Verteidigt werden Eier sowie Larven bis zur 2. Häutung. Im Gebiet 7 Ohrwurm-Arten. Gelegentlich (z. B. in Blüten) schädlich.

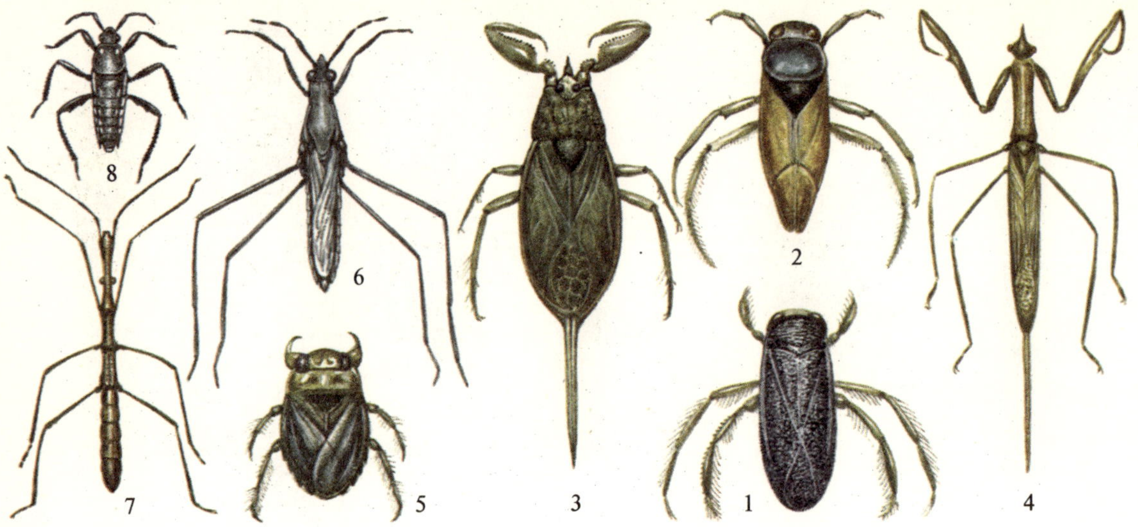

WANZEN Heteroptera

1 Ruderwanze, *Corixa punctata*, Familie Ruderwanzen (Corixidae). 13–15 mm lang. Schwarzbraun, Beine gelblich. Gewandter Schwimmer. Hält sich meist am Boden oder an Wasserpflanzen fest, da die mitgeführte Atemluft sie nach oben treiben würde. In verschiedenen Seen und Teichen mit Pflanzenwuchs, im Winter gern in sauerstoffreichen Flüssen. Ruderwanzen bringen (besonders zur ersten Paarungszeit, im Frühjahr) zirpende und wetzende Töne hervor. Im Herbst kommt es oft zu Massenansammlungen. Gut und leicht im Aquarium zu halten.

2 Gemeiner Rückenschwimmer, *Notonecta glauca*, Familie Rückenschwimmer (Notonectidae). 14 bis 16 mm lang. Die Luftreserven liegen bauchseits, also beim schwimmenden Tier oben! In stehenden wie in fließenden Gewässern. Ernährt sich räuberisch von allen möglichen Wassertieren (auch von Fischbrut!). Kann wie die Ruderwanze gut fliegen, aber nicht direkt vom Wasser aus starten. Vermag empfindlich zu stechen (daher auch »Wasserbiene«).

3 Wasserskorpion, *Nepa rubra*, Familie Skorpionswanzen (Nepidae). 16–22 mm lang. Grau bis graubraun, schwer zu entdecken. Oft am Grunde ruhiger Gewässer (bevorzugt flache Stellen), sehr träge. Flug-untüchtig. Erbeutet mit den kräftigen Vorderbeinen alle möglichen Wassertiere (sogar kleine Fische) und saugt sie aus. Zur Aufnahme der atmosphärischen Luft dient das lange Atemrohr am Körperende. Die Stiche erteilt er mit dem Rüssel.

4 Stabwanze, *Ranatra linearis*, Familie Skorpionswanzen (Nepidae). Mit bis 4 cm Länge größte Wanze im Gebiet. An ruhigen Stellen der Gewässer. Flugfähig. Ernährung ähnlich 3.

5 Gemeine Schwimmwanze, *Naucoris cimicoides*, Familie Schwimmwanzen (Naucoridae). 12–16 mm lang. Wird oft mit einem Käfer verwechselt. Bevorzugt stehende Gewässer. Ernährt sich räuberisch, nimmt sogar Jungfische. Während der Paarungszeit (ab März) feines Zirpen.

6 Wasserläufer, *Gerris* spec., Familie Wasserläufer (Gerridae). Bis fast 2 cm lang; im Gebiet 10 Arten. Auf ruhigeren Gewässern, auch in sehr kleinen Tümpeln und Pfützen. Schwimmt ruckartig, fliegen können nur wenige. Ernährt sich vor allem von aufs Wasser gefallenen kleinen Insekten, die er aussaugt. Bei Regen und Wind verkriecht er sich am Ufer. Bei den meisten Arten 2 Generationen im Jahr.

7 Gemeiner Teichläufer, *Hydrometra stagnorum*, Familie Teichläufer (Hydrometridae). 9–12 mm lang, nadeldünn. Meist am Ufer zwischen Pflanzenwuchs, nicht sehr auffallend. Im Gegensatz zum Wasserläufer bewegt sich der Teichläufer schreitend. Saugt kleine Insekten aus, beispielsweise Mücken, Fliegen, Blattläuse. Der Zierliche Teichläufer *(Hydrometra gracilenta)* ist hellbraun.

8 Bachläufer, *Velia* spec., Familie Bachläufer (Veliidae). Oft um 7 mm lang. Meist ungeflügelt, nur sehr selten wird ein geflügeltes Tier gefunden. Bevorzugt schnellfließende Bäche und Quelltümpel; an schattigen Plätzen. Erscheint schon sehr zeitig im Jahr, selbst bei hohen Kältegraden. Schwimmt ziemlich schnell, aber nicht ruckartig (Unterscheidungsmerkmal!), taucht gelegentlich auch. Ernährt sich räuberisch, wobei er ähnlich dem Wasserläufer alles verzehrt, was er überwältigen kann. Zum Aussaugen der Beute geht er ans sichere Ufer.

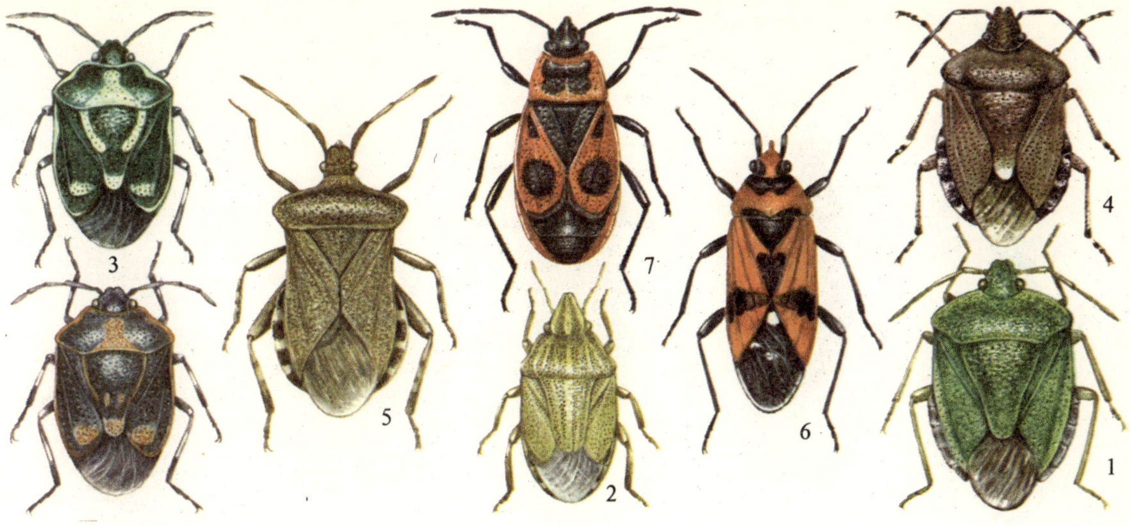

WANZEN Heteroptera

1 Gemeine Stinkwanze, *Palomena prasina*, Familie Schildwanzen (Pentatomidae, im Gebiet mehr als 60 Arten). 12–14 mm lang. Auf verschiedenen Laubbäumen (z. B. Eiche und Birke) sowie auf Beerensträuchern und Kräutern (hier bevorzugt auf Himbeeren). Verbreitet einen widerlichen Geruch, durch den die von ihr befallenen Beeren für uns ungenießbar werden. Nimmt tierische und pflanzliche Nährstoffe auf, zum Teil auch an Getreide schädlich. Durch die rötliche Schildchenspitze fällt die Rotbeinige Baumwanze *(Pentatoma rufipes)* auf; sie wird 16 mm lang.

2 Getreidespitzwanze, *Aelia acuminata*, Familie Schildwanzen (Pentatomidae). 8–9 mm lang. Saugt zunächst an Wildgräsern (z. B. *Avena*- und *Festuca*-Arten) und geht später an Getreide, besonders an die Körner, wodurch zum Teil erheblicher Schaden entsteht. Die erwachsenen Tiere überwintern am Boden. Geringfügig größer und zarter punktiert ist die verwandte *Aelia rostrata* (bis 13 mm lang).

3 Kohlwanze, *Eurydema oleraceum* (weiß- und rotgezeichnete Form), Familie Schildwanzen (Pentatomidae). 6–7 mm lang. Hauptsächlich auf Kreuzblütengewächsen (Kohl usw.), aber auch auf anderen Kulturpflanzen, die sie durch ihre Stiche zum Welken bringen kann. Ernsthafter Schaden entsteht nur bei Massenvermehrungen, die in unserem Gebiet ziemlich selten sind. April–September.

4 Braune Beerenwanze, *Dolycoris baccarum*, Familie Schildwanzen (Pentatomidae). 10–12 mm lang. Blaßgrau bis bräunlich. An verschiedenen Kräutern, Bäumen und Beerensträuchern (z. B. Himbeere, Stachelbeere und Heidelbeere), wobei sie lediglich durch ihren widerlichen Geruch, den sie auf die Beeren überträgt, unangenehm wird. Überwintert versteckt am Boden; im Frühjahr lebhaft umherfliegend. April–Oktober.

5 Große Randwanze, *Coreus marginatus*, Familie Randwanzen (Coreidae, meist mit aufgebogenem Hinterleibsrand; nach dem oft lederartigen Aussehen auch Lederwanzen genannt). 13 mm lang. Duftet nach Äpfeln. Häufig auf Ampfer-Arten, aber auch auf anderen Kräutern und auf Kulturpflanzen; feuchte Standorte werden bevorzugt.

6 Ritterwanze, *Lygaeus equestris*, Familie Bodenwanzen (Lygaeidae). 10–12 mm lang. Eine der wenigen bunten Bodenwanzen. Hält sich wie die meisten Vertreter der Familie am Boden oder zwischen niederen Kräutern auf (besonders gern an der Schwalbenwurz), wobei warme, trockene Standorte bevorzugt werden. Häufig in mehr oder minder großen Ansammlungen. Die erwachsenen Tiere überwintern am Boden.

7 Feuerwanze, *Pyrrhocoris apterus*, im Volksmund auch »Franzose« oder fälschlich »Feuerkäfer«, Familie Feuerwanzen (Pyrrhocoridae). 9–11 mm lang. Meist flügellos. Eine der häufigsten und auffallendsten Wanzen im Gebiet, die infolge ihrer Zeichnung leicht erkennbar ist. Sehr häufig am Fuße von Bäumen (besonders Linden und Robinien), an Gemäuern usw. Lebt in mehr oder minder großen Gesellschaften. Saugt an Samen oder anderen Pflanzenteilen (Schaden gering); nimmt aber auch tote Gliederfüßer. Von Mai/Juni–Oktober sind die verschiedenen Larvenstadien zu beobachten. Die Erwachsenen überwintern versteckt am Boden. Ansonsten sind Feuerwanzen über die gesamte wärmere Jahreszeit hinweg zu beobachten.

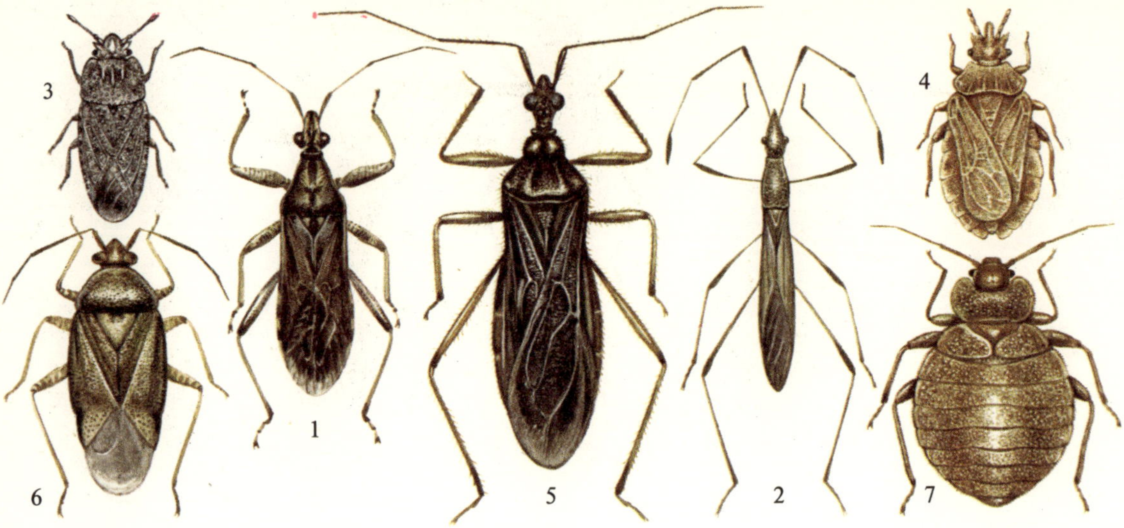

WANZEN Heteroptera

1 Sichelwanze, *Nabis ferus*, Familie Sichelwanzen (Nabidae). Bis 8,5 mm lang. Abgrenzung von anderen Arten der Gattung *Nabis* nicht ohne genaue Untersuchungen möglich. Hellgrau bis braun. Zwischen Büschen und niederen Kräutern sowie am Boden. Sichelwanzen ernähren sich räuberisch. Vorzugsweise auf Brennesseln lebt *Nabis myrmecoides*, deren Larve ameisenähnlich gestaltet ist.

2 Schnakenwanze, *Neides tipularis*, Familie Stelzenwanzen (Berytidae). 10 mm lang. Zwischen Gras und auf anderen Pflanzen (z. B. auf Königskerze und Reiherschnabel). Bevorzugt trockene Standorte. Ernährt sich räuberisch von Kleintieren. März–Oktober. Stelzenwanzen sind oft schon an ihrem nadeldünnen Körper und ihren auffallend langsamen Bewegungen zu erkennen.

3 Rübenblattwanze, *Piesma quadrata*, Familie Meldenwanzen (Piesmidae). 2,5–3 mm lang. Grau, oft mit dunklen Flecken. Saugt an Melden und anderen Gänsefußgewächsen. Geht aber auch an Kulturpflanzen dieser Familie (Zucker- und Runkelrübe) und überträgt den Virus-Erreger der »Kräuselkrankheit«, wodurch sie erheblichen Schaden anrichten kann. »Salatkopfbildung« und Absterben der Blätter sind die äußeren Kennzeichen des Befalls. Die Jungtiere erscheinen im April und verkriechen sich zur Überwinterung im August.

4 Kiefernrindenwanze, *Aradus cinnamomeus*, Familie Rindenwanzen (Aradidae). 3,5–5 mm lang. Sehr stark abgeplattet. Lebt unter der Rinde und in Spalten von Nadelbäumen, namentlich an jüngeren Kiefern. Saugt nicht, wie die anderen Rindenwanzen, an Pilzfäden, sondern Baumsäfte!

5 Schnabelwanze, *Reduvius personatus*, Familie Raubwanzen (Reduviidae). 16–17 mm lang. Glänzend braun, aber häufig mit Staub bedeckt und dadurch getarnt. Beine und Fühler lang behaart. In Häusern, Scheunen, auf Böden usw. Ist nur nachts aktiv und macht Jagd auf Insekten, wie Käfer, Bettwanzen u. a. Striduliert mit Zähnchen des Rüssels in der Rinne der Vorderbrust. Auf den ersten Blick mückenähnlich sind die Raubwanzen der Gattung Mückenwanzen *(Empicoris)*, die wir hin und wieder auch in Wohnungen antreffen können.

6 Gemeine Wiesenwanze, *Lygus pratensis*, Familie Weichwanzen (Miridae). Bis 6,5 mm lang. Färbung stark variierend: von Grau bis Rötlich und Grünlich bis Schwarz. Überall anzutreffen. Saugt (wie auch *L. pabulinus*) an vielen Wild- und an fast allen Kulturpflanzen, die sie vor allem durch Saftentzug schädigt. Erheblicher Schaden ist aber selten. Die Familie umfaßt insgesamt 6000 zum Teil sehr schwer zu unterscheidende Arten (im Gebiet etwa 300).

7 Bettwanze, *Cimex lectularius*, Familie Plattwanzen (Cimicidae). 4–6 mm lang. In Häusern, Ställen usw. Hauptsächlich als saugender Parasit beim Menschen (selten an Tauben und Hühnern). Infolge des Stiches entstehen empfindlich juckende Quaddelbildungen. Lebt tagsüber versteckt (in Ritzen, hinter Tapeten usw.) und geht nachts auf »Nahrungssuche«. Läßt sich gern von der Zimmerdecke aus auf ihre Opfer fallen. Nach einem ausgiebigen Saugakt kann sie monatelang ohne Nahrung auskommen. Legt ihre Eier in alten Kleidungsstücken usw. ab. Entwicklungszeit etwa 2 Monate. Befall schon am »Wanzengeruch« erkennbar. Hält sich über längere Zeit nur in unsauberen Wohnungen.

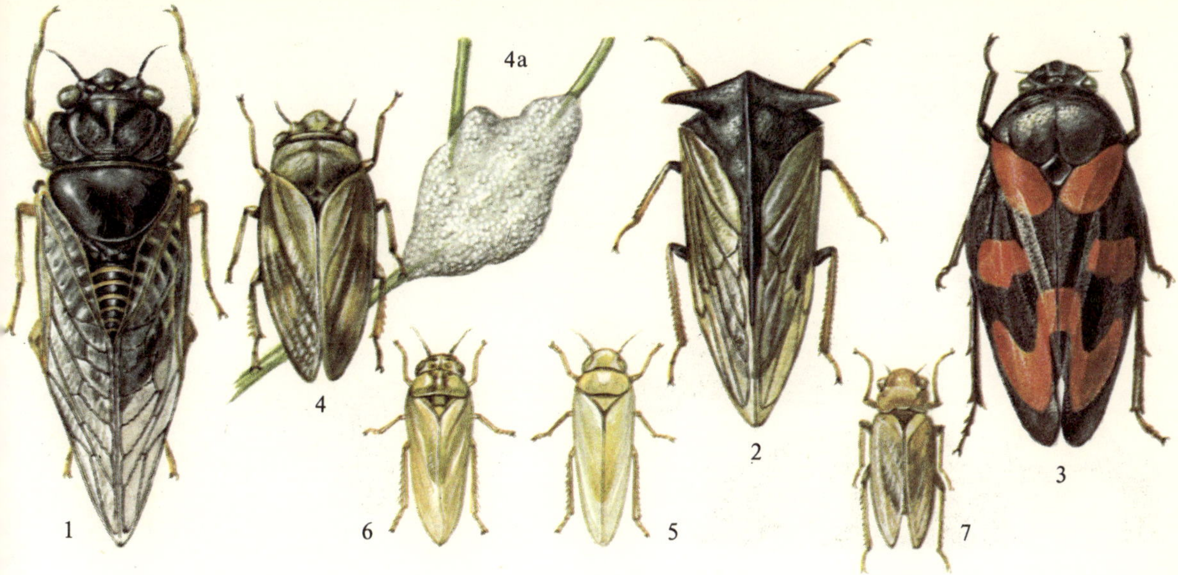

PFLANZENSAUGER Homoptera

1 Bergzikade, *Cicadetta montana*, Unterordnung Zikaden (Cicadina). Körper 1,6–2 cm lang. Mit durchsichtigen Flügeln. Im Gebiet an einigen trockenen und warmen Stellen, z. B. am Kyffhäuser. Meist auf Eichen. Scheu und schwer zu fangen. Nur ♂ an den Seiten des Hinterleibs mit je einem lauterzeugenden Organ. Der Gesang ist artspezifisch (schrille, rhythmisch hervorgebrachte Töne). ♀♀ der Zikaden sind stumm. Die zweite im Gebiet vorkommende Singzikade ist noch seltener. In den warmen Gebieten der Erde kennt man etwa 4000, oft große Singzikaden.

2 Dornzikade, *Centrotus cornutus*, Unterordnung Zikaden (Cicadina). Bis 1 cm lang. Der Halsschild an der Seite mit je einem Dorn und einem langen, nach hinten gerichteten Fortsatz (Name!). Von Juli bis August auf Brombeeren, Himbeeren und niederen Laubgehölzen.

3 Blutzikade, *Cercopis vulnerata*, Unterordnung Zikaden (Cicadina). Bis 1,1 cm lang. Die Hinterflügel sind farblos. Von Mai–Juli auf verschiedenen Pflanzen, vornehmlich in höheren Lagen. 3 Blutzikadenarten im Gebiet, die zur Familie der Schaumzikaden gehören. Die in Schaum eingehüllten Larven saugen an Wurzeln.

4 Wiesenschaumzikade, *Philaenus spumarius*, Unterordnung Zikaden (Cicadina), Familie Schaumzikaden (Cercopidae). Bis 0,6 cm lang. Färbung sehr veränderlich. Die Tiere saugen von Juli–Oktober an verschiedenen Pflanzen. Durch ihre Saugtätigkeit können sie an Kulturpflanzen schädlich werden. Auch als Überträger Pflanzenkrankheiten hervorrufender Viren spielen sie eine Rolle. Die vom ♀ in und an Pflanzen abgelegten Eier überwintern. Die Larven schlüpfen ab April. Sie sitzen an Pflanzen und saugen Säfte. Ihren Kot lassen sie über den Körper laufen. Durch die ausgeatmete Luft wird dieser zu einer schaumigen Masse (4a). Durch letztere sind die Larven vor Austrocknung und vor einigen Feinden geschützt. Der »Kuckucksspeichel«, der dieser Zikadenfamilie den Namen gegeben hat, ist viel auffälliger als die kleinen unscheinbaren Imagines. Im Gebiet kommen etwa 500 meist kleine Zikadenarten vor. Viele können springen. Sie halten die Flügel in Ruhe dachförmig über den Körper.

5 Rosenzikade, *Edwardsiana rosae*, Unterordnung Zikaden (Cicadina). Bis etwa 4 mm lang. Auf Rosen, aber auch auf anderen Laubgehölzen. Oft in Massen. Die kleinen Tiere sitzen auf der Blattunterseite. Bei Störung fliegen sie auf oder springen davon. Sie saugen Blattzellen aus. Die dann mit Luft gefüllten Zellen sehen weißlich aus (»Weißscheckigkeit«). Bei starkem Befall verlieren die Rosen vorzeitig die Blätter. Durch Ausfall oder Einschränkung der Assimilation kümmern die Pflanzen. ♀ legt die Eier in die Rinde junger Triebe. Im Gebiet tritt die Rosenzikade in 2 Generationen auf, und zwar von Mai–Juli sowie von Ende August–September.

6 Zwergzikade, *Macrosteles sexnotatus*, Unterordnung Zikaden (Cicadina). 2–4,5 mm lang. Bei den Zwergzikaden sind die Schienen der Hinterbeine 4kantig. Von Juli–Oktober. Oft in Massen auf Gräsern. Schädigt junge Getreidepflanzen.

7 *Ulopa reticulata*, Unterordnung Zikaden (Cicadina). 3–4 mm lang. Bei *Ulopa* sind die Schienen aller Beine 4kantig. Im März–April und Juli–Oktober an Heidekraut. Die Imago überwintert.

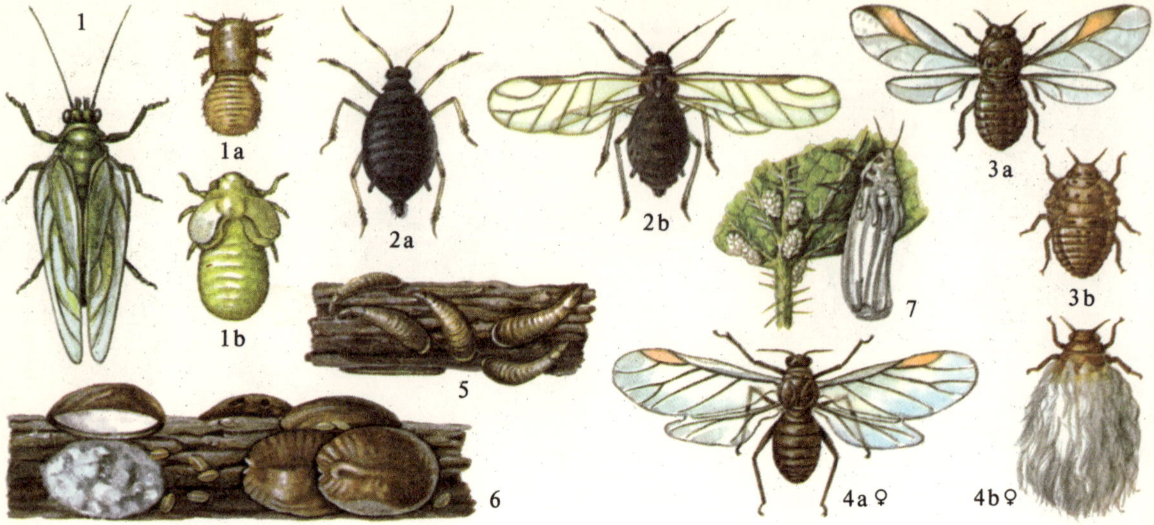

PFLANZENSAUGER Homoptera

1 Apfelsauger, *Psylla mali*, Unterordnung Blattflöhe oder Springläuse (Psyllina). Imagines 3–4 mm lang (grün-rötlich). Besonders an Apfelbäumen. Die Eier überwintern. Die abgeflachten Larven (1a, 1b), die nicht springen können, richten durch ihre Saugtätigkeit große Schäden an (Ernteverlust bei Äpfeln bis 30%) Blattfloharten ähneln kleinen Zikaden, haben aber längere Fühler. Sie springen gut.

2 Schwarze Bohnenlaus, *Aphis fabae*, Unterordnung Blattläuse (Aphidina). Etwa 2 mm lang. Im Frühjahr an Sträuchern (Pfaffenhütchen, Falscher Jasmin). Die Stammütter gebären, ohne befruchtet zu werden, lebende Junge. Die ausgewachsenen flügellosen ♀♀ (2a) vermehren sich ebenso. Es treten dann geflügelte Tiere (2b) auf, die ab Mai auf andere Pflanzen, Bohnen, Rüben usw., überwechseln und sich unbefruchtet vermehren. Anfang Herbst treten geflügelte Tiere auf, auch ♂♂. Auf Sträuchern werden befruchtete Eier abgelegt, die überwintern. Diese komplizierte Entwicklung mit Generationswechsel (teilweise mit Wirtspflanzenwechsel) ist charakteristisch für Blattläuse. Sehr schädlich durch die Saugtätigkeit und das Übertragen von Viren. Feinde s. S. 177.

3 Große Fichtengallenlaus, *Sacchiphantes abietis*, Unterordnung Blattläuse (Aphidina). Erzeugt die »Ananasgallen« (s. S. 239) an den Trieben der Fichte (Name!). Mit Wirtswechsel (Fichte, Lärche).

4 Blutlaus, *Eriosoma lanigerum*, Unterordnung Blattläuse (Aphidina). Etwa 2 mm lang. Beim Zerdrücken tritt die blutrote Körperflüssigkeit aus (Name!). Besonders an Apfelbäumen. Scheidet Wachs ab (weiße »Wolle«). ♀ lebendgebärend. Jungfernzeugung (Parthenogenese). Die Jungen überwintern (z. B. unter Rinde). Ende des 18. Jahrhunderts aus Amerika nach Europa eingeschleppt. Schaden weniger durch Saftentzug als die durch Speichel hervorgerufenen Wucherungen (Blutlauskrebs).

5 Gemeine Kommaschildlaus, *Lepidosaphes ulmi*, Unterordnung Schildläuse (Coccina). Bis 3,5 cm lang. Saugt vornehmlich an verschiedenen Laubhölzern. An jungen Obstbäumen schädlich. Die Eier überwintern. Im Gebiet etwa 120 Schildlaus-Arten. Die kurzlebigen ♂♂ meist mit gut entwickelten Vorderflügeln. Ihre Hinterflügel und Mundwerkzeuge sind verkümmert. ♀♀ äußerlich kaum noch als Tiere erkennbar. Sie sind ungeflügelt und sitzen meist unter schildförmigen Gebilden (Name!), die zum großen Teil aus wachsartigen Ausscheidungen bestehen. Sie saugen (immer an der gleichen Stelle) Pflanzensäfte. Häufig entwickeln sich die Eier ohne Befruchtung (Parthenogenese). Viele schädigen weniger durch Saftentzug als durch den giftigen Speichel.

6 Gemeine Napfschildlaus, *Eulecanium corni*, Unterordnung Schildläuse (Coccina). Der halbkugelförmige Schild ist etwa 5–6 mm lang. Saugt an der glatten Rinde von dünnen Zweigen verschiedener Laubgehölze. Die unter dem Schild sitzenden ♀♀ sterben im Winter ab. Es überwintern die kleinen gelbroten, freibeweglichen Larven. Das geflügelte ♂ lebt nur wenige Tage. Besonders geschwächte Bäume werden befallen.

7 Nesselröhrenschildlaus, *Orthezia urticae*, Unterordnung Schildläuse (Coccina). Etwa 0,5 cm lang. Mit weißen Wachsausscheidungen. ♀ im Gegensatz zu denen vieler anderer Schildläuse frei beweglich. Oft an Brennesseln.

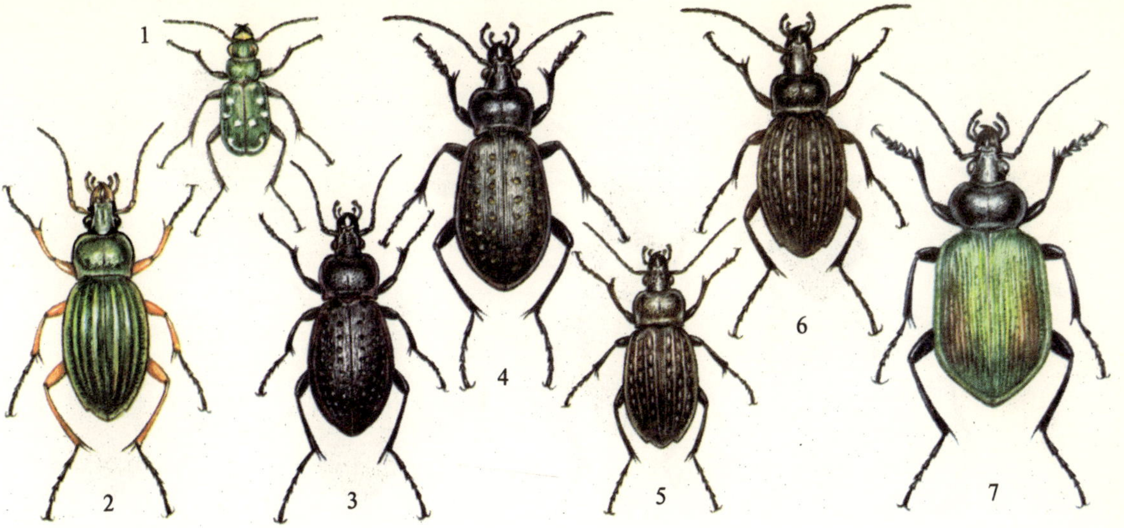

KÄFER Coleoptera

1 Feldsandlaufkäfer, *Cicindela campestris*, Familie Laufkäfer (Carabidae). Bis etwa 1,5 cm. An trockenen, besonders sandigen Stellen. Im Sonnenschein sehr lebhaft. Im Frühjahr häufig zu beobachten (Eiablage). Fliegt aufgescheucht nur kurze Strecken. Schneller Räuber, der Kleintiere jagt. Die räuberischen Larven lauern in ihren meist senkrechten Erdröhren der Beute auf. Entwicklungszeit Ei – Käfer: bis über 2 Jahre. Im Gebiet 8 *Cicindela*-Arten.

2 Goldschmied, *Carabus auratus*, Familie Laufkäfer (Carabidae). Bis 2,7 cm lang. Metallisch glänzend. Auf Feldern (meist Lehmböden), an Waldrändern usw., aber nicht in größeren Wäldern. Im Gegensatz zu den meisten anderen *Carabus*-Arten am Tage aktiv. Frißt lebende und tote Kleintiere (z. B. bis 10 Raupen am Tag). Auch die Larve ist ein Räuber. Geschlüpfte Käfer überdauern meist nur einen Winter. Wie fast alle Laufkäfer durch Vertilgen von Pflanzenschädlingen sehr nützlich. Der dem Goldschmied ähnliche Goldglänzende Laufkäfer *(Carabus auronitens)* lebt mehr in Wäldern des Hügellandes und des Gebirges. Im Gebiet kommen 22 *Carabus*-Arten vor.

3 Hainlaufkäfer, *Carabus nemoralis*, Familie Laufkäfer (Carabidae). 2–2,6 cm lang. Überall; unter Steinen und an ähnlichen Orten (feuchtigkeitsliebend). Besonders nachts aktiv. Kann, wie viele große Laufkäfer, nicht fliegen. Frißt Kleintiere, besonders Eulenraupen. Auch die Larven jagen nachts. Wie bei den meisten *Carabus*-Arten überwintert der im Herbst geschlüpfte Käfer. Hält eine Sommerruhe. Nützlich.

4 Gartenlaufkäfer, *Carabus hortensis*, Familie Laufkäfer (Carabidae). Bis 2,8 cm lang. Kupfern, goldglänzende Gruben auf den Flügeldecken. Wälder, Felder usw. (der deutsche Name irritiert also). Jagt nachts. Nützlich.

5 Körniger Laufkäfer, *Carabus granulatus*, Familie Laufkäfer (Carabidae). 1,4–2 cm lang. Überall, selbst an sehr nassen Orten. Überwintert oft in Gesellschaft unter loser Baumrinde. Gehört zu den wenigen *Carabus*-Arten, die manchmal noch fliegen. Frißt Kleintiere. Die Larve häutet sich in den 4 Wochen bis zur Verpuppung 3mal. Scherney (1957) züchtete Jungkäfer (aus Eiern) in nur 53 Tagen. Der Käfer und die Larve sind, wie die meisten Laufkäfer, sehr nützliche Schädlingsvertilger.

6 Körnerwarze, *Carabus cancellatus*, Familie Laufkäfer (Carabidae). 1,8 bis etwa 3 cm lang. An vielen Orten, besonders auf Feldern. Die Verdauung der Beute (vielfach Aas) erfolgt, wie bei den meisten Laufkäfern, außerhalb des Körpers durch ausgespienen Magensaft. Der flüssige Nahrungsbrei wird dann aufgesogen. Nützlich.

7 Puppenräuber, *Calosoma sycophanta*, Familie Laufkäfer (Carabidae). Bis etwa 3 cm lang. In Wäldern, Gärten usw. Klettert auf Bäume und fliegt gut. Jagt im Gegensatz zu vielen *Carabus*-Arten auch am Tage. Der sehr gefräßige Käfer und die ebenfalls auf Bäumen umherkletternde Larve jagen Kleintiere, z. B. Raupen, Puppen, Maikäfer. Verpuppt sich in der Erde. Der Käfer gräbt sich zur Überwinterung bereits im August etwa 30 cm tief in die Erde ein. Lebt 2–3 Jahre. Sehr nützlich. Bei Massenvermehrung von Schädlingen (z. B. Nonne, Kiefernspinner, Eichenwickler) tritt auch der Puppenräuber gehäuft auf. Frißt hauptsächlich weibliche Puppen!

KÄFER Coleoptera

1 Körniger Schaufelkäfer, *Cychrus caraboides*, Familie Laufkäfer (Carabidae). Bis etwa 2 cm lang. An feuchten Orten, z. B. in Wäldern, an Gewässern, in Gärten usw., unter Steinen, Laub und ähnlichem. Erbeutet Kleintiere, besonders Schnecken. Der schaufelförmig schmale Vorderkörper befähigt ihn, in die Schnecken einzudringen (Körperbau an Ernährungsweise angepaßt). Die Jungkäfer überwintern. Im Gebiet 3 *Cychrus*-Arten.

2 Grabkäfer, *Pterostichus vulgaris*, Familie Laufkäfer (Carabidae). 1,3–1,7 cm lang. An vielen Orten, wobei feuchte den trockenen vorgezogen werden. Tagsüber in Verstecken, nachts aktiv. Nützlich durch Erbeuten von Insektenlarven, weil er diesen auch in den oberen Bodenschichten nachstellt (Name!). Frißt allerdings manchmal Erdbeeren an. Von den etwa 500 im Gebiet vorkommenden Laufkäferarten gehören 28 der Gattung *Pterostichus* an.

3 Breitkäfer, *Abax ater*, Familie Laufkäfer (Carabidae). 1,8–2,2 cm lang. In und an Wäldern (in der Ebene und im Gebirge); weniger auf Feldern (feuchtigkeitsliebend). Tagsüber in Verstecken. Jagt nachts Kleintiere (Insekten, Schnecken usw.). Die Jungkäfer erscheinen ab August. Im Gebiet 5 *Abax*-Arten.

4 Putzkäfer, *Platynus dorsalis*, Familie Laufkäfer (Carabidae). Bis 0,6 cm lang. An vielen Stellen (Wälder, Felder, Wiesen, Gärten) anzutreffen. Als nachts aktives Tier am Tage in Verstecken, oft in großer Anzahl unter Steinen u. ä. Jagt nachts. Larven im Juli bis August. Die Jungkäfer schlüpfen im Herbst, kommen jedoch erst im folgenden Frühjahr aus ihren Verstecken. Die über 30 im Gebiet vorkommenden Arten sind sehr feuchtigkeitsliebend.

5 Getreidelaufkäfer, *Zabrus tenebrioides*, Familie Laufkäfer (Carabidae). 1,4–1,6 cm lang. Besonders auf Getreidefeldern, Wiesen. Bevorzugt bindige Böden (sandiger Lehm). Tagsüber unter Steinen, Erdschollen usw. Der Käfer frißt Körner. Zur Zeit der Milchreife erklettert er nachts die Halme. Gräbt sich in trockenen, heißen Sommern ein und hält Sommerruhe. Eiablage ab Juni, auch nach der Sommerruhe. Deshalb kann man Larven verschiedenen Alters finden. Sie leben in Erdgängen, fressen nachts junge Getreidepflanzen (im Frühjahr und Herbst). Puppenruhe (ab Mai) 3–6 Wochen. Einziger der sonst sehr nützlichen Laufkäfer, der als Großschädling auftreten kann.

6 Kanalkäfer, *Amara familiaris*, Familie Laufkäfer (Carabidae). 0,5–0,7 cm lang. An vielen Orten, besonders auf sandigen Böden. Überwintert teils als Käfer, teils als Larve. Die 44 im Gebiet vorkommenden *Amara*-Arten leben an trockenen oder feuchten Orten. Im Gegensatz zu den meisten anderen Laufkäfern ernähren sie sich überwiegend pflanzlich und sind auch am Tag aktiv. Bei Sonnenschein oft auf Wegen. Da die überwinterten Käfer im Frühjahr Eier legen und danach meist sterben, werden sie nur selten angetroffen.

7 Schnelläufer, *Harpalus pubescens*, Familie Laufkäfer (Carabidae). Bis etwa 1,5 cm lang. Auf Feldern, an Gewässern, in Gehölzen; liebt feuchte Stellen. Durch Erbeuten von Kleintieren nützlich. Da er gelegentlich Samenkörner und Keimlinge frißt, zuweilen schädlich. Der Käfer legt im Herbst die Eier ab. Stirbt danach (wie viele Insekten). Die 34 unserer *Harpalus*-Arten sind nachts aktiv, wurden aber auch schon im Sonnenschein beobachtet.

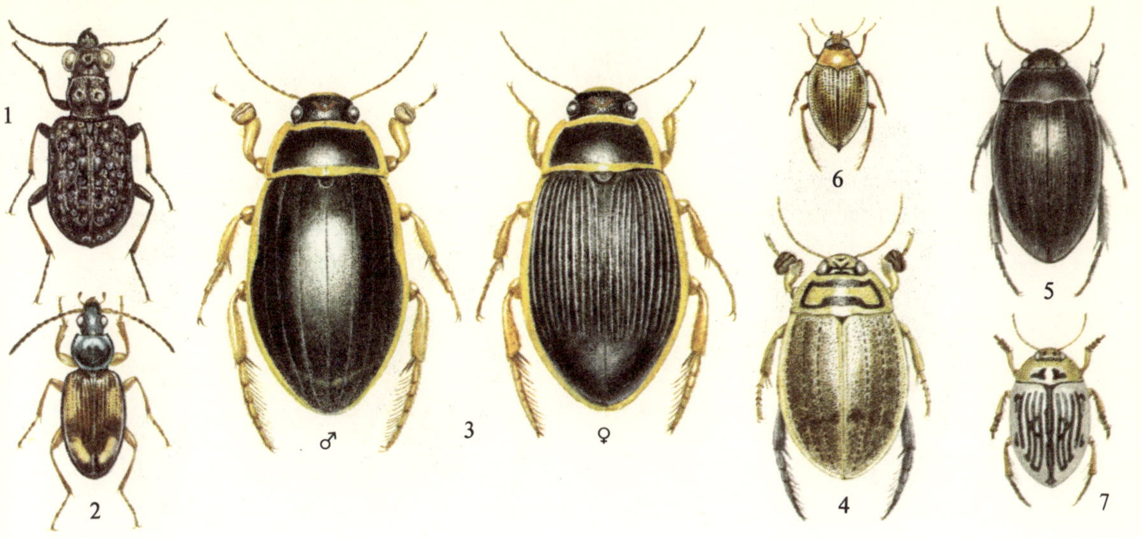

KÄFER Coleoptera

1 Raschkäfer, *Elaphrus cupreus*, Familie Laufkäfer (Carabidae). Bis 0,9 cm lang. An Gewässern, Sümpfen usw. (feuchtigkeitsliebend). Jagt auch am Tage Kleintiere. Im Sommer entwickeln sich die Larven. Verpuppen sich ab Sommerende (Puppenruhe 10 Tage). Die Jungkäfer schlüpfen im Herbst. Sie überwintern. Im Gebiet 5 *Elaphrus*-Arten.

2 Ahlenläufer, *Bembidion ustulatum*, Familie Laufkäfer (Carabidae). Bis 0,6 cm lang. An fließenden und stehenden Gewässern. Auch an anderen feuchten Orten (z. B. nasse Felder). Bei uns über 90 um 0,5 cm große Arten. Oft gesellig an Gewässern. Erbeutet besonders kleine Insektenlarven. Fliegt gut. Eiablage oft schon vom Frühjahr an. Käfer sterben nach der Fortpflanzung. Die sich räuberisch ernährenden Larven findet man im Sommer. Puppenruhe 1 bis 2 Wochen. Die Jungkäfer schlüpfen ab August.

3 Gelbrandkäfer, *Dytiscus marginalis*, Familie Schwimmkäfer (Dytiscidae). 3–3,5 cm lang. In ruhigen, pflanzenreichen Gewässern. Am Tage in Verstecken, kommt nur zum Atmen kurz an die Wasseroberfläche. Das Hinterleibsende ragt dabei ganz wenig aus dem Wasser. Dem Tracheensystem wird dabei frische Luft zugeführt, und der Luftvorrat wird erneuert. Erbeutete Kleintiere, selbst Frösche und langsame, geschwächte Fische. Bei ungünstigen Lebensbedingungen fliegt er zu anderen Gewässern. Er kann das Austrocknen des Gewässers durch Eingraben im Schlamm überdauern. Legt bis 1000 Eier (hauptsächlich im März–Mai) mit dem Legesäbel in Wasserpflanzen ab, die den für die Entwicklung nötigen Sauerstoff liefern. Die Larven sind arge Räuber. Besonders ältere Larven können durch Fressen von Fischbrut schädlich werden.

4 Furchenschwimmer, *Acilius sulcatus*, Familie Schwimmkäfer (Dytiscidae). 1,6–1,8 cm lang. In der ruhigen Zone fließender und stehender Gewässer. Käfer und Larve fressen Kleintiere (auch tote). Eiablage außerhalb des Wassers (April–Juli). Larve baut unter Holzstückchen und ähnlichem eine Erdzelle. Die Jungkäfer überwintern.

5 Schnellschwimmer, *Agabus bipustulatus*, Familie Schwimmkäfer (Dytiscidae). Etwa 1 cm lang. In der pflanzenreichen Uferzone stehender und fließender Gewässer. Käfer und Larven erbeuten Kleintiere. Eiablage an Wasserpflanzen (Herbst–Frühjahr). Die Larven kriechen in der Uferzone umher. Sie bauen sich nach 6–7 Wochen unter Steinen usw. eine kirschgroße Erdkugel (Puppenwiege). Die Entwicklungszeit ist von der Wassertemperatur abhängig. Im Gebiet etwa 30 *Agabus*-Arten. Schwimmkäfer sind für Unkundige schwer unterscheidbar.

6 Wassertreter, *Haliplus ruficollis*, Familie Wassertreter (Haliplidae). »Paddelt« (typische Bewegung) in pflanzenreichen Uferzonen der Gewässer. Trotz Atmung durch Tracheen nur selten an der Wasseroberfläche (die Luftblase am Bauch arbeitet als »physikalische Kieme«). Käfer und Larven ernähren sich nicht wie die der Dytiscidae tierisch, sondern saugen Pflanzen (besonders Algen) aus. Die Larven müssen, ehe sie sich weiterentwickeln, überwintern. Im Gebiet etwa 20 Arten (2–4,5 mm).

7 Zwergschwimmer, *Deronectes halensis*, Familie Schwimmkäfer (Dytiscidae). Knapp 0,5 cm lang. In der flachen, pflanzenreichen Uferzone der Gewässer. Larvenentwicklung im Sommer. Jungkäfer von Juli bis September. Im Gebiet über 10 Arten.

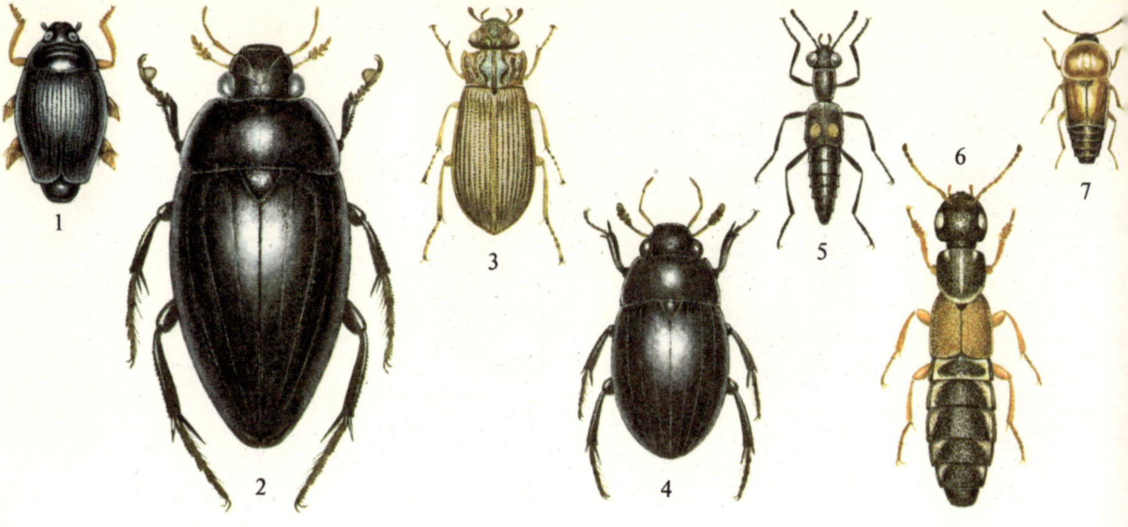

KÄFER Coleoptera

1 Tummelkäfer, *Gyrinus natator*, Familie Tummel- oder Kreiselkäfer (Gyrinidae). Bis 0,7 cm lang. In stehenden und langsam fließenden Gewässern. Bewegt sich schnell in Kreisen, Spiralen usw., meist in größerer Zahl, auf der Wasseroberfläche (Name!). Die Augen sind geteilt – die obere Hälfte ist dem Sehen über, die untere dem Sehen unter Wasser angepaßt. Scheu. Taucht gut. Erbeutet auf dem Wasser Insekten. Legt die Eier (im Mai) perlschnurartig ins Wasser ab, meist an abgestorbene Pflanzenteile. Die asselförmige Larve lebt auf dem Gewässergrund, frißt Kleintiere, baut auf dem Land eine Puppenwiege (Erdkugel). Die Jungkäfer überwintern. Im Gebiet über 10 Arten dieser Familie.

2 Großer Kolbenwasserkäfer, *Hydrous piceus*, Familie Wasserkäfer (Hydrophilidae). 3,4–4,8 cm lang. Wie alle Käfer dieser Familie mit kolbenartig verdickten Fühlern. In größeren Teichen. Beim Luftholen an der Wasseroberfläche zeigt der Kopf, im Gegensatz zum Gelbrand, nach oben. In einem komplizierten Vorgang, besonders mit Hilfe der Fühler, wird der Luftaustausch vollzogen. Der Käfer frißt Pflanzen, die Larve Kleintiere. Hochentwickelte Brutfürsorge. Die Eier schwimmen in einem kleinen »Schiffchen« auf dem Wasser. An der Unterseite eines Blattes spinnt der Käfer dazu einen Kokon. Durch Verwechslung mit dem schädlichen Gelbrand, der anders gebaut ist (Fühler!) und anders lebt, wurde er in Fischteichen mit vernichtet.

3 Furchenwasserkäfer, *Helophorus aquaticus*, Familie Wasserkäfer (Hydrophilidae). 0,4–0,9 cm lang. Zwischen Pflanzen am Ufer stehender Gewässer. Der vom ♀ gesponnene Eibehälter in Verstecken. Im Gebiet 25 *Helephorus*-Arten.

4 Stachelwasserkäfer, *Hydrophilus caraboides*, Familie Wasserkäfer (Hydrophilidae). Bis 1,8 cm lang. In Tümpeln und kleinen Teichen, besonders zwischen Wasserpflanzen. Der Eikokon wird tütenförmig von einem Blatt umschlossen.

5 *Stenus biguttatus*, Familie Kurzflügler (Staphylinidae). Bis 0,5 cm lang. Besonders am Rande von Gewässern. Im Gebiet etwa 100, nur millimetergroße Arten der Gattung *Stenus*, die an Ufern, im Moos oder auf Pflanzen vorkommen. Die meist länglichen Kurzflügler ernähren sich von Kleintieren, seltener von faulenden Stoffen oder Pflanzenteilen; manche jagen an Mist und Aas Fliegenlarven. Die Bestimmung ist schwierig und oft nur durch Untersuchung der Geschlechtsorgane möglich.

6 Großer Kurzflügler, *Staphylinus caesareus*, Familie Kurzflügler (Staphylinidae). 1,7–2,2 cm lang. In Wäldern, auf Wegen, unter Steinen usw. An Kot und Aas findet man oft die schwarz-gelb gezeichneten *Ontholestes*-Arten. Die meisten Kurzflügler sind klein. Sie fliegen gut und schwärmen oft in Massen in den Abendstunden. Charakteristisch sind die kurzen, den Hinterleib unbedeckt lassenden Flügeldecken. Unter ihnen liegen die häutigen Hinterflügel.

7 *Tachyporus chrysomelinus*, Familie Kurzflügler (Staphylinidae). Bis knapp 0,4 cm lang. Unter Laub, faulenden Pflanzen und Moos. Die etwa 1 300 im Gebiet vorkommenden Kurzflügler bewohnen viele, aber je nach Art ganz bestimmte Lebensräume. Die Käfer und ihre Larven findet man in der Bodenschicht, in der Erde, in Pilzen, an Aas, Kot, an Ufern, unter Rinde (Borkenkäferjäger!), in Bauten anderer Tiere (Ameisengäste!) usw.

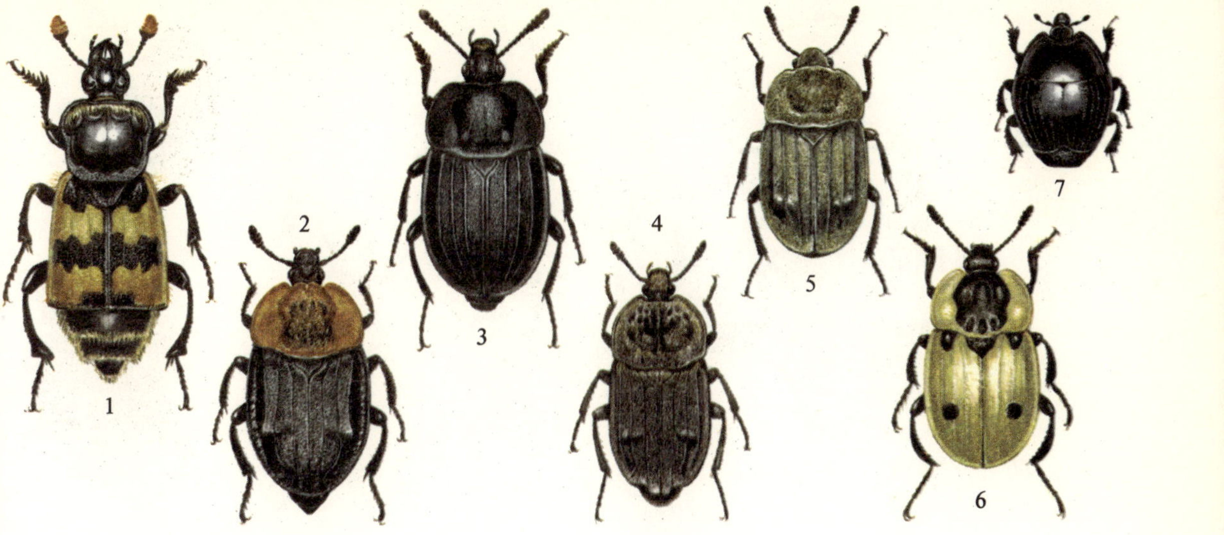

KÄFER Coleoptera

1 Totengräber, *Necrophorus vespillo*, Familie Aaskäfer (Silphidae). 1–2,2 cm lang. Fliegt gut. Wird durch den Geruch von Aas angelockt, das auch seine Nahrung bildet. Hochentwickelte Brutpflege. Kleinere tote Tiere, z. B. Mäuse, Vögel usw. werden in die Erde eingewühlt und von nur einem Pärchen so bearbeitet, daß eine Aaskugel entsteht. In deren Nähe (z. B. in kleinen Erdhöhlen) legt das ♀ die Eier in die Erde. ♀ wandelt mit Hilfe von abgegebenen Verdauungssäften die Aaskugel in Nahrungsbrei um. Damit werden die geschlüpften Larven gefüttert. Im Gebiet 8 *Necrophorus*-Arten. Durch das Beseitigen von Tierkadavern nützlich (»Gesundheitspolizei«).

2 Rothalsige Silphe, *Oeceoptoma thoracicum*, Familie Aaskäfer (Silphidae). 1,2–1,6 cm lang. Der Halsschild samtig behaart. Frißt Aas, aber auch faulende Pflanzen, z. B. ist sie an stark riechenden Pilzen anzutreffen. Im Gebiet gibt es rund 30 Aaskäfer-Arten, die aber nicht alle Aas, sonders auch pflanzliche Stoffe fressen oder lebende Kleintiere erbeuten.

3 Aaskäfer, *Silpha obscura*, Familie Aaskäfer (Silphidae). 1,3–1,7 cm lang. Ernährt sich von toten, seltener von lebenden Kleintieren. Deshalb eher nützlich als schädlich (im Gegensatz zu den ähnlichen Rübenaaskäfern). Asselförmige Larven, die sich wie die Imagines ernähren.

4 Totenfreund, *Thanatophilus sinuatus*, Familie Aaskäfer (Silphidae). 0,9–1,2 cm lang. Kopf und Halsschild behaart. ♂ mit abgestutzten Flügeldecken. Oft zu mehreren an Tierleichen, von denen sie sich ernähren. Dadurch ist der Totenfreund wie alle aasfressenden Käfer nützlich. Im Gebiet kommen 3 *Thanatophilus*-Arten vor.

5 Rübenaaskäfer, *Blitophaga opaca*, Familie Aaskäfer (Silphidae). 0,9–1,2 cm lang. Schwarz mit goldbrauner Behaarung. Frißt nur Pflanzen, ebenso wie die schwarze asselförmige Larve. Ebenfalls noch im Gebiet kommt *Blitophaga undata* vor. Die Verpuppung erfolgt im Erdboden. Er ernährt sich von Rüben und anderen Gänsefußgewächsen, aber auch von anderen Pflanzen, wie Getreide, Kreuzblütengewächsen (z. B. Raps), Möhren, Salat usw. (polyphage Ernährungsweise). Die Käfer zerfressen die Blätter fast völlig, während wir bei den Larven Lochfraß vorfinden. Er kann bei Massenvermehrungen (besonders in warmen Jahren) großen Schaden anrichten. Die 2 *Blitophaga*-Arten sind die einzigen schädlichen Aaskäfer im Gebiet.

6 Vierpunktiger Raupenjäger, *Xylodrepa quadripunctata*, Familie Aaskäfer (Silphidae). 1,2–1,4 cm lang. In Wäldern und Gärten. Ernährt sich nicht von Aas, sondern von schädlichen Raupen (z. B. von Nonne, Schwammspinner, Eichenwickler, Ringelspinner, Frostspanner, Goldafter usw.), von Blattläusen, Blattkäferlarven u. a., wodurch er sehr nützlich wird. Im Gegensatz zum Puppenräuber leben (nach Burmeister) die asselförmigen Larven auf dem Boden.

7 Stutzkäfer, *Hister cadaverinus*, Familie Stutzkäfer (Histeridae). Etwa 0,6–0,9 cm lang. Wie die meisten Stutzkäfer mit hartem, fast immer schwarzem, glänzendem, gewölbtem Panzer sowie mit geknieten Fühlern und abgestutzten Flügeldecken. Lebt, wie viele Arten der Gattung *Hister*, an Aas. Kein Aasfresser; ernährt sich räuberisch, indem er die in und an Kadavern lebenden Tiere jagt (z. B. Zweiflüglerlarven). Im Gebiet etwa 80 Stutzkäferarten; einige stellen Borkenkäfern nach.

KÄFER Coleoptera

1 Glühwürmchen, *Lampyris nocticula*, Familie Leuchtkäfer (Lampyridae). ♂ bis 1,2 cm, das stummelflüglige ♀ bis 1,8 cm lang. Leuchtende ♂♂ fliegen besonders Ende Juni an warmen Tagen in der Dunkelheit. Die »wurmartigen«, flugunfähigen ♀♀ (Name!) zwischen Pflanzen am Boden. Ihre auf der Bauchseite liegenden Leuchtorgane sind für die ♂♂ weithin sichtbar, da die ♀♀ den Bauch nach oben krümmen. Das Leuchten ist wahrscheinlich für das »Sich-Finden« der Geschlechter von Bedeutung. In den Zellen der Leuchtorgane wird durch Fermentoxydation kaltes Licht erzeugt. ♀ legt die Eier im Mai in die Erde ab. In etwa einem Monat schlüpfen die ebenfalls leuchtenden Larven. Nach ihrer Überwinterung verpuppen sie sich im Mai (Puppenruhe 8 Tage). Die Larven überwältigen (durch Gift!) Kleintiere, z. B. Schnecken. Die Käfer ernähren sich vom Fettvorrat, den sie sich als Larve angefressen haben. Im Gebiet 3 Arten der Familie.

2 Soldatenkäfer, *Cantharis fusca*, Familie Weichkäfer (Cantharidae). Bis 1,5 cm lang. Im Gebiet etwa 80 Weichkäfer-Arten; die oft gelblich oder rötlich gefärbten Tiere im Sommer auf blühenden Kräutern, Büschen, auf Gräsern usw., bei Regen am Boden (z. B. unter Laub). Durch den Fraß von Kleintieren (z. B. Raupen, Blattläusen) nützlich. Frißt manchmal auch Pflanzen (z. B. Triebe), aber meist unbedeutend, schädlich. Der Soldatenkäfer legt die Eier im Mai ab. Im Juni schlüpft die Larve, die holzzerstörende Insekten und andere Kleintiere, aber auch Pflanzenteile frißt (polyphage Ernährung). Wie alle Cantharidenlarven überwintert sie in der Erde, was bei Käfern selten ist. Da die Larven manchmal auf Schnee zu finden sind, auch als »Schneewürmer« bekannt. Verpuppung im März des folgendes Jahres.

3 Malachidenkäfer, *Malachius aeneus*, Familie Malachidenkäfer (Malachiidae). Bis 0,7 cm lang. Im Gebiet 28 Arten der Familie. Auf Wiesen, in Flußtälern und ähnlichen feuchten Orten. Sie fliegen in der Sonne lebhaft umher. Besuchen Blüten von Kräutern, Sträuchern und anderen Pflanzen. Fressen Pollen, aber auch Kleintiere, z. B. Blattläuse. Eigenartiges Paarungsverhalten: Die ♂♂ veranlassen die ♀♀, mehrmals in ihren Hinterleib zu beißen, bis die beiderseitige Erregung die Begattung auslöst. Die Larven sehen denen der *Cantharis*-Arten sehr ähnlich: Sie sind weiß-rot gefleckt und behaart. Fressen Kleintiere. Da sie z. B. auch holzzerstörende Käferlarven erbeuten, nützlich. Besonders einige *Malachius*-Arten stülpen bei Beunruhigung (z. B. Anfassen) an den Körperseiten rötliche, schlauchartige Gebilde aus (Schreck- oder Abwehrreaktion). Diese sind mit Drüsen besetzt, deren Duft für Menschen nicht wahrnehmbar ist (Anlockung des anderen Geschlechts?).

4 *Cercyon haemorrhoidalis*, Familie Wasserkäfer (Hydrophilidae), Unterfamilie Sphaeridiinae. Etwa 0,3 cm lange, halbkugelig gewölbte Käfer, die in Dünger (Kot) leben. Siehe auch *Sphaeridium scarabaeoides*.

5 *Sphaeridium scarabaeoides*, Familie Wasserkäfer (Hydrophilidae). Etwa 0,6 cm lang. Im Mist, besonders im frischen Rinderkot. Bei uns weiterhin *Sphaeridium bipustulatum* häufig. Gehört, ebenso wie *Cercyon*, zu den Wasserkäfern, die zwar feuchtigkeitsliebend sind, aber an Land leben. Man findet sie an Gewässerufern, auf Feldern, in Gärten, Gehölzen usw. Viele leben an Kot (Exkrementen), andere unter Laub, faulenden Pflanzenresten und an ähnlichen feuchten Orten. Hier legen sie auch ihre Eier ab. Sie ernähren sich von Faulstoffen.

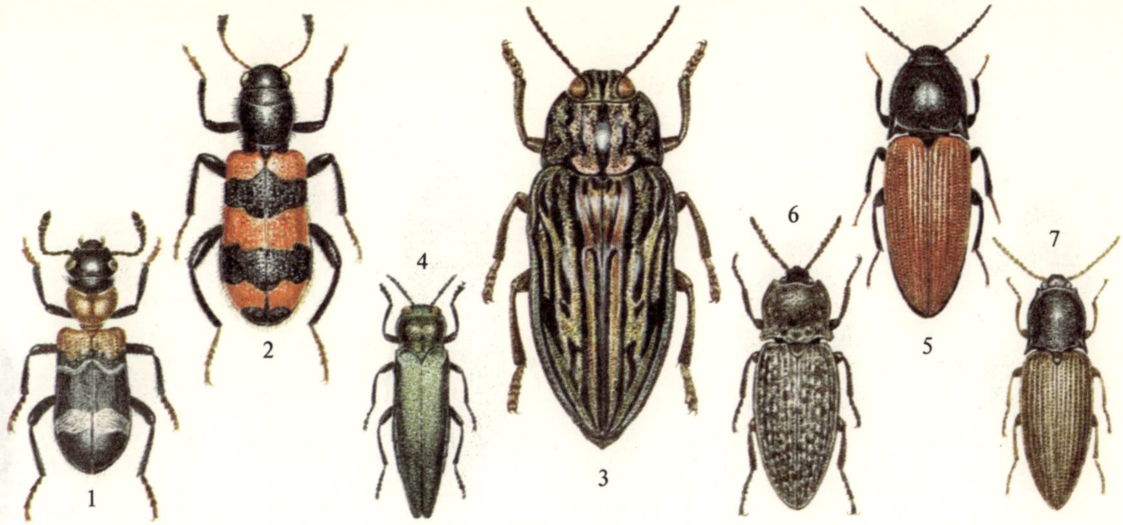

KÄFER Coleoptera

1 Borkenkäferfresser, *Thanasimus formicarius.* Familie Buntkäfer (Cleridae). 0,7–1 cm lang. In Nadelwäldern an Baumstämmen. Käfer und Larven ernähren sich räuberisch, besonders von Borkenkäfern und deren Larven (z. B. vom Großen Waldgärtner), wodurch sie sehr nützlich werden. ♀ legt die Eier im Frühjahr unter der Rinde ab. Die rosaroten Larven wachsen langsam, verpuppen sich im Herbst. Es überwintern Larven, Puppen oder Imagines. Im Gebiet 18 Buntkäferarten.

2 Bienenwolf, *Trichodes apiarius,* Familie Buntkäfer (Cleridae). 0,9–1,3 cm lang. Im Gebiet 2 ähnliche Arten. Auf Blüten (besonders auf denen von Doldengewächsen). Frißt Kleintiere (z. B. Insekten). *Trichodes*-Larven leben in unsauberen, wenig gepflegten kleineren Bienenstöcken oder in Nestern von Wildbienen. Dort fressen sie tote und kranke Bienen, auch Bienenlarven und -puppen (Name!). Wahrscheinlich kaum schädlich.

3 Großer Kiefernprachtkäfer, *Chalcophora mariana,* Familie Prachtkäfer (Buprestidae). 2,4–3 cm lang. In Kiefernwäldern. Die holzfressende Larve in Kiefernstöcken (s. S. 204). Nicht schädlich, eher durch Zersetzung des morschen Holzes der Stubben nützlich (siehe auch unter *Agrilus*).

4 Laubholzprachtkäfer, *Agrilus viridis,* Familie Prachtkäfer (Buprestidae). Bis 0,9 cm lang. In der Färbung sehr variabel (z. B. grün, blau, kupfern). Im Gebiet 33 schwer unterscheidbare *Agrilus*-Arten. Fliegt in Laubwäldern, besonders Juni–Juli. ♀ legt je etwa 10 Eier als weißliche Häufchen an der Rinde ab. Die Larve frißt bei gesunden Bäumen dicht unter der Rinde, bei kranken und abgestorbenen bis ins Holz. Verpuppt sich dort. Im Gebiet etwa 85 meist nicht häufige Prachtkäfer. Wärmeliebende, scheue und schnelle Tiere. Im Sommer im Sonnenschein oft auf Blüten, denn sie ernähren sich von Pollen. Larven fressen in der Rinde, manchmal im Holz. Schaden für die Forstwirtschaft gering, da die Larven meist in Stubben oder kranken Bäumen fressen.

5 Roter Schnellkäfer, *Elater sanguineus,* Familie Schnellkäfer (Elateridae). Bis 1,7 cm lang. Oft auf alten Baumstümpfen. Die Larve dort im mulmigen, feuchten Holz. Sie frißt anfangs Mulm, später Kleintiere (z. B. Bockkäferlarven).

6 Mausgrauer Schnellkäfer, *Adelocera murina,* Familie Schnellkäfer (Elateridae). Bis 1,6 cm lang. Auf Wiesen, Wegrändern usw., z. B. unter Steinen. Im Gebiet mehr als 100, oft schwer unterscheidbare Arten der Familie. Halsschild zu Spitzen ausgezogen. Auf Blüten, Büschen, Baumstümpfen usw. Die Käfer ernähren sich besonders von zarten Pflanzenteilen. Viele Larven leben in faulendem Holz, von dem sie sich anfangs ernähren. Später jagen sie Kleintiere (z. B. Insektenlarven). Nur die Larven weniger im Boden lebender Arten werden durch Wurzelfraß schädlich (Drahtwürmer!). Entwicklung mehrjährig. Sind die Käfer in Gefahr oder in der Rückenlage, schnellen sie sprungartig empor. Komplizierter Schnellapparat zwischen Vorder- und Mittelbrust.

7 Bräunlicher Schnellkäfer, *Agriotes ustulatus,* Familie Schnellkäfer (Elateridae). Bis 1,2 cm lang. Im Gebiet 10 *Agriotes*-Arten. Im Herbst oft auf Doldengewächsen. *Agriotes*-Arten sind durch den Fraß der Larven schädlich: Die Drahtwürmer fressen Wurzeln von Gras, Rüben, Salat und anderen Kulturpflanzen.

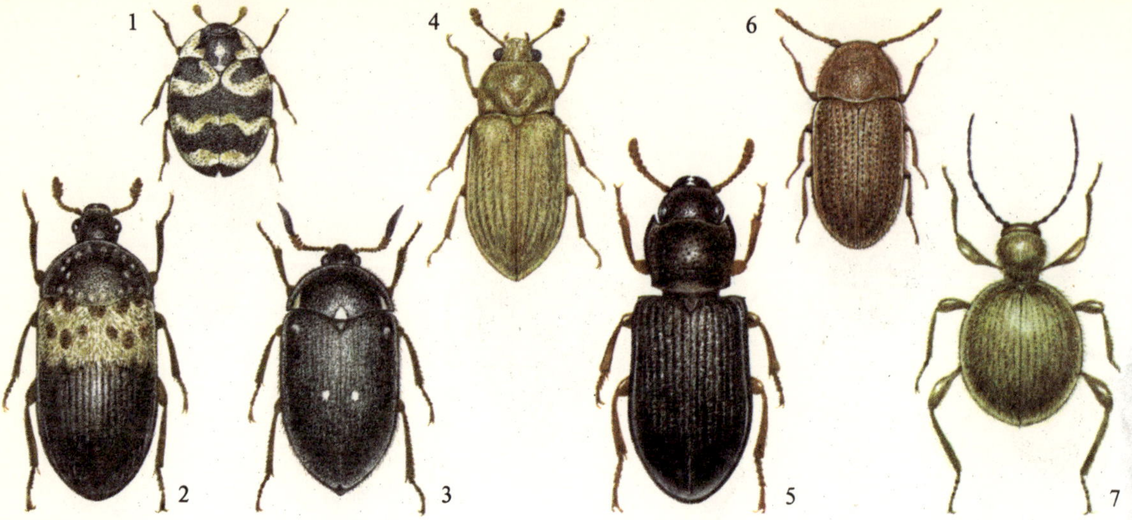

KÄFER Coleoptera

1 Wollkrautblütenkäfer, *Anthrenus verbasci*, Familie Speck- und Pelzkäfer (Dermestidae). Etwa 0,3 cm lang. Im Gebiet 5 *Anthrenus*-Arten (u. a. Teppich-, Museumskäfer). Die Käfer auf Blüten, besonders von Doldengewächsen, von deren Pollen sie sich ernähren. Sie legen die Eier an trockenes Aas sowie an alle möglichen tierischen Produkte. Die Larven, die sehr gefräßig sind, haben einen dichten Borstenpelz, den sie abspreizen können. Sie richten oft beträchtliche Fraßschäden in Tiersammlungen an. Auch Pelze, Wolle, Wurst usw. werden vernichtet. Besonders *Anthrenus verbasci* ist ein Schädling in Insektensammlungen. Die Käfer sind oft an Fenstern zu finden, da der geschlüpfte Jungkäfer den Weg ins Freie sucht.

2 Speckkäfer, *Dermestes lardarius*, Familie Speck- und Pelzkäfer (Dermestidae). Um 0,7 cm lang. Frißt tierische Produkte, z. B. Dauerfleischwaren, Felle und Leder. Durch den Handel weit verschleppt. Im Gebiet 14 *Dermestes*-Arten. Im Freien ernähren sie sich von Aas. Durch den Fraß an tierischen Produkten werden sie sehr schädlich; in Wohnungen, Speichern, Museen, usw. Im Gegensatz zu anderen Schädlingen dieser Familie richten die Käfer selbst und nicht nur die behaarten Larven (s. S. 204) die Schäden an. Dermestiden legen, wie viele Käfer, bei Gefahr die Beine eng an den Körper an und stellen sich tot.

3 Pelzkäfer, *Attagenus pellio*, Familie Speck- und Pelzkäfer (Dermestidae). Etwa 0,5 cm lang. Käfer im Frühjahr auf Blüten, z. B. von Obstbäumen, Ziersträuchern und Weißdorn. Frißt Pollen. ♀ dringt in Wohnungen ein und legt dort Eier an Pelze, Teppiche und andere Textilien ab, die der Larve als Nahrung dienen (gelb, mit langem Haarschopf am Hinterende). 5 Arten im Gebiet.

4 Himbeerkäfer, *Byturus tomentosus*, Familie Himbeerkäfer (Byturidae). Bis knapp 0,5 cm lang. Besonders auf Blüten der Himbeere. Käfer frißt Pollen und Nektar. Die 6beinige Larve ist die bekannte Himbeermade; sie frißt in Himbeeren. Zur Verpuppung sucht sie Verstecke im Boden auf. Nach kurzer Zeit schlüpft der Käfer, der dann überwintert. Durch Larvenfraß sowie zum Teil durch Zerstören von Blüten schädlich. Im Gebiet eine 2. ähnliche Art *(Byturus fumatus)*, die auf Löwenzahnblüten zu finden ist.

5 Finsterkäfer, *Tenebrioides mauretanicus*, Familie Flachkäfer (Temnochilidae). 0,6–1,1 cm lang. In Speichern, Mühlen, Bäckereien usw. Soll Körner und Getreideprodukte vernichten (auch als Getreidenager bezeichnet). Vielfach wurde aber beobachtet, daß sich der Käfer von Vorratsschädlingen (z. B. Mehlmilben, Kornkäferlarven) ernährt.

6 Brotkäfer, *Stegobium paniceum*, Familie Pochkäfer (Anobiidae). 0,2–0,3 cm lang. Häufiger Haus- und Vorratsschädling, der praktisch alles frißt (omnivore Ernährungsweise); selbst Blei soll er schon durchgenagt haben. Die Hauptnahrung für Käfer und Larve bilden aber Lebensmittel.

7 Messinggelber Diebskäfer, *Niptus hololeucus*, Familie Diebskäfer (Ptinidae). Etwa 0,4 cm lang. Besonders in warmen Räumen. Käfer frißt Textilien, Brot, Papier, Lederwaren usw., aber nicht etwa Messing (Name weist auf die gelbe Behaarung hin). Die Larve entwickelt sich oft in Stroh und Balken alter Fachwerkhäuser und richtet bei weitem nicht solchen Schaden an wie der Käfer. Er trat bei uns im vorigen Jahrhundert auf und wurde durch den Menschen in ganz Mitteleuropa verschleppt.

KÄFER Coleoptera

1 *Thea 22-punctata*, Familie Marienkäfer (Coccinellidae). Bis knapp 0,5 cm lang. Wie bei allen Marienkäfern wird zur Bestimmung die Anzahl der Punkte (Flecke) auf beiden Flügeldecken gezählt. Lebensweise siehe bei *Coccinella septempunctata*.

2 *Adonia variegata*, Familie Marienkäfer (Coccinellidae). Bis 0,6 cm lang. Auf trockenen Wiesen. Zeichnung sehr variabel. Lebensweise siehe bei 5.

3 *Anatis ocellata*, Familie Marienkäfer (Coccinellidae). 0,8–0,9 cm lang. Schwarze Punkte weißlich umrandet. Besonders in Nadelwäldern (z. B. auf Kiefern). Größter Marienkäfer im Gebiet.

4 Zweipunkt, *Adalia bipunctata*, Familie Marienkäfer (Coccinellidae). Bis etwa 0,6 cm lang. Zeichnung wie bei vielen Marienkäfern sehr variabel. Am gleichen Ort, also bei etwa gleichen Umweltbedingungen treten in Färbung, Zahl und Anordnung der Flecke Unterschiede (Aberrationen, 4b, 4c) auf. Lebensweise siehe Siebenpunkt.

5 Siebenpunkt, *Coccinella septempunctata*, Familie Marienkäfer (Coccinellidae). Bis 0,8 cm lang. Überwintert in Schlupfwinkeln im Freien oder in Gebäuden; so schon im Vorfrühling in der Sonne, z. B. an Fenstern, zu beobachten. Die blattfressende, blaugraue Larve mit rotgelben Warzen. Wird vom Unkundigen mit der Kartoffelkäferlarve verwechselt. Im Gebiet kommen etwa 70 Arten der Familie vor. An Zeichnung und annähernd kugligem Körper leicht zu erkennen. Auf verschiedenen Pflanzen in vielen Biotopen. Da sich die meisten Arten (Larven und Käfer) von Blattläusen ernähren, sind sie sehr nützlich (biologische Schädlingsbekämpfung). Eine Larve saugt täglich bis zu 50 Blattläuse aus, ein Käfer, je nach Alter, fast genausoviel. Oft erscheinen die Käfer in großer Zahl an Orten mit starkem Blattlausbefall. Die erwachsenen Käfer werden über ein Jahr alt (Zahl der Punkte hat nichts mit dem Alter zu tun). Nach der Überwinterung (in Gemeinschaften) legen die ♀♀ im Frühjahr mehrere hundert Eier an die Unterseite von Blättern. In etwa einer Woche schlüpfen die Larven. Nach mehreren Häutungen in 1–2 Monaten verpuppen sie sich. Nach bereits 6–9 Tagen schlüpfen die Käfer (2. Generation). Sie stellen sich bei Berührung, wie auch andere Käfer, tot.

6 Wollkäfer, *Lagria hirta*, Familie Wollkäfer (Lagriidae). Bis 1 cm lang. In Wäldern, Gärten, an Waldrändern usw. auf Blüten und Blättern. Die Larve frißt Fallaub. Die Imagines ernähren sich von Blättern der verschiedensten Pflanzen (Polyphagie).

7 Rapsglanzkäfer, *Meligethes aeneus*, Familie Glanzkäfer (Nitidulidae). 0,2–0,3 cm lang. Auf und in Blüten von Raps und anderen Kreuzblütengewächsen. Der Käfer bohrt noch nicht geöffnete Blütenknospen an. Frißt Pollen. ♀ legt 1 Ei in den Blütenboden, dadurch Ertragsminderung, da die Knospen meist abfallen. Blüht der Raps beim Befall, so ist der Schaden nicht so groß. Im Raps kommen auch noch andere *Meligethes*-Arten vor, die nicht so schädlich werden. Die Larven fressen Pollen. Verpuppung in der Erde. Die im Sommer geschlüpften Käfer überwintern (unter Gras und Laub). Im Gebiet 150 meist nur wenige Millimeter große Glanzkäferarten.

8 *Meligethes coracinus*, siehe auch unter 7. Häufig auf Kreuz- und Korbblütlern (Löwenzahn!) und anderen Pflanzen.

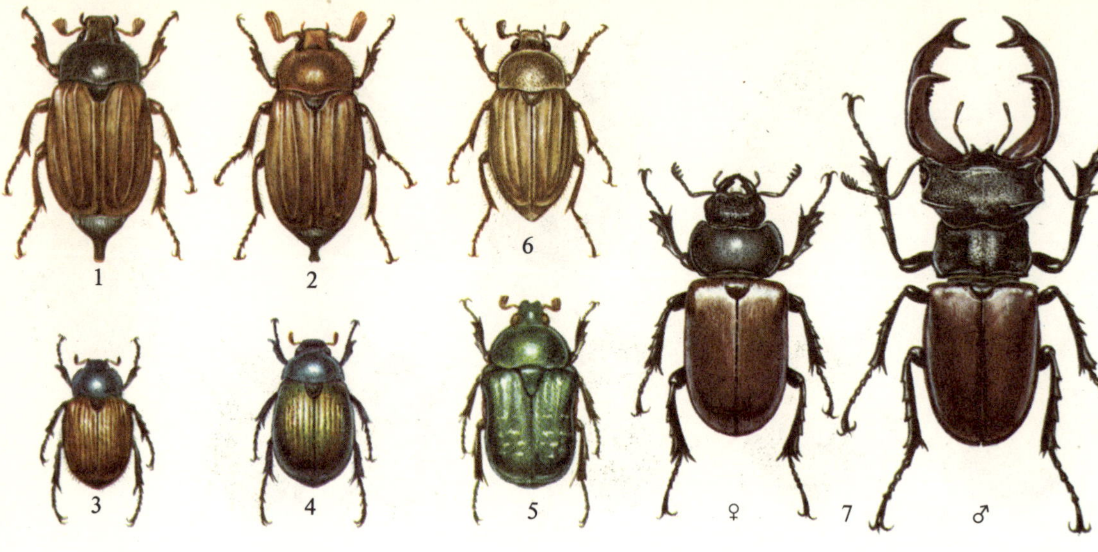

KÄFER Coleoptera

1 Feldmaikäfer, *Melolontha melolontha*, Blatthornkäferfamilie Scarabaeidae. Bis etwa 2,5 cm lang. Hinterleibsspitze (Aftergriffel oder Pygidium) beim ♂und ♀ zu einer am Ende mehr parallelseitigen Spitze ausgezogen. Die für diese Familie charakteristisch geblätterten Fühler sind beim ♂ größer (♀ 6 Glieder, ♂ 7 Glieder). Sie sind Sitz der Geruchssinnesorgane (♂ findet damit das ♀). Frißt Blätter von Laubbäumen (bevorzugt Eiche), seltener von Nadelbäumen. Von Mai–Juni legen die ♀♀ die Eier in kleinen Haufen ab, besonders in lockeren Boden; danach sterben sie. Die Larven, die bekannten Engerlinge, schlüpfen nach 6 Wochen und wachsen in 2–4 Jahren heran. Sie fressen Wurzeln. Im Gebiet erfolgt meist im 4. Jahr nach der Eiablage die Verpuppung in der Erde. Die Käfer schlüpfen im August, überwintern und erscheinen dann im Frühjahr (Erklärung für die Maikäferjahre). Durch die Fraßtätigkeit sehr schädlich (jährlicher Schaden von mehreren Millionen Mark).

2 Waldmaikäfer, *Melolontha hippocastani*, Familie Scarabaeidae. Bis 2,5 cm lang. Ähnliche Lebensweise wie der Feldmaikäfer (mehr auf Sandboden). Aftergriffel, im Gegensatz zu obiger Art, plötzlich verengt und am Ende dann wieder knopfartig erweitert.

3 Gartenlaubkäfer, *Phyllopertha horticola*, Blatthornkäferfamilie Scarabaeidae. Zu dieser Familie zählt man Mai-, Rosen-, Dung- und Mistkäfer. Bis 1,2 cm lang. Der Käfer frißt hauptsächlich Blätter an Obst- und anderen Laubbäumen sowie Blüten und Früchte. Auch an Büschen und krautigen Pflanzen. Schwärmt besonders im Juni. Ist lebhafter als der Maikäfer und fliegt sogar in der Mittagssonne. Die Larve frißt Wurzeln. Schädlich, aber nie wie die Maikäfer.

4 Julikäfer, *Anomala aenea*, Blatthornkäferfamilie Scarabaeidae. Bis etwa 1,5 cm lang. Auf Weiden, Kiefern und anderen Pflanzen. Frißt Blätter und Blüten. Fliegt Ende Juni–Anfang August.

5 Gemeiner Rosenkäfer, *Cetonia aurata*, Blatthornkäferfamilie Scarabaeidae. 1,2–2 cm lang. Auf Blüten von Sträuchern, Disteln usw. Frißt zarte Blütenteile (z. B. Pollen). Der Käfer fliegt von Ende Mai bis Juli/August. Beim Flug bleiben die Flügeldecken geschlossen, im Gegensatz zu den anderen fliegenden Käfern. Die Larven leben im morschen Holz, z. B. von Baumstümpfen.

6 Junikäfer, *Amphimallon solstitialis*, Blatthornkäferfamilie Scarabaeidae. Bis 1,8 cm lang. Bevorzugt sandige Böden (auch Brackkäfer genannt). Frißt auf Bäumen und Sträuchern (z. B. Laublätter, Kiefernnadeln); schädlich. Schwärmt besonders in der Zeit des Sonnenuntergangs. Fliegt im Juni oder Juli, aber nur wenige Tage. Larven (Engerlinge) sind gegen Nässe empfindlich. Gehört zu den maikäferartigen Scarabaeiden, zu denen auch der in sandigen, weniger bewachsenen Gegenden vorkommende Walker *(Polyphylla fullo)* zählt. Er ist reichlich 3 cm lang, braun und weißlich marmoriert.

7 Hirschkäfer, *Lucanus cervus*, Blatthornkäferfamilie Lucanidae. 2,5–7,5 cm lang (größter Käfer im Gebiet). ♂ viel größer. Oberkiefer zum »Geweih« umgebildet. Auf Laubbäumen. Fliegt im Juni–Juli. Ernährt sich von ausfließenden Baumsäften. Die sich in 5–6 Jahren entwickelnden holzfressenden Larven besonders in Eichenstubben. Die Beseitigung solcher Entwicklungsbiotope sind der Hauptgrund für den starken Rückgang.

KÄFER Coleoptera

1 Dungkäfer *Aphodius fossor*, Blatthornkäferfamilie Scarabaeidae. Etwa 0,8–1,3 cm lang.

2 Dungkäfer *Aphodius fimetarius*, Familie Scarabaeidae. Etwa 0,5 cm lang. Im Gebiet etwa 60 *Aphodius*-Arten. Meist 0,5 cm lang und rot, schwarz oder gelbbraun (bei letzterem oft mit schwärzlicher Zeichnung). Die meisten leben in Tierkot (z. B. in oben verkrustetem, aber innen noch feuchtem Rinderdung, in Pferdemist usw.). In diesen werden die Eier abgelegt (einfache Brutfürsorge). Larven und Käfer ernähren sich nicht von der Zellulose des Mistes, sondern von Eiweißstoffen, die sie, im Gegensatz zu Säugern, aufschließen können.

3 Großer Mistkäfer, *Geotrupes stercorarius*, Blatthornkäferfamilie Scarabaeidae. 1,6–2,4 cm lang. Der hartgepanzerte, hochgewölbte Käfer mit 7 Längsfurchen auf den Flügeldecken. In Wäldern, auf Wegen an Waldrändern usw. Fliegt besonders an warmen Abenden mit Gebrumm in niedriger Höhe. Meist an Tierkot, von dem er sich hauptsächlich ernährt. Hochentwickelte Brutfürsorge. Ein Pärchen legt im September–Oktober unter frischem Tierkot den Brutbau an. Der etwa 0,5 m tiefe Hauptgang wird senkrecht oder schräg in die Erde getrieben. Von ihm gehen Seitengänge aus. In diese bringt das Pärchen jeweils eine »Mistwurst« ein. Am Ende eines solchen Brutballens fertigt das ♀ eine kleine Kammer an, in die sie ein Ei legt. Dann wird der Seitenstollen mit Erde verschlossen. Die im April schlüpfenden Larven haben einen Nahrungsvorrat und sind gleichzeitig vor Feinden (Laufkäfer, Schlupfwespen u. a.) geschützt. Die Larve überwintert noch einmal, ehe sie sich verpuppt. Im Gebiet 7 *Geotrupes*-Arten. Meist von Milben befallen.

4 Gemeiner Mehlkäfer, *Tenebrio molitor*, Familie Schwarzkäfer (Tenebrionidae). 1,2–1,7 cm lang. In Speichern, Mühlen usw. an Getreide, Mehl und Teigwaren. Durch Larvenfraß Vorratsschädling. Die Larven, die bekannten »Mehlwürmer«, entwickeln sich in etwa 3 Wochen. Sie sind leicht in Mehl zu ziehen.

5 Ölkäfer, *Meloë violaceus*, Familie Blasenkäfer (Meloidae). 1–3,2 cm lang. Besonders das ♀ plump, wurmförmig. Im Gras (April–Mai). Frißt Pflanzen. ♀ legt die Eier (bis 4000!) in die Erde. Komplizierte Entwicklung mit verschiedenen Larvenstadien.

6 Scheinbockkäfer, *Oedemera virescens*, Familie Scheinbockkäfer (Oedemeridae). 0,8–1,2 cm lang. In Wäldern auf Blüten. Im Gebiet 23 Arten der bockkäferähnlichen Oedemeriden. Die meisten fressen Pollen oder Nektar. Die Larven leben im Mark von Stengeln krautiger Pflanzen oder in abgestorbenem Holz.

7 Scharlachroter Feuerkäfer, *Pyrochroa coccinea*, Familie Feuerkäfer (Pyrochroidae). Etwa 1,5 cm lang. Im Mai–Juni auf Blüten, besonders an Waldrändern, Waldlichtungen usw. Frißt Blütenstaub oder Nektar. Larven entwickeln sich in etwa 3 Jahren unter der Rinde von Stubben oder abgestorbenen Bäumen. Fressen andere Holzinsektenlarven und weiche Rinde. Im Gebiet 3 Arten.

8 Lilienhähnchen, *Lilioceris lilii*, Familie Blattkäfer (Chrysomelidae). Schädlich an Lilien.

9 Spargelhähnchen, *Crioceris asparagi*, Familie Blattkäfer. Schädling der Spargelpflanzen.

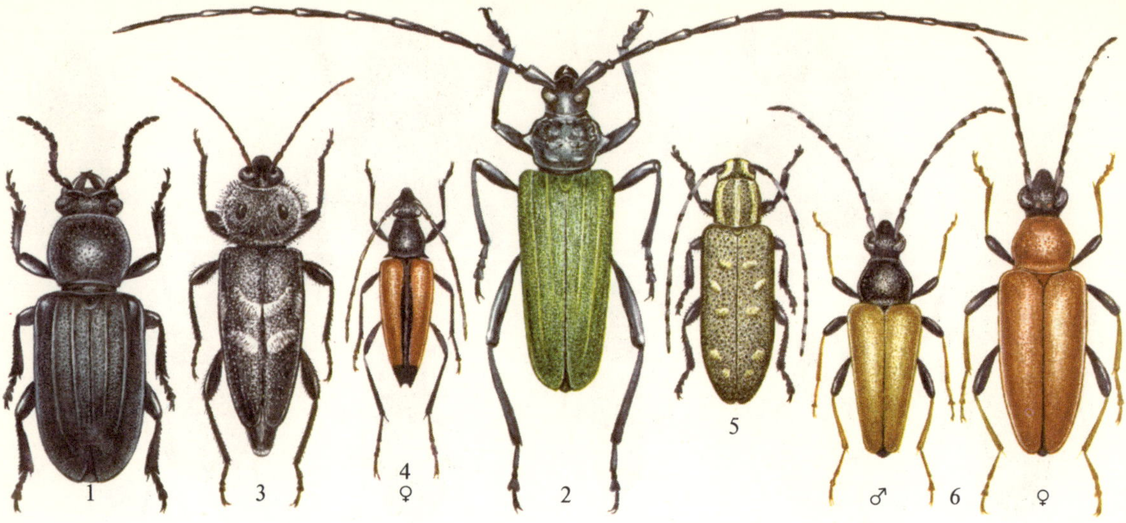

KÄFER Coleoptera

1 Waldbock, *Spondylis buprestoides*, Familie Bockkäfer (Cerambycidae). 1,2–2,4 cm lang. Im Gegensatz zu anderen Bockkäfern gedrungen gebaut und mit relativ kurzen Fühlern. Juli–September. Besonders in Kiefernwäldern, oft an frisch gefälltem Holz (z. B. auf Holzplätzen) anzutreffen. Fliegt gern abends langsam in niedriger Höhe. Larve in morschen Kiefernstubben, selten in geschlagenem Holz. Sie baut das Holz mit Hilfe von Symbionten (Hefepilzen), die in ihrem Darm leben, ab. Durch Holzentwertung oder Fraß in Pfählen gelegentlich schädlich, aber durch Abbau der Baumstümpfe auch nützlich.

2 Moschusbock, *Aromia moschata*, Familie Bockkäfer (Cerambycidae). Um 3 cm lang. In der Färbung variabel (z. B. auch bronzefarben). Der Käfer mit moschusartigem Geruch (Name!). Im Sommer besonders in und an alten Weiden, in denen die Larve frißt. Entwicklung mehrjährig. Der Käfer ernährt sich von ausfließendem Baumsaft, dessen Salizylsäure er zu Duftstoffen verarbeitet.

3 Hausbock, *Hylotrupes bajulus*, Familie Bockkäfer (Cerambycidae). 0,7–2,1 cm lang. Fliegt von Juni bis August. Wärmeliebend. ♀ bringt mit seiner Legeröhre mehrmals je 100–160 Eier in totem Nadelholz unter. Die Larve frißt besonders im Splintholz. Befällt oft Dachstühle, aber auch anderes totes Nadelholz (z. B. Möbel und Bauholz). Sie durchfrißt nie die Oberfläche des Holzes, so daß der Befall oft erst festgestellt wird, wenn es zu spät ist. Entwicklung in 3–10 oder noch mehr Jahren. Häufiger und sehr gefährlicher Schädling.

4 Schmalbock, *Strangalia melanura*, Familie Bockkäfer (Cerambycidae). Etwa 1 cm lang. ♂ mit gelbbraunen Flügeldecken. Im Aussehen und in der Lebensweise der Gattung *Leptura* sehr ähnlich. Bei *Strangalia* ist der Hinterwinkel des Halsschildes viel stärker zugespitzt als bei *Leptura*.

5 Kleiner Pappelbock, *Saperda populnea*, Familie Bockkäfer (Cerambycidae). 0,9–1,5 cm lang. Fliegt an Pappeln (besonders an Zitterpappeln) und Weiden (Mai–Juni). Treibt Brutfürsorge. ♀ frißt die Rinde hufeisenförmig an und legt zwischen Rinde und Splint je ein Ei ab. Die Larve frißt anfangs das entstehende Wundgewebe (Kallus), später im Mark des Zweiges. An der Fraßstelle eine gallenartige Anschwellung. Die Larve verpuppt sich am Ende des Fraßganges. Im Frühjahr des 3. Jahres gelangt der Käfer ins Freie (Entwicklungsdauer also 2 Jahre). Besonders in Jungpflanzungen schädlich. Der Große Pappelbock ist ebenfalls ein Schädling.

6 Roter Schmalbock, Rothalsbock, *Leptura rubra*, Familie Bockkäfer (Cerambycidae). Familienname nach der Stellung der Fühler, die meist, ähnlich wie Ziegenhörner, nach hinten gerichtet getragen werden. 1–1,9 cm lang. Fliegt besonders im Juli bis August. ♂♂ oft auf Doldengewächsen. Die Larve entwickelt sich in Baumstümpfen von Nadelhölzern, deren Zersetzung sie fördert. Im Gebiet etwa 180 Bockkäferarten. Da sich aber viele, im Gegensatz zu *Leptura*, in der Baumregion aufhalten, sind sie nur selten zu beobachten. Die kurzlebigen Imagines sind harmlos, fressen Pollen, Baumsaft, vielleicht auch gar nichts. ♀♀ legen die Eier meist in Rinde oder Holz. Die walzenförmigen Larven haben Kriechwülste. Die Larvenfraßgänge sind mit Bohrmehl gefüllt. Bis auf wenige Arten nicht schädlich, da die Larven im wertlosen Holz leben oder sich nicht stark vermehren.

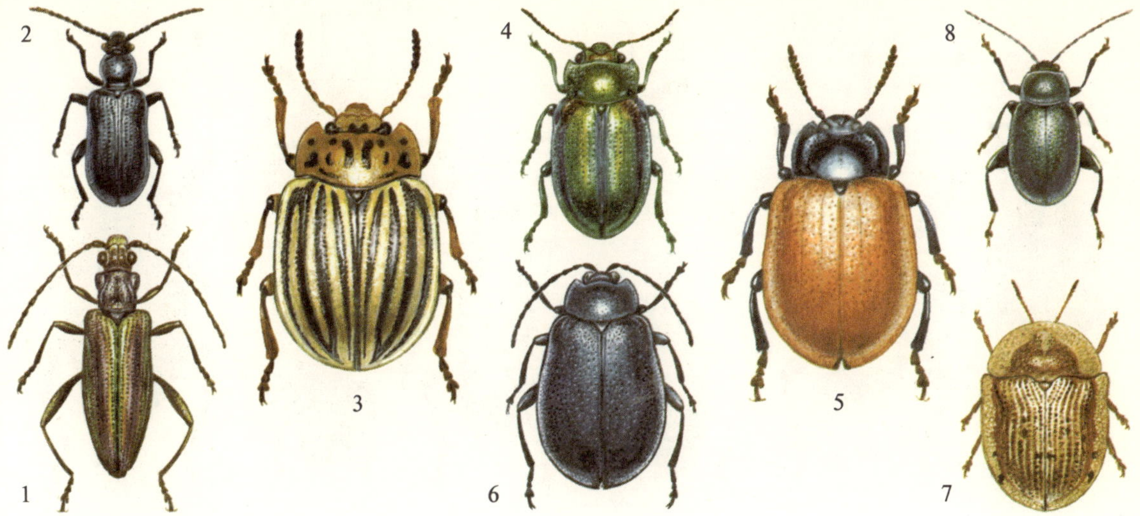

KÄFER Coleoptera

1 Schilfkäfer, *Donacia aquatica*, Familie Blattkäfer (Chrysomelidae). 0,6–1 cm lang. Im Gebiet über 20 *Donacia*-Arten. Auf Pflanzen an Ufern und auf dem Wasser. ♀♀ legen die Eier an Pflanzen unter Wasser! Die Larven atmen, indem sie mit 2 Afterdornen die Gefäße von Pflanzen anzapfen. Sie verpuppen sich in einem mit Luft gefüllten Kokon im Wasser. Die Käfer erscheinen im April–Mai des folgenden Jahres.

2 Blatthähnchen *Lema cyanella*, Familie Blattkäfer (Chrysomelidae). 0,4–0,5 cm lang. Auf Wiesen, besonders an Kratzdisteln. Die Larve hat auf dem Rükken einen Überzug aus Kot (der After ist auf der Oberseite). Käfer und Larve fressen auch an Getreide, jedoch ist der Schaden gering.

3 Kartoffelkäfer, *Leptinotarsa decemlineata*, Familie Blattkäfer (Chrysomelidae). Um 1 cm lang. Käfer und Larve fressen an Kartoffelblättern. Eigelege an der Blattunterseite. Larve nicht mit der nützlichen des Marienkäfers (s. S. 204) verwechseln! Verpuppung in der Erde. Entwicklung Ei – Jungkäfer: 6 bis 7 Wochen. Der Käfer überwintert. Gefährlicher Schädling mit interessanter Ausbreitungsgeschichte. Aus Amerika (befiel hier erst um 1850 die Kartoffel) nach Europa eingeschleppt. 1877 in Deutschland festgestellt und vernichtet. Nach dem ersten Weltkrieg breitete er sich trotz intensiver Bekämpfung von Frankreich her in Europa aus (überschritt 1938 den Rhein, 1950 die Oder).

4 Blattkäfer *Chrysomela fastuosa*, Familie Blattkäfer (Crysomelidae). 0,5–0,6 cm lang. Auf Lippenblütengewächsen; auf Hohlzahnarten sehr häufig. Käfer und Larve fressen Löcher in die Blätter. Im Gebiet etwa 580 Arten der Familie.

5 Pappelblattkäfer, *Melasoma populi*, Familie Blattkäfer (Chrysomelidae). Bis 1,2 cm lang. Käfer und Larve fressen an Pappeln, auch an Weiden, wobei der Schaden an Pappeln gering, in Weidenhegern jedoch größer ist. ♀ legt die Eier im Mai–Juni an die Blattunterseite. Die Larve verpuppt sich nach 3 Wochen. Die Puppe hängt am Blatt. Nach 10 Tagen schlüpft der Jungkäfer. Im Gegensatz zu 6 bald Eiablage.

6 Erlenblattkäfer, *Agelastica alni*, Familie Blattkäfer (Chrysomelidae). Bis 0,7 cm lang. Käfer und Larve fressen besonders an Erlen. Eigelege an der Blattunterseite. Verpuppung im Boden. Puppenruhe etwa 10 Tage. Die Jungkäfer sind erst nach der Überwinterung geschlechtsreif. Besonders in Junganpflanzungen schädlich.

7 Schildkäfer *Cassida nebulosa*, Familie Blattkäfer (Chrysomelidae). 0,6–0,7 cm lang. Frißt an Gänsefußgewächsen (manchmal an Rüben schädlich). Im Gebiet rund 30 Arten (flach; grün oder braun). Larven stachlig, mit 2 gabelartigen Dornen am Körperende. Diese sind mit Kot und abgestreiften Larvenhäuten bedeckt (schirmartige »Kotmaske«).

8 Erdfloh *Haltica oleracea*, Familie Blattkäfer (Chrysomelidae). Bis 0,4 cm lang. Auf Wiesen, an Wegrändern usw., aber (früher fälschlich als Kohlerdfloh bezeichnet) nie auf Kohl. Andere *Haltica*-Arten auf Sträuchern. Auf Kohl und Kreuzblütengewächsen sind besonders *Phyllotreta*-Arten (einige gelbstreifig) schädlich. Im Gebiet rund 200 Arten Erdflohkäfer! Sie können weit springen (verdickte Hinterschenkel). Die Larven minieren oft in Blättern und Stengeln. Die Käfer fressen an den Blättern. Larve und Käfer oft sehr schädlich.

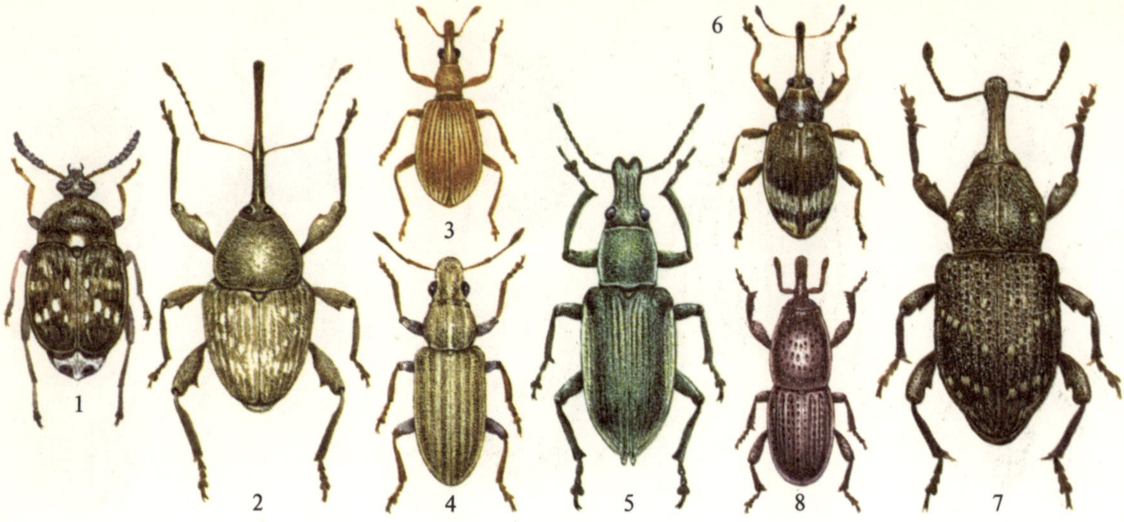

KÄFER Coleoptera

1 Erbsensamenkäfer, *Bruchus pisorum*, Familie Samenkäfer (Bruchidae). Bis 0,5 cm lang. Der Käfer legt die Eier in die Fruchtknoten oder die kleinen Hülsen. Die Larve frißt und verpuppt sich in der heranreifenden Erbse, die außen keine sichtbaren Schäden aufweist (keine Entwicklung in reifen Samen möglich). Schlupf der Käfer Herbst-Frühjahr (kreisrundes Schlupfloch). Im Gebiet rund 30 Arten der Familie.

2 Haselnußbohrer, *Curculio nucum*, Familie Rüsselkäfer (Curculionidae). Bis 0,7 cm lang. ♀ bohrt zur Eiablage halbreife Nüsse an (s. S. 239). Die Larve frißt in der Nuß und überwintert im Boden. Verpuppung erst im Frühjahr. Im Gebiet über 10 *Curculio*-Arten; einige an Eicheln.

3 Kleespitzmäuschen, *Apion frumentarium*, Familie Rüsselkäfer (Curculionidae). Etwa 0,3 cm lang. Über 100 millimetergroße *Apion*-Arten im Gebiet. Die Käfer fressen an verschiedenen Pflanzen, besonders an Schmetterlingsblütengewächsen. Die Eier in Blüten, Knospen, Stengeln oder Wurzeln, wo dann auch die Larven fressen (dadurch z. B. Gallen). Manchmal geringer Schaden an Klee; sonst ungefährlich.

4 Blattrandkäfer *Sitona lineatus*, Familie Rüsselkäfer (Curculionidae). 0,4–0,5 cm lang. Im Gebiet 20 *Sitona*-Arten. Auf Leguminosen (z. B. Luzerne, Klee, Erbse, Lupine, Bohne). Käfer schädigt durch Blattfraß, Larven durch Fressen an Wurzeln und Wurzelknöllchen. Im Gebiet fast 1000 Rüsselkäferarten: Pflanzenfresser, oft mit geknieten Fühlern und rüsselartig verlängertem Vorderkopf, der bei der Eiablage förderlich ist. Meist überwintern die Jungkäfer.

5 Grünrüßler *Chlorophanus viridis*, Familie Rüsselkäfer (Curculionidae). 0,9–1,1 cm lang. Grün (wie auch andere Arten der Gattung) oder bräunlich. Frißt gern an Brennesseln.

6 Apfelblütenstecher, *Anthonomus pomorum*, Familie Rüsselkäfer (Curculionidae). Etwa 0,5 cm lang. Sticht im zeitigen Frühjahr die Blütenknospen der Apfelbäume an und legt in sie je ein Ei. Die beinlose Larve frißt in der Knospe, läßt aber die Kronblätter stehen. Die verdorrten Knospen (mit der Puppe) fallen nicht ab. Der Käfer überwintert. Der Umfang des Schadens je nach Blütenansatz und Witterung verschieden. Im Gebiet rund 20 *Anthonomus*-Arten (in Blütenknospen).

7 Großer brauner Rüsselkäfer, *Hylobius abietis*, Familie Rüsselkäfer (Curculionidae). 0,8–1,4 cm lang. Käfer fressen von Mai–September an Nadelhölzern, besonders an Jungpflanzen oberhalb des Wurzelknotens, so daß diese meist absterben (»Pockennarbenfraß«). ♀ legt die Eier ab Mai an absterbende Wurzeln von Kiefern und Fichten. Die Larve frißt bis Oktober in den Wurzeln; verpuppt sich im Juli bis August; bald danach erscheinen die Käfer, die überwintern. Schädlichkeit nur durch den Käfer.

8 Kornkäfer, *Calandra granaria*, Familie Rüsselkäfer (Curculionidae). Bis 0,4 cm lang. Besonders in Speichern, selten im Freien. ♀ bohrt die Getreidekörner an und legt je ein Ei ab. Im Korn frißt und verpuppt sich die Larve. Entwicklungsdauer ist temperaturabhängig (2–3 Monate). In Räumen mehrere Generationen im Jahr. Durch Käfer- und Larvenfraß schädlich. Jährlich werden rund 2–3 % des gelagerten Getreides vernichtet.

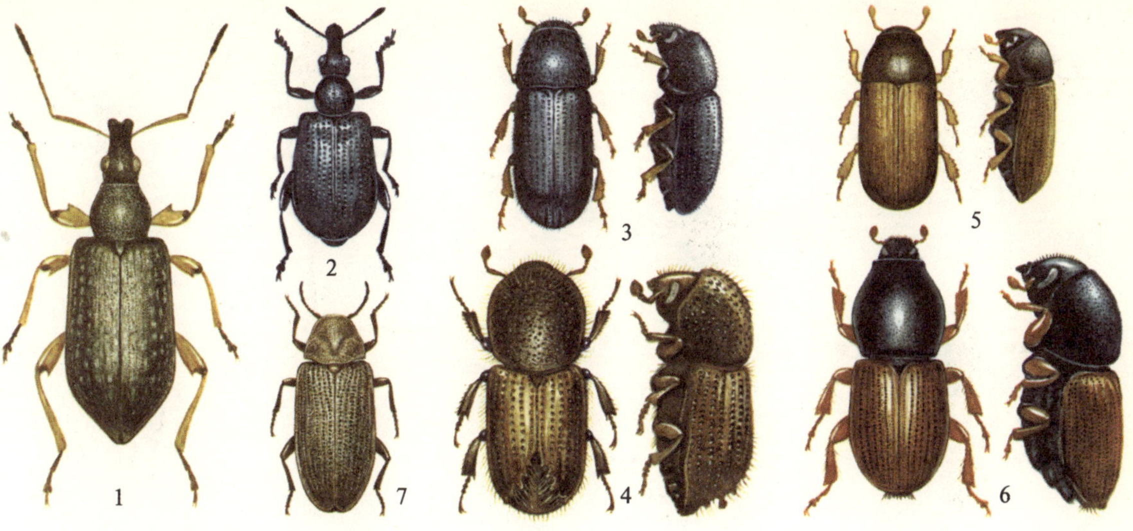

KÄFER Coleoptera

1 Blattnager, *Phyllobius calcaratus,* Familie Rüsselkäfer (Curculionidae). 0,8–1,2 cm lang. Im Gebiet 16 *Phyllobius*-Arten, die Blätter von Laubbäumen (Randfraß), auch Knospen, Blüten, Brennesseln und andere Pflanzen fressen.

2 Birkenblattroller, *Deporaus betulae,* Familie Rüsselkäfer (Curculionidae). Bis 0,4 cm lang (ohne Rüssel!). Besonders auf Birken, aber auch auf anderen Laubbäumen, wie Buche, Hasel, Erle. Etwa Anfang Mai legt das ♀ je 2–5 Eier in die tütenartigen Blätter (s. S. 239). ♀ fertigt auf dem Blatt eine komplizierte Schnittfigur an und rollt dann den Trichter (Eier in besonderen Eitaschen). Die Larven ernähren sich vom gewickelten Blatt. Zur Verpuppung lassen sie sich auf den Boden fallen, wo sie eine kugelige Erdhöhle anfertigen. Die Puppe überwintert.

3 Großer Waldgärtner, *Blastophagus piniperda,* Familie Borkenkäfer (Scolytidae). Etwa 0,4 cm lang. Besonders an Kiefern. Fliegt schon zeitig im Frühjahr. ♀ frißt zur Eiablage einarmigen Gang in der Rinde (s. S. 239). Außer dem Brutfraß in der Rinde auch Ernährungsfraß des Käfers in den Trieben, die dann abfallen. Die Kronen sehen danach wie beschnitten aus (Name!). Besonders durch den Fraß an Trieben schädlich.

4 Buchdrucker, *Ips typographus,* Familie Borkenkäfer (Scolytidae). Etwa 0,5 cm lang. Vornehmlich an Fichten (normalerweise an kranken oder geschwächten Bäumen). Fliegt an warmen Tagen, besonders im April–Mai und Juli–August. Rindenbrüter. ♂ bohrt die Rammelkammer; paart sich darin mit mehreren ♀♀ (polygam). ♀ frißt zwischen Rinde und Holz den Brutarm (Muttergang). In dessen Wand in Einischen je ein Ei. Die Larven fressen dann vom Muttergang aus seitwärts Gänge, an deren Ende sie sich verpuppen. So entsteht das Fraßbild, das für jede Art der Familie kennzeichnend ist (s. S. 239). Entwicklungszeit etwa 2 Monate, Jungkäfer pflanzen sich bei günstiger Witterung sogleich wieder fort (2. Generation). Meist überwintern die Käfer. Bei bestimmten Bedingungen (z. B. nach einem Windbruch) Massenvermehrung, bei der gesunde Bäume befallen werden. Sehr schädlich.

5 Kleiner Fichtenbastkäfer, *Polygraphus polygraphus,* Familie Borkenkäfer (Scolytidae). Bis 0,3 cm lang. Besonders an Fichten. Wie der Buchdrucker Rindenbrüter (Fraßbild s. S. 239). Bei normalem Witterungsverlauf 2 Generationen. Schädlich. Im Gebiet 95 Borkenkäferarten.

6 Ulmensplintkäfer, *Scolytus scolytus,* Familie Borkenkäfer (Scolytidae). Etwa 0,5 cm lang. Besonders Ulmen, Rindenbrüter. Befällt häufig Zweige gesunder Bäume. Kurzer, einarmiger Muttergang mit langen Larvenfraßgängen (s. S. 239). Meist in 2 Generationen. Sehr schädlich, da die Käfer Pilzsporen von *Ceratocystis ulmi* auf gesunde Bäume übertragen. Dieser Pilz ruft das »Ulmensterben« hervor.

7 Gemeiner Pochkäfer, *Anobium punctatum,* Familie Poch- oder Klopfkäfer (Anobiidae). Etwa 0,4 cm lang. In Möbeln, Balken usw. Befall an kleinen, runden Löchern und herausgefallenem Bohrmehl erkennbar. Gefährlicher Schädling. Im Gebiet etwa 70 kleine Arten. Die Käfer sowie die Larven (»Holzwürmer«) fressen im Holz. Sie schlagen mit dem Halsschildvorderrand an die Gangwände (Anlocken des Geschlechtspartners).

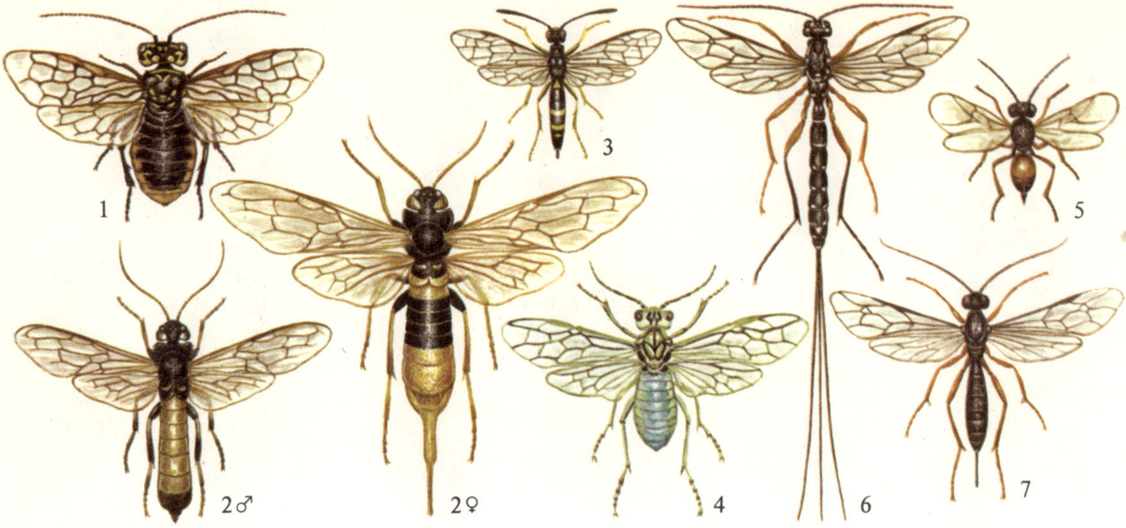

HAUTFLÜGLER Hymenoptera

1 Große Kieferngespinstblattwespe, *Acantholyda nemoralis.* Familie Gespinstblattwespen (Pamphiliidae). 11–15 mm lang. Geschlechter nicht sehr verschieden. Flugzeit: Mai–Juni. Frißt Insekten. Larven (in fast kotfreien Gespinsten) werden durch Kahlfraß z. T. sehr schädlich. Fraßzeit: Juni–August. Überwinterung als Larve im Boden (oft mehrere Jahre). *A. nemoralis* befällt meist ältere Kiefernbestände.

2 Riesenholzwespe, *Uroceras gigas*, Familie Holzwespen (Siricidae). Mit bis zu 4 cm Länge größte Holzwespe im Gebiet. Flugzeit: Juni–September. Meist ♀♀ zu beobachten; ihr gefährlich aussehender Legestachel ist völlig harmlos. Vor allem an Fichten und Tannen. Ernährt sich von Baumsäften. Larven fressen unregelmäßige bogenförmige Gänge, die sie mit Fraßmehl verstopfen. Befällt neben krankem auch gefälltes Holz und wird dann durch Ausschlupf aus den verbauten Teilen (meist während der Flugzeit) schädlich.

3 Getreidehalmwespe, *Cephus pygmaeus*, Familie Halmwespen (Cephidae, Körper sehr schlank und zylindrisch). 6–10 mm lang. ♀ (Flugzeit: Mai–Juni) legt Eier in die oberen Teile von Getreidehalmen und anderen Gräsern, Larve frißt sich nach unten durch, Verpuppung im nächsten Frühjahr. Folgen: schwaches Wachstum und taube Ähren. Besonders bei Massenauftreten großer Schaden.

4 Grüne Blattwespe, *Rhogogaster viridis*, Familie Blattwespen (Tenthredinidae). 10–12 mm lang. Sehr häufig anzutreffen. Larven sind polyphag (fressen an sehr verschiedenen Pflanzen), Schaden jedoch völlig unbedeutend. Schädlich (bei starkem Befall) sind aber die verwandten Pflaumensägewespen *(Haplocampa flava und H. minuta)*, deren weißliche Larven die noch jungen Pflaumen aushöhlen und mit dem nach Wanzen riechenden Kot anfüllen. Danach verspinnen sie sich im Boden, wo sie auch überwintern.

5 Rosengallwespe, *Diplolepis rosae*, Familie Gallwespen (Cynipidae). Um 4 mm lang. Meist nur ♀♀ anzutreffen, die ohne Befruchtung (parthenogenetisch) ihre Eier in die Knospen wilder Rosen ablegen. Die Pflanze bildet dann die Galle, den bekannten Schlafapfel (siehe S. 239), aus der im nächsten Frühjahr die Wespen schlüpfen. Die häufigen Eichenblattgallen werden von der Eichengallwespe hervorgerufen.

6 Riesenschlupfwespe, *Rhyssa persuasoria*, Familie Schlupfwespen (Ichneumonidae, Larven entwickeln sich in Larven anderer Insekten). Ohne Bohrer etwa 3 cm lang. Mit dem langen Legebohrer bringen die ♀♀ ihre Eier mit erstaunlicher Zielsicherheit in den im Holz lebenden Holzwespenlarven unter, in denen sich die Larven entwickeln. Die ebenfalls im Holz lebenden Bockkäferlarven werden von der Schwarzen Schlupfwespe *(Ephialtis manifestator)* angestochen.

7 Schwarze Schlupfwespe, *Pimpla instigator*, Familie Schlupfwespen (Ichneumonidae). Etwa 2 cm lang. Eine der häufigsten Schlupfwespen. Auffällig ist der wippende Flug. Legt ihre Eier in Schmetterlingsraupen (z. B. Nonne und Kiefernspanner) ab, in denen sich die Larven entwickeln; aus der Schmetterlingspuppe schlüpft die fertige Schlupfwespe. Durch die Parasitierung von vorwiegend schädlichen Arten forstwirtschaftlich nützlich (ähnlich anderen Arten). Legebohrer auch als Waffe verwendbar, einige Arten stechen schmerzhaft.

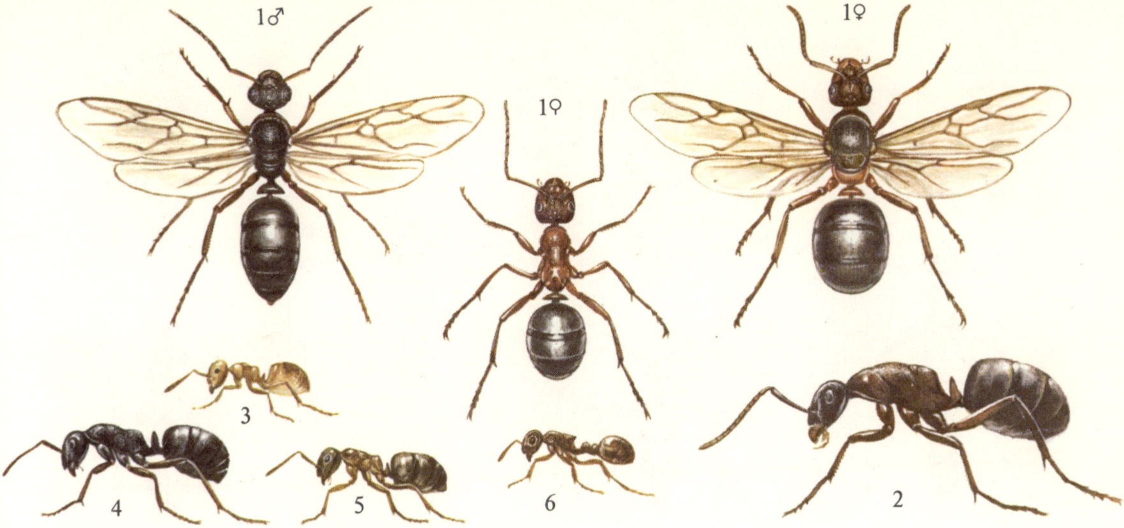

HAUTFLÜGLER Hymenoptera

Ameisen (Überfamilie Formicoidea)-Staatenbildende Insekten, deren Volk aus 3 Kasten besteht: Arbeiterinnen (☿☿) – zahlenmäßig am stärksten, in der Regel ungeflügelte geschlechtsuntüchtige ♀♀; übernehmen alle anfallenden Arbeiten: Eintragen der Nahrung, Pflege von Brut und Nest, Verteidigung des Volkes. Weibchen bzw. Königin (♀) – mit Flügeln (stark entwickelter Brustabschnitt), die sie nach dem Hochzeitsflug, bei dem sie begattet werden, abwerfen; danach Suche eines Nestplatzes und Gründung eines Staates, legt Eier, aus denen sich ☿☿ und später Geschlechtstiere entwickeln; überdauert viele Jahre. Männchen (♂♂) – mit Flügeln, begatten die ♀♀ auf dem Hochzeitsflug; danach sterben sie ab.

1 Rote Waldameisen, *Formica rufa* sowie die sehr ähnliche *F. polyctena.* ♂ und ♀ 9–11 mm lang, nicht selten schon im April zu beobachten. ☿ 4–9 mm lang. Vornehmlich in Nadelwäldern. Durch Vertilgen von großen Mengen schädlicher Insekten sehr nützlich, außerdem nehmen sie den Honigtau der Blattläuse auf. Für den aktiven Forstschutz soll vor allem *F. polyctena* in Betracht kommen. Der »Ameisenhaufen« ist nur der Oberbau des Nestes. Bei den oft fälschlich als Ameiseneier bezeichneten Gebilden handelt es sich um Puppen.

2 Roßameise, *Camponotus herculeanus.* Unsere größte Ameisenart. ☿ bis 14 mm, ♂ bis 12 mm, ♀ bis 18 mm lang. Flügel getrübt. Durch das Anlegen von Nestern in stehenden Stämmen zum Teil schädlich.
Besucht häufig Blattläuse und nagt an jungen Trieben.

3 Bernsteingelbe Ameise, *Lasius flavus.* ☿ 2–4 mm lang, Oberseite von Brust und Hinterleib mit abstehenden Borsten; ♀ 7–9 mm, ♂ 3–4 mm. Immer im Boden, besonders an feuchten Orten (Wiesen, unter Steinen usw.). Langsame Bewegungen. »Züchtet« die schädlichen Wurzelläuse, deren Kot sie frißt. Geschlechtstiere Juli–Oktober.

4 Glänzendschwarze Holzameise, *Lasius fuliginosus.* ☿ 4–5 mm lang, glatt und stark glänzend, ♀ 6–8 mm, ♂ 4–5 mm. Mit eigenartigem Geruch. Baut in trockenen hohlen Bäumen oder in Baumstümpfen ein schwarzbraunes Kartonnest, das bis in den Erdboden reichen kann. Baumaterial ist zerkautes Holz. Nimmt neben animalischer Nahrung gern den Honigtau von Blattläusen auf. Geschlechtstiere bilden im Sommer große Schwärme, wenn sie in den Abend- oder Nachtstunden zum Hochzeitsflug aufsteigen.

5 Schwarze Wegameise, *Lasius niger.* Eine der häufigsten Ameisen; auf Wiesen, Feldern sowie in Gärten und Wäldern. ☿ 3–4 mm lang, Teile der Antennen und Beine mit abstehenden Borsten; ♀ 7–10 mm, ♂ 4–5 mm lang. Baut das Nest an sehr verschiedenen Plätzen unter der Erde und bedeckt es mit einem bis zu 0,5 m hohen Erdhügel (z. B. unter Steinen, in Baumstümpfen, sogar in Städten zwischen dem Straßenpflaster usw.). »Züchtet« Blattläuse, von denen einige Arten auf das »Melken« durch die Ameisen bereits angewiesen sein sollen. Im Hochsommer steigen die Geschlechtstiere zum Hochzeitsflug auf, wobei sie meist große Schwärme bilden.

6 Rasenameise, *Tetramorium caespitum.* Eine der häufigsten Arten. ☿ 2,5–3,5 mm lang, oft dunkelbraun; ♀ ähnlich der ☿, 5–8 mm, gelb behaart; ♂ 6–7 mm, braunschwarz. Flügel wie ♀. Auf Wiesen, Rasen, Rändern usw. Das Nest liegt oft tief im Boden und ist mit Erde oder ähnlichem bedeckt.

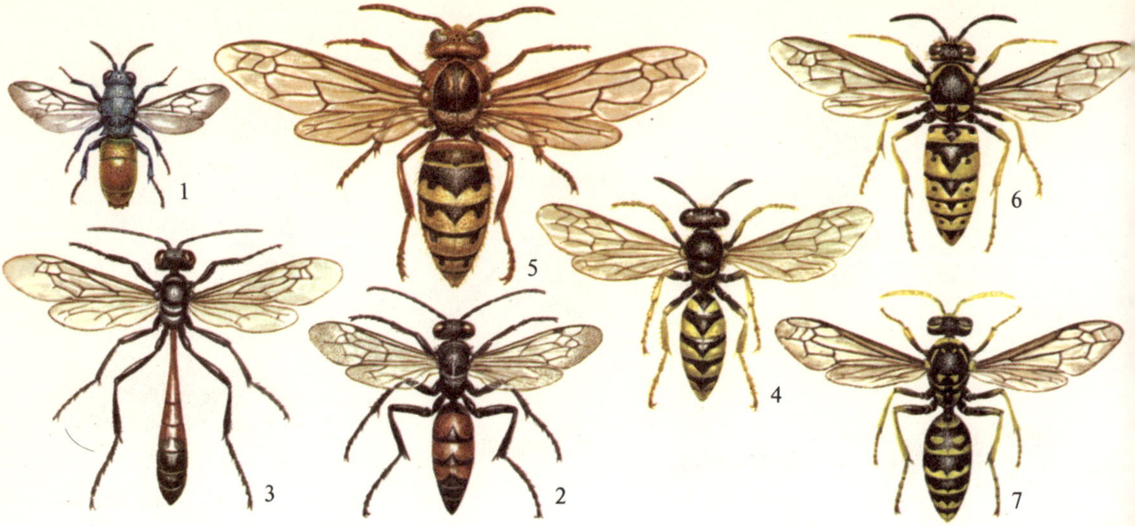

HAUTFLÜGLER Hymenoptera

1 Feuergoldwespe, *Chrysis ignita*, Familie Goldwespen (Chrysididae). Bis 12 mm lang. Goldwespen (im Gebiet rund 60 zum Teil sehr kleine Arten) fallen durch ihre herrlichen Metallfarben auf. Bei Gefahr Einkugeln ähnlich einer Kugelassel. Nur bei warmem, sonnigem Wetter zu beobachten; vor allem auf Sand- und Lehmböden sowie Gemäuern. Legt die Eier in fremde Nester (vor allem in die von Grab- und Faltenwespen, Bienen). Larven ernähren sich dann von den Wirtslarven. Erwachsene nehmen Honigtau von Blattläusen und Nektar (besonders von Doldengewächsen) auf.

2 Gemeine Wegwespe, *Pompilus viaticus*, Familie Wegwespen (Pompilidae). Häufigste Wegwespe. ♀ 7 bis 15 mm, ♂ 7–12 mm lang. Auf sandigem Gelände. Wärmeliebend und daher besonders im Hochsommer anzutreffen. Erbeutet Spinnen, die sie durch einen Stich lähmt, in ihr Nest schleppt und dort mit einem Ei versieht. Die Spinne dient der sich entwickelnden Larve als Nahrung. Alle Wegwespen sind flink, fallen durch einen sprunghaften Flug und Flügelzittern auf. Knapp 100 Arten im Gebiet.

3 Gemeine Sandwespe, *Ammophila sabulosa*, Familie Grabwespen (Sphegidae). Bis 20 mm lang. Leicht kenntlich an dem zweigliedrig (Lupe!) erscheinenden Hinterleibsstiel. Gräbt mit Hilfe der Mandibeln und der Vorderbeine ein Nest im Sand. Trägt für den Nachwuchs unbehaarte Raupen ein, an die sie jeweils ein Ei legt, und verdeckt den Eingang. Da sie häufig Raupen von Schädlingen einbringt, ist sie als nützlich anzusehen.

4 Bienenwolf, *Philanthus triangulus*, Familie Grabwespen (Sphegidae). 12–16 mm lang. Erinnert äußerlich an eine Faltenwespe. Lähmt Honigbienen durch einen Stich und trägt sie (aber nicht immer!) als Nahrung für die Larven ein (meist 3 Bienen für eine Larve). Nistet im Sandboden von Hängen, Wegen usw. Bei Massenauftreten für die Imkerei von Schaden. Stellt sehr spezielle Ansprüche an den Lebensraum.

5 Hornisse, *Vespa crabro*, Familie Soziale Faltenwespen (Vespidae, staatenbildend, mit ♀♀, ♀♀ und ♂♂, wobei äußere Unterschiede und Arbeitsteilung nicht so stark sind wie bei der Honigbiene). Maximal 3,5 cm (♀) groß. Nistet in verschiedenen Höhlungen. ♀ überwintert und baut ein neues Nest; danach Eiablage und Jungenaufzucht (anfangs mit Drüsensekret, später mit Insekten). Gefährlichkeit ihres Giftes (♂♂ sind stachellos) häufig übertrieben; trotzdem ist Vorsicht geboten, vor allem, weil sie ziemlich stechlustig ist. Infolge Schälfraß an Bäumen manchmal schädlich – Nutzen überwiegt!

6 Deutsche Wespe, *Paravespula germanica*, Familie Soziale Faltenwespen (Vespidae). Eine der häufigsten und bekanntesten überhaupt (neben *P. vulgaris*). Nester oft unterirdisch, auch in Gebäuden. Jahreszyklus ähnlich dem der Hornisse. Frißt gern an reifem Obst und zuckerhaltigen Nahrungsmitteln, aber auch Insekten. Sticht meist nur bei Störung sowie bei schwülem Wetter. Stachel im Gegensatz zur Honigbiene ohne Widerhaken, herausziehbar. Krankheitsüberträger.

7 Gallische Wespe, *Polistes gallicus*, Familie Vespidae, 10–16 mm lang. Besonders in der Ebene, aber im Norden seltener. Jahreszyklus ähnlich dem der Hornisse. Hüllenlose Papiernester; meist oberirdisch in Mauernischen usw. Besucht gern Blüten. Sticht selten.

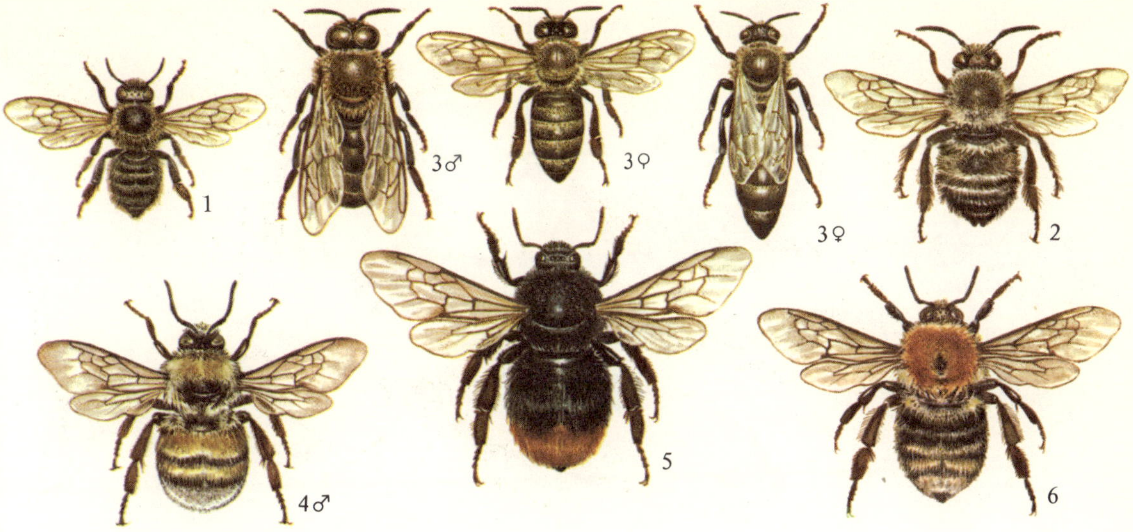

HAUTFLÜGLER Hymenoptera

1 Blattschneiderbienen, *Megachile*, im Bild *centuncularis* (10–12 mm lang), Familie Bienen (Apidae). Leben wie die meisten Bienen solitär (nicht in Staaten). Schneiden runde Stücke aus Blättern (*M. centuncularis* an Rosen) und polstern damit ihr Nest (»Tapezieren«). Nisten in Baumhöhlen, Pflanzenstengeln usw. Die Sammelbürste für den Pollen befindet sich am Bauch (Bauchsammler). Können bei Massenauftreten schädlich werden. Mehr als 20 Arten im Gebiet. »Tapezierer« finden sich auch unter den dunklen, meist lang behaarten Mauerbienen *(Osmia)*.

2 Pelzbiene, *Anthophora*, im Bild *acervorum*, Familie Bienen (Apidae). ♀ mit starker Bürste an den hintersten Schienen (Schienensammler) zum Eintragen des Pollens. Im Gegensatz zu den äußerlich ähnlichen Hummeln ohne Sammelkörbchen. Kann mit Hilfe ihrer langen Zunge sehr tief liegenden Nektar aus den Blüten holen (z. B. aus verschiedenen Lippenblütengewächsen); *A. acervorum* gern an Nessel-(*Lamium*-)Arten. Eine der frühesten Bienen im Jahr. Färbung variiert. Nest (mit wasserhahnförmigem Vorbau) in lehmigen Böden oder Wänden. Wird gern von Kuckucksbienen besucht, die der Pelzbiene ihre Eier »unterschieben«.

3 Honigbiene, *Apis mellifera*, Familie Bienen (Apidae). Drohn (um 16 mm), Arbeiterin (um 14 mm), Weisel (20–25 mm). Heute fast über die gesamte Erde verbreitet. Lebt in vieljährigen Völkern mit (im Sommer) 40 000–70 000 Tieren. Königin legt besamte oder unbesamte Eier ab, aus den ersteren entwickeln sich weibliche (durch besondere Fütterung eierlegende Königinnen), aus den letzteren männliche Bienen. ♀♀ verrichten je nach Alter alle anfallenden Arbeiten: z. B. Fütterung und Pflege der Brut, Sammeln von Nektar und Blütenstaub (Orientierung nach der Sonne und Nachrichtenübermittlung über die Futterquellen an die Stockgenossen mit Hilfe von Tänzen), Bau neuer Zellen, Speicherung von Honig. ♂♂ dienen lediglich der Begattung des ♀, danach werden sie aus dem Stock verbannt. Stachel der Honigbiene im Gegensatz zu dem der anderen Bienen mit Widerhaken – nicht herausziehbar, weshalb sie nach dem Stich an den Verletzungen stirbt.

4 *Bombus lucorum* (von der ähnlichen, ebenfalls häufigen Erdhummel, *B. terrestris*, kaum zu unterscheiden), Familie Bienen (Apidae). In unserem Gebiet überdauern die Hummelstaaten nicht; nur die befruchteten ♀♀ überwintern und gründen im nächsten Frühjahr ein neues Volk; erste ♀♀ klein, später im Jahr erscheinen ♂♂ und danach erst die ♀♀. Nester unregelmäßig und ziemlich einfach; in Mäusegängen usw. Färbung oft variierend, was die Bestimmung außerordentlich erschwert. Für die Bestäubung besonders langer Blüten sehr wichtig (z. B. Rotklee). Hummeln stechen seltener als die anderen Bienen. Im Gebiet 30 Arten.

5 Steinhummel, *Bombus lapidarius*, Familie Bienen (Apidae). Beim ♂ sind Gesicht und Vorderrand der Brust gelb behaart. Nistet gern unter alten Steinhaufen. Ansonsten ähnlich der vorigen Art. Wird häufig von der Schmarotzerhummel *(Psythirus rupestris)* besucht, die ihre Eier im Nest der Steinhummel unterbringt. Flugzeit April–September.

6 Ackerhummel, *Bombus agrorum*, Familie Bienen (Apidae). ♀ 12–15 mm lang. Auffallend ist der langgestreckte Kopf. Nistet an sehr verschiedenen Plätzen. In allen Kulturlandschaften sehr häufig anzutreffen.

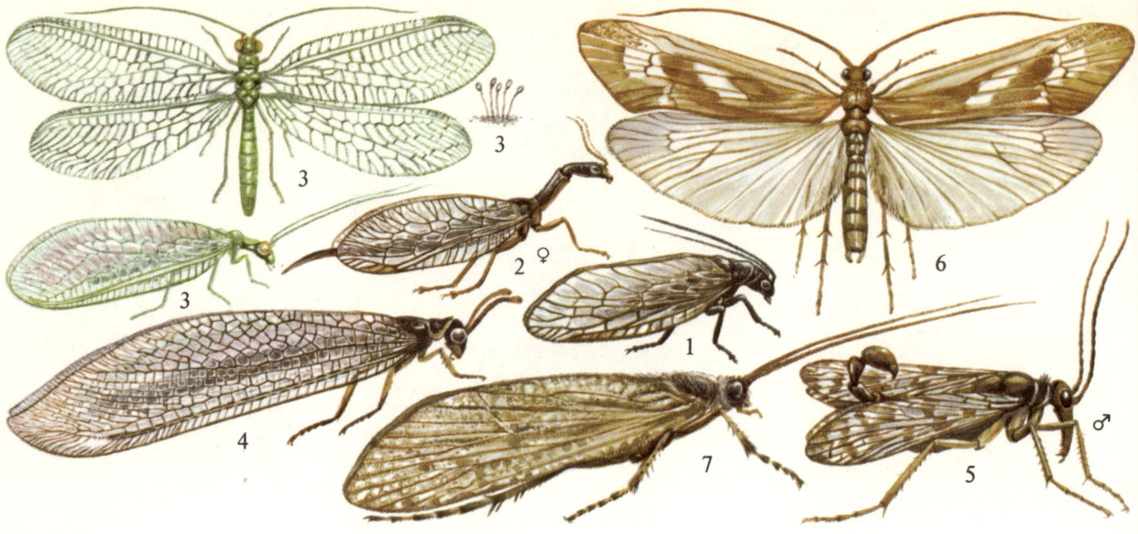

NETZFLÜGLER Neuropteroidea (1–5)

1 Wasserflorfliege, *Sialis* spec., Ordnung Schlammfliegen (Megaloptera). Flügelspanne etwa 2–4 cm. 4 gleichartige, meist bräunliche Flügel (also keine Fliegen!). Schwerfälliger Flug. In der Nähe stehender und langsam fließender Gewässer. Die kurzlebigen Imagines (Frühjahr, Sommer) nehmen wahrscheinlich keine Nahrung zu sich. Die sich räuberisch ernährenden Larven, die sich etwa 9mal häuten, leben im Wasser. Verpuppung am Ufer.

2 Kamelhalsfliege, *Raphidia* spec., Ordnung Kamelhalsfliegen (Raphidioptera), also keine Fliegen! Flügelspanne bis 3 cm. Typische Stellung des Kopfes und der stark verlängerten Vorderbrust (Name!). Meist ab April–Juni an Waldrändern usw. Frißt Kleintiere, besonders Blattläuse. ♀ legt die Eier (bis 300) an Baumrinde ab. Die ebenfalls dort lebenden Larven ernähren sich räuberisch. Sie verpuppen sich meist nach 2maliger Überwinterung. Im Gebiet etwa 14 Arten, davon 11 der Gattung *Raphidia*.

3 Florfliege, *Chrysopa* spec., Ordnung Echte Netzflügler (Planipennia). Körper bis etwa 1,5 cm lang. In der Dämmerung und nachts aktiv (fliegen zum Licht). Tagsüber im Gebüsch und an anderen Pflanzen. Typisch sind die »gestielten« Eier (3a). Imago und Larve fressen Insekten, vornehmlich Blattläuse – sehr nützlich. Eine *Chrysopa*-Larve frißt bis zur Verpuppung etwa 150 Blattläuse. Florfliegen hat sicher schon jeder gesehen, da die Imagines überwintern und deshalb ab Herbst oft in Wohnungen und Gebäuden zu finden sind. Im Gebiet etwa 20 *Chrysopa*-Arten.

4 Ameisenjungfer, *Myrmeleon formicarius*, Ordnung Echte Netzflügler (Planipennia). Flügelspanne bis zu 7,5 cm. Libellenähnlich, aber mit keulig verdickten Fühlern. Fliegt im Sommer in und an Nadelwäldern. Tagsüber in Verstecken. Die Larve, der Ameisenlöwe, lauert eingegraben im Sand am Grunde seines selbstgegrabenen Trichters auf Beute (z. B. Ameisen). Die Larven überwintern.

5 Gemeine Skorpionsfliege, *Panorpa communis*, Ordnung Schnabelfliegen (Mecoptera). Flügelspanne bis zu 3 cm. Fliegt von Mai–September. An dicht bewachsenen, mehr feuchten Stellen. Flatternder Flug. Frißt vornehmlich tote oder verletzte Insekten. Die raupenähnliche Larve lebt dicht unter der Erdoberfläche. Sie verpuppt sich in der Erde. Das eigenartig geformte Hinterleibsende des ♂ (Name!) dient der Begattung. Im Gebiet 5 *Panorpa*-Arten.

6 Köcherfliege, *Limnophilus* spec., Ordnung Köcherfliegen (Trichoptera). Flügelspanne 1,7–4,4 cm. Fliegt von Mai–Oktober. Larve mit Köcher. In verschiedenen, meist stehenden Gewässern. Im Gebiet etwa 30 Arten der Gattung.

7 Köcherfliege, *Phryganea* spec., Ordnung Köcherfliegen (Trichoptera). Im Gebiet 5 Arten. Flügelspanne 1,8–6 cm. Larven in pflanzenreichen, stehenden Gewässern. Sie leben in Köchern (s. S. 30).
Im Gebiet über 280 Arten der Ordnung (keine Fliegen!) Schmetterlings (Motten-) ähnlich, aber mit behaarten Flügeln. Mundwerkzeuge zurückgebildet. Unscheinbar gefärbt. In Gewässernähe. Meist Nachttiere, tagsüber in Verstecken (z. B. an Uferpflanzen). Die im Wasser lebenden Larven vieler Arten bauen meist transportable Köcher (Name!). Larven mit Spinnvermögen. Puppenruhe kurz. Die Larven fressen Pflanzen, einige auch Tiere.

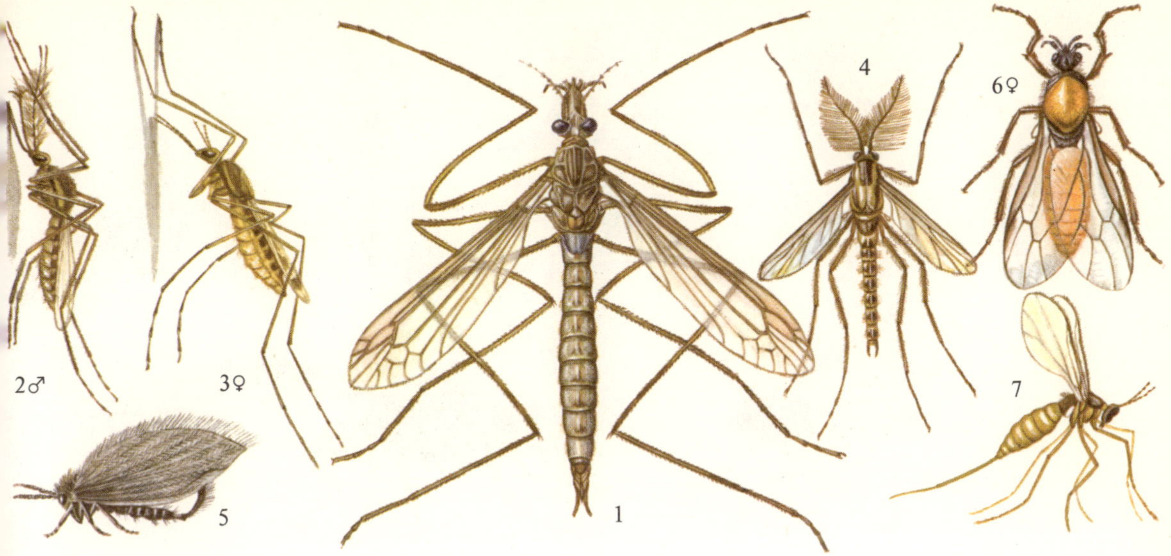

ZWEIFLÜGLER Diptera

1 Kohlschnake, *Tipula oleracea*, Familie Schnaken (Tipulidae). Bis zu 2,5 cm lang. Vermag nicht zu stechen! Hauptflugzeit: Mai–August; über Wiesen. Ablage der Eier in den Boden, wo auch die Larve lebt, die Fraßschäden an ober- (meist nachts) und unterirdischen Pflanzenteilen verursacht (ebenso wie die gleichfalls häufige Wiesenschnake, *Tipula paludosa)*. Andere *Tipula*-Larven sind beispielsweise Schädlinge an Waldbäumen. (Die Art *Tipula flavolineata* wird schädlich an Tannen und Lärchen.)

2 Gemeine Stechmücke, *Culex pipiens*, Familie Stechmücken (Culicidae). ♂♂ kenntlich an den gefiederten Fühlern, bilden Schwärme. Ausschließlich die ♀♀ saugen mit Hilfe ihres langen Stechrüssels Blut, die ♂♂ nehmen lediglich Pflanzensäfte auf. Befruchtete ♀♀ überwintern in Kellern, Schuppen usw.; im Frühjahr Ablage der Eier auf Gewässer (Eischiffchen); Larve (s. S. 203) entwickelt sich im Wasser (Regentonnen usw.). Entwicklungsdauer im Sommer knapp 2 Wochen. Kommt besonders im Herbst und Frühjahr in die Wohnungen; geringer Aktionsradius. Die Mückenplagen im Wald und auf Wiesen werden meist von *Aëdes*-Arten hervorgerufen, die zur gleichen Familie gehören.

3 Fiebermücke, *Anopheles maculipennis*, Familie Stechmücken (Culicidae). Im Sitzen Körper gerade, demzufolge von der Unterlage abgewinkelt (bei *Culex* bucklig, parallel zur Unterlage). Entwicklungskreislauf ähnlich dem der vorigen Art.
Blutspender ist hauptsächlich das Großvieh, weshalb Fiebermücken oft in Ställen angetroffen werden. Reines Nachttier. Überträgt die Erreger der Malaria, aber in dieser Hinsicht in unseren Klimaten ohne Bedeutung.

4 Zuckmücken, *Chironomus* spec., Familie Zuckmücken (Chironomidae). Bis reichlich 1 cm lang. Zucken im Sitzen mit den Vorderbeinen. ♂♂ (mit gefiederten Fühlern) oft in riesigen wolkenartigen Schwärmen. Keine Nahrungsaufnahme. Nach Paarung und Eiablage Tod beider Geschlechter. Larven (s. S. 203) leben im Schlamm von Gewässern und bilden eine beliebte Fischnahrung.

5 Abtrittsfliege, *Psychoda phalaenoides*, Familie Schmetterlingsmücken (Psychodidae). Bis zu 3 mm lang. Flügel auffallend dicht behaart. Meist laufend anzutreffen. Sehr häufig an feuchten Orten, wie Ausgüssen, Bädern, Toiletten usw. Larven entwickeln sich im Wasser und ernähren sich von Faulstoffen.

6 Gartenhaarmücke, *Bibio hortulanus*, Familie Haarmücken (Bibionidae). Knapp 1 cm lang, ♂ schwarz. Schon im zeitigen Frühjahr durch ihren plumpen Flug auffallend. In sehr verschiedenen Lebensräumen. Ernährt sich von Pflanzensäften und dem »Honigtau« der Blattläuse. Die weißen Larven leben im Boden (überwintern hier) und richten bei Massenauftreten erheblichen Schaden an Pflanzenwurzeln an (»Auswinterung«). Ebenfalls häufig sind die bekannten »Pilzmaden«, die Larven einiger Pilzmücken.

7 Gallmücke, im Bild *Mikiola* spec., Familie Gallmücken (Cecidomyiidae). Um 5 mm lang. Gallen der Buchengallmücke (s. S. 239) neben denen von *Hartigiola annulipes* an Rotbuchen, anfangs grün, dann rötlich; Abfall im Oktober, Überwinterung am Boden; Anfang März Verpuppung der Larve in der Galle; Ende März Schlupf. Gallen von *H. annulipes* kleiner und stumpf zylindrisch. In Mitteleuropa etwa 400 Arten, die sehr verschiedene Pflanzenarten und -teile befallen.

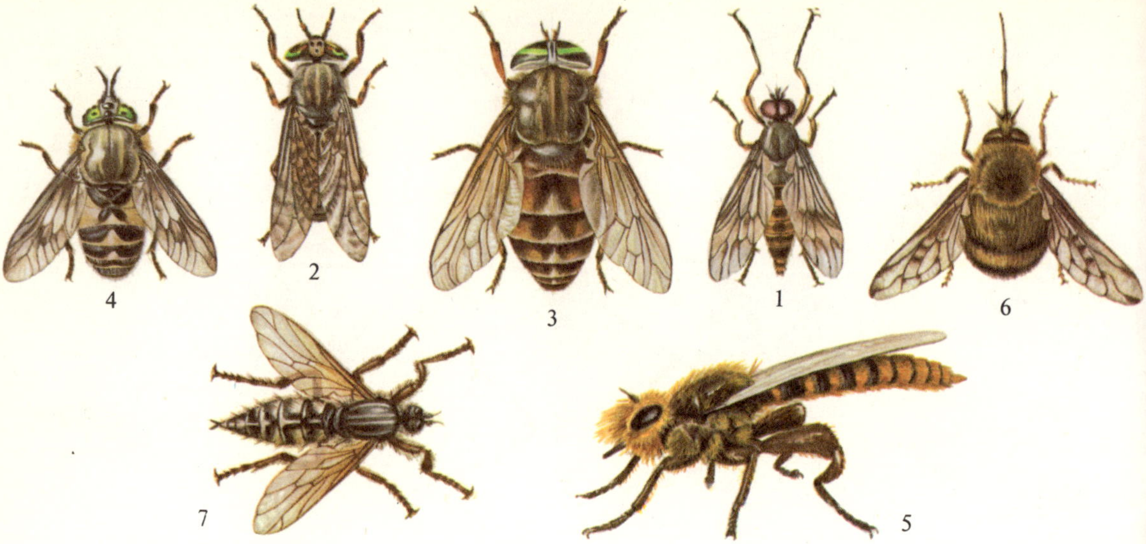

ZWEIFLÜGLER Diptera

1 Schnepfenfliegen, im Bild *Rhagio scolopacea*, Familie Rhagionidae. Um 1 cm lang. Sitzen häufig kopfabwärts an Baumstämmen, den Vorderkörper dabei aufgerichtet. Auch in Wohnungen. Ernährungsweise umstritten. Schnepfenfliegen werden häufig die Beute räuberisch lebender Insekten. Die meist weißlichen, lichtscheuen Larven ernähren sich räuberisch oder von Faulstoffen.

2 Regenbremse, *Chrysozona pluvialis*, Familie Bremsen (Tabanidae). Bis reichlich 1 cm lang. Die Flügel werden in Ruhe dachförmig gehalten. Überall häufig, vor allem auf Waldwegen und in -lichtungen. Besonders an schwülen Tagen sind die ♀♀ sehr stechlustig (was für die meisten stechenden Insekten gilt) und werden dem Vieh ebenso lästig wie dem Menschen (beim Saugakt Abgabe eines gerinnungshemmenden Stoffes). ♂♂ nehmen Pflanzensäfte auf. Die Larven leben im Boden. Flugzeit: Juni–August.

3 Gemeine Rinderbremse, *Tabanus bovinus*, Familie Bremsen (Tabanidae). 2 cm lang, Flügel klar, Hinterleib mit 3eckigen gelben Flecken. ♀♀ sind ebenso wie die der vorigen Art gierige Blutsauger, sie befallen vorrangig Rinder. ♂♂ ernähren sich von Pflanzensäften. Folgen sind zum Teil beträchtliche Viehschäden durch Blutverluste und Übertragung von Krankheiten. Die Larven leben räuberisch im Boden; nach der Überwinterung verpuppen sie sich. Flugzeit: Mai–September.

4 Blindbremse, *Chrysops* spec., Familie Bremsen (Tabanidae). Bis knapp 1,5 cm lang. Im Gebiet kommen 7 Arten vor, die durch die gebänderten Flügel und die gelben Flecke auf dem Hinterleib auffallen. Ernährungsweise ähnlich der der vorigen Bremsenarten; belästigt häufig auch den Menschen. Die Larven entwickeln sich im Wasser und ernähren sich räuberisch. Bremsen können beim Saugakt auch Krankheitserreger auf den Menschen übertragen. Flugzeit: Mai–August.

5 Mordfliege, im Bild *Laphria gibbosa*, Familie Raubfliegen (Asilidae). 1,5–2,5 cm lang; durch die Behaarung und den dunklen Hinterleib auffallend. Häufig an Waldrändern und -lichtungen. Ernährt sich (wie alle Vertreter der Familie) von anderen Insekten, die sie im kurzen Stoßflug erbeutet und an einem Ruheplatz aussaugt. *Laphria* ritzt ihre Eier in Baumstubben, in denen sich auch die bis zu 3 cm langen weißlichen Larven entwickeln. Durch das Mitvertilgen vieler Schädlinge nützlich. Den ganzen Sommer hindurch anzutreffen.

6 Großer Wollschweber, *Bombylius major*, Familie Schweber (Bombyliidae). Bis 13 mm lang. Wie alle Schweber hummelähnlich, pelzig behaart. Schneller Flieger, der aber auch in der Luft ruhig zu »stehen« vermag, z. B. vor einer Blüte. Ernährt sich von Nektar, den er mit seinem langen Rüssel aus den Blüten holt. Die Larven leben parasitisch bei Insekten, die der abgebildeten Art bei solitären Bienen.

7 Gewürfelte Tanzfliege, *Empis tesselata*, Familie Tanzfliegen (Empididae). Mit reichlich 1 cm Länge eine der größten im Gebiet. Häufig im Unterholz und auf Doldenblüten. Ernährt sich räuberisch von zum Teil sehr großen Insekten. ♂ überbringt ♀ vor der Paarung ein Beuteinsekt (Schutz vor Kannibalismus?). Tanzfliegen bilden oft tanzende Schwärme (♂♂ oder ♀♀) zur Anlockung des anderen Geschlechts. Einige Arten sind Blütenbesucher.

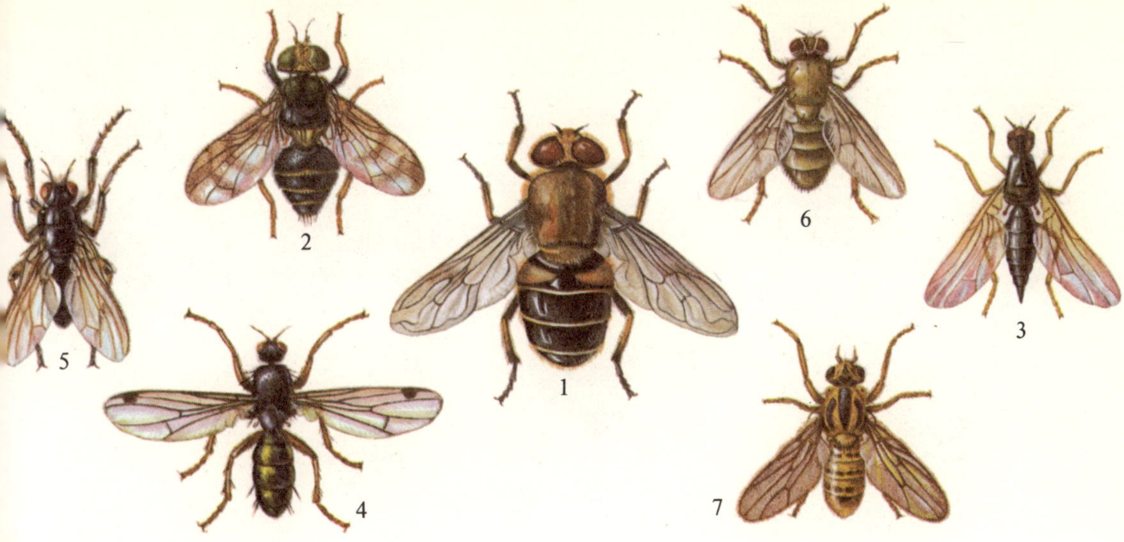

ZWEIFLÜGLER Diptera

1 Mistbiene, *Eristalis* spec., Familie Schwebefliegen (Syrphidae). Fast alle Vertreter der Familie sind bienen- oder wespenähnlich gefärbt, sogar der Flugton ist der gleiche. Oft in der Luft an einer Stelle »stehend«. Alle Schwebfliegen sind die gesamte warme Jahreszeit hindurch eifrige Blütenbesucher (auch wichtig für die Blütenbestäubung); besonders auf Doldengewächsen. Die Mistbiene nimmt Pflanzensäfte und Pollen auf (bevorzugt gelbe Blüten). »Rattenschwanzlarve« (s. S. 30) lebt in Jauchegruben usw. und gehört zu den schlammfressenden Schwebfliegenlarven.

2 Kirschfruchtfliege, *Rhagoletis cerasi*, Familie Bohrfliegen (Trypetidae). 0,5 cm lang. ♀ legt ein Ei am Fruchtstiel ab; Larve befällt die Kirsche, verläßt sie, verpuppt sich nach etwa 1 Monat am Boden und überwintert. Bevorzugt Heckenkirsche und Süße Schwarzkirsche. Ebensoschön gezeichnete Flügel hat die Spargelfliege *(Platyparea poeciloptera)*, deren Larven durch den Fraß in Spargel schädlich werden.

3 Möhrenfliege, *Psila rosae*, Familie Nacktfliegen (Psilidae). Knapp 0,5 cm lang. ♀ legt gegen Ende Mai Eier an den jungen Möhren ab. Die Larven fressen in der Möhre ihre Gänge, man spricht dann von »Eisenmadigkeit«. Knapp einen Monat später verpuppt sich die Larve; nach der Puppenruhe schlüpft die 2. Generation. Flugzeiten: Mai–Juli und August–September. Die häufig am Grunde von Zwiebeln gefundenen weißen Maden gehören zur grau bestäubten Zwiebelfliege *(Phorbia antiqua)*, Familie Blumenfliegen (Anthomyidae).

4 Schwingfliege, *Sepsis* spec., Familie Schwingfliegen (Sepsidae). Um 4 mm lang. Wie alle an den auf und ab wippenden Flügeln sowie an dem schwarzen Flügelmal leicht zu erkennen. Verbreitet einen angenehmen Melissegeruch. Häufig sitzend auf Pflanzen in Gärten usw.; nicht selten auch in Wohnungen. Die Larven entwickeln sich in verschiedenen faulenden Stoffen, z. B. in Kompost, Mist usw.

5 Käsefliege, *Piophila casei*, Familie Käsefliegen (Piophilidae). 0,5 cm lang. Wegen der äußeren Ähnlichkeit früher zu den Schwingfliegen gezählt. Bekannter als die erwachsenen Tiere sind zweifellos die gegen verschiedene Einflüsse sehr widerstandsfähigen Larven, die ihre Entwicklung in Käse, Speck, Fleisch usw. durchmachen. Sie sind in der Lage, durch plötzliche Streckung ihres Körpers zu springen. Entwicklungszeit: etwa 2 Wochen.

6 Kleine Essigfliege, *Drosophila fasciata*, Familie Taufliegen (Drosophilidae). 2 mm lang, mit auffallend rotbräunlichem Brustabschnitt. Sehr häufig und oft in großer Anzahl an gärenden Stoffen: in Weinkellern, Brauereien, Obstlagern; aber auch an Abfalleimern und in Wohnungen. Vor allem wegen der schnellen Vermehrung (einige Tage) wurden Taufliegen mit Beginn dieses Jahrhunderts zu den Standardobjekten des Vererbungswissenschaftlers.

7 Gelbe Halmfliege, *Chlorops pumilionis*, Familie Halmfliegen (Chloropidae). Bis 4 mm lang. ♀ legt seine Eier (Mai) bevorzugt an Weizen ab, in dessen Halmen sich die gelblichweiße Made nach unten frißt. Die Pflanze bleibt zurück und vergilbt, die Ähren werden taub, man spricht dann von der »Getreidegicht«. 2. Brut fliegt ab August und befällt u. a. Wildgräser; Larve überwintert. Vorbeugung durch zeitige Aussaat möglich.

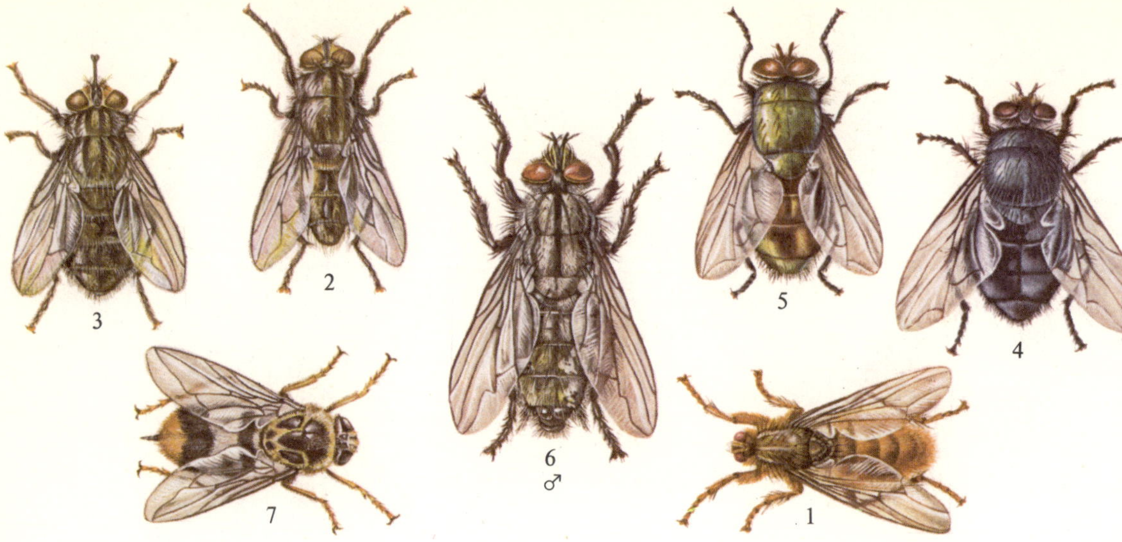

ZWEIFLÜGLER Diptera

1 Gelbe Dungfliege, *Scathophaga stercoraria*, Familie Dungfliegen (Scathophagidae). Bis 1 cm lang, ♂ mit auffallend dichtem gelbem Haarpelz, ♀ grünlich. Die gesamte wärmere Jahreszeit hindurch häufig an Kot, in dem sich auch die weiße Larve entwickelt. Die Erwachsenen hingegen ernähren sich räuberisch von anderen Insekten, die sie mit Hilfe ihres spitzen Rüssels aussaugen.

2 Große Stubenfliege, *Musca domestica*, Familie Echte Fliegen (Muscidae). 6–8 mm lang. Überall in großer Anzahl, wo sich Brutmöglichkeiten bieten; die Larven entwickeln sich in Dung und in faulenden Pflanzenstoffen. Saugt mit Hilfe des ausstülpbaren Rüssels flüssige oder aufgelöste Nahrung auf. Kann nicht stechen; wird nur durch ihre Aufdringlichkeit lästig. Bringt bis zu 8 Generationen hervor. Minimale Entwicklungszeit (Ei bis Imago): eine Woche. Gefährlicher Verbreiter von Krankheitskeimen. Eine kleinere sehr ähnliche Art ist die Kleine Stubenfliege *(Fannia canicularis)*, die ebenfalls in Wohnungen häufig ist. Sie fliegt ständig Schleifen unter Deckenleuchten und ähnlichem.

3 Wadenstecher, *Stomoxys calcitrans*, Familie Echte Fliegen (Muscidae). In Größe und Gestalt einer Stubenfliege recht ähnlich, aber mit nach vorn gestrecktem Rüssel. Vor allem im Spätsommer und im Herbst anzutreffen: auf Wiesen, an Waldrändern sowie in Wohnungen und Ställen der Dörfer. ♀ und ♂ saugen Blut an Menschen und Tieren. Berüchtigte Verwandte sind die afrikanischen Tsetsefliegen.

4 Blaue Schmeißfliege, *Calliphora erythrocephala*, Familie Schmeißfliegen (Calliphoridae). Bis 14 mm lang, glänzend stahlblau. Im Flug tiefer Brummton. ♀ legt seine Eier an wunde oder tote Tiere sowie an frisches Fleisch (deshalb auch in Vorratskammern usw.). Kurze Entwicklungszeit: oft nur 24 Stunden. Sehr häufig.

5 Goldfliege, *Lucilia caesar*, Familie Schmeißfliegen (Calliphoridae). Größe einer Stubenfliege, auffallend goldgrün schillernd. Legt ihre Eier an offene Fleischwunden, in denen sich in kurzer Zeit die Larven entwickeln. Die Wundheilung wird dabei nur begünstigt, was früher in der Medizin auch genutzt wurde. Erwachsene sehr häufig auf frischem Kot und auf Doldenblüten (Nektarsauger).

6 Graue Fleischfliege, *Sarcophaga carnaria*, Familie Fleischfliegen (Sarcophagidae). Bis 1,5 cm lang, mit auffallend ziegelroten Augen. An Aas und Kot ebenso anzutreffen wie an Blumen, auch in Speisekammern usw. (Krankheitsüberträger). Setzt sofort die weißlichen Maden ab, und zwar an verwesendem Fleisch, von dem sich auch die Larven ernähren.

7 Rinderdasselfliege, *Hypoderma bovis*, Familie Dasselfliegen (Oestridae). Um 1,5 cm lang. Bevorzugt trockene, sonnige Plätze (Weiden usw.). Legt ihre Eier an Rindern ab, die vor den nahenden Fliegen oft in wildem Galopp fliehen (auch als »Biesen« bekannt). Larven bohren sich ein und setzen sich, nachdem sie den Tierleib durchwandert haben, unter der Haut fest, wo sie die bekannten Dasselbeulen verursachen. Vom Flüssigkeitsinhalt dieser Beulen ernähren sie sich, dringen dann nach außen, fallen zu Boden und verpuppen sich hier. Folgen: deutlich nachlassende Arbeits- und Milchleistung, nur teilweise brauchbare Häute, minderwertiges Fleisch. Manchmal sollen auch Menschen befallen werden.

SCHMETTERLINGE Lepidoptera

1 Schwalbenschwanz, *Papilio machaon*, Tagfalterfamilie Ritter- oder Edelfalter (Papilionidae). Auf Wiesen, in Gärten, an Wegen usw. Die 1. Generation fliegt von April–Mai, die 2. von Mitte Juli–August. Die Raupe (s. S. 201) frißt an Doldengewächsen, oft an Möhrenkraut. Die Puppe überwintert. Die Raupen der Papilionidae können hinter dem Kopf 2 schlauchartige Gebilde, die Nackengabeln, ausstülpen. Sie dienen wahrscheinlich zum Abschrecken von Feinden.

2 Segelfalter, *Iphiclides podalirius*, Tagfalterfamilie Ritter- oder Edelfalter (Papilionidae). Besonders an warmen Hängen hügeliger Gebiete. Bevorzugt Kalkboden. Fliegt von Mai–Anfang Juli. Die Raupen findet man im Juli–August hauptsächlich an Schlehen, auch an Obstbäumen. Die Puppe überwintert.

3 Apollo, *Parnassius apollo*, Tagfalterfamilie Ritter- oder Edelfalter (Papilionidae). In den Alpen sowie an wenigen Stellen einiger Mittelgebirge von etwa Juni–September.

4 Großer Kohlweißling, *Pieris brassicae*, Tagfalterfamilie Weißlinge (Pieridae). ♂ ohne die 2 schwarzen Flecken auf den Vorderflügeln. An vielen Stellen. Er fliegt in 3 Generationen, und zwar von Mitte April bis Anfang Juni, von Mitte Juli–Ende August und bei günstiger Witterung nochmals September–Oktober. Oft schon in großen Schwärmen wandernd beobachtet worden. ♀ legt die gelben Eier an die Blattunterseiten verschiedener Kreuzblütengewächse, besonders von Kohlarten. Ein ♀ befestigt etwa 40 der gerippten Eier an einem Blatt und kann insgesamt bis 600 Eier hervorbringen. Nach 1–2 Wochen schlüpfen die Raupen, die sich mehrmals häuten, ehe sie sich verpuppen. Werden die Raupen nicht bekämpft, dann fressen sie oft ganze Krautfelder kahl. Die Puppe (s. S. 30), die überwintert, findet man an Hauswänden, Zäunen und ähnlichem. In vielen Fällen kommt es nicht zur Verpuppung, da die Raupen von parasitisch lebenden Larven einer Schlupfwespe von innen her aufgefressen werden. Die gelblichen Puppenkokons dieses Hautflüglers sind auf den toten Raupen deutlich sichtbar.

5 Kleiner Kohlweißling, *Pieris rapae*, Tagfalterfamilie Weißlinge (Pieridae). ♀ mit 2 schwarzen Flecken. Fliegt an verschiedenen Stellen im April–Mai, die 2. Generation im Juli–August. Bei günstiger Witterung tritt eine 3. Generation im September–Mitte Oktober auf. ♀ legt die Eier an Kreuzblütengewächsen ab, an denen die Raupen (s. S. 201) fressen. Der Schädling wurde Mitte des 19. Jahrhunderts mit importiertem Gemüse nach Kanada verschleppt. Ebenfalls häufig ist der ähnliche, stark variierende Rapsweißling (*Pieris napi*).

6 Baumweißling, *Aporia crataegi*, Tagfalterfamilie Weißlinge (Pieridae). Fliegt von Juni–Juli, besonders in sonnigen Lagen. Die gesellig lebenden Raupen fressen an Obst- und anderen Laubbäumen. Sie überwintern in Nestern. Seit etwa 50 Jahren wird er im Gebiet immer seltener.

7 Aurorafalter, *Anthocaris cardamines*, Tagfalterfamilie Weißlinge (Pieridae). ♀ ohne den orangefarbenen Fleck. Fliegt an vielen Stellen, besonders an Waldrändern und auf feuchteren Waldwiesen; im April–Juni. Die Raupe frißt an Kreuzblütlern, z. B. an Wiesenschaumkraut. Die Puppe überwintert.

SCHMETTERLINGE Lepidoptera

1 Zitronenfalter, *Gonepteryx rhamni*, Tagfalterfamilie Weißlinge (Pieridae). ♀ weißlichgelb bis grünlichweiß. Fliegt von Anfang Juli bis weit in den Herbst hinein und nach der Überwinterung als Falter von Ende März–Mitte Juni. Besonders an Waldrändern; in verschiedenen Gehölzen und in Gebüschen. ♀ legt die Eier einzeln auf die Blattoberseite hauptsächlich des Faulbaums, von dessen Blättern sich die Raupen (s. S. 201) ernähren. Im Gegensatz zu den meisten Schmetterlingen, die als Imago nur wenige Wochen leben, wird der Zitronenfalter bis 11 Monate alt.

2 Goldene Acht, *Colias hyale*, Tagfalterfamilie Weißlinge (Pieridae). ♀ mehr weißlich. Fliegt meist in 2 Generationen von Mitte Mai–Mitte Juni und von Mitte Juli–Mitte Oktober. Nur letztere in manchen Jahren sehr zahlreich. Besonders im Flachland; oft auf Klee- und Luzernefeldern, da sich die Raupe von Schmetterlingsblütengewächsen ernährt. Die Raupe (s. S. 201) überwintert.

3 Damenbrett, *Melanargia galathea*, Tagfalterfamilie Augenfalter (Satyridae). Fliegt von Ende Juni bis August, besonders in hügeligen Gebieten mit Kalkboden. Auf sehr verschiedenen Grasflächen. Die verborgen lebende Raupe (s. S. 201) frißt vornehmlich an weichen Gräsern, z. B. an Liesch- und Honiggras; sie überwintert.

4 Mauerfuchs, *Lasiemata megaera*, Tagfalterfamilie Augenfalter (Satyridae). Fliegt von Mai–Juni und weniger häufig von Juli–Oktober. Auf verschiedenen Grasflächen, vorwiegend in waldreichen Gebieten des Hügellandes und in Gebirgstälern. Die überwinternde Raupe frißt an Gräsern. Die Imagines sitzen oft an Steinen, Mauern usw.

5 Großes Ochsenauge, *Maniola jurtina*, Tagfalterfamilie Augenfalter (Satyridae). Flügelspanne etwa 4–5 cm. ♂ oberseits einfarbig bräunlich. Fliegt von Juni–August. An vielen Orten. Raupe (s. S. 201) an Gräsern. Wie bei allen Augenfaltern lebt sie am Tage verborgen und frißt besonders nachts. Die Raupe überwintert.

6 Kleiner Heufalter, *Coenonympha pamphilus*, Tagfalterfamilie Augenfalter (Satyridae). Fliegt in mehreren Generationen, und zwar Mai, Juli und von Ende August–September. An vielen Orten. Die Raupe frißt an Gräsern, sie überwintert. Im Gebiet mehrere ähnliche *Coenonympha*-Arten.

7 Admiral, *Vanessa atalanta*, Tagfalterfamilie Edelfalter (Nymphalidae). Fliegt von Mai–Juni und von Juli–Oktober. An vielen Stellen, z. B. Gärten, Gewässerufern, Wiesen, Waldrändern usw. Die Raupe (s. S. 201) in der Färbung veränderlich. Besonders an Brennesseln. Sie ist beim Fressen nicht sichtbar, da sie das Blatt tütenförmig zusammenzieht. Die Imago hingegen saugt, wie die meisten Schmetterlinge, mit dem langen, einrollbaren Rüssel Nektar aus Blüten und trägt so zur Bestäubung bei. Der Admiral schlürft auch ausfließenden Baumsaft und an Obst. Er gehört neben dem Distelfalter und einigen anderen zu den Schmetterlingen, die regelmäßig aus dem Süden einwandern. Der Admiral entwickelt bei uns meist 2 Generationen. Die Nachkommen der eingewanderten Falter ziehen im Herbst wieder nach Süden, aber viel unauffälliger als beim Einwandern, da sie sich oft lange an guten Futterstellen aufhalten (überreife Pflaumen und Birnen). Nur einige wenige überwintern im Gebiet. Bei der Erforschung der Wanderfalter sind noch viele Probleme offen.

SCHMETTERLINGE Lepidoptera

1 Distelfalter, *Vanessa cardui*, Tagfalterfamilie Edelfalter (Nymphalidae). Fliegt von Mai–Oktober. An vielen Stellen, bevorzugt aber sonnige, trockene Orte mit nicht zu dichtem Pflanzenwuchs. Die Raupe (s. S. 201) frißt an verschiedenen Disteln und an Brennesseln (aber auch an anderen Pflanzen). Puppenstadium etwa 2 Wochen. Der Distelfalter ist ein typischer Wanderfalter, der ab Mai, aus Nordafrika kommend, bei uns einfliegt. Er vermehrt sich im Gebiet (meist 2 Generationen), und seine Nachkommen fliegen im Herbst nach Süden. Raupen, Puppen und Falter sterben gewöhnlich im Winter. Nur ganz selten dürften sie ihn bei uns überdauern.

2 Kleiner Fuchs, *Aglais urticae*, Tagfalterfamilie Edelfalter (Nymphalidae). Fliegt in der Regel in 2 Generationen, meist von Mitte Juni–Mitte Juli und von August–September. Die überwinterten Falter fliegen im Frühjahr (bis in den Mai). An vielen Stellen (Kulturfolger). Die gesellig lebenden Raupen (s. S. 201) fressen an Brennesseln. Der Kleine Fuchs gehört zu den wenigen Arten, die als Falter überwintern. Deshalb im Winter auch in Wohnungen u. ä. In Mitteleuropa kommen etwa 3000 Schmetterlingsarten vor. Davon gehören etwa 200 zu den Tagfaltern, die durch ihre Lebensweise und Färbung am meisten auffallen.

3 Großer Fuchs, *Nymphalis polychloros*. Tagfalterfamilie Edelfalter (Nymphalidae). Fliegt von Juli bis Ende September und nach der Überwinterung bis in den Mai. Besonders in Gärten und in Baumbeständen, die in der Nähe von Gewässern stehen. Das ♀ legt die Eier erst nach dem Überwintern ab. Die Raupen fressen an Obst- und anderen Laubbäumen. Heute selten; früher sogar in manchen Jahren schädlich.

4 Tagpfauenauge, *Inachis io*, Tagfalterfamilie Edelfalter (Nymphalidae). Fliegt vom Frühjahr bis in den Herbst. Die Zeit des Auftretens und die Anzahl der Generationen sind witterungsabhängig. Die Raupen (s. S. 201) fressen gesellig meist an Brennesseln. Die Falter überwintern in Verstecken. In warmen Räumen gehen sie zugrunde, da hier ihr Energievorrat infolge der größeren Aktivität bald aufgebraucht ist.

5 Trauermantel, *Nymphalis antiopa*, Tagfalterfamilie Edelfalter (Nymphalidae). Nachdem der Falter Ende Juli geschlüpft ist, fliegt er nach der Überwinterung bis Juni. Besonders an Waldrändern und in lichten Wäldern. Die Raupe (s. S. 201) frißt an Birke, Weide, Pappel und Ulme.

6 C-Falter, *Polygonia c-album*, Tagfalterfamilie Edelfalter (Nymphalidae). Fliegt je nach Witterung in 1 oder 2 Generationen etwa ab Ende Juni nach der Überwinterung bis Anfang Juni. An vielen Stellen, aber besonders an Waldrändern. Die Raupe (s. S. 201) frißt an verschiedenen Pflanzen, z. B. an Johannis- und Stachelbeere, an Salweide, an Hopfen, Hasel und an Brennesseln.

7 Landkärtchen, *Araschnia levana*, Tagfalterfamilie Edelfalter (Nymphalidae). Fliegt in 2 Generationen von Ende April–Mitte Juni und von Mitte Juli bis August. Besonders an schattigen, feuchten Stellen, z. B. an Laubwäldern; bevorzugt das Hügelland. Die Raupe (s. S. 201) frißt an Brennesseln, zuerst gesellig, dann einzeln. Die Puppe überwintert. In der Färbung sehr veränderlich. Die Falter der 1. Generation (im Frühjahr) sind gewöhnlich viel heller und auch anders gezeichnet als die der im Sommer auftretenden 2. Generation (Saisondimorphismus).

SCHMETTERLINGE Lepidoptera

1 Gemeiner Scheckenfalter, *Melitaea athalia*, Tagfalterfamilie Edelfalter (Nymphalidae). In Färbung und Zeichnung veränderlich. Fliegt von Mitte Juni bis Juli. Im Hügelland besonders in lichten Laubwäldern. In höhergelegenen Gebieten vorwiegend auf Waldwiesen, die sonnig, aber dabei etwas feucht sind. Die Raupe frißt an Spitzwegerich, Wachtelweizen und Ehrenpreis. Sie überwintert gesellig unter einem Gespinst auf der Erde. Von unseren Schmetterlingen überdauern etwa 40 % den Winter im Raupenstadium, kaum 20 % als Ei und nur wenige als Imago.

2 Großer Perlmutterfalter, *Mesoacidalia charlotta*, Tagfalterfamilie Edelfalter (Nymphalidae). Fliegt von Mitte Juni–Mitte August. An vielen Stellen, besonders in hügeligen und gebirgigen Gegenden auf Waldwiesen. Die Raupe, die überwintert, frißt an Veilchen und an Wiesenknöterich. Sie lebt versteckt. Wie die Raupen vieler Edelfalter trägt sie am Körper Dornen, die vor Raubwanzen schützen sollen.

3 Kaisermantel, *Argynnis paphia*, Tagfalterfamilie Edelfalter (Nymphalidae). Fliegt von Ende Juni bis Mitte September. An vielen Stellen in und an Wäldern. Hauptsächlich auf Waldwiesen des Hügellandes und der Gebirgstäler. ♀ legt die Eier nicht an den Futterpflanzen, sondern an Baumstämmen ab. Die Raupe, die überwintert, frißt an Veilchenarten und an Himbeere. Die Lebensweise des Kaisermantels ist gut erforscht. Wie viele Insekten fliegt er nur bei höheren Temperaturen. Der Kaisermantel ist im Bereich zwischen 18 °C und 30 °C aktiv. Als Tagfalter klappt er in Ruhe die Flügel nach oben zusammen. Allerdings sieht man ihn auch mit ausgebreiteten Flügeln, wenn er sich an Blüten, Blättern usw. sonnt. Dadurch erreicht er die für seine Aktivität notwendige Körpertemperatur. Die Schmetterlinge gehören ja, wie alle Insekten, zu den wechselwarmen Tieren, d. h., ihre Körpertemperatur ist weitgehend von der Umgebung abhängig.

4 Kleiner Feuerfalter, *Lycaena phlaeas*, Tagfalterfamilie Bläulinge (Lycaenidae). ♂dem ♀ sehr ähnlich. Fliegt meist von Mai–Juni und in der 2. Generation gewöhnlich von Mitte Juli–August. Bei günstiger Witterung im September eine 3. Generation. An vielen Stellen. Die Raupe (s. S. 201) überwintert. Sie frißt an Sauerampfer, Kleinem Ampfer und Dost. Die Bläulinge (viele rötlich oder bräunlich) haben asselförmige Raupen. Diese leben oft mit Ameisen zusammen, die von ihnen ein süßes Sekret lecken und sie dabei gleichzeitig vor Feinden schützen.

5 Dukatenfalter, *Lycaena virgureae*, Tagfalterfamilie Bläulinge (Lycaenidae). Flügel des ♀ gefleckt. Fliegt von Mitte Juni–August. In lichten Wäldern, an Waldrändern und -lichtungen, auf Wiesen. Die asselförmige Raupe frißt am Sauerampfer. Die Eier überwintern. Im April schlüpfen die Raupen, die sich nach mehrmaliger Häutung im Juni verpuppen.

6 Gemeiner Bläuling, *Polyommatus icarus*, Tagfalterfamilie Bläulinge (Lycaenidae). Fliegt von Mai bis September, ausnahmsweise noch im Oktober. Tritt meist in 2, bei günstigen klimatischen Bedingungen in 3 Generationen auf, die sich zeitlich überschneiden. Bevorzugt an sonnigen und trockenen Stellen. Die Raupe (s. S. 201), die überwintert, frißt an Kleearten, Hauhechel und anderen Schmetterlingsblütengewächsen. ♂♂ dieser Familie oft bläulich gefärbt, ♀♀ dagegen mehr bräunlich. Die Falter sind klein, die Geschlechter in Zeichnung und Färbung unterschiedlich.

SCHMETTERLINGE Lepidoptera

1 Totenkopf, *Acherontia atropos*, Familie Schwärmer (Sphingidae). Von den etwa 20 Schwärmerarten, die in Mitteleuropa vorkommen, ist er der größte. Typische Rückenzeichnung (Name!). Jährlich fliegen die Falter etwa von Mai an aus dem Mittelmeergebiet und Nordafrika in unser Gebiet ein. Saugt sehr gern Honig (dringt manchmal in Bienenstöcke ein). Die Raupe frißt an Kartoffel sowie anderen Nachtschattengewächsen. Verpuppt sich in der Erde. Die Ende September–Anfang Oktober geschlüpften Falter sind bei uns nicht fortpflanzungsfähig und sterben ab, ebenso die Puppe im Winter, wenn der Falter nicht im Herbst wieder nach Süden wandert (was für die Mehrzahl angenommen wird).

2 Ligusterschwärmer, *Sphinx ligustri*, Familie Schwärmer (Sphingidae). Fliegt etwa von Ende Mai bis Juli in Gärten, lichten Laubmischwäldern, Parks usw. Die Raupe (s. S. 202) frißt u. a. an Flieder, Liguster und Esche. Die Puppe überwintert in der Erde. Der Ligusterschwärmer fliegt in der Dämmerung.

3 Kiefernschwärmer, *Hyloicus pinastri*, Familie Schwärmer (Sphingidae). Fliegt in der Dämmerung und nachts, von Mai–Juli. Besonders in Nadelwäldern. Die Raupe frißt im Wipfelbereich der Bäume, an Kiefern, Fichten und seltener an Lärchen. Die Puppe überwintert im Waldboden. Kein Schädling, da die Raupe kaum in Massen auftritt.

4 Pappelschwärmer, *Smerinthus populi*, Familie Schwärmer (Sphingidae). In Färbung und Zeichnung sehr veränderlich. Fliegt meist von Mai–Juli an den Fraßbäumen der Raupe, z. B. an Gewässerufern, in Parks, an Waldrändern usw. Die Raupe (s. S. 202) frißt besonders an Weiden und an Pappeln (sie bevorzugt dabei die Strauchformen dieser Pflanzen).
Die andere *Smerinthus*-Art, das Abendpfauenauge *(S. ocellata)* hat rötliche Hinterflügel mit schwarzen, blau gekernten Augenflecken. Seine Raupe frißt an Obstbäumen, Schlehe und Traubenkirsche. Alle einheimischen Schwärmer überdauern den Winter als Puppe. Die Schwärmer sind mittel- bis sehr groß mit einer Flügelspanne, je nach Art, von 4–12 cm. Pappelschwärmer sind elegante Flieger.

5 Wolfsmilchschwärmer, *Deilephila euphorbiae*, Familie Schwärmer (Sphingidae). Fliegt meist von Mitte Mai–Anfang August. An vielen Stellen, z. B. an Wegen, sonnigen Hängen, Grasflächen usw. Die Raupe (s. S. 202) frißt hauptsächlich an Zypressenwolfsmilch. Sie verpuppt sich in der Erde, die Puppe überwintert. Schwärmer fliegen sehr gut; meist in der Dämmerung oder nachts. Ihre Raupen sind leicht an dem sich am Körperende befindlichen, bei vielen Arten vorhandenen Horn erkennbar. Auch der Name Sphingidae leitet sich von den Raupen ab, die sich bei Beunruhigung vorn aufrichten (wie eine Sphinx – Name!).

6 Brauner Bär, *Arctia caja*, Familie Bärenspinner (Arctiidae). Flügelspanne um 7 cm. In Größe, Zeichnung und Färbung sehr veränderlich. Fliegt von Juli–August. An vielen Stellen, z. B. an Waldrändern, an Gewässerufern, in Gärten und an Wegrändern. Die Raupe (s. S. 202) frißt an vielen Pflanzen. Sie überwintert. Der Name der Familie weist auf die Behaarung der Raupen hin. Es ist bemerkenswert, daß diese Falter weitaus mehr in der Nacht fliegen als am Tage.

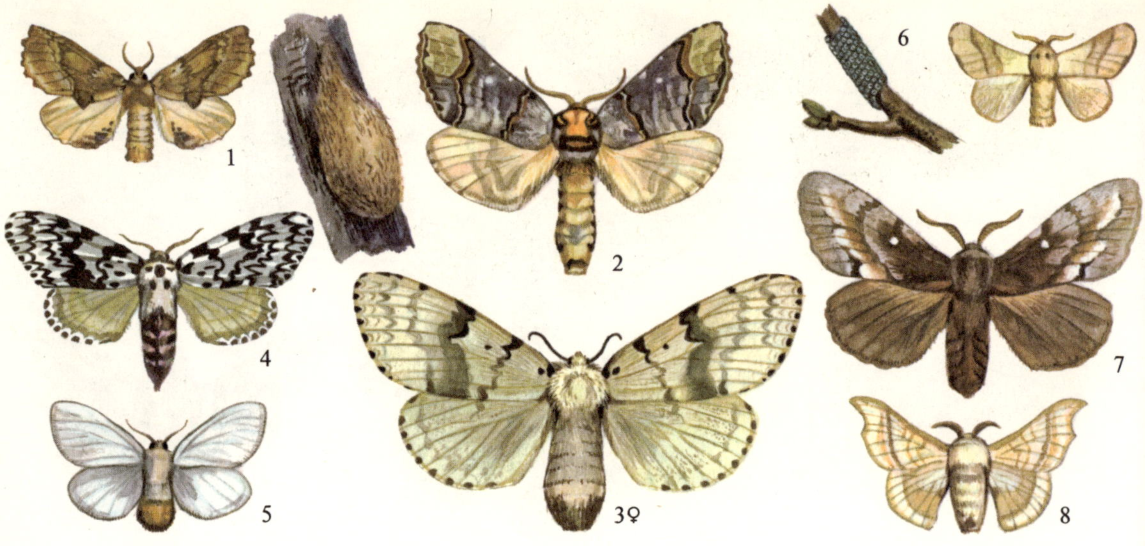

SCHMETTERLINGE Lepidoptera

1 Kamelspinner, *Lophopteryx camelina*, Familie Zahnspinner (Notodontidae). Fliegt nachts; von Ende April–Juni und teilweise eine 2. Generation von Ende April–August. Besonders in Laubwäldern sowie an verschiedenen mit Bäumen bewachsenen Plätzen. Die Raupe frißt an Laubbäumen. Die Puppe überwintert in einer Erdhöhle.

2 Mondfleck, *Phalera bucephala*, Familie Zahnspinner (Notodontidae). Fliegt nachts; von Mai–Juli in Wäldern, Gehölzen, Alleen usw. Die Raupe (s. S. 202), die anfangs gesellig lebt, frißt an verschiedenen Laubgehölzen; der Schaden ist gering.

3 Schwammspinner, *Lymantria dispar*, Familie Schadspinner (Lymantriidae). ♂ kleiner und mit dunkleren Flügeln. Fliegt von Juli–September in Laubwäldern, Gärten, Gehölzen usw. ♀♀ sind träge. Die lebhaften ♂♂ schwärmen dagegen oft am Abend, aber auch manchmal tagsüber. Eier (3a) – mit Afterwolle bedeckte Gelege, die wie Baumschwamm aussehen – an Stämmen (Name!). Eier überwintern. Die unterschiedlich gefärbten Raupen (s. S. 202) fressen an verschiedenen Baumarten (polyphag). An Obstbäumen und in Laubwäldern durch Raupenfraß schädlich.

4 Nonne, *Lymantria monacha*, Familie Schadspinner (Lymantriidae). In Färbung und Zeichnung veränderlich. Fliegt abends und nachts; von Juli–September. In Nadel- und Mischwäldern, besonders im Stangenholz. ♀ legt die Eier häufchenweise vornehmlich unter Baumrinde ab. Die Eier überwintern. Die Raupe (s. S. 202) frißt an Nadelbäumen, Linden, Eichen und anderen Pflanzen (polyphag); verpuppt sich an den Bäumen. Sehr gefährlicher Waldschädling, der schon riesige Wälder vernichtet hat.

5 Goldafter, *Euproctis chrysorrhoea*, Familie Schadspinner (Lymantriidae). Fliegt meist spät abends; von Ende Juni–Anfang August. In lichten Eichenwäldern, Gehölzen, Gärten usw. Die Raupe (s. S. 202) frißt an Eichen, Obst- und anderen Laubbäumen. Sie lebt gesellig und überwintert eingesponnen in »Nestern«. Die Raupenhaare sind giftig. Schädlich.

6 Ringelspinner, *Malacosoma neustria*, Familie Wollraupenspinner (Lasiocampidae). Sehr veränderlich. ♀ größer. Fliegt von Ende Juni–Anfang August in Laubwäldern, Gärten usw. Das wenig fluglustige ♀ legt die Eier, die überwintern, als Gelege spiralförmig um Zweige (Name!). Die Raupe (s. S. 203) frißt an verschiedenen Laubbäumen. Schädlich, besonders an Obstbäumen. Lebt anfangs gesellig in Gespinsten (»Nestern«). Die weißen oder gelblichen Puppenkokons meist zwischen Blättern.

7 Kiefernspinner, *Dendrolimus pini*, Familie Wollraupenspinner (Lasiocampidae). In Färbung und Zeichnung sehr veränderlich. ♀ größer. Fliegt meist nachts; von Juni–August. Sitzt am Tage an Stämmen. In Kiefernwäldern. Die verschieden gefärbten Raupen s. S. 203) fressen vornehmlich an Kiefern (monophag); sehr schädlich. Sie überwintern am Boden. Im Frühjahr fressen sie auf den Bäumen weiter. Verpuppung Ende Juni.

8 Maulbeerseidenspinner, *Bombyx mori*, Echte Spinner (Bombycidae). Kein Vertreter der heimischen Fauna. Wird zur Seidenherstellung (aus den Puppenkokons) gezüchtet. Die Raupen werden mit Maulbeerblättern gefüttert. Die Eier überwintert man. Nach Europa (aus China) im 6., nach Mitteleuropa im 18. Jahrhundert eingeführt.

SCHMETTERLINGE Lepidoptera

1 Gemeines Blutströpfchen, *Zygaena filipendulae*, Familie Blutströpfchen oder Widderchen (Zygaenidae). Fliegt von Juli–August. Auf verschiedenen Grasflächen. Die Raupe (s. S. 202) frißt besonders an Hornklee und Bergkronwicke. Sie überwintert und verpuppt sich in Gespinsten an Pflanzen. Im Gebiet viele der typisch gezeichneten, zählebigen *Zygaena*-Arten. Widderchen sind träge, fliegen schlecht und sind leicht mit der Hand zu fangen. Am Tage an verschiedenen Blüten (besonders Disteln) zu finden. Sie werden von den meisten Tieren verschmäht, denn die Falter scheinen widerlich zu schmecken.

2 Wintersaateule, *Agrotis segetum*, Familie Eulen (Noctuidae). In Färbung und Zeichnung äußerst veränderlich. Fliegt in 2 Generationen von Mai–November. In vielen Lebensräumen, z. B. Feldern und Wiesen. Die Raupe (s. S. 203) frißt an Wurzeln und Blättern verschiedener Pflanzen; sie überwintert. Großer Schaden durch Fraß an Gemüse, Hackfrüchten und Wintersaaten. Von den etwa 500 im Gebiet vorkommenden Eulen sind viele nur schwer zu unterscheiden.

3 Hausmutter, *Triphaena pronuba*, Familie Eulen (Noctuidae). Vorderflügel in Färbung und Zeichnung sehr variabel, häufig auch bläulichgrau. Fliegt von Ende Mai–September. An vielen Stellen. Die polyphage Raupe frißt z. B. an Gräsern, Löwenzahn, Gemüse, Knöterich- und Ampferarten. Sie überwintert. Der Falter hält sich tagsüber gern in Häusern versteckt (Name!). Wie auch andere Nachtschmetterlinge fliegt er oft Lichtquellen an.

4 Kieferneule, *Panolis flammea*, Familie Eulen (Noctuidae). Vorderflügel bräunlich oder rötlich und teilweise mit grünlichgrauen Tönen. Fliegt von Ende März–Anfang Juni. In Nadel- und Mischwäldern, besonders in sandigen Gebieten. Die Raupe (s. S. 203) frißt an Kiefern, auch an Fichten. Verpuppt sich im Waldboden und überwintert. Besucht nachts Blüten, z. B. Weidenkätzchen. Tagsüber sitzen die Falter an Nadeln und Zweigen. In manchen Jahren in Massen in Kiefernwäldern. Dann durch Raupenfraß sehr schädlich.

5 Rotes Ordensband, *Catocala nupta*, Familie Eulen (Noctuidae). Fliegt von Juli–Oktober. In Gehölzen, an Bäumen und Gebüschen in Gewässernähe, in Gärten usw. Die Eier überwintern. Die Raupe frißt an Weiden und Pappeln.

6 Gammaeule, *Autographa gamma*, Familie Eulen (Noctuidae). In der Färbung veränderlich. Name nach den γ-förmigen Zeichen auf den Vorderflügeln. Fliegt von Mai–September; im Gegensatz zu den anderen Eulen auch tagsüber. An vielen Stellen, z. B. auf Feldern und in Gärten. Die Raupe (s. S. 203) frißt an verschiedensten Pflanzen, wie Klee, Kohlarten und Taubnesseln. Manchmal an Kulturpflanzen schädlich. Sie überwintert (selten der Falter). Etwa ab Juli fliegen Gammaeulen aus dem Süden über die Alpen in unser Gebiet ein. Von ihren Nachkommen wandern im Herbst viele zurück. Eulenarten sind durch die mit Makel und Linien gezeichneten Vorderflügel leicht kenntlich.

7 Krebssuppe, *Scoliopteryx libatrix*, Familie Eulen (Noctuidae). Fliegt von Juni–Oktober. Überall, wo Weiden und Pappeln stehen, z. B. an Gewässern. Die Raupe frißt an Weiden und Pappeln. Eine der wenigen Eulen, die als Falter überwintern; deshalb manchmal in Kellern anzutreffen.

SCHMETTERLINGE Lepidoptera

1 Gemeiner Frostspanner, *Operophtera brumata*, Familie Spanner (Geometridae). ♀ nur mit Flügelstummeln. ♂ fliegt abends und nachts; von Oktober bis Dezember. In Gärten und Wäldern. Die Raupe (s. S. 203) frißt im Mai/Juni an Obst- und anderen Laubbäumen. Gefährlicher Schädling. Sie spinnt Blätter und Blüten zusammen. Das Ei überwintert. Im Gebiet etwa 400 Arten, meist mit gesprenkelten Flügeln.

2 Apfelblütenspanner, *Chloroclystis rectangulata*, Familie Spanner (Geometridae). In Zeichnung und Färbung sehr veränderlich. Ruht tagsüber an Stämmen u. ä. Fliegt besonders im Juni. Hauptsächlich in Gärten mit Obstbäumen. Die Eier überwintern. Die Raupe frißt im April/Mai vornehmlich an Apfel und Birne, und zwar einzeln in zusammengesponnenen Blüten (auch an Blättern). Schädlich.

3 Großer Frostspanner, *Erannis defoliaria*, Familie Spanner (Geometridae). ♀ flügellos. Fliegt ab September in Gärten, Wäldern usw. Die Eier überwintern. Die Raupe frißt gesellig an Laubbäumen, aber nicht zwischen zusammengesponnenen Blättern. Schädlich. Sie verpuppt sich in der Erde.

4 Kiefernspanner, *Bupalus piniarius*, Familie Spanner (Geometridae). ♀ heller und undeutlicher gezeichnet. Färbung und Zeichnung variabel. Einer der wenigen Spanner, der auch tagsüber fliegt. Von Mai–Juli besonders in Kiefern- und Nadelmischwäldern. Die Raupe (s. S. 203) frißt von Juli–Oktober bevorzugt an Kiefern. Sehr schädlich. Die Puppe überwintert am Boden. Der Name der Familie weist auf die Fortbewegungsweise der Raupen hin, die beim Kriechen eine Art »Katzenbuckel« bilden. Den Spannerraupen fehlen die ersten 3 Bauchfußpaare.

5 Fliedermotte, *Xanthospilapteryx syringella*, Familie Minier- oder Blattütenmotten (Lithocolletidae). Flügelspanne etwa 1 cm. 1. Generation im Mai, die 2. im Juli–August. Fliegt in der Dämmerung an Fliederbüschen. Die Raupen minieren anfangs in Fliederblättern, größere fressen auf den Blättern. Mehrere Raupen fertigen gemeinsam ein Blattwickel an. Erwachsen seilen sie sich dann ab. Die Puppe überwintert.

6 Kleidermotte, *Tineola bisselliella*, Familie Echte Motten (Tineidae). In Wohnungen. Die auch tagsüber herumfliegenden Motten sind♂♂ oder die ♀♀, die ihre Eier bereits abgelegt haben. Die Jagd auf sie ist also zwecklos. ♀ legt die Eier an verborgenen Stellen. Die Raupe frißt besonders Wolle, Federn und Haare. Sie baut sich aus ihren Nahrungsstoffen eine Wohnröhre, die mit umhergeschleppt wird. Die Mundwerkzeuge der Falter sind verkümmert. Gefährlicher Schädling.

7 Apfelwickler, *Laspeyresia pomonella*, Familie Wickler (Tortricidae). Fliegt meist in 2 Generationen von Mai–September, und zwar in der Dämmerung. ♀ legt die Eier auf Früchte und Blätter. In 1–2 Wochen schlüpft die Raupe (s. S. 203), die sich bis zum Apfelkerngehäuse durchfrißt. Sie ist also die »Obstmade« »wurmstichiger« Äpfel. Nach etwa 4 Wochen verläßt sie den Apfel und spinnt sich zur Überwinterung in Verstecken ein. Obstschädling.

8 Pflaumenwickler, *Grapholitha funebrana*, Familie Wickler (Tortricidae). Eng verwandt mit der Gattung *Laspeyresia*. Die Raupe (fälschlich Made) frißt in den Pflaumen. Da die Früchte vorzeitig abfallen oder entwertet werden, ist sie schädlich.

SCHMETTERLINGSLARVEN (Raupen)

1 Schwalbenschwanz

2 Großer Kohlweißling

3 Kleiner Kohlweißling

4 Goldene Acht

5 Damenbrett

6 Großes Ochsenauge

7 Admiral

8 Distelfalter

9 Kleiner Fuchs

10 Tagpfauenauge

11 C-Falter

12 Landkärtchen

13 Trauermantel

14 Zitronenfalter

15 Gemeiner Scheckenfalter

16 Großer Perlmutterfalter

17 Kleiner Feuerfalter

18 Gemeiner Bläuling

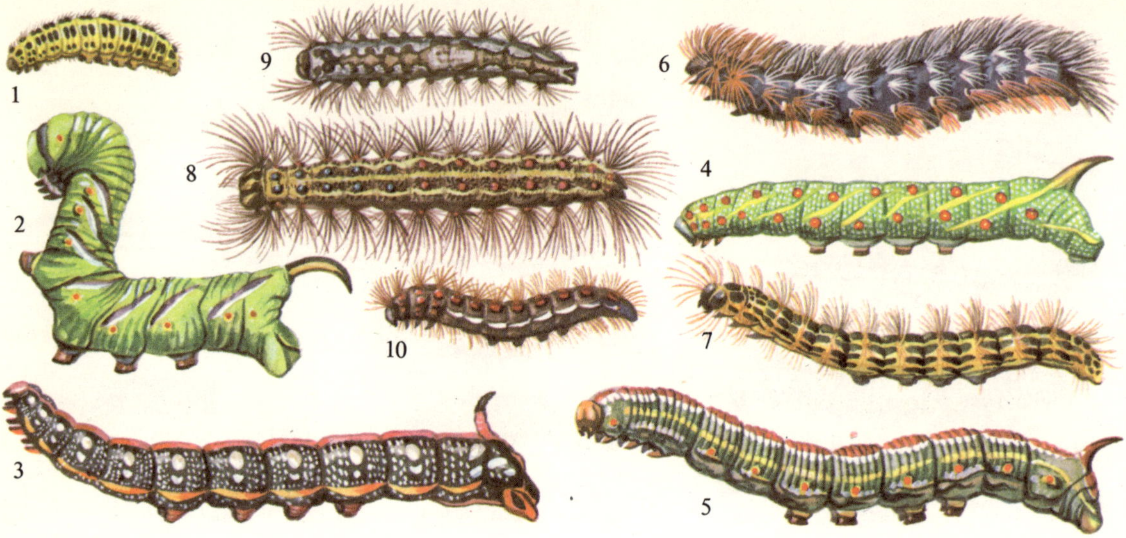

SCHMETTERLINGSLARVEN (Raupen)

1 Gemeines Blutströpfchen

2 Ligusterschwärmer

3 Wolfsmilchschwärmer

4 Pappelschwärmer

5 Kiefernschwärmer

6 Brauner Bär

7 Mondfleck

8 Schwammspinner

9 Nonne

10 Goldafter

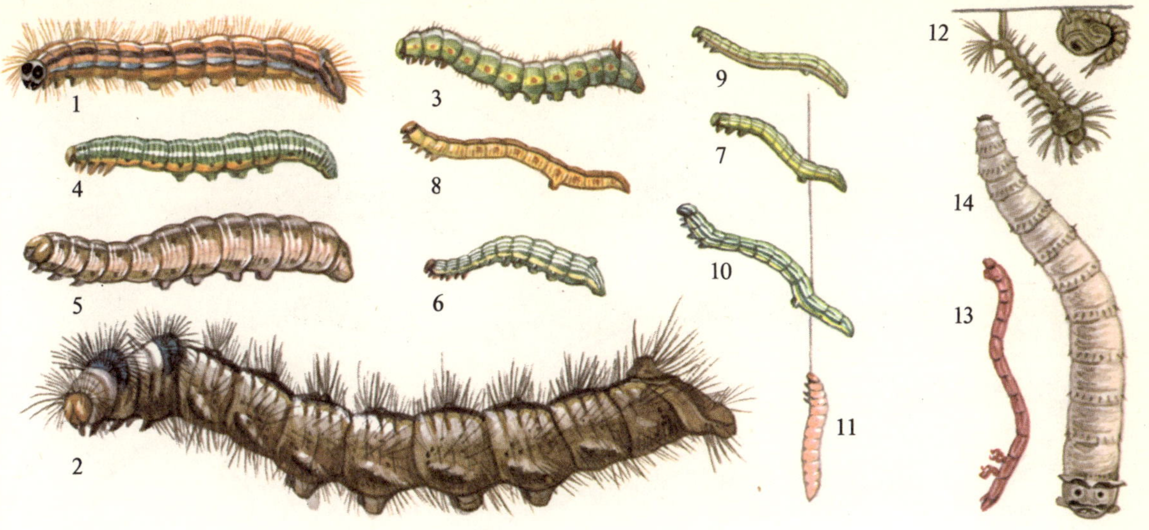

SCHMETTERLINGSLARVEN (Raupen) und ZWEIFLÜGLERLARVEN (12–14)

1 Ringelspinner

2 Kiefernspinner

3 Kamelspinner

4 Kieferneule

5 Wintersaateule

6 Gammaeule

7 Gemeiner Frostspanner

8 Großer Frostspanner

9 Apfelblütenspanner

10 Kiefernspanner

11 Apfelwickler

12 Stechmückenlarve, rechts Puppe

13 Zuckmückenlarve

14 Schnakenlarve

KÄFERLARVEN

1 Sandlaufkäfer

2 Laufkäfer

3 Kurzflügler

4 Rübenaaskäfer

5 Maikäferengerling

6 Schnellkäfer (Drahtwurm)

7 Marienkäfer

8 Kartoffelkäfer

9 Kornkäfer

10 Apfelblütenstecher

11 Speckkäfer

12 Mehlkäfer (Mehlwurm)

13 Bockkäfer

14 Samenkäfer

15 Borkenkäfer

16 Prachtkäfer

17 Schwimmkäfer

WIRBELTIERE Vertebrata FISCHE Pisces

1 Bachforelle, *Salmo trutta fario*, Familie Lachse (Salmonidae). Um 25 cm, seltener bis 40 cm lang. Färbung sehr variabel. Maul kurz und abgestumpft, gedrungene Gestalt, besonders im Alter. Steht mit dem Kopf gegen die Strömung. In klaren, schnellfließenden Bächen, vor allem im Gebirge (Kaltwasserfisch). Ernährt sich räuberisch: anfangs Insekten, Krebse, Weichtiere usw., später auch größere Beutetiere (Fische). Laichzeit: Oktober–Januar. Hochwertiger Speisefisch. Verwandte Art ist die Regenbogenforelle *(Salmo gairdneri)*, mit rötlichem Band an den Seiten. 1881 aus Amerika eingeführt.

2 Hecht, *Esox lucius*, Familie Hechte (Esocidae). Meist um 60 cm lang. Schnauze platt, Rückenflosse weit hinten. Färbung je nach Umwelt relativ verschieden. Junge Hechte oft grasgrün, hell (Grashechte). Bewohnt verschiedene Gewässertypen, geht auch ins Brackwasser. Vornehmlich in Ufernähe anzutreffen. Alle Hechte sind gefräßige Räuber, die alles, was sie überwältigen können, verschlingen, selbst ihre Artgenossen. Laichzeit: Februar–Mai. Geschätzter Speisefisch. Kleine Hechte sind in Karpfenteichen gern gesehen, da sie Nahrungskonkurrenten kurz halten; große sind wegen ihrer Gefräßigkeit schädlich.

3 Äsche, *Thymallus thymallus*, Familie Äschen (Thymallidae). Bis 50 cm lang. Sehr typisch ist die lange und sehr hohe Rückenflosse. In der Färbung variabel. Bewohnt klare Fließgewässer (Äschenregion). Wegen der zunehmenden Verunreinigung der Flüsse in letzter Zeit zurückgehend, was übrigens auf eine ganze Reihe von Tierarten zutrifft. Ernährt sich räuberisch; anfangs verschiedene Kleintiere, z. B. Wasserinsekten, später Jungfische und Laich. Laichzeit: März–April/Mai. Das Fleisch ist wohlschmeckend.

4 Karpfen, *Cyprinus carpio*, Familie Karpfenfische (Cyprinidae). Je nach Beschuppung Schuppen-, Leder- und Spiegelkarpfen (im Bild von links nach rechts). Meist 30 cm lang, maximal bis 1,5 m. Ursprüngliche Heimat: China, Japan und Teile Osteuropas. Bei uns fast ausschließlich Zuchtformen. Wildform z. B. in der Donau. Liebt ruhige, warme Gewässer mit reichem Pflanzenwuchs. Ernährung unterschiedlich: Kleintiere, Wasserpflanzen, Plankton, aber auch Gerste, Mais usw. (Zufütterung). Der Laicherfolg ist temperaturabhängig – Anzucht in besonderen flachen Teichen. Das Karpfenfleisch ist sehr geschätzt. Abfischung im Herbst. Verluste besonders durch Bauchwassersucht.

5 Flußbarbe, *Barbus barbus*, Familie Karpfenfische (Cyprinidae). Bis etwa 70 cm lang. Bevorzugt den Mittellauf (Barbenregion) von Flüssen westlich der Elbe. Gesellig lebender Grundfisch, der am Tage oft versteckt und ruhig gegen die Strömung steht. Nachts auf Nahrungssuche: besonders Kleintiere des Bodens, Abfälle, Fischbrut und Laich. Laichzeit: April bis Juni. Die goldgelben Eier sind giftig. Bei uns wird das Fleisch wenig geschätzt.

6 Gründling, *Gobio gobio*, Familie Karpfenfische (Cyprinidae). Bis 18 cm lang. Körper drehrund, Schwanz seitlich zusammengedrückt. Bevorzugt die flachen Uferzonen der Seen, Bäche und Flüsse. In Ruhe am Grunde liegend. Geht auch ins Brackwasser der Ostsee. Meist in kleinen Schwärmen. Ernährt sich hauptsächlich von Kleintieren, aber auch von Pflanzenteilen und Fischbrut. Laichzeit: Mai–Juni. In Mitteleuropa als Speisefisch nur selten geschätzt. Als Nahrungsgrundlage für Raubfische bedeutungsvoll. Auch als Köderfisch verwendet.

FISCHE Pisces

1 Schleie, *Tinca tinca*, Familie Karpfenfische (Cyprinidae). Meist um 25 cm, maximal bis 70 cm. Charakteristisch ist die stark schleimige Haut, in der die kleinen Schuppen liegen. Bevorzugt ruhige Gewässer mit schlammigem Grund, pflanzenreiche Teiche und Seen. Durchpflügt den Schlamm und ernährt sich von Pflanzen, verschiedenen Kleintieren, vorzugsweise von der Schleischnecke *(Bulimus tentaculatus*, s. S. 144). Laichzeit: Mai–Juli. Besonders in der Dämmerung aktiv. Fleisch dieses wichtigen Wirtschaftsfisches sehr beliebt. Beifisch in Karpfenteichen.

2 Karausche, *Carassius carassius*, Familie Karpfenfische (Cyprinidae). 20–30 cm lang, sehr selten bis 50 cm. In der Gestalt an den Karpfen erinnernd (auch »Moorkarpfen«). In Gewässern aller Art, selbst in kleinen, stark verschmutzten Tümpeln (da geringes Sauerstoffbedürfnis); nur stark strömende Gewässer werden gemieden. Ernährt sich von Kleintieren, Pflanzen und Abfällen, selten kannibalisch. Laichzeit: Mai–Juni. Verfrachtung von Laich durch Wasservögel ist wahrscheinlich, die weite Verbreitung wäre dadurch erklärt. Tiere aus klaren Gewässern sind sehr wohlschmeckend. Nahrungskonkurrent des Karpfens, mit dem sie auch langsam wachsende Bastarde bildet; deshalb aus Karpfenzuchtteichen fernzuhalten. Der Goldfisch *(Carassius auratus auratus)* stammt nicht von der Karausche ab, sondern ist mit der Silberkarausche *(Carassius auratus gibelio)* verwandt.

3 Moderlieschen, *Leucaspius delineatus*, Familie Karpfenfische (Cyprinidae). Kenntlich an der unvollkommenen Seitenlinie. Maul steht schräg nach oben. Leicht ausfallende Schuppen. Ausgesprochener Schwarmfisch, der kleine, ruhige Gewässer, auch versumpfte Gräben und Tümpel bewohnt. Ernährt sich von Kleintieren und Algen. ♀ klebt (April–Juni) ringförmige Laichbänder an Wasserpflanzen. Nur als Nahrungsgrundlage für Raubfische von Bedeutung. Beliebter Köderfisch des Anglers.

4 Bitterling, *Rhodeus sericeus*, Familie Karpfenfische (Cyprinidae). Bis 9 cm lang. Auffallend hoher Rücken, sehr kurze Seitenlinie. ♂ zur Laichzeit prächtig gefärbt, Seiten regenbogenfarben schillernd. In ruhigen Gewässern, wo Teichmuscheln vorkommen. Allesfresser, besonders Pflanzen und Kleintiere. Zur Laichzeit (April–Mai) führt das ♀ die hervortretende Legeröhre in die Einströmöffnung einer Teichmuschel und legt bis zu 40 Eier ab. Nach 4–5 Wochen verlassen die Jungfische die Muschel. Das Fleisch soll bitter schmecken (Name!). Ein schöner und interessanter Aquarienfisch; relativ leicht zu halten.

5 Plötze, *Rutilus rutilus*, Familie Karpfenfische (Cyprinidae). Um 20 cm lang, maximal 35 cm. Oft verwechselt mit der Rotfeder. Unterscheidungsmerkmale: Plötze: Kiel zwischen Bauchflossen und Afterflosse gerundet. Augenringe meist rot. Rotfeder: Kiel scharf. Augenring gelb. Schwarmfisch ruhiger Gewässer, auch in der Ostsee. Frißt Kleintiere und Pflanzen. Fische über 20 cm nehmen auch größere Tiere auf. Laichzeit: April–Mai. Wirtschaftlich nicht unbedeutend.

6 Rotfeder, *Scardinius erythrophtalmus*, Familie Karpfenfische (Cyprinidae). 20–30 cm lang. Siehe auch unter Plötze. Typischer Schwarmfisch, der die Uferregion der Flüsse, Teiche und Seen bewohnt. Ernährt sich besonders von höheren Pflanzen. Laichzeit: Mai–Juli. Wirtschaftlich unbedeutend.

FISCHE Pisces

1 Döbel, *Leuciscus cephalus*, Familie Karpfenfische (Cyprinidae). Meist um 40 cm, selten bis 70 cm lang. Körper fast drehrund, Schuppen groß. Bevorzugt ruhige Fließgewässer und Seen. Jungdöbel sind Schwarmfische der oberflächennahen Schichten. Alttiere werden Einzelgänger. Allesfresser, als Jungtier besonders Kleinlebewesen, als Alttier gefräßiger Räuber. Laichzeit: April–Juni. Fleisch grätenreich. Wird gern geangelt.

2 Blei, *Abramis brama*, Familie Karpfenfische (Cyprinidae). Meist um 50 cm lang, wenige erreichen 70 cm. Seitlich flach, Schuppen groß. Oft verwechselt mit der Güster. Wichtige Unterscheidungsmerkmale: Blei: Afterflossen lang und schmal, Augen verhältnismäßig klein. Güster: Afterflosse kürzer und breiter, Augen verhältnismäßig groß. Bevorzugt Ufer- und Bodenregion nährstoffreicher Seen und Flüsse (besonders in der unteren, langsam fließenden Zone – Bleiregion). Geht auch ins Brackwasser. Wühlt meist im Boden nach Nahrung: besonders Tubifex, Zuckmückenlarven und Schnecken, wobei charakteristische Gruben entstehen. Kommt nur nachts an die Oberfläche. In seichten Gewässern hochrückige Hungerformen (Verbuttung). Laichzeit: Mai–Juli. Besonders im Norden des Gebietes gern gegessen.

3 Güster, *Blicca bjoerkna*, Familie Karpfenfische (Cyprinidae). Meist um 20 cm, selten bis 30 cm lang. Ansätze der Brust- und Bauchflossen rötlich (im Unterschied zum Blei, siehe dort). Ufer- und Bodenfisch ruhiger Gewässer; besonders die Jungtiere oft in großen Schwärmen. Auch in der Ostsee. Ernährt sich hauptsächlich von Kleintieren (z. B. Kleinkrebsen), weniger von Pflanzen. Laichzeit: Mai–Juni. Fleisch sehr grätenreich, nur im Norden genutzt.

4 Schlammpeitzger, *Misgurnus fossilis*, Familie Schmerlen (Cobitidae). Meist 20–30 cm lang. Schuppen klein, von einer glitschigen Schleimschicht überdeckt. Körper drehrund. Vornehmlich in ruhigen und schlammigen (nährstoffreichen) Gewässern. Bodenfisch. Im Winter und bei Austrocknung der Gewässer lebt er im Schlamm vergraben (Zusatzatmung durch den Darm!). Schnappt auch vor Gewittern (»Wetterfisch«) atmosphärische Luft, deren Sauerstoff er durch Darmatmung ausnutzt. Frißt Kleintiere des Bodens, vorzugsweise Weichtiere. Laichzeit: April–Juni; interessantes Balzverhalten. Wirtschaftlich unbedeutend. Anspruchsloser Aquarienfisch.

5 Steinbeißer, *Cobitis taenia*, Familie Schmerlen (Cobitidae). Etwa 10 cm lang. Liebt besonders die Ufer klarer, feinsandiger Gewässer, auch Fließgewässer. Bodenfisch, der sich bei Gefahr schnell einbohrt. Darmatmung ähnlich 4. Frißt Bodentiere (besonders Würmer): kaut den Sand (Name!) durch und behält die Nahrung zurück. Den Sand stößt er durch die Kiemenöffnungen wieder aus. Laichzeit: April–Juni. Aquarien- und Köderfisch.

6 Schmerle, *Neomacheilus barbatulus*, Familie Schmerlen (Cobitidae). Meist bis 15 cm lang. Bodenfisch in klaren (sauerstoffreichen) Fließgewässern; häufig unter Steinen anzutreffen. Bei Gefahr gräbt sie sich ein. Ernährt sich vorzugsweise von Kleintieren, aber auch von Laich. Laichzeit: April–Mai. Wirtschaftlich unbedeutend. Das fette, aber schmackhafte Fleisch wird nur in wenigen Gebieten genutzt. Aquarienfisch, der aber kaum gehalten wird, weil er meist ruhig am Boden liegt. Über die zusätzliche Darmatmung siehe unter Schlammpeitzger.

FISCHE Pisces

1 Wels, *Silurus glanis*, Familie Welse (Siluridae). In unseren Gewässern meist um 1 m, maximal etwa 2,5 m lang. Körper wie bei allen Welsähnlichen ohne Schuppen. In Seen und schwach strömenden Flüssen mit schlammigem Grund. Am Tage meist am Boden verborgen, nachts umherschwimmend. Gefräßiger Räuber, der besonders Fische, Frösche, aber auch Wassergeflügel und Säuger erbeutet. Laichzeit: Mai bis Juni. Fleisch schmackhaft (besonders von Jungtieren). In einigen Gegenden gern gegessen. Wegen seiner Gefräßigkeit manchmal schädlich.

2 Aal, *Anguilla anguilla*, Familie Echte Aale (Anguillidae). ♀ bis 1,5 m, ♂ bis 0,5 m lang. Durchgehender Flossensaum. Bauchflossen fehlen. In Fließgewässern, in abgeschlossene Seen eingesetzt. 2 Typen: Breitkopfaal (nächtlicher Raubfisch) und Spitzkopfaal (Kleintierfresser). Interessanter, einmaliger Lebenszyklus: Die geschlechtsreifen Aale (♂ etwa 9, ♀ etwa 12 Jahre Süßwasseraufenthalt) wandern flußabwärts, über den Atlantik ins Sargassomeer (dabei keine Nahrungsaufnahme); hier laichen sie in der Tiefe ab und sterben. Jungtiere, die einem Weidenblatt ähneln, wandern zurück; dabei Umwandlung in die durchsichtigen »Glasaale«, die die Flüsse aufsteigen (»Steigaale«), wobei sie zum Teil sehr schwierige Hindernisse überwinden, selbst über Land kriechen. Sehr begehrter Speisefisch. Relativ widerstandsfähig gegen Abwässer.

3 Flußbarsch, *Perca fluviatilis*, Familie Echte Barsche (Percidae). Bis 45, meist jedoch um 30 cm lang. Färbung variabel. In der Fischerei 3 Formen: Krautbarsch (Uferregion, grün), Jagebarsch (freies Wasser, hell), Tiefenbarsch (dunkel). Nicht an bestimmte Gewässertypen gebunden; auch in der Ostsee. Meist in kleinen Gruppen, Alttiere einzeln. Ernährt sich zunächst von Kleintieren, erwachsen bevorzugt er Fische und Krebse. Laichzeit: April–Mai. Fleisch schmackhaft. Als Laich- und Bruträuber unbeliebt.

4 Kaulbarsch, *Acerina cernua*, Familie Echte Barsche (Percidae). Länge bis 25 cm, die allerdings selten erreicht wird. Augen hochliegend und groß. Bei uns weit verbreitet (Uferregion), auch in der Ostsee. Meidet starke Strömungen. Oft in Schwärmen. Raubfisch und Allesfresser. Laichzeit: März–Mai. Das schmackhafte Fleisch wird besonders im Osten verwertet. Da er als Laichräuber und Nahrungskonkurrent auftritt, wird er kurz gehalten.

5 Zander, *Lucioperca lucioperca*, Familie Echte Barsche (Percidae). Maximal 1,2 m lang, meist jedoch kleiner als 80 cm. Liebt nährstoffreiche (euthrophe) Gewässer, auch in der Ostsee. Er ist ein Raubfisch der Freiwasserregion und ernährt sich von Fischen (z. B. Stint). Laichzeit: April–Juni. Sehr geschätzter Speisefisch, wird auch gezüchtet.

6 Dreistachliger Stichling, *Gasterosteus aculeatus*, Familie Stichlinge (Gasterosteidae). Bis 9 cm lang. Schuppenlos, Seiten mit Knochenschildern gepanzert. (Anzahl je nach Salzgehalt unterschiedlich.) Kommt in verschiedenen Binnengewässern ebenso vor wie im Brackwasser der Ostsee. Die marinen Formen wandern auch ins Süßwasser. Umfangreiche Speisekarte: z. B. verschiedene Kleintiere, Fischlaich und Brut. Laichzeit: April–Juli. Sehr interessante Fortpflanzungsbiologie: ♂ baut Nest und lockt ♀ mit auffälligem Zickzacktanz heran. Nach dem Laichakt Brutpflege (Zufächeln von sauerstoffreichem Wasser durch ♂, Bewachung). Wirtschaftlich unbedeutend.

FISCHE Pisces

1 Neunstachliger Stichling, *Pungitius pungitius*, Familie Stichlinge (Gasterosteidae). Bis 6 cm lang. Auf dem Rücken stehen 9–12 Stacheln, die schwächer sind als die des Dreistachligen Stichlings und den kleinen Stichling offenbar auch nur verhältnismäßig wenig vor seinen Feinden schützen. Verbreitung und Biologie ähneln denen des Dreistachlers; allerdings ist jener weit weniger häufig als dieser. Interessanter Aquarienfisch; jedoch ist er schwerer zur Fortpflanzung zu bringen als die vorige Art. Wirtschaftlich unbedeutend: Fleisch für den Menschen ungenießbar.

2 Quappe, *Lota lota*, Familie Dorsche (Gadidae). Bis 70 cm lang. Schuppen mit bloßem Auge kaum erkennbar. Kommt hauptsächlich in Fließgewässern vor (einziger Vertreter der Familie Dorsche im Süßwasser). Nur nachts aktiv, am Tage hält sie sich verborgen. Allesfressender Raubfisch und typischer Laichräuber; die Schädlichkeit ist aber nicht klar. Laichzeit: November–Februar; in dieser Zeit bildet die Quappe große Scharen, während sie sonst ungesellig lebt. Das Fleisch ist grätenarm und wohlschmeckend, besonders geschätzt wird die Leber.

3 Dorsch, Kabeljau, *Gadus morrhua*, Familie Dorsche (Gadidae). Als Dorsch werden die Jugendform und die erwachsene kleine Form (der Ostsee) des Kabeljaus bezeichnet. Bis 180 cm; Ostseedorsch bis 60 cm lang. Färbung je nach Biotop unterschiedlich. Hauptvorkommen an den Küsten Nordeuropas. Raubfisch, Allesfresser. Laichzeit: Januar–März. ♀ laicht mehrere Millionen Eier ab. Von großer wirtschaftlicher Bedeutung; vielseitig genutzt: z. B. getrocknet – Stockfisch, gesalzen – Klippfisch; liefert mit dem Lebertran die Vitamine A und D.

4 Schwarzgrundel, *Gobius niger*, Familie Grundeln (Gobiidae). Mit bis zu 14 cm Länge größte Grundel im Gebiet. Die verwachsenen Bauchflossen bilden ein Haftorgan. In der westlichen Ostsee; häufig in Küstennähe, über Sandboden. Ernährt sich von verschiedenen Kleintieren und Abfallstoffen. Laichzeit: Mai–Juli. Wirtschaftlich unbedeutend.

5 Schmalschnäuzige Seenadel, *Syngnathus typhle*, Familie Seenadeln und Seepferdchen (Syngnathidae). Bis 30 cm lang. Wie alle Vertreter der Familie in der Erregung heller werdend, z. B. beim Liebesspiel. In der Ostsee häufig, in der Nordsee selten. Bevorzugt die Seegrasregion, wo sie wegen ihrer Färbung und ihrer Gestalt kaum auffällt. »Steht« oft in vertikaler Haltung zwischen den Pflanzen. Wie die verwandten Seepferdchen treiben auch die Seenadelmännchen Brutpflege, und zwar mit Hilfe einer Bruttasche verschiedener Ausbildung. Seenadeln ernähren sich in der Hauptsache von kleinen Krebsen.

6 Flunder, *Platichthys flesus*, Familie Schollen (Pleuronectidae). Bis 50 cm lang. Im Unterschied zu der sehr ähnlichen Scholle *(Pleuronectes platessa)*, die eine glatte Haut hat, ist ihre Oberfläche rauh. Einige Schuppen sind zu Dornen umgebildet (z. B. am Kopf und an der Basis der Rücken- und Afterflosse). Die »Oberseite« der erwachsenen Flundern ist bei durchschnittlich 75 % der Tiere die ehemalige rechte Seite, wobei der Standort eine Rolle spielt. Einige Flundern (vorrangig die jungen) gehen auch ins Brackwasser und wurden sogar schon in verschiedenen Flüssen gefunden. Oft in Scharen am Sandboden anzutreffen. Ernährt sich hauptsächlich von Weichtieren und Fischen. Sehr geschätzter und schmackhafter Speisefisch.

WIRBELTIERE Vertebrata LURCHE Amphibia

1 Feuersalamander, *Salamandra salamandra*, Familie Salamander (Salamandridae). Im Gebiet um 20 cm lang. In 2 Rassen vorkommend, der gebänderten (westlichen) und der gefleckten, die im Grenzgebiet ineinander übergehen (Thüringer Wald, Harz usw.). Charaktertier unserer Mittelgebirgswälder, aber auch in der Ebene; an feuchten Plätzen und im flachen Wasser. Ernährt sich von Würmern, Nacktschnecken und Gliederfüßern. Nachts aktiv (am Tage und im Winter versteckt). Paarung (im Frühjahr oder Sommer) auf dem Lande. ♀ setzt im flachen Wasser ihre Kiemenlarven (mit Gliedmaßen) ab. Feuersalamander haben wegen ihres scharfen Hautsekrets wenig Feinde.

2 Bergmolch, *Triturus alpestris*, Familie Salamander (Salamandridae). ♀ bis 11 cm lang, ♂ kleiner. ♂ während der Paarungszeit mit ungezacktem Kamm. Bauchseite einfarbig, ungefleckt! Verbreitet in fließenden und stehenden Gewässern, vor allem im Berg- und Hügelland. Sucht nach der Fortpflanzungszeit (Februar–Mai) meist Verstecke auf dem Land auf, wo er auch überwintert. Larven am Schwanzende mit kleiner Stachelspitze.

3 Kammolch, *Triturus cristatus*, Familie Salamander (Salamandridae). ♀ selten bis 18 cm lang, ♂ kleiner, ♂ in der Fortpflanzungszeit mit hohem, gezacktem Kamm. Gewandter Schwimmer. In nicht zu kleinen stehenden Gewässern; verbreitet, aber nicht häufig. Nach der Fortpflanzung (Frühjahr) verkriechen sich die meisten in Wassernähe. Larven mit spitzem Schwanz und langen Fingern und Zehen.

4 Teichmolch, *Triturus vulgaris*, Familie Salamander (Salamandridae). ♂ bis 11 cm lang, ♀ etwas kleiner. ♂ während der Fortpflanzungszeit mit hohem, welligem Kamm (vgl. 3). Anspruchslos, auch in sehr kleinen Gewässern, Tümpeln usw. anzutreffen. Unser häufigster Wassermolch. Ernährt sich wie alle Molche im Gebiet von Weichtieren, Gliederfüßern usw. (also nützlich). Laicht meist April–Mai und verläßt dann das Wasser. Larven ohne ausgesprochene Schwanzspitze; ähnlich denen des Leistenmolches *(Triturus helveticus)*, dessen ♂ sich nur durch eine Rückenleiste auszeichnet (östliche Verbreitungsgrenze Harz usw.).

5 Rotbauchunke, *Bombina bombina*, Familie Scheibenzüngler (Discoglossidae). ♂ mit inneren Schallblasen, die den melodischen »ung-ung«-Ruf verstärken. In sehr verschiedenen Gewässern; bevorzugt das Tiefland. Überwintert auf dem Lande (bis etwa April). Ernährt sich von Kleintieren und wird dabei durch das Vertilgen schädlicher Insekten nützlich. Paarungszeit: vor allem Mai–Juni. Larven in der Bauchmitte mit einem Kiemenloch.

6 Gelbbauchunke, *Bombina variegata*, Familie Scheibenzüngler (Discoglossidae). Bis 5 cm lang. Etwas gedrungener als die Rotbauchunke. ♂ ohne Schallblasen. Stimme leiser und »weiter entfernt«. Bevorzugt im Gegensatz zu 5 Hügel- und Bergland. Sehr anspruchslos, häufig in Tümpeln usw., nicht so stark an das Wasser gebunden. Paarungszeit: April–August. Larven ähnlich denen der Rotbauchunke, aber Mundfeld quer-elliptisch. Interessant ist die Geburtshelferkröte *(Alytes obstetricans)*, die als Bewohner des westlichen Hügellandes bis zum Harz vorkommt. ♂♂ dieser gegen Trockenheit ziemlich unempfindlichen Kröte tragen die Laichschnüre an den Hinterbeinen umher.

LURCHE Amphibia

1 Erdkröte, *Bufo bufo*, Familie Kröten (Bufonidae). Im Gebiet ♀ bis 13 cm lang, ♂ kleiner. Sehr plump, Oberseite stark warzig. ♂ bringt leise, bellende Töne hervor, die wie »oäck« klingen. In sehr verschiedenen Lebensräumen anzutreffen, z. B. auf Feldern, Wiesen, sogar in Kellern. Alle hier angeführten Kröten ernähren sich von Kleintieren und werden durch die Vertilgung vieler Schädlinge nützlich. Alle *Bufo*-Arten suchen zur Paarungszeit (bei der Erdkröte März–April) das Wasser auf, wobei es zu Massenansammlungen kommen kann. Kleine schwarze Larven. Die z. B. um Berlin sehr häufige Knoblauchkröte *(Pelobates fuscus)* ist an der großen gelblichen Grabschaufel kenntlich; bildet eine eigene Familie.

2 Kreuzkröte, *Bufo calamita*, Familie Kröten (Bufonidae). Bis 8 cm lang. Leicht kenntlich an der schmalen gelben Rückenlinie. ♂ mit großer Schallblase, ruft laut »ärrr-ärrr-ärrr«. Vermag mit Hilfe ihrer kurzen (!) Hinterbeine sehr schnell zu laufen. In verschiedenen Lebensräumen, wobei sie sandige Böden vorzieht. Zeichnet sich u. a. durch eine große Widerstandsfähigkeit gegen Trockenheit aus. Paarung: April–Mai.

3 Wechselkröte, *Bufo viridis*, Familie Kröten (Bufonidae). Im Gebiet bis 9 cm lang, ♂ etwas kleiner. ♂ mit Schallblase, trillert anhaltend hell »ürrrrr-ürrrrr«. Vermag mit ihren langen Hinterbeinen sehr rasch zu hüpfen. In Verbreitung und Widerstandsfähigkeit ähnlich der vorigen Art. Paarung: meist April–Mai.

4 Laubfrosch, *Hyla arborea*, Familie Laubfrösche (Hylidae). Bis 5 cm lang. Färbung kann innerhalb kurzer Zeit wechseln: nach Grau, Braun, Schwärzlich und Gelblich. ♂ mit großer Schallblase. Stimme laut, weit hörbar, in schneller Folge »äpp-äpp-äpp« und ähnlich. Auf feuchten Wiesen, in Gräben, Gärten usw. Steigt auch auf Büsche und Bäume (Haftscheiben an Fingern und Zehen!). Ernährt sich von Insekten! Während der Paarungszeit (Frühjahr) im Wasser. Überwintert auf dem Lande. Larve mit spitzem Schwanzende; kann flink schwimmen.

5 Grasfrosch, *Rana temporaria*, Familie Echte Frösche (Ranidae). Sehr häufiger Frosch. Bis 10 cm lang. Kopf vorn stumpf, Färbung variabel, aber nie ganz grasgrün. Ziemlich schwacher Springer. In sehr unterschiedlichen Lebensräumen, auch weit entfernt von Gewässern. Während der Paarungszeit (Februar–April) und im Winter im Wasser, wo er im Frühjahr auch seine Knurrlaute hören läßt. Meidet zu starke Hitze, hält dann Sommerruhe. Ernährt sich von verschiedenen Kleintieren und lebt auf dem Lande vorwiegend als Nachttier. Etwas kleiner ist der auf sumpfigen Wiesen, in Auwäldern usw. vorkommende Moorfrosch *(Rana arvalis)*, der durch einen braunschwarzen Fleck in der Ohrgegend auffällt.

6 Teichfrosch, *Rana „esculenta"*. Genetischer Bastard zwischen Kleinem Wasserfrosch *(R. lessonae)* und dem 15 cm langen, olivgrünen Seefrosch *(R. ridibunda)*. ♀ meist um 9 cm lang, ♂ kleiner. Kopf vorn zugespitzt. Färbung variabel, bis hellbraun, meist aber grasgrün. In größeren wie kleineren Gewässern. Paarung: Mai–Juni, aber auch früher und später im Jahr sind die bekannten Froschkonzerte zu hören. Bewältigt auch weit größere Tiere als der Grasfrosch und ist im Gegensatz zu diesem ein Tagtier, das sich gern sonnt.

WIRBELTIERE Vertebrata KRIECHTIERE Reptilia

1 Blindschleiche, *Anguis fragilis*, Unterordnung Eidechsen (Sauria). Etwa 45 cm lang. Auf Wiesen, an Waldrändern, in Gebüschen, an Böschungen usw. Vornehmlich an nicht allzu trockenen Stellen. Jagt meist in der Dämmerung Kleintiere. Bringt bis zu 25 lebende Junge zur Welt. Überwintert in größerer Anzahl in der Erde oder in anderen Verstecken. Das völlig ungefährliche, beinlose Tier ist keine Schlange. Es kann bis etwa 50 Jahre alt werden.

2 Zauneidechse, *Lacerta agilis*, Unterordnung Eidechsen (Sauria). Bis 24 cm lang. Besonders in sonnigen, trockenen und warmen Lebensräumen, z. B. an Böschungen, Bahndämmen und Waldrändern. Frißt verschiedene Kleintiere. ♀ legt 5–14 Eier in nicht zu trockener Erde ab. Gegen Ende September begeben sich die Tiere zur Überwinterung in die Erde; erscheinen im März–April wieder. Besonders zur Paarungszeit auffälliger gefärbt (siehe Bild). Geschützt! Die Eidechsen gehören zu den Kriechtieren, die wechselwarm sind (die Körpertemperatur ist umweltabhängig). Beim Absinken der Temperatur im Herbst tritt bei ihnen Kältestarre ein. Eidechsen und Schlangen häuten sich. Eidechsen können bei Gefahr den Schwanz abwerfen, der dann wieder nachwächst (Regeneration). 13 Kriechtierarten kommen im Gebiet vor.

3 Waldeidechse, *Lacerta vivipara*, Unterordnung Eidechsen (Sauria). Bis etwa 17 cm lang. Im Gegensatz zu anderen Eidechsen auch an feuchteren Orten und in höheren Gebirgslagen (in der Sowjetunion selbst noch jenseits des Polarkreises). Legt keine Eier, denn die Jungen schlüpfen bereits im Mutterleib (lebendgebärend). Fällt oft nur von Oktober–Februar in Kältestarre. Viel scheuer als 2.

4 Ringelnatter, *Natrix natrix*, Unterordnung Schlangen (Serpentes). Meist etwa 1 m lang. Charakteristisch sind die 2 gelben Flecke am Kopf. An verschiedenen Orten, z. B. Gewässerufern, Böschungen, Wiesen. Jagt besonders in Gewässernähe, denn sie ernährt sich vornehmlich von Fröschen. Schwimmt und taucht gut. Paart sich hauptsächlich im April–Mai. ♀ legt die Eier in Klumpen unter verrottetem Laub oder ähnlichem ab. Die völlig harmlose Schlange wird oft mit der Kreuzotter verwechselt.

5 Glattnatter, *Coronella austriaca*, Unterordnung Schlangen (Serpentes). Bis 75 cm lang. An warmen, trockenen Orten. Erbeutet besonders Eidechsen und Blindschleichen. Paart sich meist im April–Mai. Die Jungen schlüpfen während oder gleich nach der Eiablage. Sehr beißlustig und aggressiv, aber nicht giftig, also harmlos!

6 Kreuzotter, *Vipera berus*, Unterordnung Schlangen (Serpentes). Das größere ♀ ist bis über 80 cm lang. Zeichnung und Färbung sehr veränderlich. Besonders in sonnigen, trockenen, aber auch mäßig feuchten Lebensräumen. Bringt lebende Junge zur Welt. Jagt Mäuse, auch Eidechsen und Frösche, die sie, wie alle Schlangen, im ganzen verschlingt. Die Kreuzotter tötet die Kleintiere durch das beim Zubeißen ausgespritzte Gift. Flieht den Menschen, beißt aber, wenn sie erschreckt oder bedroht wird. Giftig; ihr Biß ist für den Menschen gefährlich, aber selten tödlich. In jedem Fall ist nach einem Biß sofort der Arzt aufzusuchen. Als erste Maßnahme: Blutung beschleunigen, z. B. Wunde erweitern (keimfrei!), quetschen, aber nicht aussaugen! Kurzzeitig abbinden (nie länger als 2 Stunden) und ab und zu die Abschnürung lockern.

WIRBELTIERE Vertebrata Vögel Aves

1 Prachttaucher, *Gavia arctica*, Familie Seetaucher (Gaviidae). Etwa gänsegroß, bis 70 cm. Wie alle Seetaucher guter Schwimmer und Taucher, Füße mit Schwimmhäuten, auf dem Lande sehr unbeholfen. Im Fluge liegt der Rücken am höchsten. Hals lang. Stimme klangvoll, wie »krauh« und »wa-ua«. Selten zu hören. Ernährt sich von verschiedenen Wassertieren (hauptsächlich Fischen). Zugvogel, brütet in Nordeuropa, sehr selten im Gebiet.

2 Haubentaucher, *Podiceps cristatus*, Familie Lappentaucher (Podicipedidae). Etwa entengroß, 58 cm. Im Gegensatz zu den Seetauchern nur Schwimmlappen an den Zehen. An Kopfputz und Backenbart leicht kenntlich. Stimme im Frühling weit hörbar, wie »gröck-gröck« oder »köck-köck« und knarrend »ärrrr«. Liebt große, freie Wasserflächen. Fast das ganze Jahr kann er auf eisfreien Gewässern angetroffen werden. Die Nahrung besteht aus Fischen, Fröschen, Insekten, Weichtieren usw. Brütet meist im Schilfrand, schwimmendes Nest. Brutzeit: Mai bis Juni. Die meisten Tiere ziehen südostwärts. Abzug ab August. Rückkehr nach Schmelzen der Eisdecke.

3 Zwergtaucher, *Podiceps ruficollis*, Familie Lappentaucher (Podicipedidae). Etwa amselgroß. 27 cm – unser kleinster Taucher. Stimme laut, trillernd wie »bibibibi«. Auf kleinen pflanzenreichen Gewässern; überall, selbst in Großstädten. Häufig, aber wegen seiner versteckten Lebensweise oft übersehen. Brutzeit: April–Juni. Teils im Gebiet überwinternd, teils nach West- und Südwesteuropa ziehend.

4 Graureiher, *Ardea cinerea*, Familie Reiher (Ardeidae). Insgesamt 90 cm lang. Ruft wie »grack« und kreischend »kraik«. Hals im Fluge S-förmig. Bevorzugt seichte Gewässer des Flachlandes. Im Gebiet in letzter Zeit sehr zurückgegangen. Erlangt seine Beute (Fische, Frösche usw.) durch blitzschnelles Zuschnappen aus dem Stand oder aus einem geradezu behutsamen Gang. Brütet (meist März–April) gern in der Nähe von Gewässern in hohen Bäumen – Kolonien. Die Mehrzahl zieht – Überwinterung in den Mittelmeerländern. Schaden unbedeutend.

5 Große Rohrdommel, *Botaurus stellaris*, Familie Reiher (Ardeidae). Reichlich 0,5 m groß, wirkt sehr gedrungen. Bei Gefahr »Pfahlstellung«, durch die sie im Rohrwald nicht mehr auffällt, zumal ihr Gefieder mit der Umwelt ebenfalls harmoniert. Zur Brutzeit weithin hörbar tiefe Brummtöne wie »ü-prump« (deshalb auch Moorochse). Tagsüber verborgen und kaum zu beobachten, nachts aktiv. Ernährt sich von verschiedenen Kleintieren (Blutegel!), Fischen und Fröschen. Brütet (April–Mai) einzeln; flache Nester im Röhricht. Die Mehrzahl zieht im Winter nach Süden, im Gebiet überwinternde Rohrdommeln halten nur selten durch.

6 Weißstorch, *Ciconia ciconia*, Familie Störche (Ciconiidae). Um 100 cm groß. Im Fluge Hals und Beine langgestreckt (siehe aber Reiher). Bekannt ist das laute Schnabelklappern bei zurückgelegtem Kopf. Bevorzugt offenes Gelände. Ernährt sich von Wirbeltieren (Fröschen, Schlangen usw.) und verschiedenen Kleintieren (z. B. Gliedertieren). Brutzeit: April–Juni; Nester groß, auf Bäumen, Felsen, Türmen und anderen Gebäuden. Überwintert in Afrika. Verwandt mit unserem Storch ist der sehr seltene Schwarzstorch *(Ciconia nigra)*, der ein ausgesprochener Kulturflüchter ist. Bevorzugt urwüchsige, einsame Wälder.

1 Stockente, *Anas platyrhynchos*, Familie Enten (Anatidae). Um 0,5 m groß. Im Fluge charakteristisches Klingelgeräusch. Flugbild der Gründelenten »Weißweinflasche«. Stimme: ♂ schnarrend »räbräb«, zur Paarungszeit hoch pfeifend, »fihb«; ♀ laut »quackquackquackquack«. Auf allen ruhigen Gewässern mit Pflanzenwuchs (besonders Schilf); selbst in Großstädten. Häufigste Ente im Gebiet. Nahrungserwerb durch das bekannte Gründeln im »Kopfstand« (Gründelenten 1–4): vorwiegend Pflanzenmaterial, aber auch verschiedene Kleintiere (z. B. Insekten, Weichtiere, Würmer). Brutzeit: März bis Juni. Vor(An-)paarung bereits im Herbst des Vorjahres. Nest häufig am Rande der Gewässer, verborgen. Die Stockente ist die Stammart der Hausente. Für die Jagd von großem Interesse.

2 Krickente, *Anas crecca*, Familie Enten (Anatidae). 35 cm groß, unsere kleinste Gründelente. Fliegt schnell, geräuschlos und sehr gewandt (ändert häufig ruckartig ihre Fluglage). ♂ ruft wohlklingend »krilück« (Name!), ♀ schnell »gägägägä«. Bevorzugt pflanzenreiche verschilfte Gewässer verschiedener Art, bis ins Gebirge. Ernährung der der Stockente ähnlich. Brutzeit: Mai–Juni. Überwintert je nach Herkunft in verschiedenen Gebieten (z. B. Südeuropa).

3 Knäkente, *Anas querquedula*, Familie Enten (Anatidae). Etwa 40 cm groß, ein wenig schlanker als die Krickente. Fliegt schnell und geräuschlos. ♂ ruft häufig beim Auffliegen, »klerrrb, klerrrb« oder »schnerrrb«; ♀ »knäk« oder »knärr«. Lebensräume wie die der Krickente. Ernährung ähnelt der der Stockente. Brutzeit: Mai–Juni. Nest gut verborgen am Boden, mehr oder minder nahe am Wasser. Überwintert in Südafrika, selten in Südeuropa.

4 Schnatterente, *Anas strepera*, Familie Enten (Anatidae). Um 50 cm groß. Gefieder sehr unscheinbar und auch wenig geschlechtsverschieden. Ein gutes Kennzeichen ist der in allen Kleidern vorhandene weiße Spiegelfleck. Flug ähnlich dem der Stockente, mit der sie überhaupt öfter verwechselt wird. Stimme beim Auffliegen ebenfalls der der Stockente ähnlich. Ansonsten pfeifend und schnell »räckräckräck«. Bevorzugt größere Gewässer mit pflanzenreichen Ufern, auch Sumpfgewässer. Hauptsächlich östlich der Elbe. Ernährung ähnlich der der Stockente. Nest am Boden verborgen, in Wassernähe. Brutzeit: Mai–Juli. Im Gebiet meist Zugvogel.

5 Reiherente, *Aythya fuligula*, Familie Enten (Anatidae). Reichlich 40 cm groß. Prachtkleid des ♂ leicht kenntlich, ♀ fast einfarbig schwarzbraun. Fliegt mit lautem Rauschen. Flugbild der Tauchenten – »Rotweinflasche«. Pfeift leise »gügü«, ♀ knarrt laut »karrr«. Brutvogel des Nordens, aber nun zunehmend auch in Mitteleuropa. Ein ziemlich häufiger Wintergast auf allen größeren Gewässern, die nicht zufrieren; die übrigen ziehen nach West- und Südeuropa oder Afrika. Reiher- und Tafelente gehören zu den Tauchenten, die die Nahrung (Pflanzen, Fische, Wasserinsekten usw.) tauchend aus dem Wasser holen. Brütet gern gesellig. Nester in der Nähe der Gewässer, verborgen. Eine ähnliche Art ist die Bergente *(Aythya marilla)*, deren ♂ aber keinen Federschopf trägt.

6 Tafelente, *Aythya ferina*, Familie Enten (Anatidae). Etwa 45 cm groß. ♀ laut schnarrend »charr«, ♂ leise pfeifend »bibi«. Bevorzugt größere verlandete Gewässer östlich der Elbe. Ernährt sich tauchend von Pflanzen. Nest in Wassernähe am Boden versteckt. Brutzeit: Mai–Juni.

VÖGEL Aves

1 Mittelsäger, *Mergus serrator*, Familie Enten (Anatidae). Reichlich 0,5 m groß. Im Gegensatz zum Gänsesäger *(Mergus merganser)* weist das ♂ ein Kropfband auf. Flug des ♂ zischend-pfeifend. Stimme: ♂ rauh »grä« oder »grö«; schnarrend »garr«. Brütet am Meer (Mai–Juni), im Binnenland selten anzutreffen (auf dem Durchzug). Säger jagen die Beute (Fische, seltener andere, kleine Wassertiere) unter Wasser und halten sie mit den gezähnelten Schneiden des langen, dünnen Schnabels fest. Nest am Boden.

2 Brandgans, *Tadorna tadorna*, Familie Enten (Anatidae). Reichlich 60 cm groß. Entenartiges Flugbild. Stimme: tief »arra« oder »gokgok«, ♂ (fliegend) hoch pfeifend. Besiedelt das Küstengebiet. Ernährt sich von Weichtieren, Würmern, Krebsen u. ä. Tieren des Brack- und Meerwassers. Nistet in verschiedenen künstlichen oder natürlichen Höhlen, z. B. auch in Bauen von Säugetieren. Überwintert teils im Brutgebiet oder im Südwesten Europas.

3 Graugans, *Anser anser*, Familie Enten (Anatidae). Etwa 80 cm groß (wie Hausgans), ♀ kleiner. Flug in Zugreihe oder Keil. Stimme ähnelt der unserer Hausgans; das bekannte Geschnatter »gagagack«. Bevorzugt große, ruhige, bewachsene Seen, offene Fluren; westlich bis zur Elbe. Brutgebiete: Holstein, Mecklenburg, Brandenburg und Oberlausitz. Nest unordentlich, vorzugsweise im Rohrdickicht. Unsere Brüter überwintern in den westlichen Mittelmeerländern, die nordischen schon in unserem Gebiet. Zur Zugzeit (August–September und März) häufiger zu beobachten. Nahrungssuche auf dem Lande: Keime, Gräser, Wurzeln, Sämereien und ähnliches. Von der Graugans stammt unsere Hausgans ab. Bereits um 2000 v. u. Z. hielt man sie in Ägypten.

4 Bleßgans, *Anser albifrons*, Familie Enten (Anatidae). 75 cm groß. Stirn (Blesse!) weiß. Stimme heller als die der Graugans, wie »ljo ljock«, klangvoll. Brutvogel des Nordens (Tundra–Gebiet), der sich im Herbst an unseren Küsten oft scharenweise sammelt. Ernährung ähnlich der der Graugans. Auf Wiesen und Äckern; nachts meist auf dem Wasser ruhend. Wintergast bzw. Durchzügler von Oktober bis März/April.

5 Saatgans, *Anser fabalis*, Familie Enten (Anatidae). Fast so groß wie die Graugans. Stimme weit hörbar, schallend »kajack« und schnarrend »angang«, aber nicht sehr häufig zu hören. Brutvogel des Nordens. Im Gebiet als Wintergast und auf dem Durchzug (von Ende September–Anfang Mai) zu beobachten. Bevorzugt bestimmte Schlafplätze, die sie nach der Nahrungssuche auf den Feldern mit Eintritt der Dämmerung wieder aufsucht (öfter in großen Scharen). Ein Wintergast an der Nordsee ist die kurzschnäblige Unterart, die Kurzschnabelgans (früher *Anser brachyrhynchos*).

6 Höckerschwan, *Cygnus olor*, Familie Enten (Anatidae). Etwa 1,5 m groß. Flugschwarm in schräger Linie angeordnet, Hals ausgestreckt, mit metallischem, singendem Fluggeräusch. Charakteristischer Schnabelhöcker. Als wilder Brutvogel auf vielen Gewässern in den nördlichen Gebieten. Häufig auf Parkteichen, Seen und an der Küste. Mit Hilfe des langen Halses, den er tief in das Wasser eintauchen kann, ernährt er sich von Wasserpflanzen und verschiedenen Kleintieren. Brutzeit: April–Mai, Nest umfangreich, dicht am Ufer. Jungtiere graubraun, erst nach einigen Jahren wie die alten Tiere Überwinterung im Brutgebiet, wenn die Gewässer eisfrei sind.

1 Mäusebussard, *Buteo buteo*, Familie Accipitridae. Etwa 50 cm groß. Färbung und Zeichnung sehr variabel. Guter Segelflieger, oft kreisend (besonders zur Balzzeit), auch rüttelnd. Schwingen breit, ebenso der kurze Schwanz (Stoß). Insgesamt plump wirkend. Laute »hiäh«-Rufe. Bevorzugt waldnahe Gebiete verschiedener Art. Greift seine Beute am Boden: Kleinsäuger, Schlangen, Frösche, daneben Insekten u. ä. Etwa 4 km weites Jagdgebiet. Horste hoch in den Bäumen. Brutzeit: April–Anfang Mai. Überwintert meist im Brutgebiet.

2 Sperber, *Accipiter nisus*, Familie Accipitridae. Bis 38 cm groß. Im Fluge: Schwanz lang und dunkel gebändert, Flügel breit und kurz. Sehr gewandter Flieger, nie rüttelnd. Ruft (»gigigig«) sehr selten. In verschiedenen Biotopen zu finden. Greift seine Beute meist im Fluge; verschiedene Kleinvögel (besonders Sperlinge). Oft aus dem Spähflug mit angelegten Flügeln niederstoßend. Horst meist in dichten Bäumen, vor allem Nadelbäume. Brutzeit: Mai–Juni. Teils überwinternd, teils nach Süden ziehend.

3 Habicht, *Accipiter gentilis*, Familie Accipitridae. Um 50 cm groß, ♂ kleiner als ♀. Flugbild wie das des Sperbers, aber größer. Stimme selten zu hören, »gigigigig...« oder ein kurzes bussardähnliches »Hi-ä, hi-ä«. In bezug auf den Lebensraum nicht wählerisch, besonders in Wäldern und Gärten in der Nähe menschlicher Siedlungen. Sehr gewandter und schneller Kurzstreckenjäger, der weniger sitzende als fliegende Beute schlägt (Vögel bis Huhngröße, Kleinsäuger, Hasen). Brutzeit März–Juni. Horste meist auf hohen Bäumen. Schäden durch Schlagen von Hausgeflügel meist übertrieben. Als Vertilger von Krähen und Eichhörnchen nützlich. Sehr selten geworden.

4 Schwarzmilan, *Milvus migrans*, Familie Accipitridae. Knapp 60 cm groß. Im Gegensatz zum größeren Rotmilan *(Milvus milvus)* Schwanz nur schwach gegabelt. Im Ruderflug schwerfällig, auch rüttelnd. Trillernde Rufe wie »hühühühühü«. Bevorzugt wasserreiche Gebiete, besonders Waldungen in Flußtälern, hauptsächlich im Flachland. Greift häufig kranke oder tote Fische und anderes Aas, seltener lebende Beute. Schmarotzt auch bei anderen Greifvögeln. Der oft mit Papierfetzen ausgeschmückte Horst steht meist in hohen Bäumen nahe dem Wasser. Zugvogel, überwintert im Süden. Im Gebiet März–September.

5 Rohrweihe, *Circus aeruginosus*, Familie Accipitridae. Reichlich 50 cm groß. Schlanke, schmale Flügel und langer Schwanz. Flug schaukelnd, oft dicht über dem Boden, mit aufgebogenen Flügelspitzen (V-förmig). Stimme nicht oft zu hören, kläglich quakend wie »kuiiih« und pfeifend »hiääh«. Bevorzugt Gewässer mit niederen Schilfbeständen. Ernährt sich hauptsächlich con Fischen, Fröschen, Kriechtieren, Vögeln, Kleinsäugern und großen Insekten. Horst meist im Röhricht nahe über oder auf der Wasserfläche. Brutzeit: Mai–Juni. Zugvogel, der im Süden überwintert. Im Gebiet Ende März–Ende Oktober.

6 Turmfalke, *Falco tinnunculus*, Familie Falken (Falconidae). Reichlich 30 cm groß. Schwanz lang und gerade, Flügel spitz. Häufig rüttelnd. Helle »kikiki«-Rufe. Offene Fluren, Gärten, Wälder, Siedlungen. Greift die Beute (besonders Mäuse) im Sturzflug. Brütet in fremden Nestern, Felsen, Türmen usw. Brutzeit: Mitte Mai–Anfang Juni. Im Gebiet teils Zugvogel, häufiger aber Standvogel. Weit seltener ist der schnittige Baumfalke *(Falco subbuteo)*.

VÖGEL Aves

1 Rebhuhn, *Perdix perdix*, Familie Phasianidae. 30 cm groß. Gedrungener, rundlicher Körper, kurzer Schwanz. Hebt sich im burrenden Flug nur wenig vom Boden ab und fällt nach kurzer Strecke wieder ein. Außerhalb der Brutzeit in »Völkern«. Stimme wie »kirreck«, besonders in der Abenddämmerung. Ursprünglich Steppenbewohner, heute ausgesprochener Kulturfolger – Felder und Wiesen, nicht im Gebirge. Nimmt mehr pflanzliche (Sämereien) als tierische Nahrung (Insekten, Würmer usw.). Flache Nestmulde am Boden. Brutzeit: Mai–Juni, Nachgelege bis August. Standvogel, der auch harte Winter überdauert (wenn auch nicht ohne Verluste).

2 Wachtel, *Coturnix coturnix*, Familie Phasianidae. Mit 18 cm (etwa drosselgroß) unser kleinster Hühnervogel. Schneller, schnurrender Flug dicht über dem Boden. Der bekannte und ziemlich laute Wachtelschlag ist vornehmlich abends zu hören, wie »perwerwick«. Beobachtung gelingt selten. Meist auf Getreidefeldern, Wiesen und Brachland. Ernährt sich hauptsächlich von Insekten und Unkrautsämereien. Flache Nestmulde am Boden. Brutzeit: Juni bis Juli. Zugvogel: überwintert in Afrika. Im Gebiet Mai–September.

3 Jagdfasan, *Phasianus colchicus*, Familie Phasianidae, ♂ 80, ♀ 60 cm groß. Kennzeichnend ist der auffallend lange Schwanz. Schwerfällig polternder Flug, guter Läufer. Während der Paarungszeit laute Rufe wie »krockrock«. Bewohnt Auwälder, Feldgehölze, offenes Gelände mit Buschwerk. Die Nahrung besteht hauptsächlich aus Pflanzenstoffen (z. B. Beeren, Früchten, Sämereien), darüber hinaus Frösche, Mäuse usw. Nest: eine im Dickicht verborgene flache Nestmulde. Brutzeit: Mai–Juni. Standvogel.

4 Kranich, *Grus grus*, Familie Kraniche (Gruidae). Mit reichlich 1 m größter Vogel im Gebiet. Auffallend lange Beine und langer Hals. Im Flug (Keilflug) werden Hals und Beine ausgestreckt. Nie aufbaumend. Rufe weit hörbar: ein klangvolles, schmetternd trompetendes »Gurruh«. In sumpfigen Gebieten, Brüchen, verlandeten Seen und ähnlichem. Frißt Insekten, aber auch größere Tiere (z. B. Mäuse) und Pflanzenstoffe; bei der Futtersuche auch auf Feldern. Großes, haufenförmiges Nest an verdeckten Plätzen. Brutzeit: April–Mai. Zugvogel, der im Süden überwintert. Sammlung vor dem Abflug bis zu Tausenden. Vom Aussterben bedroht!

5 Teichhuhn, *Gallinula chloropus*, Familie Rallen (Rallidae). Reichlich 30 cm groß. Leicht kenntlich an der roten Stirn und der roten Stirnblesse. Ruft sanft »kurr«. Kopfnicken und Schwanzwippen beim Laufen und Schwimmen (wie die meisten Rallen). Fliegt selten. Bevorzugt kleine ruhige Gewässer mit reichem Pflanzenwuchs, in dem sie sich gern versteckt. Ernährt sich von verschiedenen Kleintieren und Laich, aber auch von Pflanzenstoffen. Das ordentlich gebaute Schilfnest steht im dichten Pflanzenwuchs. Brutzeit: April–Juli. Teilzieher.

6 Bleßhuhn, *Fulica atra*, Familie Rallen (Rallidae). Knapp 40 cm groß. Kennzeichnend sind der weiße Schnabel und die weiße nackte Stirnblesse. Guter Schwimmer (unter Kopfnicken). Taucht mit kurzem Kopfsprung. Schneller Flug nach langem Anlauf. Schnalzende oder bellende Rufe, oft wie »kröck, pui«. Auf größeren stehenden oder fließenden Gewässern. Frißt Wasserpflanzen, Kleintiere und Laich. Nest meist im Röhricht. Brutzeit: April–Juli. Teilzieher.

1 Kormoran, *Phalacrocorax carbo*, Familie Kormorane (Phalacrocoracidae). Reichlich 90 cm groß. Watschelt unbeholfen. Im Flug wie ein schwarzes Kreuz wirkend. Häufig auf Reusenpfählen und ähnlichem sitzend, die Flügel zum Trocknen gelüftet. Ruft selten, rauh »chrochrochro« und »krakra«. An einigen Stellen der Küste Brutvogel, früher stärker verbreitet. Frißt hauptsächlich Fische, die er durch gewandtes Tauchen erbeutet. Brütet gern gesellig in Reiher- und Krähenkolonien. Brutzeit: April–Juni. Häufig zur Zugzeit im Binnenland zu beobachten (Februar–März und August–Oktober).

2 Austernfischer, *Haematopus ostralegus*, Familie Austernfischer (Haematopodidae). Reichlich 40 cm groß. Körper gedrungen. Beine kurz. Stimme laut und scharf: »qui qui quit quit quit«. Während der eigenartigen Gruppenbalz laut trillernd. Typischer Strandvogel. Frißt vorwiegend Strandtiere (z. B. Weichtiere, Würmer, Krebse), seltener Pflanzen. Brütet frei in flachen Mulden, die oft mit Muscheln und Steinen ausgelegt sind. Brutzeit: Mai–Juni. Teilzieher, der in Südwesteuropa oder in Nordafrika überwintert. Im Gebiet April–August/Oktober.

3 Kiebitz, *Vanellus vanellus*, Familie Regenpfeifer (Charadriidae). 30 cm groß. Leicht kenntlich an dem Federschopf in allen »Kleidern«. Flug taumelnd und wuchtelnd. Tolle Balzflugspiele in der Vertikalen, dabei »chärchuit«- und »wit-wit-wit«-Rufe, sonst das bekannte namengebende laute »Kie-wit«. Vor allem auf Wiesen, Weiden, Äckern und Verlandungsgebieten. Insekten, Larven, Weichtiere und Würmer bilden die Hauptnahrung. Nistet in schwach gepolsterter Mulde. Brutzeit: März–Mai. Teilzieher, weicht den Frosttagen.

4 Sandregenpfeifer, *Charadrius hiaticula*, Familie Regenpfeifer (Charadriidae). 20 cm groß. Mit breitem, schwarzem Kropfband. Im Flug fällt die weiße Flügelbinde auf. Lockt mit hochgezogenem Pfiff, »tui« – auf der 2. Silbe betont. Beim niedrigen Balzflug melodisches Düdeln. Am flachen, sandigen oder kiesigen Strand der Küsten, seltener an Binnenseen (auf dem Durchzug). Brütet in ungepolsterter Nestmulde. Brutzeit: April–Juli. Überwintert im Süden. Im Gebiet März–Oktober.

5 Flußregenpfeifer, *Charadrius dubius*, Familie Regenpfeifer (Charadriidae). 15 cm groß. Ähnelt dem größeren Sandregenpfeifer, aber ohne weiße Flügelbinde. Kropfband schmaler. Rufe wie »tiü« (Betonung auf der 1. Silbe), besonders im Fluge – dazwischen hell »grigrigri« u. ä. Bei der Balz melodische Triller. Vorzugsweise an kahlen, sandigen und kiesigen Flußufern, auch auf den Kippen der Tagebaue. »Rollt« wie eine Kugel über den Boden (wie fast alle Regenpfeifer). Frißt Insekten, Spinnen usw. Nistet in kahler Mulde am Boden. Brutzeit: Mai–Juli. Überwintert im Süden. Im Gebiet April–September.

6 Goldregenpfeifer, *Pluvialis apricaria*, Familie Regenpfeifer (Charadriidae). Fast kiebitzgroß (28 cm). Stimme flötend wie »tlüh«. Bewohnt die Tundren und Moore des Hohen Nordens. In Mitteleuropa durchziehend, besonders von August–Oktober (auf Äckern und Wiesen oft in großer Anzahl) zu beobachten. Überwinterungsgebiete liegen im Süden. Brütet noch in einigen Mooren des Emslandes. Regenpfeifer können auf dem Zuge oft große Strekken ohne Halt durchfliegen (z. B. 3000 km von den Aleuten bis zu den Hawaii-Inseln). Frißt vorzugsweise Insekten und Würmer.

1 Bekassine, *Gallinago gallinago*, Familie Schnepfenvögel (Scolopacidae). 27 cm groß. Schnabel lang, Beine kurz. Charakteristischer schneller Zickzack-Flug. Im Sturzflug (bei der Balz) entsteht durch die gespreizten Schwanzfedern ein meckerndes Wummern. Im Auffliegen ein heiseres »Ätsch«, am Boden »tücke tücke«. Bevorzugt Sumpfgebiete. Brutzeit: April–Mai. Frißt Insekten, Würmer und Pflanzenstoffe. Überwintert in Afrika. Im Gebiet März–Juli/November.

2 Rotschenkel, *Tringa totanus*, Familie Schnepfenvögel (Scolopacidae). Häufigster Wasserläufer. 28 cm groß. Beine rot. Auffallend im Flug: Flügelhinterrand, Rücken und Bürzel weiß. Weiche Flötentöne wie »djüdü«, bei der Balz mit Trillern. Bewohnt feuchte bis sumpfige Gebiete. Nistet in tiefer Mulde. Brutzeit: April–Juni. Ernährt sich von Insekten, Würmern u. ä. Überwintert hauptsächlich im Mittelmeerraum. Im Gebiet März–Oktober.

3 Waldwasserläufer, *Tringa ochropus*, Familie Schnepfenvögel (Scolopacidae). 23 cm groß. Weißer Bürzel und Oberschwanz stechen von dunkler Oberseite ab. Rufe beim Abfliegen wie »dlüi« oder »djü titititit«. Besonders an Gewässern feuchter Waldgebiete. Brütet in fremden Nestern (z. B. Drosselnester). Brutzeit: April–Juni. Die Mehrzahl verbringt den Winter im Mittelmeergebiet und in Afrika. Im Gebiet Ende März/April–August/September. Besonders zur Zugzeit anzutreffen, als Brutvogel nicht häufig.

4 Flußuferläufer, *Tringa hypoleucos*, Familie Schnepfenvögel (Scolopacidae). 20 cm groß. Im Fluge fällt eine schmale, weiße Flügelbinde auf. Fliegt hastig zuckend über der Wasserfläche dahin. Im Stand häufig mit dem Körper wippend. Stimme fein, wie »hididi hididi«. Typisch für sandige oder verschlammte Flußufer und Schotterbänke. Ernährt sich von Insekten, Larven und anderen Kleintieren. Brütet in einem am Ufer versteckten Nest. Brutzeit: Mai. Überwintert vor allem in Afrika und im Mittelmeerraum. Im Gebiet April/Mai–Juli/Oktober. Unser häufigster Wasserläufer der fließenden Gewässer.

5 Alpenstrandläufer, *Calidris alpina*, Familie Schnepfenvögel (Scolopacidae). 18 cm, etwa die Größe eines Stars, an den er auch im Flug erinnert. Bauchschild im Frühjahr und Sommer schwarz, Kropf gefleckt. Gedrungene, bucklige Haltung. Weiche, trillernde »trü«-Rufe. Sticht Würmer, Schnecken und andere Kleintiere aus dem Boden, seltener Pflanzenstoffe. Brütet spärlich in kleinen Mulden nahe der Küste. Brutzeit: April–Juni. Gesellig, häufig auch unter Kiebitzen. Auf dem Durchzuge nach dem Süden oder Südwesten (meist von Juli–Oktober, seltener im Frühjahr) öfter in großen Schwärmen. Der Sichelstrandläufer *(Calidris ferruginea)* unterscheidet sich durch den nach abwärts gebogenen Schnabel von anderen Strandläufern. Als Zuggast recht häufig ist der Kampfläufer *(Philomachus pugnax)*.

6 Säbelschnäbler, *Recurvirostra avosetta*, Familie Säbelschnäbler (Recurvirostridae). 43 cm, taubengroß. Durch Schnabelform und Gefiederzeichnung unverwechselbar. Flug kiebitzähnlich. Verschiedene flötende »pjütt«-Rufe. Am Meeres- und Brackwasserstrand. Ernährt sich von verschiedenen Kleintieren des Flachwassers. Nest offen und flach, schwach ausgelegt. Brutzeit: April–Juni. Sowohl als Brutvogel als auch auf dem Durchzuge (besonders Juli–September) anzutreffen.

VÖGEL Aves

1 Heringsmöwe, *Larus fuscus*, Familie Möwen (Laridae). 53 cm groß. Oberseits dunkel bis schwarz wie die ihr sehr ähnliche, aber größere Mantelmöwe *(Larus marinus)*. Füße im Gegensatz zu dieser gelb. Stimme rauh, wie »haha« und »agag«. An Küsten verschiedener Art und auf dem Meer. Ernährt sich von Tieren der verschiedensten Gruppen. Nistet kolonieweise, meist auf Felsen. Brutzeit: Mai–Juni. An der Ostseeküste das ganze Jahr über, aber nicht häufig.

2 Silbermöwe, *Larus argentatus*, Familie Möwen (Laridae). 56 cm groß. Mantel hellblaugrau, Flügelspitzen schwarz-weiß. Schnabel mit rotem Fleck, der bei der Fütterung der Jungen als Schlüsselreiz bedeutsam ist. Ruft oft in Reihen wie »kjau«, »ga-ga-ga« und anders. Jahresvogel, der besonders die Vogelschutzinseln bewohnt und stark im Zunehmen begriffen ist. Ernährt sich in der Hauptsache von Krebsen und Muscheln, nimmt aber auch andere Tiere, Eier und Jungvögel (»Spezialisten«) usw. Nistet kolonieweise im Dünensand. Brutzeit: Mai–Juni.

3 Sturmmöwe, *Larus canus*, Familie Möwen (Laridae). Reichlich 40 cm, etwa krähengroß. Insgesamt der größeren Silbermöwe sehr ähnlich, aber ohne roten Fleck am Schnabel. Stimme erinnert an die der Lachmöwe, aber spitzer, wie »giejä« und eine Reihe anderer Rufe. Frißt verschiedene Meerestiere, Aas, Abfälle und vieles andere mehr, auch Pflanzenstoffe. Nistet in Kolonien. Brutzeit: Mai–Juni. Jahresvogel, der überall an den Küsten zu beobachten ist. Ein Teil zieht auch südwärts durch das Binnenland.

4 Lachmöwe, *Larus ridibundus*, Familie Möwen (Laridae). Etwas kleiner als die Sturmmöwe (37 cm). Bekannteste und häufigste Binnenlandmöwe. Von der dunklen Gesichtsmaske bleibt im Winter nur ein kleiner Fleck in der Ohrgegend. Vorderkante der Flügel leuchtendweiß, Spitze schwarz. Stimme heiser, wie »krrjäh« usw. An der Küste (besonders auf einigen Vogelschutzinseln brütend) und im Binnenland an sehr verschiedenen Gewässern, selbst in Großstädten (z. B. Berlin). Frißt hauptsächlich Insekten und andere Kleintiere, die sie sich auch von den Äckern holt. Brutzeit: Mai–Juni. Ein Teil überwintert im Süden, andere, vor allem in gewässerreichen Großstädten, bleiben, wenn sie gefüttert werden.

5 Flußseeschwalbe, *Sterna hirundo*, Familie Möwen (Laridae). 35 cm groß. Schnabel mennigrot und im Gegensatz zu dem einfarbig blutroten Schnabel der sehr ähnlichen, aber viel selteneren Küstenseeschwalbe mit schwarzer Spitze. Stimme kreischend, meist wie »ki-ärrr« klingend. An Binnengewässern (wegen Verschmutzung im Rückgang) und an der flachen Küste. Ernährt sich stoßtauchend vor allem von Fischen, Krebsen, Insekten u. a. Brutkolonien, auch mit anderen Arten; flache Nestmulde. Überwintert am Mittelmeer und südlicher. Im Gebiet April–Oktober.

6 Zwergseeschwalbe, *Sterna albifrons*, Familie Möwen (Laridae). Mit 22–24 cm unsere kleinste Seeschwalbe. Leicht kenntlich an der weißen Stirn (siehe auch wissenschaftlichen Namen!). Schwanzspieße relativ kurz. Stimme hart und nur wenig kreischend, wie »kitt kitt kitt« u. ä. An allen flachen, kahlen Meeresküsten, im Gebiet nicht mehr im Binnenland brütend. Nahrung ähnlich voriger Art. Nistkolonien auf Sandstrand und Geröll. Brutzeit: Mai–Juni. Auf dem Zug (Frühling und Spätsommer) an der ganzen Küste. Vom Aussterben bedroht!

VÖGEL Aves

1 Hohltaube, *Columba oenas*, Familie Tauben (Columbidae). Mit 33 cm ungefähr so groß wie die Haustaube, die von der im Mittelmeerraum vorkommenden Felsentaube *(Columba livia)* abstammt. Halsseiten tiefgrün schillernd. Heulendes Rucksen, wie »huhu...«. Vor allem in Wäldern und Parks. Ernährt sich von sehr verschiedenen Früchten und Sämereien. Höhlenbrüter, besonders in Baumhöhlen (z. B. des Schwarzspechtes), aber auch in Nistkästen, Eichhörnchennestern usw. Brutzeit: April–Juli. Im Gebiet meist Zugvogel. Bei uns März–Oktober.

2 Ringeltaube, *Columba palumbus*, Familie Tauben (Columbidae). 40 cm lang. Halsfleck und Fügelvorderrand weiß. Beim Abfliegen lautes Flügelklatschen. Stimme laut, wie »grugruh-grugrugru«, oft wiederholt. Besonders in Waldrändern, Gärten, Parks und Alleen. Frißt Sämereien, zarte Pflanzenteile, Beeren, selten Raupen. Nestmulde meist hoch in den Bäumen. Brutzeit: April–Juli. Im Gebiet März bis Oktober, dann ziehen die meisten ab, vor allem nach Südwestfrankreich.

3 Turteltaube, *Streptopelia turtur*, Familie Tauben (Columbidae). 27 cm groß. Schwarzweißer Halsfleck. Sanft und eintönig gurrend, ein fortlaufendes »Turr«. Besonders in lichten Wäldern, kleinen Feldgehölzen und Parks. Frißt Nadelholzsamen, Feldsämereien (Getreide) und Insekten. Dünnes Nest in geringer Höhe auf Bäumen und Sträuchern. Brutzeit: Mai–Juli. Zugvogel, überwintert in Afrika. Im Gebiet April/Mai–August/September.

4 Türkentaube, *Streptopelia decaocto*, Familie Tauben (Columbidae). 28 cm groß. Leicht kenntlich an dem schwarzen Nackenring. Stimme laut, wie »du duu du«. Vor allem in Gärten und Parks, auch in Großstädten. Sehr zutraulich. Nahrung ähnlich der der Turteltaube. Flaches Nest oft auf Nadelbäumen und an Gebäuden. Brutzeit: April–August. In der Regel im Gebiet überwinternd. Heimat ist Indien. Über die Türkei (nach 1500) und Ungarn (1930), Österreich und Italien (1943) nach Augsburg (1946) und heute schon bis zu den Küsten der Ost- und Nordsee (außer Gebirge). Kulturfolger, ursprünglich Steppenvogel.

5 Kuckuck, *Cuculus canorus*, Familie Kuckucke (Cuculidae). Etwa taubengroß, 33 cm. Sperberähnlich, besonders im Fluge, aber auffallend langer, abgestufter Schwanz und spitze Flügel. Neben fauchenden und kichernden Tönen das allbekannte »Kukkuck« (auch 3silbig). Vorkommen richtet sich in erster Linie nach seinen Wirten. Bringt seine Eier nämlich in den Nestern anderer Vögel unter (dabei Anpassungserscheinungen). Der junge Kuckuck wirft die anderen Nestbewohner hinaus und läßt sich füttern. Wirtsvögel je nach Gebiet unterschiedlich, im Gebiet vor allem Gartenrotschwänze, Neuntöter, Grasmükken und Bachstelzen. Brutzeit: Mai–Juli. Ernährt sich von verschiedenen Insekten. Überwintert in Afrika. Im Gebiet April–September.

6 Mauersegler, *Apus apus*, Familie Segler (Apodidae). 17 cm groß. Schwalbenähnlich (nicht verwandt!), aber sichelförmige Flügel und unterseits dunkel. Sehr gewandter und schneller Flieger (bis 90 km/h). Auf dem Boden völlig unbeholfen. Scharfe, schrille Stimme, wie »sriesrie«. Überall, wo Nistmöglichkeiten sind (Höhlen, Nistkästen usw); häufig in Städten. Frißt Kleintiere. Brutzeit: Mai–Juni. Überwintert in Afrika. Im Gebiet Anfang Mai–August/September.

VÖGEL Aves

1 Schleiereule, *Tyto alba*, Familie Schleiereulen (Tytonidae). Etwa taubengroß, 34 cm. Mit deutlich ausgebildetem herzförmigem Schleier, Flügel lang. Heisere, schnarchende Laute, wie »chrüü« u. ä. Meist in alten Türmen, Scheunen usw. Tagsüber verborgen. Nach Sonnenuntergang auf Jagd, insbesondere nach Mäusen und Sperlingen – sehr nützlich! Brutzeit: meist April–Mai. Standvogel, eventuelle Züge meist auf Grund von Nahrungsmangel.

2 Waldkauz, *Strix aluco*, Familie Eulen (Strigidae). Etwa krähengroß, 38 cm. Färbung variabel, braun bis grau. Flügel breit, abgerundet; Schwanz kurz. Ruffreudig, lautes, langes »Huuuuu« (♂) und durchdringend »kiwi« oder »kjuwit«. In Wäldern, Parks und Gebäuden (Verstädterung). Jagt nachts neben vielen anderen Tieren vorzugsweise Mäuse. Baut kein Nest, bezieht Höhlen. Brutzeit: März–April. Standvogel. Dunkelbraun mit weißen Tropfenflecken ist der Steinkauz *(Athene noctua)*. Auch bei Tage zu hören, »guhg kwitt kwiu«. Im offenen Gelände.

3 Waldohreule, *Asio otus*, Familie Eulen (Strigidae). Etwa taubengroß, 36 cm. Kenntlich an den Federohren (Name!). Stimme wie »Huh huh«, daneben Kreischen und Pfeifen. In der Balzzeit lautes Klatschen, das durch Zusammenschlagen der Flügel entsteht. Besonders in Misch- und Nadelwald sowie in Feldgehölzen. Ernährt sich in der Hauptsache von Mäusen. Brütet in verlassenen Nestern anderer Vögel (u. a. Krähen). Brutzeit: meist April. Zieht im Herbst oft nach Westen und wird ersetzt durch nördliche Wintergäste.

4 Grünspecht, *Picus viridis*, Familie Spechte (Picidae). Knapp taubengroß, 32 cm. Auffallend sind der rote Oberkopf und Nacken. Laut schellende Stimme, einem Lachen ähnlich, wie »glückglückglückglück«, absinkend. Nur sehr selten an Bäumen klopfend. Vorwiegend in Laubwäldern, Gärten und Parks. Nistet (und schläft – wie alle Spechte) meist in einer fertigen Höhle. Brutzeit: Mai–Juni. Ernährt sich hauptsächlich von Ameisen und ihren Puppen, die er mit seiner langen klebrigen Zunge angelt. Standvogel, aber auch umherstreichend. Verwandte und ähnliche Art ist der Grauspecht *(Picus canus)*, der Berg- und Hügelland bevorzugt.

5 Großer Buntspecht, *Dendrocopus major*, Familie Spechte (Picidae). Drosselgroß, 23 cm. Häufigster Buntspecht im Gebiet. Stimme laut, meist wie ein einsilbiges »Kix«. Allbekannt ist das Trommeln, das besonders im Frühjahr zu hören ist. In Wäldern (vorzugsweise Nadelwälder) und Parks. Klopft im Sommer vor allem Insekten (darunter viele Schädlinge) heraus, frißt in der kalten Jahreszeit Kiefern- und Fichtensamen. Nistet in selbstgebauten Baumhöhlen. Brutzeit: April–Juni. Stand- und Strichvogel.

6 Wendehals, *Jynx torquilla*, Familie Spechte (Picidae). Reichlich sperlingsgroß, 17 cm. Baumrindenfarben mit dunklen Streifen. Monotone, durchdringende Rufreihe, wie »wiet wiet wiet...«, alles etwa in gleicher Höhe. In Wäldern, großen Parks und Gärten. Ernährt sich hauptsächlich von Ameisen und deren Puppen. Brütet in Höhlen, auch gern in künstlichen. Brutzeit: Mai–Juni. Überwintert in Afrika. Im Gebiet Mitte April–Anfang September. Ortstreu. An der aufrichtbaren Federholle und dem schwarzweiß gebänderten Gefieder ist der Wiedehopf *(Upupa epops)* leicht kenntlich, der einer eigenen Familie angehört. Stimme: »upupup«.

VÖGEL Aves

1 Haubenlerche, *Galerida cristata*, Familie Lerchen (Alaudidae). Reichlich sperlingsgroß, 17 cm. Leicht kenntlich an der Spitzhaube, Schwanzkanten gelbbraun (siehe aber Feldlerche). Weicher, feldlerchenähnlicher Gesang, nicht so häufig im Fluge vorgetragen, öfter vom Boden aus. Bewohnt Ödland, trockene Plätze (sandige Straßenränder, Eisenbahndämme u. ä.); ist vor allem im Winter in den Städten anzutreffen. Ernährt sich von Körnern, Insekten und Pflanzenteilen. Bodenbrüter. Brutzeit: April–Juni. Standvogel.

2 Feldlerche, *Alauda arvensis*, Familie Lerchen (Alaudidae). Reichlich sperlingsgroß, 18 cm. Erdbraun, am Boden kaum zu entdecken. Schwanzkanten weiß (im Unterschied zur Heidelerche *[Lullula arborea]*). Abwechslungsreicher, jubilierender Gesang, im steilen Aufsteigen, auch Nachahmungen anderer Vogelstimmen. Vor allem in fruchtbarem Kulturgelände, nie im Wald. Ernährt sich von Sämereien und Insekten. Bodenbrüter. Brutzeit: April–Juli. Zugvogel, der meist in Südeuropa überwintert. Frühester Rückkehrer, ♂ schon im Februar; bleibt bis November.

3 Rauchschwalbe, *Hirundo rustica*, Familie Schwalben (Hirundinidae). 18 cm groß. Kehle rotbraun, Schwanz im Unterschied zur Mehlschwalbe tief gegabelt (»Schwalbenschwanz«). Schnelles, schwatzendes Gezwitscher, dazwischen Schnurren und »wit wit«. Besonders im Raum ländlicher Siedlungen (wo auch der für den Nestbau notwendige Lehm vorhanden ist). In der Großstadt selten, dort wird oft der Mauersegler für eine Schwalbe gehalten. Schwalben ernähren sich vor allem von Insekten, die sie vornehmlich im Fluge erhaschen (sehr nützlich!). Das Lehmnest (Viertelkugel, mit Speichel verklebt) wird gern im Innern von Gebäuden angebracht. Brutzeit: Mai–Juli. Überwintert in Afrika. Im Gebiet März/April–September/Oktober.

4 Mehlschwalbe, *Delichon urbica*, Familie Schwalben (Hirundinidae). 13 cm groß. Gesamte Unterseite und Bürzel (auffallend!) weiß. Schwanz nur wenig gegabelt. Leiernder Gesang und »tschrr«. Lebensraum ähnlich dem der Rauchschwalbe, aber mehr in Städten und felsigen Gebieten. Ernährung ebenfalls wie die der Rauchschwalbe. Nistet fast stets *außen* an Gebäuden. Brutzeit: Mai–August. Überwintert in Afrika. Im Gebiet Ende April–September/Oktober.

5 Uferschwalbe, *Riparia riparia*, Familie Schwalben (Hirundinidae). 12 cm groß. Mit graubraunem Brustband und seicht gegabeltem Schwanz. Flügge Junge den Alten schon sehr ähnlich. Kratzende, scheuernde Töne, wie »dschrr-dschr« u. ä. Auf offenen Fluren, gern in Wassernähe. Ernährung ähnlich der Rauchschwalbe. Nistet kolonienweise an steilen Wänden von Sand- und Lehmgruben, in die sie bis 1 m lange Gänge gräbt. Brutzeit: Mai–Juli. Überwintert in Afrika. Im Gebiet Ende April–September.

6 Pirol, *Oriolus oriolus*, Familie Pirole (Oriolidae). Amselgroß, 24 cm. ♀ gelblichgrün mit grauweißer Unterseite. Spechtartiger Bogenflug. Auffallend sind die laut flötenden Töne des ♂, wie »düdlüo«; dazwischen ein oft überhörtes leises Gezwitscher, auch laut krächzend, wie »chräu« (eichelhäherähnlich, aber 2silbig). In Wäldern, Parks und Gärten. Frißt vor allem Raupen und Schmetterlinge. Hängenest oft hoch (selten bei Singvögeln!) in den Bäumen. Brutzeit: Mai–Juni. Überwintert vorzugsweise in Ostafrika. Im Gebiet Anfang Mai–August.

VÖGEL Aves

1 Rabenkrähe, *Corvus corone corone*, Familie Krähenvögel (Corvidae). 47 cm groß. Ganz schwarz (ebenso der bussardgroße Kolkrabe [*Corvus corax corax*] mit dem klobigen Schnabel). Selten im Segelflug anzutreffen. Neben anderen häufig klare »arrrk«-Rufe. Bewohnt die offene Landschaft, Waldränder, Feldgehölze, ausgelichtete Wälder westlich der Elbe. Allesfresser: neben Insekten, Würmern, Mäusen, Vogelbrut usw. auch Pflanzenstoffe. Die einzelnen Nester stehen meist in hohen Bäumen. Brutzeit: April–Mai. Stand- und Strichvogel.

2 Nebelkrähe, *Corvus corone cornix*, Familie Krähenvögel (Corvidae). Im Unterschied zur vorigen Unterart mit grauem Rumpf und östlich der Elbe verbreitet – ausgenommen die von Osten und Nordosten zuziehenden Wintergäste. Im Grenzgebiet zwischen Nebel- und Rabenkrähe treten Mischlinge auf. Lebensweise wie Rabenkrähe.

3 Saatkrähe, *Corvus frugilegus*, Familie Krähenvögel (Corvidae). 46 cm groß, purpur-blauschwarz glänzend. Im Alter an der weißen Schnabelwurzel leicht kenntlich. Schlanker als die vorige Art. Ruft meist heiser »kroa«. Bevorzugt offene Ackerfluren und Feldgehölze. Auch häufig in Großstädten (z. B. Leipzig und Berlin). Ernährung außerordentlich vielfältig: Insekten, Schnecken, Würmer, Früchte, Kleinsäuger und Aas. Nistet in Kolonien auf Bäumen (im Gegensatz zur Rabenkrähe). Brutzeit: April–Mai. Teilzieher.

4 Dohle, *Corvus monedula*, Familie Krähenvögel (Corvidae). Etwa taubengroß, 33 cm. Auffallend sind der graue Nacken und der kurze Schnabel. Im Gegensatz zu den vorigen Arten ziemlich schneller Flügelschlag. Ruft hell »kjak kjak«. Als Höhlenbrüter in Wäldern und Parks – in alten Bäumen, Gebäuden (Ruinen) u. ä. Frißt verschiedene Kleintiere, Mäuse, Vogelbrut, Pflanzenkost und Aas. Brutzeit: April–Mai. Im Gebiet meist Jahresvogel.

5 Elster, *Pica pica*, Familie Krähenvögel (Corvidae). 46 cm groß. Durch das auffallend schwarz-weiße Gefieder und den langen Schwanz nicht zu verwechseln. Schackernd, wie »tschackschack«, in Reihen. Im offenen Gelände, das von Baumgruppen oder Hekken durchbrochen wird. Frißt verschiedene Kleintiere, Jungvögel (!), Eier, Aas und Früchte, öfter schädlich. Festes »überdachtes« Nest in hohen Bäumen oder Hecken. Brutzeit: März–Mai. Jahresvogel.

6 Eichelhäher, *Garrulus glandarius*, Familie Krähenvögel (Corvidae). Knapp taubengroß, 34 cm. Aufrichtbare Federhaube. Oft laut kreischend »rätsch«, ahmt auch andere Vogelstimmen gut nach (z. B. Bussard). Typischer Waldvogel. Frißt Nüsse, Eicheln, Beeren und Insekten. Oft schädlich durch Nestplündern. Sammelt Vorräte (z. B. Eicheln) im Boden, dadurch Verbreiter von Pflanzen. Nistet meist im Dickicht. Brutzeit: April–Mai. Strichvogel.

7 Gartenbaumläufer, *Certhia brachydactyla*, Familie Baumläufer (Certhiidae). Kleiner als ein Sperling, 12,5 cm. Ähnlich dem Waldbaumläufer, aber durch den lauten Gesang, wie »di dieh le li le dih« (neben scharfen »tit«-Lauten) zu erkennen. Der Waldbaumläufer *(Certhia familiaris)* hat eine weichere Stimme und den kürzeren Schnabel. In Wäldern, Parks und Gärten. Sehr flinker Stammkletterer, holt Insekten aus den Borkenrissen. Nistet in Spalten u. ä. Brutzeit: April–Juni. Jahresvogel.

VÖGEL Aves

1 Kohlmeise, *Parus major*, Familie Meisen (Paridae). Mit 14 cm die größte Meise. Ruft hell »pink pink«. Im Frühjahr ein einförmiger Gesang, wie »zizida zizida«. Überall in Parks und Gärten. Neben der Blaumeise häufigste Art im Gebiet. Wie alle Meisen sehr beweglich. Sucht in Zweigen und Stämmen nach Insekten. Im Winter ernährt sie sich von Sämereien und anderer Pflanzenkost. Auch häufig am Futterhäuschen zu beobachten. Nistet in Höhlen aller Art. Brutzeit: April–Juni. Standvogel.

2 Blaumeise, *Parus caeruleus*, Familie Meisen (Paridae). Kleiner als die Kohlmeise, 12 cm. Lockt fein »sit sit« und »tetetet«. Der Gesang ist ein glockenhelles Klingeln. In Vorkommen und Lebensweise ähnlich der Kohlmeise. Von unregelmäßigen Zügen abgesehen, Überwinterung im Brutgebiet.

3 Tannenmeise, *Parus ater*, Familie Meisen (Paridae). 11 cm groß. Im Unterschied zur ähnlichen Kohlmeise kleiner, mit weißem Nackenfleck und grauweißer Unterseite. Lockt leise »sit sit«. Gesang einförmig, wie »size size...«. Typischer Vogel des Nadelwaldes, selten im Mischwald. Lebensweise ähnlich der der Kohlmeise. Ebenfalls im Nadelwald lebt die oberseits bräunliche Haubenmeise *(Parus cristatus)*, die an der hellen Federhaube auf dem Kopf leicht kenntlich ist. Singt charakteristisch »zizigürr«. Den buschreichen Laubwald bevorzugen die Sumpfmeise *(Parus palustris)*, oberseits graubraun mit glänzendschwarzer Kopfplatte, und die Schwanzmeise *(Aegithalos caudatus)*, mit weißem Kopf und auffallend langem Schwanz.

4 Kleiber, *Sitta europaea*, Familie Kleiber (Sittidae). 14 cm groß. Auffallend laute Stimme, meist wie »twiet-twiet...« oder ein flötendes »Tü-tü-tü«. Stammkletterer (auch kopfabwärts). In Wäldern, Gärten und Parks mit altem Baumbestand. Frißt im Sommer Insekten, im Winter Sämereien, von denen er auch Vorräte anlegt. Nistet gern in Spechthöhlen, die er sich durch Verkleben (Name!) passend macht. Brutzeit: April–Juni. Standvogel.

5 Zaunkönig, *Troglodytes troglodytes*, Familie Zaunkönige (Troglodytidae). Nur 9,5 cm groß. Kugelige Körperform mit kleinem Stelzschwänzchen. Sehr flink. Schnurrender, flacher Flug. Gesang (auch im Winter!) laut und feurig, mit Roller. In Wäldern Parks und Büschen, liebt die Wassernähe. Ernährt sich von verschiedenen Gliederfüßern, Beeren und ähnlichem. Baut ein Kugelnest dicht über dem Boden. Brutzeit: April–Juli. Standvogel.

6 Singdrossel, *Turdus philomelos*, Familie Drosseln (Turdidae). 23 cm groß. Lockt »zip«. Abwechslungsreicher Gesang (von erhöhtem Platz aus) mit pfeifenden und flötenden Motiven, die mehrfach wiederholt werden. In Wäldern mit Unterholz, Gärten und Parks. Ernährt sich von Kleintieren, Beeren und Obst. Nistet in Bäumen und Büschen. Brutzeit: Mai–Juli. Überwintert in Südwesteuropa und Nordwestafrika. Im Gebiet März–Oktober. Verwandt ist die Wacholderdrossel *(Turdus pilaris)*; mit aschgrauem Kopf und grauem Bürzel; schackert.

7 Amsel, *Turdus merula*, Familie Drosseln (Turdidae). 26 cm groß, ♀ dunkelbraun. Ruft laut »tack tack« und »gix gix«. Lauter flötender Gesang. Früher reiner Waldvogel, heute bekanntester Stadtvogel. Frißt Kleintiere, Beeren und Obst. Nistet auf Bäumen, Sträuchern usw. Brutzeit: April–Juli. Standvogel.

1 Braunkehlchen, *Saxicola rubetra*, Familie Drosseln (Turdidae). 13 cm groß. Mit weißem Überaugenstreif. Der unscheinbare, sehr kurze Gesang erinnert mit seinen Pfeif- und Kratztönen an den Hausrotschwanz. Typischer Wiesenvogel, der gern auf erhöhten Plätzen (Pfählen usw.) sitzt. Frißt vorzugsweise Insekten. Brütet in einem verdeckten Nest am Boden. Brutzeit: Mai–Juli. Überwintert in Afrika. Im Gebiet Ende April–August/September.

2 Gartenrotschwanz, *Phoenicurus phoenicurus*, Familie Drosseln (Turdidae). 14 cm groß. Sehr charakteristische Färbung des ♂. ♀ unscheinbarer, oben graubraun, unten hellrotbraun. Gesang (schon weit vor Sonnenaufgang beginnend) kurz, aber wohltönend; am Anfang »hiit tet tet« (lang-kurz-kurz). Häufiges Knicksen und Schwanzzittern. In Parks, Gärten und Wäldern. Frißt Insekten und Beeren. Baut sein Nest in allen möglichen Höhlen. Brutzeit: Mai–Juli. Trifft im April ein und zieht im September wieder nach Afrika.

3 Hausrotschwanz, *Phoenicurus ochruros*, Familie Drosseln (Turdidae). 14 cm groß. ♀ unscheinbarer, Unterseite graubraun. Häufiges Knicksen und Schwanzzittern. Gesang kurz und einfach, mit einem gepreßten Scheuern und Kratzen. Ursprünglich ein Vogel felsiger Gebirge; hat die menschlichen Siedlungen als neues Brutgebiet erschlossen. Nistet in allen möglichen Nischen der Gemäuer. Brutzeit: April–Juli. Ernährt sich von kleinen Insekten und Beeren. Überwintert in Südeuropa und Afrika. Im Gebiet März–Oktober.

4 Nachtigall, *Luscinia megarhynchos*, Familie Drosseln (Turdidae). 16,5 cm groß. Öfter zu hören als zu sehen (singt auch nachts). Ihr Lied, mit schluchzenden und flötenden Tönen, gilt als eines der schönsten (viele Nachtigallen singen aber sehr schlecht). Wird im Norden und Osten durch den Sprosser vertreten. In Gärten, Parks und offenen Wäldern mit dichten urwüchsigen Büschen u. ä. (auch in Städten nicht selten). Meist in Bodennähe; sucht hier nach Kerbtieren und Beeren. Nistet auch dicht über dem Boden. Brutzeit: Mai–Juni. Überwintert in West- und Mittelafrika. Im Gebiet Mitte April–Mitte September.

5 Rotkehlchen, *Erithacus rubecula*, Familie Drosseln (Turdidae). 14 cm groß. Schon an Kehle und Brust leicht kenntlich. Etwas wehmütiger, sehr lauter Gesang, der besonders abends auffällt (singt von den Tagessängern am längsten), mit Flötentönen und Trillern, außerdem ein typisches »Schnickern«. Bevorzugt dichtes Unterholz in Wäldern und Parks. Ernährt sich von verschiedenen Kleintieren und Beeren. Nest aus Moos und Blättern, oft am Boden. Brutzeit: April–Juli. Überwintert meist in Südeuropa. Im Gebiet März–Oktober.

6 Gelbspötter, *Hippolais icterina*, Familie Grasmükken (Sylviidae). 13 cm groß. Gesang vielfältig, mit zwitschernden und pfeifenden Teilen, wobei häufig ein 2silbiger, quietschender Laut auffällt. Ahmt sehr viele Stimmen nach. Weit häufiger zu hören als zu sehen, da er den Aufenthalt in den Baumkronen bevorzugt. In Gärten, Parks und Laubwäldern mit Unterholz anzutreffen. Ernährt sich hauptsächlich von kleinen Insekten, aber auch von Beeren und Obst. Baut ein festes, kunstvolles Nest in einer Astgabel, häufig ziemlich hoch in Bäumen und Büschen. Brutzeit: Mai–Juli. Überwintert im tropischen Afrika. Im Gebiet Anfang Mai–August.

1 Drosselrohrsänger, *Acrocephalus arundinaceus*, Familie Grasmücken (Sylviidae). Mit 19 cm Länge unser größter Rohrsänger. Knarrender, auffallend lauter Gesang, wie »karre karre kiet kiet« und ähnlich. Klettert am Rohr empor. Im Schilfgürtel der Seen und Teiche. Ernährt sich von Insekten. Nest – ein kunstvoller Napf – wird zwischen den Rohrstengeln angebracht, oft etwa 1 m über dem Wasserspiegel. Brutzeit: Mai–Juni. Überwintert in Afrika. Im Gebiet Mai–August/September.

2 Teichrohrsänger, *Acrocephalus scirpaceus*, Familie Grasmücken (Sylviidae). Knapp sperlingsgroß, 12,5 cm. Gesang (wie Gefieder) ähnlich dem Drosselrohrsänger, aber leiser und nicht so markant, wird mehr geleiert. Auch in kleinen Schilfbeständen und im Ufergebüsch. Frißt kleine Insekten. Nest ähnlich dem der vorigen Art, aber kleiner. Brutzeit: Mai–Juni. Überwintert in Afrika. Im Gebiet Mai bis Oktober. Im dichten Gebüsch feuchter Lebensräume, aber auch in Getreidefeldern, kommt der sehr ähnliche Sumpfrohrsänger *(Acrocephalus palustris)* vor, dessen Lied an das des Gelbspötters erinnert. Durch Streifung (weißer Überaugenstreif) auf Kopf und Rücken fällt der Schilfrohrsänger *(Acrocephalus schoenobaenus)* auf. Gesang, im baumpieperartigen Balzflug, ähnlich dem des Teichrohrsängers.

3 Gartengrasmücke, *Sylvia borin*, Familie Grasmücken (Sylviidae). Sperlingsgroß, 14 cm. Gesang (bis weit in den Juni hinein) laut und lang anhaltend. ziemlich gleichmäßig und schnell, mit weichen Flötentönen. In lichten buschreichen Waldzonen, in Gebüschen an Teichen. Ernährt sich von Beeren und Obst. Buschbrüter. Nest in Bodennähe. Brutzeit: Mai–Juni. Überwintert im tropischen Afrika. Im Gebiet April–September. Unterscheidet sich im Gesang von der Mönchsgrasmücke *(Sylvia atricapilla)* durch das Fehlen des lauten Schlußüberschlages.

4 Dorngrasmücke, *Sylvia communis*, Familie Grasmücken (Sylviidae). Sperlingsgroß, 14 cm. Gesang (häufig im kurzen Balzflug vorgetragen) kurz und hastig, ein rauhes Schwätzen. In Gebüsch und Dikkicht der offenen Flur und des lichten Laubwaldes. Ernährung ähnlich der der Gartengrasmücke. Buschbrüter. Brutzeit: Mai–Juli. Überwintert in Afrika. Im Gebiet Ende April–September.

5 Klappergrasmücke, *Sylvia curruca*, Familie Grasmücken (Sylviidae). Etwa sperlingsgroß, 13,5 cm. Charakteristischer klappernder Gesang, der mit leisem Wispern beginnt, wie »zizizizi«, und mit lautem Klappern fortgesetzt wird. Überall, wo Hecken und Büsche stehen (geradezu typischer Vogel in Schrebergärten). Ernährung ähnlich der der Gartengrasmücke. Das lockere Nest steht nicht hoch in Hecken und Büschen. Brutzeit: Mai–Juni. Überwintert in Mittelafrika. Im Gebiet April–September.

6 Grauschnäpper, *Muscicapa striata*, Familie Fliegenschnäpper (Muscicapidae). Sperlingsgroß, 14 cm. Aufrechte Haltung. Gesang unauffällig und leise, häufig mit scharfen »pst«-Lauten. In Wäldern, Parks und Gärten. Ernährt sich hauptsächlich von Insekten, die er geschickt im Flug erbeutet. Nistet in Halbhöhlen (häufig an Gebäuden). Brutzeit: Mai bis Juli. Überwintert im tropischen Afrika. Im Gebiet Anfang Mai–September. Verwandt ist der Trauerschnäpper *(Ficedula hypoleuca)* ♂ unverkennbar, mit weißer Stirn, weißen Schwanzkanten und schwarzbrauner Oberseite. Gesang einfach, wie »witje witje witje«.

1 Weidenlaubsänger, *Phylloscopus collybita*, Familie Grasmücken (Sylviidae). 11 cm. Häufigster Laubsänger. Singt von hohen Bäumen eintönig, andauernd »zilp-zalp zilp-zalp...« (danach auch »Zilpzalp« genannt). Bevorzugt die Randgebiete der Wälder, daneben Parks und Gärten, weniger in Büschen. Ernährt sich von Kerbtieren und Holunderbeeren. Nest aus Blättern und Halmen, dicht über dem Boden in Gestrüpp und ähnlichem. Brutzeit: April–Juni. Der größte Teil überwintert im Mittelmeerraum. Im Gebiet Mitte März–spätestens Anfang November.

2 Fitislaubsänger, *Phylloscopus trochilus*, Familie Grasmücken (Sylviidae). 11 cm groß. Im Aussehen kaum vom Weidenlaubsänger zu unterscheiden. Gesang erinnert an den des Buchfinken, aber weicher und nach hinten abfallend, ohne Triller. In unterholzreichen Wäldern (besonders Schonungen), Parks und Gärten. Ernährt sich von Insekten. Bodenbrüter mit backofenförmigem Nest. Brutzeit: Mai–Juni. Überwintert im südlichen Afrika. Im Gebiet Mitte April bis September. Hat nach 1945 stark zugenommen. (Ausschlaggebend war die Anlage von Schonungen nach umfangreichen Rodungen.)

3 Waldlaubsänger, *Phylloscopus sibilatrix*, Familie Grasmücken (Sylviidae). 13 cm groß. Im Balzflug von Ast zu Ast fliegend, dabei schwirrender Gesang, wie »sisisisisi srrrrrr« und leise, wehmütig flötend »tütütütü«. In unterholzreichen Laub- und Mischwäldern (vor allem in Buchenwäldern); bevorzugt das Waldinnere. Ernährt sich von Insekten, die er im Fluge erbeutet. Das fast kugelförmige Nest mit seitlicher Öffnung wird verdeckt am Boden angelegt. Brutzeit: Mai–Juni. Überwintert in Zentralafrika. Im Gebiet Ende April–Anfang September.

4 Wintergoldhähnchen, *Regulus regulus*, Familie Grasmücken (Sylviidae). Mit 9 cm sind Goldhähnchen die kleinsten Vögel Europas. Scheitel beim ♀ nur gelb gefärbt. Feines Wispern, ansteigend und abfallend, wie »sisi« und »srisri«. Typischer Vogel des Nadelwaldes. Kaum einmal auf dem Boden zu beobachten. Außerhalb der Brutzeit in kleinen Trupps. Ernährt sich von Insekten und ihren Entwicklungsstadien. Kronenbrüter, mit kugeligem, dickwandigem Nest. Brutzeit: April–Juni. Teils im Brutgebiet überwinternd, teils bis Südeuropa ziehend. Im Winter Zuzug aus dem Norden.

5 Sommergoldhähnchen, *Regulus ignicapillus*, Familie Grasmücken (Sylviidae). 9 cm groß. Vor allem durch den schwarzen Augenstreif und den weißen Überaugenstreif vom Wintergoldhähnchen zu unterscheiden. Scheitel des ♀ nur gelb. Anschwellende Tonfolge *gleicher* Höhe, markanter Schlußton. Kommt außer in Nadelwäldern auch in Laub- und Mischwäldern vor. Zugvogel, der in Nordwestafrika und in Südwesteuropa überwintert. Brutzeit: April bis Anfang Mai.

6 Baumpieper, *Anthus trivialis*, Familie Stelzen (Motacillidae). 15 cm groß. Auffallender Balzgesang: von einer Baumspitze hochsteigend und mit fallschirmartig ausgebreiteten Flügeln in der Nähe wieder absinkend, dabei schnell »zizizizizizi, wittwittwittwitt, zerrrrr« und am Schluß langsam und gedehnt »zia-ziazia«. In lichten Wäldern; Kahlschläge, Lichtungen und Schonungen bevorzugt. Ernährt sich vor allem von Insekten, Larven und Spinnen. Bodenbrüter. Brutzeit: Mai–Juli. Ein Teil überwintert bereits in den Mittelmeerländern, ein anderer Teil zieht bis nach Afrika. Im Gebiet April–September.

VÖGEL Aves

1 Schafstelze, *Motacilla flava*, Familie Stelzen (Motacillidae). 16,5 cm groß. Schwanz kürzer als bei der Bachstelze. Bürzel graugrün. Lockt wie »psiäp«. Die Locktöne werden auch zu einem Gesang aneinandergereiht. Bevorzugt feuchte Lebensräume (Wiesen, Weiden, Ufer usw.). Ernährt sich von Insekten, Würmern und Larven. Nistet am Boden. Brutzeit: Mai bis Juni. Unsere Schafstelzen überwintern im tropischen Afrika. Im Gebiet April–spätestens September. In der Nähe schnell fließender Gewässer des Berg- und Flachlandes (erst in neuerer Zeit) hält sich gern die Gebirgsstelze *(Motacilla cinerea)* auf, die an dem langen Schwanz und dem blaugrauen Rücken kenntlich ist. ♂ zur Brutzeit mit schwarzer Kehle.

2 Bachstelze, *Motacilla alba*, Familie Stelzen (Motacillidae). 18 cm groß. Allein durch die Gefiederfärbung unverkennbar. Mit langem, wippendem Schwanz. Lockt »psirrlip«. Im offenen Kulturgelände verschiedener Art, liebt die Wassernähe. Ernährt sich von Kerbtieren, die sie vom Boden aufnimmt. Nistet in Halbhöhlen, Spalten, Nischen u. ä., seltener wohl am Boden. Brutzeit: April–Juli. Der größte Teil überwintert im Mittelmeerraum. Im Gebiet März–Oktober/November.

3 Rotrückenwürger, *Lanius collurio*, Familie Würger (Laniidae). 18 cm groß. Bei weitem häufigster Würger im Gebiet. Wirkt plump. ♀ bräunlich gefärbt. Lockt »gäck gäck«. Gesang leise zwitschernd mit vielen Nachahmungen anderer Vogelstimmen. In offenem Gelände mit Hecken zu finden. Spießt Kerbtiere, Larven und kleine Wirbeltiere auf Dornen auf (daher auch »Dorndreher«). Nützlich! Offenes Nest niedrig in Hecken. Brutzeit: Mai–Juni. Überwintert in Afrika. Im Gebiet Mai–September.

4 Star, *Sturnus vulgaris*, Familie Stare (Sturnidae). 22 cm groß. Altvogel im Herbst weiß betupft. Typisch schreitender Gang, z. B. im Unterschied zum Hüpfen einer Amsel. Geradliniger Flug. Lockt »chprreh«. Gesang aus klappernden und pfeifenden Tönen, unter Flügelspreizen. Kann neben vielen Vogelstimmen (z. B. Pirol) die unterschiedlichsten Töne und Geräusche (z. B. von Motoren) nachahmen. Bevorzugt die offene, baumbestandene Kulturlandschaft, Parks und Gärten. Ernährt sich von Kleintieren, Kirschen, Weinbeeren u. ä. Höhlenbrüter. Brutzeit: April–Juni. Teils überwinternd, teils ziehend (Hauptzug im September). Nach der Brutzeit oft in Scharen. Gebietsweise im Rückgang.

5 Kernbeißer, *Coccothraustes coccothraustes*, Familie Finken (Fringillidae). 17 cm groß, gedrungen. ♀ unrein braungefärbt. Auffallend ist ein scharfes »Zicks«. Gesang leise, zwitschernd, auch klirrend und trillernd. In lichten Laubwäldern, Gärten und Parks. Hält sich gern in Baumkronen versteckt. Knackt laut hörbar Fruchtkerne, nimmt aber auch Knospen, Triebe (im Frühjahr) und Insekten (im Sommer). Nistet hoch in den Bäumen. Brutzeit: April–Juni. Überwintert meist im Brutgebiet (Winterschwärme!).

6 Grünfink, *Carduelis chloris*, Familie Finken (Fringillidae). 15 cm groß, spatzenähnlich. Auffallend sind die gelben Flügelbinden. Lautes Klingeln mit einem gedehnten, nasalen »Chriäh«. Häufig im Zickzackflug. In der offenen Landschaft mit Büschen und Bäumen, sehr häufig in Städten. Typischer Körnerfresser. Baut sein großes, liederliches Nest in Bäumen und Büschen. Brutzeit: April–Juni. In der Regel im Brutgebiet überwinternd, umherwandernd.

1 Stieglitz, *Carduelis carduelis*, Familie Finken (Fringillidae). Kleiner als ein Sperling, 12 cm. Durch seine Färbung unverwechselbar. Lockt hell »didlit«, das auch in dem zwitschernden Gesang enthalten ist. Bevorzugt das offene baumbestandene Gelände, Gärten, Parks u. ä. Ernährt sich neben Insekten (viel Blattläuse) auch gern von Sämereien (sehr häufig auf Disteln und deshalb auch Distelfink genannt). Halbkugeliges Nest auf dünnen Zweigen von Laubbäumen. Brutzeit: Mai–Juni. Jahresvogel, der im Winter in Trupps oder Schwärmen umherstreicht.

2 Erlenzeisig, *Carduelis spinus*, Familie Finken (Fringillidae). Kleiner als ein Sperling, 12 cm. ♀ ohne Schwarz im Gefieder, insgesamt grauer. Lockt langgezogen »dijeh«, fliegend schnell »tetteretett«. Langer Gesang, munter schwätzend, oft mit einem »Grünfinkenton« endend, wie »didldidldidlidleidääh«. Vorzugsweise in Fichtenhochwäldern. Ernährt sich von Sämereien (besonders von Nadelbäumen, Erle und Birke), weniger von Insekten (anders die Jungtiere!). Nistet sehr hoch in den Bäumen, gut versteckt. Brutzeit: April–Juli. Im Gebiet überwinternd und in Gruppen umherstreifend.

3 Bluthänfling, *Carduelis cannabina*, Familie Finken (Fringillidae). Knapp sperlingsgroß, 13 cm. ♀ ohne Rot im Gefieder. Lockt mit einem schnellen »Gäckgäckgäck«. Plaudernder Gesang mit Lockrufen und schönen Flötentönen, oft von erhöhten Plätzen vorgetragen. In Hecken, Gärten, auf Schuttplätzen usw., nicht in geschlossenen Wäldern. Ernährt sich fast ausschließlich von Sämereien, Knospen und Früchten. Nistet niedrig in Gebüsch, Hecken, Reisighaufen u. ä. Brutzeit: April–Juli. Teils im Brutgebiet überwinternd, teils nach Süden abziehend.

4 Girlitz, *Serinus serinus*, Familie Finken (Fringillidae). Kleiner als ein Sperling, 12 cm. Lockt klirrend »girrlitt«. Von Drähten und anderen erhöhten Plätzen aus lang andauernder, munterer Gesang schwirrender und sirrender Töne unter ununterbrochenem Kopfwenden. In Gärten, Alleen, Anlagen usw. Ernährt sich von Sämereien und zarten Pflanzenteilen. Tiefnapfiges Nest, meist nahe am Stamm von Bäumen. Brutzeit: Mai–Juli. Teils im Brutgebiet überwinternd (besonders in den südlicheren Gebieten), teils nach Südeuropa ziehend.

5 Gimpel, Dompfaff, *Pyrrhula pyrrhula*, Familie Finken (Fringillidae). Ungefähr sperlingsgroß, 15 cm. ♀ oberseits graubraun, Unterseite rosiggrau. Lockton weich und gedehnt, wie »diu«. Außerdem sanft flötend, pfeifend und knarrend. In Wäldern (meidet den reinen Kiefernwald) mit reichem Unterholz, Gärten und Parks; bis ins Gebirge. Verläßt kaum die Deckung. Ernährt sich hauptsächlich von Sämereien, Knospen und Beeren. Das flache Nest steht niedrig im Dickicht, oft am Stamm junger Fichten. Brutzeit: Mai–Juli. Im Gebiet überwinternd und umherstreichend.

6 Fichtenkreuzschnabel, *Loxia curvirostra*, Familie Finken (Fringillidae). Mit 17 cm größer als ein Sperling. Der gekreuzte Schnabel entsteht durch das seitliche Vorbeiwachsen des Unterschnabels. Benutzt ähnlich den Papageien den Schnabel auch zum Klettern. Lockt laut »gipp-gipp-gipp«. Gesang zwitschernd, knarrend und trillernd; etwas an den Grünfinken erinnernd. Besonders in den Nadelwäldern der Mittelgebirge. Frißt u. a. Fichten- und Kiefernsamen, Knospen und Blattläuse. Brutzeit: Januar bis April. Im Gebiet überwinternd.

1 Buchfink, *Fringilla coelebs*, Familie Finken (Fringillidae). Etwa sperlingsgroß, 15 cm. ♀ oberseits olivbräunlich. Auffallend weiße Flügelbinden. Lockt hell »pink-pink«. Gesang laut und schmetternd, mit einem Überschlag endend. Überall häufig, in Wäldern, Gärten, Parks usw. Frißt neben Insekten vorrangig ölhaltige Sämereien und andere Pflanzennahrung. Schönes, dicht gewebtes Nest auf Bäumen. Brutzeit: April–Juni. Teils überwinternd (besonders die alten ♂♂), teils nach Süden abziehend (hauptsächlich Mittelmeerraum).

2 Goldammer, *Emberiza citrinella*, Familie Finken (Fringillidae). Größer als ein Sperling, 16,5 cm. ♀ nicht so leuchtend gefärbt wie das ♂. Lockt hell »zick-zick«. Charakteristischer, einförmiger Gesang, leicht einprägsam: »didididididi-dieh«. In der offenen Flur, die mit Bäumen und Sträuchern bestanden ist; oft an Wegrändern, nicht im geschlossenen Wald (wie alle Ammern). Frißt neben Insekten und Beeren vorwiegend Sämereien. Sauberes Napfnest, meist nahe am Boden im Gebüsch. Brutzeit: April–Juli. Überwintert im Brutgebiet.

3 Ortolan, *Emberiza hortulana*, Familie Finken (Fringillidae). Mit 16,5 cm größer als ein Sperling. ♀ insgesamt etwas heller und trüber gefärbt. Gesang erinnert an den der Goldammer, ist aber abwechslungsreicher. Außerdem wird die letzte Silbe im Gegensatz zu den meisten Goldammern nach unten gezogen. Im offenen Gelände, in Gärten, an Straßenrändern usw. Ernährt sich von Sämereien und Insekten. Nest meist in der Nähe des Bodens, zwischen Pflanzen versteckt. Brutzeit: Mai–Juni. Überwintert in Afrika. Bei uns April–September. Unscheinbarer gefärbt ist die Grauammer *(Emberiza calandra)*, ein typischer Vogel der Kultursteppe. 18 cm groß. Kurzer, klirrender Gesang, wie »zick zick . . . schnirrps«.

4 Rohrammer, *Emberiza schoeniclus*, Familie Finken (Fringillidae). 15 cm groß. ♀ mit braunem Kopf. Lockt scharf, langgezogen »zieh«. Kurzer Gesang, stammelnd und abgehackt, wie »zia tit tai zissis«. In feuchten Lebensräumen; oft neben dem Schilfrohrsänger in Rohr und Schilf der Seeufer. Ernährt sich vorwiegend von Kleintieren, Insekten, Schnekken, Krebsen u. ä. Das einfache Nest wird meist am Boden verborgen. Brutzeit: Mai–Juli. Die Populationen des Gebietes teils überwinternd, teils ziehend. Im Brutgebiet März–Oktober.

5 Haussperling, *Passer domesticus*, Familie Webervögel (Ploceidae). Knapp 15 cm groß. Im Gegensatz zum Feldsperling ohne Wangenfleck. Schwätzt abwechslungsreich, aber am häufigsten das bekannte Schilpen, oft auch »tetetet«. In der Nähe von Siedlungen immer häufig. Frißt Sämereien, weniger Insekten. Stellenweise schädlich. Nistet in Nischen, Höhlen und in fremden Nestern. Brutzeit: April bis August. Überwintert im Brutgebiet, aber kälteempfindlich (häufig in warmen Schlafnestern).

6 Feldsperling, *Passer montanus*, Familie Webervögel (Ploceidae). 14 cm groß. Mit dunklem Wangenfleck. Beide Geschlechter etwa gleich. Am häufigsten sind »tetet«-Töne zu hören. Seltener als der Haussperling. Bevorzugt die offene Flur: Obstplantagen, Waldränder, Gärten usw. Ernährt sich von verschiedenen Sämereien und Körnern; Insekten, besonders für die Jungen. Brütet meist in Baumhöhlen oder in Nistkästen. Brutzeit: April–Juli. In der Regel im Brutgebiet überwinternd.

WIRBELTIERE Vertebrata SÄUGETIERE Mammalia

1 Igel, *Erinaceus europaeus*, Ordnung Insektenfresser (Insectivora). Körper 22–29 cm lang (Schwanz 2–4,5 cm). Stachelkleid mit etwa 16000 Stacheln. Im Gesicht und an der Unterseite Haare. Oft in Gärten, Gebüsch und Hecken. Hauptsächlich in der Dämmerung und nachts aktiv. Baut ein Nest aus Laub, Gras u. a. Rollt sich bei Gefahr mit abgespreizten Stacheln zusammen. Oft wird er beim Überqueren von Straßen überfahren. Frißt Kleintiere, Frösche, Schlangen, nesthockende, junge Mäuse sowie Früchte als Beikost. Wirft 1–2mal im Jahr meist 7 Junge. Hält Winterschlaf. Nützlich.

2 Maulwurf, *Talpa europaea*, Ordnung Insektenfresser (Insectivora). 12,5–15 cm. Schwanz bis 2,8 cm lang. Samtiges Fell ohne Strich. In fast allen Böden, meidet aber starke Nässe und sehr trockenen Sandboden. Besonders auf Wiesen und in Gärten. Sehr gefräßig, jagt in unterirdischen Gängen Insektenlarven und andere Kleintiere. Frißt keine Pflanzen. Legt sich Wintervorrat aus Regenwürmern an, die durch einen Biß gelähmt werden (kein Winterschlaf). Winzige Augen. Gutes Riechvermögen. ♀ wirft 4–5 Junge. Nützlich durch Schädlingsvertilgung, Schaden gering.

3 Waldspitzmaus, *Sorex araneus*, Ordnung Insektenfresser (Insectivora). 6,5–12 g schwer, Körper 6,5 bis 8,5 cm, Schwanz 3,2–4,7 cm lang. Mit roten Zahnspitzen. Im Sommer oben dunkelbraun, im Winter schwarzbraun. In Wäldern, Gebüschen und auf Wiesen, besonders an feuchten Stellen. Frißt Kleintiere. Am Tage und nachts aktiv. Jährlich 3–4 Würfe mit je 5–10 Jungen. Nützlich. Für die Spitzmäuse wäre die Bezeichnung Spitzrüßler besser, da es ja keine Mäuse (Ordnung Nagetiere) sind.

4 Zwergspitzmaus, *Sorex minutus*, Ordnung Insektenfresser (Insectivora). 3–5 g schwer. Körper 4,5 bis 6 cm, Schwanz 3,2–4,6 cm lang. Mit roten Zahnspitzen. Nach der in Südeuropa vorkommenden Etrusker-Spitzmaus das kleinste Säugetier. Sie kommt im gleichen Lebensraum wie die Waldspitzmaus vor. Die 3. im Gebiet vorkommende *Sorex*-Art, die Alpenspitzmaus, ist selten.

5 Wasserspitzmaus, *Neomys fodiens*, Ordnung Insektenfresser (Insectivora). Körper 7–9,6 cm, Schwanz 4,7–7,7 cm lang. Die größte im Gebiet vorkommende Spitzmaus. Mit roten Zahnspitzen. Am gekielten Schwanz und an den Hinterfüßen mit Schwimmborsten zu erkennen. An verschiedenen Gewässern. Schwimmt und taucht sehr gut. Der eingefettete Pelz ist im Wasser von einer Lufthülle umgeben und bleibt trocken. Jagt im Wasser Kleintiere, auch kleine Fische und Frösche. Wirft jährlich 2–3mal je 4–11 Junge. ♀ wird etwa 1,5 Jahre alt. Die zweite *Neomys*-Art, die der obigen sehr ähnelt, ist selten.

6 Feldspitzmaus, *Crocidura leucodon*, Ordnung Insektenfresser (Insectivora). Körper 6–9 cm, Schwanz 3–4 cm lang. Mit weißen Zahnspitzen. Mehr an trockenen Orten als die rotzähnigen Spitzmäuse. Auf Feldern, in Gärten und Hecken. Im Winter mehr in der Nähe von Ortschaften und in Gebäuden. Frißt Kleintiere und Leichen kleinerer Wirbeltiere. Durch Schädlingsvertilgung nützlich. ♀ wirft mehrmals im Jahr je 3–9 Junge. Die Hausspitzmaus ist ihr zum Verwechseln ähnlich. Die Spitzmäuse werden von Raubtieren (z. B. Katzen) nur totgebissen, aber nicht gefressen (Geruch!); Greifvögel und Schleiereulen hingegen verzehren sie. Alle bei uns vorkommenden Spitzmäuse halten keinen Winterschlaf.

SÄUGETIERE Mammalia

1 Großes Mausohr, *Myotis myotis*, Ordnung Fledermäuse (Chiroptera). Körper 6–8 cm, Schwanz 5–6 cm lang. Flügelspanne um 35 cm. Unsere größte Fledermaus. Ruht am Tage, dabei kopfabwärts hängend. Im Sommer oft Kolonien von ♀♀ in Dachstühlen (Wochenstuben!), ♂ einzeln. Winterschlaf in Kolonien (aus ♂ und ♀) in Höhlen, Stollen und Gewölben. Unternimmt über 200 km weite Wanderflüge. Orientierung nach dem Gehör (Echolotung mit Ultraschall). Jagt nachts im Fluge Insekten, sogar relativ große, z. B. fliegende Maikäfer. Sehr nützlich. Wirft im Jahr meist nur ein Junges, das in etwa 1,5 Jahren geschlechtsreif wird. Vom Aussterben bedroht! Im Gebiet über 20 Fledermausarten, die sehr schwer zu unterscheiden sind. Vieles ist noch über die Fledermäuse zu erforschen.

2 Großer Abendsegler, *Nyctalus noctula*, Ordnung Fledermäuse (Chiroptera). Körper 6–8 cm, Schwanz bis über 5 cm lang. Flügelspanne 30–38 cm. In Baumhöhlen und in Gebäuden (nicht in Felshöhlen). Ruht am Tage. Jagt gewandt im Wipfelbereich der Bäume Insekten (Schädlingsvertilger!). Fliegt bereits vor Einbruch der Nacht. Orientierung nach dem Gehör (Radarprinzip!). Hält Winterschlaf. Unternimmt Wanderflüge vom Sommer- zum Winterquartier (bis 750 km). ♀ wirft jährlich lediglich 1 bis 2 Junge.

3 Braunes Langohr, *Plecotus auritus*, Ordnung Fledermäuse (Chiroptera). Körper 4,2–5 cm, Schwanz bis 5 cm lang. Flügelspanne 23–25,5 cm. Die Ohren werden in Ruhe gefaltet angelegt. Im Sommer in Baumhöhlen und Gebäuden, im Winter in Kellern, Stollen usw. Jagt besonders um Wohn- und Stallgebäude sowie in Obstgärten Insekten. Nützlich. Leider werden manchmal Fledermäuse wegen abergläubischer Vorstellungen und aus Unkenntnis der Lebensweise getötet.

4 Zwergfledermaus, *Pipistrellus pipistrellus*, Ordnung Fledermäuse (Microchiroptera). Körper 3,3–4,5 cm, Schwanz 2,6–3,6 cm lang. Flügelspanne 18–21 cm. Im Sommer in Baumhöhlen, in Nistkästen in und an Gebäuden. Im Winter in Felshöhlen, Baumhöhlen und Gebäuden. Kulturfolger. Oft in Spalten. Gesellig.

5 Wildkaninchen, *Oryctolagus cuniculus*, Ordnung Hasentiere (Lagomorpha). Bis 45 cm lang, etwa 2 kg schwer. Keine schwarzen Ohrspitzen. Kommt nicht in dichten Wäldern, auf feuchten Böden und im Gebirge vor. Gräbt sich als geselliges Tier, meist kolonienweise, Wohnbauten. Der Hauptsinn ist das Gehör. Bei Gefahr flüchtet es in Sprüngen in Deckung, sonst Fortbewegung meist durch »Hoppeln«; viele Feinde. Frißt Pflanzen. Wird im Winter durch Rinden- und Knospenfraß schädlich. Wirft bis 5mal im Jahr je 5–6 nackte und blinde Junge.

6 Feldhase, *Lepus europaeus*, Ordnung Hasentiere (Lagomorpha). Bis 65 cm lang, 3,5–5 kg schwer. Mit schwarzen Ohrspitzen. Fast überall, besonders im Kulturland. Das einzeln lebende Tier ruht (mit offenen Augen – im Schlaf geschlossen!) und wirft in einer geschützten, selbstgescharrten Mulde (»Sasse«). Flüchtet springend (bis 80 km/h); sonst »Hoppeln« oder »Rutschen«. Hört und riecht sehr gut. Frißt Pflanzen. Wirft ungefähr 4mal im Jahr 2–4 behaarte und sehende Junge. Die Verbiß-, Schäl- und Fraßschäden werden durch den Jagdnutzen mehr als aufgehoben.

SÄUGETIERE Mammalia

1 Eichhörnchen, *Sciurus vulgaris*, Ordnung Nagetiere (Rodentia). Körper bis 23,6 cm, Schwanz bis 20 cm lang. Im Gebiet unterschiedlich gefärbt: entweder oberseits rotbraun (besonders in der Ebene) oder schwarzbraun (besonders im Gebirge). In Gärten, Wäldern und Parks. Klettert und springt hervorragend. Frißt Samen von Laub- und Nadelbäumen sowie Früchte, Triebe, Knospen, Eier, Jungvögel usw. Besonders bei Massenauftreten schädlich. Wintervorräte werden in Verstecken angelegt. ♀ wirft 2mal im Jahr je 3–8 blinde Junge in dem kugeligen Nest (Kobel). In ihm hält es sich bei ungünstiger Witterung lange Zeit auf; hält aber keinen Winterschlaf! Seine ärgsten Feinde sind Habicht und Baummarder.

2 Biber, *Castor fiber*, Ordnung Nagetiere (Rodentia). Körper bis 1 m, Schwanz 30–35 cm lang. An bewaldeten Gewässerufern. Die letzten heimischen Biber (über 1000) an der Elbe und ihren Nebengewässern zwischen Torgau und Magdeburg und in der Schorfheide. Baut Uferhöhlen, Dämme, Burgen und Kanäle. Schwimmt und taucht ausgezeichnet (bis 15 min!). Der abgeplattete Schwanz (Kelle) wird zum Rudern und Steuern benutzt. Nachts aktiv. Frißt Pflanzen und Baumrinde. Bäume werden mit Hilfe der Nagezähne als »Bauholz« und Winternahrung gefällt. Kein Winterschlaf. Die in Pelztierfarmen gehaltenen Nutrias werden oft fälschlich als Biber bezeichnet, obwohl sie einer anderen Nagerfamilie angehören.

3 Siebenschläfer, *Glis glis*, Ordnung Nagetiere (Rodentia). Körper 13–18 cm, der buschige Schwanz 10–15 cm lang. Im Laubwald, in Obstgärten und in waldnahen Gebäuden. Baut sich in Baumhöhlen, Nistkästen und frei im Geäst kunstvolle, kugelförmige Nester. Dämmerungs- und Nachttier. Frißt vorwiegend Samen von Bäumen sowie Obst, Insekten, Jungvögel und Eier. ♀ wirft einmal jährlich meist 3–6 Junge. Wird besonders von Baummarder und Waldkauz verfolgt. Hält von Oktober–Mai Winterschlaf in Erdlöchern (Name!). Neben dem Siebenschläfer treten im Gebiet 2 weitere Schläfer auf, der Gartenschläfer und die Haselmaus.

4 Hamster, *Cricetus cricetus*, Ordnung Nagetiere (Rodentia). Körper 24–34 cm, Schwanz 2,5–6,5 cm lang. Auf Feldern, mit Löß- und Lehmboden. Fast ausschließlich in der Ebene oder in niederen Lagen. Bau des ♀ besteht aus der Nestkammer und den Vorratskammern. Hat mehrere Schlupf- und Fallöcher. Allesfresser, der sich jedoch mehr pflanzlich ernährt. Trägt mit Hilfe der Backentaschen Wintervorräte ein (bis zu 15 kg Körner), denn der Winterschlaf wird öfters unterbrochen. ♀ wirft 2–3mal im Jahr durchschnittlich 9–12 nackte und blinde Junge. Ackerbauschädling. Wird von Raubtieren und Greifvögeln verfolgt.

5 Bisamratte, *Ondatra zibethica*, Ordnung Nagetiere (Rodentia). Etwa Wildkaninchengröße (30–40 cm, Schwanz bis 25 cm lang). An pflanzenreichen Gewässern (meist am gleichen Standort). In der Dämmerung und nachts aktiv. Schwimmt und taucht sehr gut. Frißt Wasserpflanzen, aber auch Weichtiere, selten Fische. Ihr Vorkommen ist z. B. an umherschwimmenden, abgebissenen Pflanzenteilen erkennbar. ♀ wirft 3–4mal jährlich, meist je 7–8 Junge. In Nordamerika beheimatet. 1905 bei Prag ausgesetzt. Heute in vielen europäischen Ländern. In Mitteleuropa gefährlicher Schädling, da sie Dämme unterwühlt und Fischernetze zerbeißt.

SÄUGETIERE Mammalia

1 Rötelmaus, *Clethrionomys glareolus*, Ordnung Nagetiere (Rodentia). Körper 8,5–11 cm, Schwanz 4 bis 5,5 cm lang. In und an Wäldern, Gebüschen. Klettert gut. Seltener werden flache Gänge gegraben. Das Nest liegt dicht unter der Erde oder auf dem Boden in Verstecken. Frißt Sämereien, Pflanzen, Früchte und Kleintiere. Legt Wintervorräte an. ♀ wirft etwa 3mal im Jahr meist je 3–5 nackte und blinde Junge. Lebt etwa 18 Monate. Forstschädling, der Baumrinde frißt. Soll beim Warnruf der Meisen flüchten.

2 Erdmaus, *Microtus agrestis*, Ordnung Nagetiere (Rodentia). Körper etwa 9,5–12 cm, Schwanz 3 bis 4,7 cm lang. Der Feldmaus und der Nordischen Wühlmaus sehr ähnlich. Die Feldmaus ist bräunlichgrau bis grau, die Erdmaus dagegen mehr dunkelbraun. Ihr Fell ist langhaarig und lockerer. In Wäldern, Gebüschen, an Ufern und in Sümpfen. Nur im offenen Gelände, wenn dieses dicht von Pflanzen bedeckt ist. Die oberirdischen Gänge verlaufen unter dem Gras. Deshalb wenig zu sehen. Frißt hauptsächlich Pflanzen. Schädigt die Forstwirtschaft durch Rinden- und Triebfraß.

3 Feldmaus, *Microtus arvalis*, Ordnung Nagetiere (Rodentia). Körper 9–12 cm, Schwanz bis 4 cm lang. Vornehmlich auf Äckern, Wiesen und Weiden. Wie bei allen Wühlmäusen alle 3–4 Stunden ein Wechsel von Aktivität und Ruhe. Lebt in Kolonien. Die weitverzweigten Gänge mit Nest- und Vorratskammern meist in geringer Tiefe. Im Winter z. B. gern in Scheunen. Frißt Pflanzen und Feldfrüchte. Vermehrt sich stark: ♀ wirft im Sommer in Abständen von 3 Wochen je 4–7 (bis 13!) nackte und blinde Junge. Bereits noch saugende junge ♀♀ werden gedeckt! Wird im Durchschnitt 4–5 Monate alt (in Gefangenschaft bis zu 4 Jahre!). Bedeutender Schädling. Raubtiere, Greifvögel, Eulen und Weißstorch verfolgen die Feldmaus.

4 Schermaus, Große Wühlmaus, *Arvicola terrestris*, Ordnung Nagetiere (Rodentia). Auch als »Wasserratte« bekannt. Körper 12–20 cm, Schwanz 6 bis 13 cm lang (kürzer als bei Ratten). Färbung veränderlich, auch schwarz. An ruhigen Gewässern (schwimmt und taucht sehr gut), in Gärten, auf Wiesen und Äckern. Weitverzweigte, meist dicht unter der Erdoberfläche verlaufende Gänge mit Nest- und Vorratskammer. Frißt Pflanzen, Feldfrüchte und Baumwurzeln. ♀ wirft 3–5mal jährlich je 2–9 (auch bis 14!) Junge. Sehr schädlich, selbst ältere Bäume werden durch Wühlen und Wurzelfraß vernichtet.

5 Gelbhalsmaus, *Apodemus flavicollis*, Ordnung Nagetiere (Rodentia). Körper 9,8–11,6 cm, Schwanz 9–12,7 cm lang, meist länger als der Körper. Das Brustband reicht oft von einem Arm zum anderen; bei der sehr ähnlichen Waldmaus dagegen nie. Im Wald; überwintert gern in waldnahen Gebäuden. Nachts aktiv. Klettert gut. Flüchtet in weiten Sätzen. Nest in Baumhöhlen oder im Boden. Ernährung und Fortpflanzung ähnlich 6. Forstschädling.

6 Waldmaus, *Apodemus sylvaticus*, Ordnung Nagetiere (Rodentia). Körper 8,5–10,5 cm, Schwanz 7 bis 10 cm lang. Im Wald, Gebüsch und auf trockenen Wiesen, aber östlich der Elbe mehr auf Äckern. Der Bau ist tief in der Erde. Fortbewegung wie bei der Gelbhalsmaus. Nachts aktiv. Frißt Getreide, Samen und Pflanzen sowie Insekten. ♀ wirft etwa 3–5mal im Jahr je 2–8 Junge. Forstschädling.

SÄUGETIERE Mammalia

1 Brandmaus, *Apodemus agrarius*, Ordnung Nagetiere (Rodentia). Körper 8–11,5 cm, Schwanz 6,5–9,2 cm lang. Mit typischem schwarzem Rückenstrich. An feuchten Orten, an Wandrändern, Parks usw., im Sommer auch auf Feldern. Im Winter häufig in Scheunen. Ernährt sich von Pflanzen und Tieren (z. B. gern von Regenwürmern). ♀ wirft bis zu 4mal jährlich meist 6–7 Junge. Landwirtschaftsschädling.

2 Hausmaus, *Mus musculus*, Ordnung Nagetiere (Rodentia). Körper 7,8–10,2 cm, Schwanz 8,2–9 cm lang. Für sie ist der starke, muffige Geruch typisch. In Gebäuden und Getreidespeichern, im Sommer auch auf Äckern. Nimmt jede menschliche Nahrung auf. Kann sich auch rein tierisch (in Schlachthöfen) oder pflanzlich (in Getreidesilos) ernähren. Bildet Großfamilien. Das Nest wird aus verschiedenen zernagten Materialien angelegt. Jährlich zahlreiche Würfe (Tragzeit 23 Tage) von meist je 4–8 nackten und blinden Jungen. Schädling. Legt keine Vorräte an, sondern zieht zur Nahrung. Die Labormäuse sind weitergezüchtete weiße Hausmäuse.

3 Wanderratte, *Rattus norvegicus*, Ordnung Nagetiere (Rodentia). Körper 19–27 cm, Schwanz 13 bis 23 cm lang. Der letztere im Gegensatz zur Hausratte immer kürzer als der Körper. Größer als die Hausratte. Die schwarze Form ist seltener. In Gebäuden, in der Kanalisation, auf Schuttplätzen, an Gewässern usw. Schwimmt und taucht ausgezeichnet. Sehr anpassungsfähig. In den Rudeln gibt es eine Rangordnung. Gräbt weitverzweigte, flache Erdbaue. Wenn keine Fluchtmöglichkeit besteht, greift sie sogar Hunde und Menschen an. Frißt Pflanzen und Tiere, verschmäht praktisch nichts. Nagt selbst lebende Tiere an. Tötet Hauskaninchen und Junggeflügel; vernichtet Gelege von Bodenbrütern. ♀ wirft 2–3mal jährlich meist je 6–9 Junge. Krankheitsüberträger. Stammform der weißen Laborratte.

4 Hausratte, *Rattus rattus*, Ordnung Nagetiere (Rodentia). Körper 16–23,5 cm lang. Der Schwanz (19–24 cm) ist länger als der Körper. Kleiner und meist glatteres Fell als die Wanderratte. Tritt graubraun und schwarz gefärbt auf. Wie die Wanderratte an fast alle Orte der Erde verschleppt. In Gebäuden, besonders auf Böden. Klettert ausgezeichnet. Ernährt sich hauptsächlich von Pflanzen. Vermehrt sich nicht ganz so stark wie die Wanderratte.

5 Baummarder, *Martes martes*, Ordnung Raubtiere (Carnivora). Körper 40–53 cm, Schwanz 23–26 cm lang. Meist mit gelblichem, ungegabeltem Kehlfleck. Fast nur im Wald. Nachttier (ist auch schon tagsüber gesehen worden). Klettert ausgezeichnet. Springt wie das Eichhörnchen von Baum zu Baum. Seine Verstecke liegen auf Bäumen. Frißt verschiedene Säuger (verfolgt z. B. Eichhörnchen, Vögel, Kleintiere) sowie Beeren und Bucheckern. Paarung (Ranzzeit) im Juli–August. ♀ wirft im April–Mai meist 3–5 Junge, die behaart, aber blind sind.

6 Steinmarder, *Martes foina*, Ordnung Raubtiere (Carnivora). Körper 40–50 cm, Schwanz 23–27 cm lang. Sieht fast wie der Baummarder aus, aber meist mit weißem, unten gegabeltem Kehlfleck. Nicht nur im Wald, sondern auch auf Feldern, am Rande von Ortschaften; sogar in Großstädten. Besonders in der Dämmerung und nachts aktiv. Verstecke z. B. in Gebäuden und hohlen Bäumen. Nahrung wie 5, jedoch bevorzugt er Ratten und frißt mehr Früchte. Vermehrung wie 5.

SÄUGETIERE Mammalia

1 Hermelin, *Mustela erminea*, Ordnung Raubtiere (Carnivora). Körper 21,5–29 cm, Schwanz 8–9 cm lang. ♀ kleiner als ♂. Das Winterfell ist bis auf das schwarze Schwanzende weiß. An verschiedenen Orten, z. B. in Gebüschen und an Gewässerufern. Jagt nachts und am Tage vor allem Kleinsäuger (z. B. Mäuse und Ratten). Viele Beutetiere werden bis in den Bau verfolgt (z. B. Hamster und Schermäuse). ♀ wirft 4–9 Junge. Stellt zwar jungen Hasen und Bodenbrütern nach, aber der Nutzen aus der Schädlingsvertilgung hebt den angerichteten Schaden bei weitem auf.

2 Mauswiesel, *Mustela nivalis*, Ordnung Raubtiere (Carnivora). Körper 11–24 cm, Schwanz 3,5–7 cm lang. ♀ wesentlich kleiner als das ♂. Überhaupt das kleinste Raubtier. Das Schwanzende ist nie schwarz. Im Gebiet ist das Winterfell selten weiß. Wie das Hermelin an verschiedenen Orten, aber weniger als dieses an feuchten. Jagt nachts und auch am Tage vorwiegend Mäuse, die es wegen seiner geringen Größe bis in deren Bau verfolgen kann. Das Nest ist in verschiedenen Verstecken. ♀ wirft wahrscheinlich einmal jährlich meist 5–7 Junge. Da das Mauswiesel durch Vertilgen von Mäusen sehr nützlich wird und kaum Schaden anrichtet, meint Zimmermann, daß sein Erschlagen nur ein Zeichen von Dummheit ist.

3 Iltis, *Putorius (Mustela) putorius*, Ordnung Raubtiere (Carnivora). Körper 35–44 cm, Schwanz 13 bis 19 cm lang. ♀ kleiner als ♂. Im Gegensatz zum kleineren Hermelin und Mauswiesel auf der Unterseite schwarz sowie gedrungener gebaut. Fast überall, besonders gern an feuchten Orten und in der Nähe von Ortschaften (überwintert oft in Gebäuden). Nachts aktiv. Schwimmt gut. Frißt kleinere Säuger (auch Ratten), Vögel, Frösche und Fische. Legt sich einen Vorrat aus lebenden Fröschen an, die durch Zerbeißen des Rückgrats bewegungsunfähig gemacht werden sollen. ♀ wirft meist 4–5 Junge. Entleert bei Gefahr seine Stinkdrüsen. Stammform des Frettchens.

4 Dachs, *Meles meles*, Ordnung Raubtiere (Carnivora). Körper 70–85 cm, Schwanz 11–18 cm lang. Bärenähnlicher Vertreter der Marder. Vornehmlich im Wald. Gräbt sich geräumige Baue. Hauptsächlich nachts auf der Suche nach Kleintieren (Insekten und deren Larven, Schnecken, Würmer), Mäusen sowie Früchten, Pilzen und Kulturpflanzen (z. B. Mais). ♀ wirft 2–5 Junge. Kein echter Winterschläfer, bei dem die Körpertemperatur stark absinkt, hält aber einen langen Ruheschlaf. Der Schaden (z. B. Vernichten von Bodenbrütergelegen) ist gegenüber dem Nutzen (Schädlingsvernichtung) gering. Der Dachs genießt ganzjährige Schonzeit.

5 Rotfuchs, *Canis (Vulpes) vulpes*, Ordnung Raubtiere (Carnivora). Körper 64–76 cm, Schwanz 35 bis 44 cm lang. In der Färbung veränderlich. Fast überall, aber Wald, Gebüsch oder ein Gehölz müssen zumindest in der Nähe sein, damit er seinen Bau graben kann. Jagt im Umkreis von 6–8 km, aber nicht in unmittelbarer Nähe des Baues. Frißt vor allem Mäuse sowie Kleintiere, Niederwild, Geflügel und Früchte (pflanzl. Nahrung 20 %), auch Aas. ♀ wirft 3–8 anfangs blinde Junge. Der Rüde (♂) unterstützt die Fähe (♀) bei der Aufzucht der Welpen. Nützlich als Schädlingsvertilger (Mäuse!), durch das Fressen kranker Tiere. Pelztier. Schaden beim Niederwild relativ gering. Da Füchse häufig tollwütig sind (Ansteckungsgefahr), ist eine starke Bejagung notwendig.

SÄUGETIERE Mammalia

1 Wildschwein, *Sus scrofa*, Ordnung Paarhuftiere (Artiodactyla). Körper bis 185 cm, Schwanz bis 47 cm lang. ♂ (Keiler) bis 200 kg, ♀ (Bache) bis 100 kg schwer. Gern an feuchten Orten (suhlt sich im Schlamm). Ruht am Tage vornehmlich im dichten Gestrüpp unserer Wälder. Die umherziehenden Rudel (»Rotten«) wühlen bei der Nahrungssuche mit Hilfe der großen Eckzähne, deren Wachstum nie aufhört, den Boden auf. Das Wildschwein frißt Eicheln, Feldfrüchte, verschiedene Pflanzen, Kleintiere, Mäuse sowie Aas (Allesfresser). Es zerstört dabei durch Wühlen landwirtschaftliche Kulturen, vertilgt aber in den Wäldern Forstschädlinge. Ausgezeichnete Sinnesleistungen (besonders Geruch). Die Paarung erfolgt in der Regel im Spätherbst. ♀ wirft im Frühjahr 3 bis 9 Junge, die auf gelblichem Grund braune Streifen tragen (Frischlinge).

2 Rothirsch, *Cervus elaphus*, Ordnung Paarhuftiere (Artiodactyla). Körper bis 2 m, Schwanz etwa 15 cm lang. ♀ (Hirschkuh) ist kleiner. Bis 200 kg (Geweih bis 8 kg). Im Winter mehr grau. Nur ♂ (Hirsch) mit Geweih und dunkler Halsmähne. Das Geweih wird regelmäßig Ende des Winters abgeworfen und rasch erneuert. Im Gebiet Waldtier. Vornehmlich nachts und in der Dämmerung ziehen die Rudel zum Äsen auf Felder und Wiesen. Der Rothirsch frißt verschiedene Pflanzen, Früchte, Rinde und Blätter. Der angerichtete Schaden wird durch die Nutzung von Geweih, Wildbret und Fell wieder aufgehoben. ♀ wirft (»setzt«) im Juni oder Juli ein Junges, selten zwei.

3 Reh, *Capreolus capreolus*, Ordnung Paarhuftiere (Artiodactyla). Körper 130 cm, Schwanz (von weitem nicht zu sehen) nur 2–3 cm lang. Bis über 25 kg schwer. Das »Gehörn« (zoologisch Geweih) ist gesperlt und hat meist je 3 Enden. Es wird im November/Dezember abgeworfen und bald erneuert. ♀ ist geweihlos. Färbung im Winter mehr grau. Um den After weißlich (Spiegel). In Wald, Feld und Gehölz. Im Winter in größeren Gruppen. Frißt verschiedene Pflanzen und Früchte (sehr wählerisch). ♀ (Ricke) wirft im Mai bis Juni meist 1–2 Junge (Kitze), unabhängig davon, ob die Paarung im Juli oder erst am Jahresende erfolgte (bei der Befruchtung im Sommer entwickelt sich der Embryo langsamer). Anfangs folgt das Kitz der Mutter nicht auf der Flucht. Kitze nie berühren, da sie sonst von der Ricke nicht wieder angenommen werden!

4 Damhirsch, *Cervus (Dama) dama*, Ordnung Paarhuftiere (Artiodactyla). Körper bis 1,5 m, der im Gegensatz zum größeren Rothirsch immer lebhaft bewegte Schwanz 16–19 cm lang. ♂ (Schaufler) bis über 100 kg schwer. Im Sommer treten meist rotbraun gefleckte Damhirsche auf. Daneben findet man auch hellere und dunklere, einfarbige Formen. ♀ (das »Tier«) ist geweihlos. Bevorzugt die Wälder der Ebene. In der Lebensweise dem Rothirsch ähnlich. Wahrscheinlich zur Römerzeit eingebürgert.

5 Gemse, *Rupicapra rupicapra*, Ordnung Paarhuftiere (Artiodactyla). Körper bis 1,4 m, Schwanz 7–8 cm lang. ♂ und ♀ mit Gehörn (Krickeln). Im Gebirge (z. B. Alpen; im Schwarzwald, Bayrische, Allgäuer und Schwäbische Alp sowie im Elbsandsteingebirge eingebürgert). Lebt in Rudeln. Durch den besonderen Bau der Hufe können die Tiere hervorragend klettern sowie weit und sicher springen. Frißt Pflanzen. Meist nur ein Junges. Seit etwa 1900 ist an einigen Orten Europas ein Wildschaf, das Mufflon *(Ovis ammon musimon)*, eingebürgert.

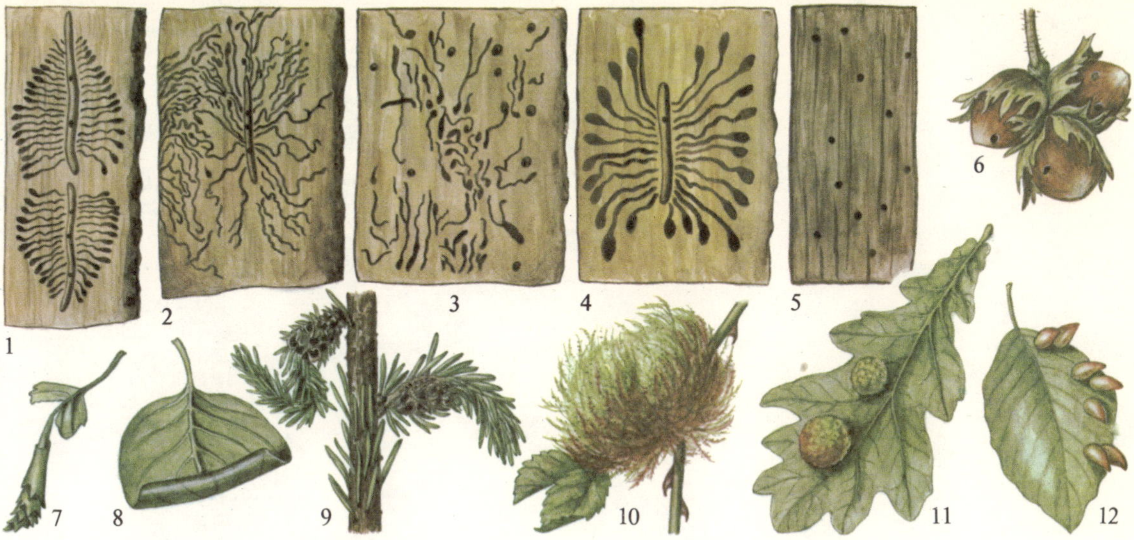

FRASSBILDER und durch Insekten hervorgerufene Pflanzenbildungen

1 Buchdrucker, *Ips typographus*

2 Großer Waldgärtner, *Blastophagus piniperda*

3 Kleiner Fichtenbastkäfer, *Polygraphus polygraphus*

4 Ulmensplintkäfer, *Scolytus scolytus*

5 Gemeiner Pochkäfer, *Anobium punctatum*

6 Haselnußbohrer, *Curculio nucum*

7 Birkenblattroller, *Deporaus betulae*

8 Fliedermotte, *Xanthopsilapteryx syringella*

9 Große Fichtengallenlaus, *Sacchiphanthes (= Chermes) abietis*

10 Rosengallwespe, *Diplolepis rosae*

11 Eichengallwespe, *Cynips quercusfolii*

12 Buchengallmücke, *Mikiola (= Contarinia) fagi*

Flugbilder
Kranich
Storch
Star
Fischreiher
Gans
Stockente
Rauchschwalbe
Mehlschwalbe
Mauersegler

Flugbilder
Schwarzer Milan
Bussard
Habicht
♀
Sperber
♀
Turmfalke
Rohrweihe
Kiebitz
Saatkrähe
Elster

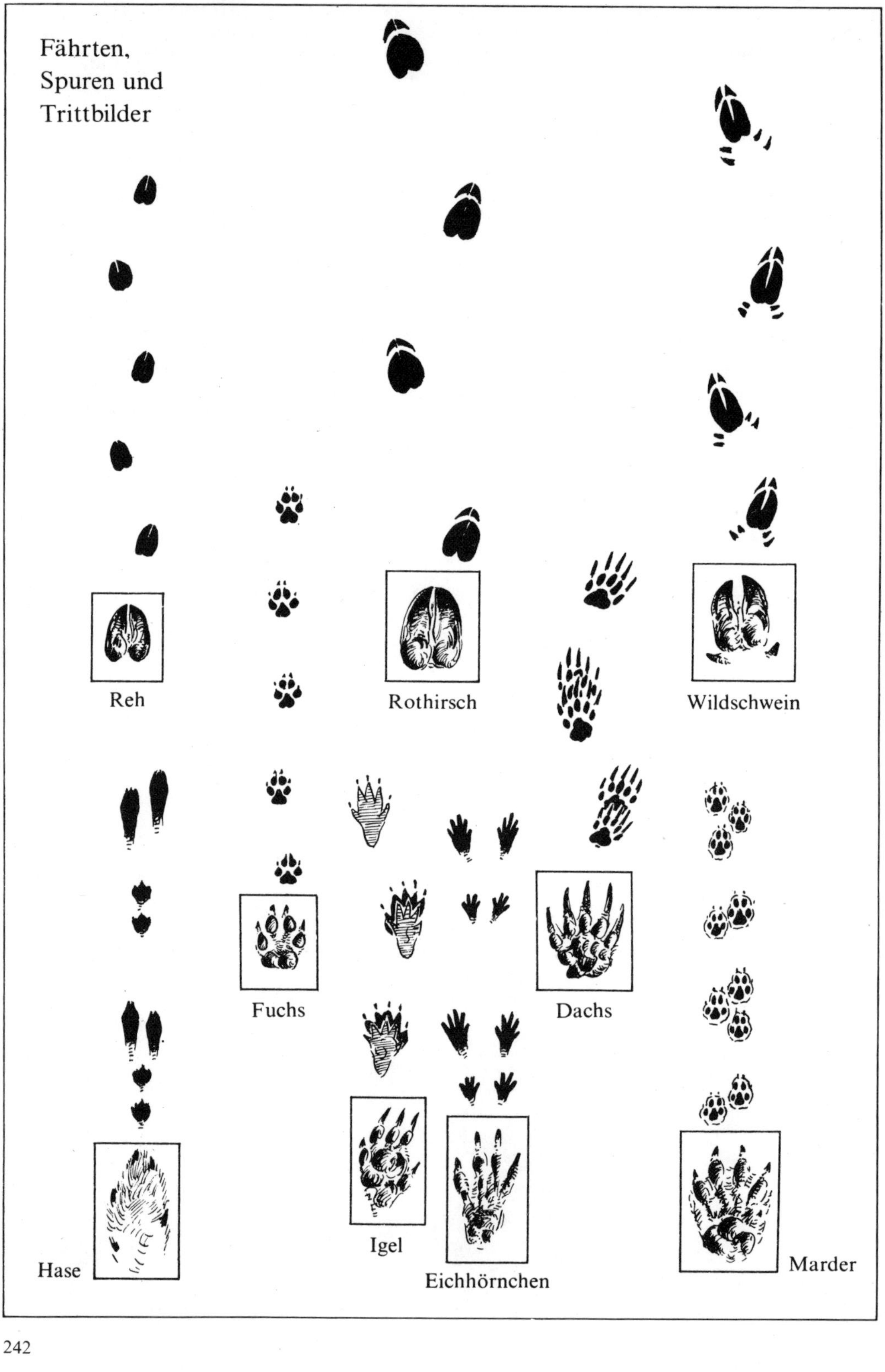
Fährten, Spuren und Trittbilder
Reh
Rothirsch
Wildschwein
Fuchs
Dachs
Hase
Igel
Eichhörnchen
Marder

Register der Pflanzennamen

A

Abies alba 47
Acer campestre 51
– *platanoides* 51
– *pseudo-platanus* 51
Achillea millefolium 126
– *ptarmica* 126
Ackerfilzkraut 131
Ackergänsedistel 135
Ackergauchheil 112
Ackerglockenblume 117
Ackerhellerkraut 98
Ackerhohlzahn 108
Ackerhornkraut 91
Ackerhundskamille 126
Ackerkratzdistel 128
Ackerkrummhals 114
Ackerminze 110
Ackerrettich 97
Ackerröte 124
Ackerschachtelhalm 45
Ackerschmalwand 36
Ackerschöterich 97
Ackersenf 97
Ackerspark 91
Ackersteinsame 114
Ackervergißmeinnicht 114
Ackerwachtelweizen 122
Ackerwinde 113
Ackerwitwenblume 78
Aconitum napellus 80
– *vulparia* 80
Actaea spicata 84
Adenostylis alliariae 127
Adlerfarn 45
Adonis aestivalis 85
Adonisröschen, Frühlings- 84
– Sommer- 85
Adonis vernalis 84
Adoxa moschatellina 78
Aegopodium podagraria 105
Aesculus hippocastanum 50
Aëthionema saxatile 99
Aethusa cynapium 105
Ährenläusekraut 121
Ährige Teufelskralle 117
Agaricus arvensis 38
Agrimonia eupatoria 87
Agropyron junceum 63
– *repens* 58
Agrostemma githago 93
Agrostis alpina 63
– *stolonifera* 60
– *tenuis* 60
Ahorn, Berg- 51
– Feld- 51
– Spitz- 51
Ährentausenblatt 74
Ajuga genevensis 108
– *reptans* 108
Akazie, Falsche 50
Alchemilla vulgaris 86
Alisma platago-aquatica 72
Alliaria officinalis 96
– *petiolata* 96
Allium ursinum 68
Alnus glutinosa 49
– *incana* 49
Alopecurus pratensis 59
Alpenaster 127
Alpenaugenwurz 107
Alpenaurikel 111
Alpendost, Grauer 127
Alpengänsekresse 99
Alpengemskresse 99
Alpenhelm, Gemeiner 121
Alpenkuhschelle 84
Alpenlattich, Gewöhnlicher 129
Alpenleinkraut 121
Alpenlieschgras 63
Alpenmaßlieb 127
Alpenmilchlattich 129
Alpenmohn 82
Alpenmutterwurz 107
Alpenrachen, Gemeiner 121
Alpenrose, Bewimperte 57
– Rostblättrige 57
Alpenstraußgras 57
Alpentroddelblume 111
Alpenveilchen, Wald- 111
Alyssum alyssoides 98
Amanita citrina 36
– *muscaria* 36
– *pantherina* 36
– *phalloides* 36
– *rubescens* 36
– *verna* 36
– *virosa* 36
Amaranthus retroflexus 76
Ammophila arenaria 59
Ampfer, Knäuel- 75
– Krauser 75
– Sauer- 75
– Stumpfblättriger 75
– Sumpf- 75
Anagallis arvensis 112
Anchusa arvensis 114
– *officinalis* 114
Andromeda polifolia 57
Androsace helvetica 111
– *lactea* 111
Anemone nemorosa 83
– *ranunculoides* 83
– *sylvestris* 83
Angelica archangelica 106
– *sylvestris* 106
Anis 105
Anisegerling 38
Anistrichterling, Grüner 38
Antennaria dioica 125
Anthemis arvensis 126
– *nobilis* 126
– *tinctoria* 132
Anthoxantherum odoratum 59
Anthriscus sylvestris 104
Anthyllis vulneraria 100
Apera spica-venti 59
Apfel, Wild- 50

Aposeris foetida 134
Arabidopsis thaliana 96
Arabis alpina 99
– *glabra* 96
– *hirsuta* 96
Arctium lappa 128
– *minus* 128
– *tomentosum* 128
Arenaria serpyllifolia 91
Armeria maritima 123
Armillariella mellea 37
Armoracia lapathifolia 98
Armleuchteralgen 34
Arnica montana 134
Arnika 134
Aronstab, Gefleckter 67
Arrhenatherum elatius 61
Artemisia absinthium 132
– *campestris* 130
– *maritima* 134
– *vulgaris* 132
Arum maculatum 67
Aruncus sylvestris 86
Asarum europaeum 123
Aster, Alpen- 127
Aster alpinus 127
– *bellidiastrum* 127
Aster, Maßlieb- 127
– Strand- 130
Astflechte 42
Astragalus glycyphyllos 103
Astrantia major 107
Athamantha cretensis 107
Athyrium disentifolium 46
– *filix-femina* 46
Atriplex patula 77
Atropa bella-donna 116
Augentrost, Gemeiner 122
Augenwurz, Alpen- 107
Aurikel, Alpen- 111
Ausdauerndes Bingelkraut 80
Austernseitling 38

B

Bachbunge 120
Bachehrenpreis 120
Bachkratzdistel 129
Bachnelkenwurz 87
Bärenklau, Wiesen- 106
Bärenlauch 68
Bärenschote 103
Bärlapp, Keulen- 44
Bärtige Glockenblume 118
Bärwurz, Feinblättrige 106
Baldrian, Kleiner 78
Barbarakraut 97
Barbarea iberica 97
– *vulgaris* 97
Bartisa alpina 121
Bastardklee 101
Bastardluzerne 100
Bastardplatane 50
Baumflechte, Gelbe 42
Becherflechte 42
Behaarte Segge 65
Beifuß, Feld- 130
Beifuß, Gemeiner 132
– Strand- 134
Beinwell, Gemeiner 113
Bellis perennis 125
Bereifte Brombeere 52
Bergahorn 51
Bergflockenblume 129
Berghahnenfuß 84
Bergholunder 55
Bergkiefer 47
Bergminze 109
Bergplatterbse 103
Bergsandknöpfchen 117
Bergulme 49
Bergweidenröschen 95
Bergwohlverleih 134
Berle 105
Berufkraut, Kahles 127
– Kanadisches 125
Berula erecta 105
Besenginster 53
Besenmoos 43
Besenried 61
Betonica officinalis 110
Betonie, Heil- 110
Betula pendula 48
– *pubescens* 48
– *verrucosa* 48
Bewimperte Alpenrose 57
Bidens tripartita 131
Bingelkraut, Ausdauerndes 80
– Einjähriges 80
– Wald- 80
Binse, Blaugrüne 66
– Flatter- 66
– Glieder- 66
– Knäuel- 66
– Kröten- 66
– Zusammengedrückte 66
Birke, Gemeine 48
– Hänge- 48
– Moor- 48
Birkenpilz 41
Birkenreizker 39
Birne, Holz- 50
– Wild- 50
Birnmoos, Silber- 43
Bisamkraut 78
Bitteres Schaumkraut 96
Bitterklee 116
Bittersüßer Nachtschatten 116
Blasenfarn, Zerbrechlicher 46
Blasentang 34
Blattflechte 42
Blaubeere 56
Blauer Eisenhut 80
Blaugrüne Binse 66
Blaugrüne Segge 65
Blechnum spicant 45
Bleiches Waldvöglein 69
Blumenbinse 73
Blutauge 87
Blutrote Fingerhirse 58
Blutroter Hartriegel 54
Blutweiderich, Gemeiner 94
Blutwurz 87
Bocksbart, Wiesen- 135
Bocksdorn, Gemeiner 54
Bolboschoenus maritimus 64
Boletus badius 40
– *chrysenteron* 40
– *edulis* 41
– *elegans* 40
– *felleus* 41
– *luridus* 41
– *luteus* 40
– *miniatoporus* 41
– *satanas* 41
– *scaber* 41
– *submentosus* 40
– *versipellis* 41
Borstengras 58
Borstenhirse, Fuchsrote 59
Brachypodium sylvaticum 58
Braune Haselwurz 123
Braunelle, Gemeine 108
Brauner Ledertäubling 39
Braunrote Sitter 69
Breitblättriger Merk 105
Breitblättriger Rohrkolben 72
Breitblättriges Knabenkraut 70
Breitwegerich 123
Brennender Hahnenfuß 85
Brennessel, Große 77
Briza media 62
Brombeere, Bereifte 52
– Hecken- 53
Bromus hordeaceus 63
– *mollis* 63
– *sterilis* 63
– *tectorum* 63
Bruchkraut, Kahles 90
Brunnenlebermoos 43
Bryum argenteum 43
Bucharaklee 100
Buche, Gemeine 49
– Rot- 49
Buchenfarn 46
Bunge, Salz- 111
Buphthalmum salicifolius 134
Bürstenmoos, Haartragendes 43
Buschwindröschen 83
Butomus umbellatus 73
Butterpilz 40

C

Calamagrostis arundinacea 63
– *epigeios* 60
Calamintha sylvatica 109
Calla palustris 73
Callitriche palustris 74
Calluna vulgaris 56
Calocybe gambosa 37
– *georgii* 37
Caltha palustris 83
Calycocorsus stipitatus 134
Calystegia sepium 113
Campanula barbata 118
– *cochleariifolia* 118
– *glomerata* 117
– *patula* 117
– *rapunculoides* 117
– *rapunculus* 118

Campanula rotundifolia 117
– *scheuchzeri* 118
– *trachelium* 118
Cantharellus cibarius 35
Capsella bursa-pastoris 98
Cardamine amara 96
– *pratensis* 96
Cardaminopsis arenosa 96
Cardus crispus 128
– *nutans* 128
– *personata* 129
Carex flacca 65
– *flava* 65
– *fusca* 64
– *hirta* 65
– *leporina* 65
– *nigra* 64
– *panicea* 65
– *paniculata* 65
– *stolonifera* 64
Carlina acaulis 125
– *vulgaris* 132
Carpinus betulus 48
Carum carvi 104
Centaurea cyanus 130
– *jacea* 130
– *montana* 129
– *pseudophrygia* 120
Centaurium minus 116
Cephalanthera alba 69
– *damasonium* 69
– *rubra* 69
Cerastium arvense 91
Cerastium glomeratum 91
– *holosteoides* 91
– *viscosum* 91
– *vulgatum* 91
Ceratophyllum demersum 74
Cetraria islandica 42
Chaenarrhinum minus 119
Chaerophyllum bulbosum 104
– *hirsutum* 107
– *temulum* 104
Chamaenerion angustifolium 89
Chamomilla recutita 126
– *suaveolens* 132
Chamorchis alpina 71
Chara 34
Chelidonium majus 81
Chenopodium album 77
– *bonus-henricus* 77
– *polyspermum* 77
Christophskraut 84
Chrysantheme 125
Chrysanthemum indicum 125
Chrysosplenium alternifolium 81
Cicerbita alpina 129
Cichorium intybus 130
Cicuta virosa 104
Circaea lutetiana 95
Cirsium arvense 128
– *oleraceum* 132
– *palustre* 128
– *rivulare* 129
Cirsium vulgare 129
Cladonia pyxidata 42
– *rangiferina* 42
Cladophora 34
Clavariadelphus pistillaris 35
Clematis vitalba 55
Clitocybe odora 38
Cochlearia officinalis 99
Coeloglossum viride 71
Colchicum autumnale 68
Collybia velutipes 37
Comarum palustre 87
Conium maculatum 104
Consolida regalis 80
Convallaria majalis 67
Convolvulus arvensis 113
Conyza canadensis 125
Cornus sanguinea 54
Corydalis cava 81
Corylus avellana 52
Crambe maritima 99
Crataegus laevigata 55
– *oxyacantha* 55
Crepis biennis 136
– *capillaris* 136
– *mollis* 134
– *paludosa* 136
– *tectorum* 136
Crocus albiflorus 68
Cuscuta epilinum 123
– *epithymum* 123
– *europaea* 123
– *trifolii* 123
Cyclamen purpurascens 111
Cynoglossum officinale 114
Cynosurus cristatus 59
Cypripedium calceolus 69
Cystopteris fragilis 46
Cytisus scoparius 53

D

Dachtrespe 62
Dactylis glomerata 61
Dactylorchis maculata 70
Daphne mezereum 54
Daucus carota 106
Deschampsia cespitosa 60
– *flexuosa* 60
Deutscher Enzian 115
Deutsches Weidelgras 58
Dianthus armeria 93
– *carthusianorum* 93
– *deltoides* 93
Dicranum scoparium 43
Digitalis grandiflora 121
– *purpurea* 120
Digitaria sanguinalis 58
Dipsacus sylvestris 78
Distel, Kletten- 129
– Krause 128
– Nickende 128
Doldenspurre 90
Dorfgänsefuß 77
Dornige Hauhechel 100
Dorniger Wurmfarn 46
Doronicum grandiflorum 134
Dost, Gemeiner 110
Dotterblume, Sumpf- 83
Draba aizoides 99
Drahtschmiele 60
Drehzahnmoos, Mauer- 43
Dreieckblättriges Schopfmoos 44
Dreinervige Nabelmiere 91
Dreiteiliger Zweizahn 131
Drosera rotundifolia 95
Dryas octopetala 57
Dryopteris carthusiana 46
– *filix-mas* 46
Dufthändelwurz 71

E

Ebensträußige Margerite 127
Eberesche 50
Eberwurz, Große 125
– Kleine 132
Echinochloa crus-galli 58
Echium vulgare 114
Echte Engelwurz 106
Echte Goldrute 131
Echte Hundszunge 114
Echte Kamille 126
Echte Kugelblume 118
Echte Meisterwurz 107
Echte Nelkenwurz 87
Echte Salbei 109
Echte Sternmiere 90
Echte Winterkresse 97
Echter Eichenfarn 46
Echter Fichtenspargel 113
Echter Meerkohl 99
Echter Reizker 39
Echter Schafschwingel 62
Echter Steinklee 100
Echter Thymian 56
Echter Zunderschwamm 35
Echtes Eisenkraut 78
Echtes Geißblatt 55
Echtes Herzgespann 109
Echtes Labkraut 124
Echtes Lungenkraut 113
Echtes Mädesüß 86
Echtes Springkraut 79
Echtes Seegras 72
Echtes Seifenkraut 92
Echtes Tausendgüldenkraut 116
Edelreizker 39
Edelweiß 127
Efeu, Gemeiner 55
Efeuehrenpreis 120
Ehrenpreis, Bach- 120
– Efeu- 120
– Feld- 120
– Gamander- 120
– Persischer 120
Eibe 47
Eiche, Flaum- 49
– Stiel- 49
– Trauben- 49
Eichenfarn, Echter 46
Einfacher Igelkolben 72
Einjähriger Knäuel 90
Einjähriges Bingelkraut 80
Einjähriges Rispengras 61
Einknollige Honigorchis 71
Eisenhut, Blauer 80

Eisenhut, Gelber 80
Eisenkraut, Echtes 78
Elocharis palustris 64
Elodea canadensis 73
Elymus arenarius 63
Empetrum nigrum 56
Engelwurz, Echte 106
–, Wald- 106
Englisches Raigras 58
Enzian, Deutscher 115
– Fransen- 115
– Frühlings- 116
– Gelber 115
– Kreuz- 115
– Lungen- 116
– Schwalbenwurz- 115
– Schnee- 115
– Stengelloser 115
– Tüpfel- 115
Epilobium angustifolium 89
– *montanum* 95
– *palustre* 95
– *roseum* 95
Epipactis atropurpurea 69
– *atrorubens* 69
Equisetum arvense 45
– *fluviatile* 45
– *palustre* 45
– *sylvaticum* 45
Erdbeere, Wald- 87
Erdnußplatterbse 103
Erdrauch, Gemeiner 81
Erica carnea 57
– *herbacea* 57
– *tetralix* 57
Erigeron polymorphus 127
Eriophorum angustifolium 64
– *vaginatum* 64
Erle, Grau- 49
– Schwarz- 49
Erodium cicutarium 88
Erophila verna 98
Eryngium maritimum 107
Erysimum cheiranthoides 97
Esche, Gemeine 51
Eupatorium cannabinum 130
Euphorbia cyparissias 80
– *helioscopia* 80
– *peplus* 80
Euphrasia officinalis 122
Europäische Lärche 47
Europäischer Siebenstern 112
Europäische Seide 123
Europäisches Pfaffenhütchen 53
Evonymus europaeus 53

F

Färberginster 53
Färberhundskamille 132
Fagus sylvatica 49
Fallopia convolvulus 76
Falsche Akazie 50
Falscher Pfifferling 37
Faulbaum 54
Federgras 63
Feinblättrige Bärwurz 107
Feldahorn 51
Feldbeifuß 130
Feldehrenpreis 120
Feldklee 101
Feldrittersporn 80
Feldulme 49
Felsenblümchen, Immergrünes 99
Felsenkugelschötchen 99
Ferkelkraut, Gemeines 135
Festuca distans 63
– *ovina* 62
– *pratensis* 62
– *rubra* 62
Fetthennensteinbrech 82
Feuerkraut, Stauden- 89
Fichte, Gemeine 47
Fichtenspargel, Echter 113
Fieberklee 116
Filago arvensis 131
Filzklette 128
Filzkraut, Acker- 131
Fingerhirse, Blutrote 58
Fingerhut, Großblütiger 121
– Roter 120
Fingerkraut, Frühlings- 87
– Gänse- 86
– Kriechendes 87
– Silber- 86
– Sumpf- 87
Filipendula ulmaria 86
Flammulina velutipes 37
Flaschenbovist 35
Flatterbinse 66
Flattergras, Wald- 60
Flaumeiche 49
Fleischroter Speisetäubling 39
Flieder, Gemeiner 54
Fliegenpilz 36
Fliegenragwurz 70
Flockenblume, Berg- 129
– Korn- 130
– Perücken- 129
– Wiesen- 130
Flockenstieliger Hexenpilz 41
Flohknöterich 76
Flohkraut, Kleines 133
Föhre 47
Fomes fomentarius 35
Fragaria vesca 87
Frangula alnus 54
Fransenenzian 115
Frauenfarn, Gebirgs- 46
– Gemeiner 46
Frauenmantel, Gemeiner 86
Frauenschuh 69
Frauentäubling 39
Fraxinus excelsior 51
Froschbiß 73
Froschlöffel, Gemeiner 72
Frostschneckling 39
Frühjahrslorchel 35
Frühlingsadonisröschen 84
Frühlingsenzian 116
Frühlingsfingerkraut 87
Frühlingsgreiskraut 133
Frühlingshungerblümchen 58
Frühlingsknotenblume 67
Frühlingskrokus 68
Frühlingskuhschelle 84
Frühlingsplatterbse 103
Fuchsrote Borstenhirse 59
Fuchsschwanz, Wiesen- 59
– Zurückgebogener 76
Fucus serratus 34
– *vesiculosus* 34
Fumaria officinalis 81

G

Gagea lutea 67
– *pratensis* 67
Galeobdolon luteum 109
Galeopsis ladanum 108
– *tetrahit* 108
Galinsoga ciliata 125
– *parviflora* 125
Galium aparine 124
– *molugo* 124
– *odoratum* 124
– *palustre* 124
– *sylvaticum* 124
– *verum* 124
Gallenröhrling 41
Gamanderehrenpreis 120
Gamsblume 111
Gänseblümchen 125
Gänsedistel, Acker- 135
– Kohl- 135
Gänsefingerkraut 86
Gänsefuß, Dorf- 77
– Vielsamiger 77
– Weißer 77
Gänsekresse, Alpen- 99
– Kahle 96
– Rauhhaarige 96
Gartenwolfsmilch 80
Gauchheil, Acker- 112
– Roter 112
Gauklerblume, Gelbe 113
Gebirgsfrauenfarn 46
Gebräuchliche Ochsenzunge 114
Gebräuchliches Löffelkraut 99
Gefleckter Aronstab 67
Gefleckter Schierling 104
Geflecktes Knabenkraut 70
Gefleckte Taubnessel 109
Geißbart, Wald- 86
Geißblatt, Echtes 55
Gelbe Baumflechte 42
Gelbe Gauklerblume 119
Gelbe Lupine 100
Gelbe Resede 76
Gelbe Skabiose 78
Gelber Eisenhut 80
Gelber Enzian 115
Gelber Knollenblätterpilz 36
Gelber Steinklee 100
Gelbes Windröschen 83
Gelbklee 100
Gelbsegge 65
Gemeine Ackerröte 124
Gemeine Birke 48
Gemeine Buche 49
Gemeine Esche 51

Gemeine Fichte 47
Gemeine Glockenheide 57
Gemeine Grasnelke 123
Gemeine Hasel 52
Gemeine Hainsimse 66
Gemeine Hundspetersilie 58
Gemeine Kuhblume 135
Gemeine Krähenbeere 56
Gemeine Kuhschelle 83
Gemeine Moosbeere 56
Gemeine Nachtkerze 95
Gemeine Pestwurz 130
Gemeine Quecke 58
Gemeine Roßkastanie 50
Gemeine Schafgarbe 126
Gemeine Stinkmorchel 35
Gemeine Strandsimse 64
Gemeine Sumpfkresse 97
Gemeine Sumpfsimse 64
Gemeine Teichsimse 64
Gemeine Waldrebe 55
Gemeine Wegwarte 130
Gemeiner Alpenhelm 121
Gemeiner Alpenrachen 121
Gemeiner Augentrost 122
Gemeiner Beifuß 132
Gemeiner Beinwell 113
Gemeiner Blutweiderich 94
Gemeiner Bocksdorn 54
Gemeiner Dost 110
Gemeiner Efeu 55
Gemeiner Erdrauch 81
Gemeiner Flieder 54
Gemeiner Frauenfarn 46
Gemeiner Frauenmantel 86
Gemeiner Froschlöffel 72
Gemeiner Gilbweiderich 112
Gemeiner Hopfen 77
Gemeiner Hornklee 102
Gemeiner Huflattich 133
Gemeiner Kletterkerbel 104
Gemeiner Kronlattich 134
Gemeiner Liguster 54
Gemeiner Löwenzahn 135
Gemeiner Natterkopf 114
Gemeiner Pastinak 106
Gemeiner Rainfarn 132
Gemeiner Rainkohl 135
Gemeiner Reiherschnabel 88
Gemeiner Salzschwaden 63
Gemeiner Schneeball 55
Gemeiner Seidelbast 54
Gemeiner Strandhafer 59
Gemeiner Tannenwedel 74
Gemeiner Tüpfelfarn 46
Gemeiner Wacholder 47
Gemeiner Wasserdarm 90
Gemeiner Wasserdost 130
Gemeiner Wasserhahnenfuß 74
Gemeiner Wasserstern 74
Gemeiner Windenknöterich 76
Gemeiner Windhalm 59
Gemeiner Wundklee 100
Gemeiner Wurmfarn 46
Gemeines Ferkelkraut 135
Gemeines Greiskraut 133
Gemeines Habichtkraut 136
Gemeines Helmkraut 108
Gemeines Hirtentäschel 98
Gemeines Hornblatt 74
Gemeines Hornkraut 91
Gemeines Katzenpfötchen 125
Gemeines Knäuelgras 61
Gemeines Kreuzblümchen 79
Gemeines Leimkraut 92
Gemeines Leinkraut 119
Gemeines Rapünzchen 78
Gemeines Rindsauge 134
Gemeines Ruchgras 59
Gemeines Schilf 73
Gemeines Sonnenröschen 94
Gemeines Zittergras 62
Gemskresse, Alpen- 99
Gemswurz, Großblütige 134
Genista tinctoria 53
Gentiana asclepiadea 115
– *clusii* 115
– *cruciata* 115
– *lutea* 115
– *nivalis* 115
– *pneumonanthe* 116
– *punctata* 115
– *verna* 116
Gentianella ciliata 115
Geranium dissectum 88
– *palustre* 88
– *pratense* 88
– *pusillum* 88
– *robertianum* 88
– *sylvaticum* 88
Germer, Weißer 68
Gerste, Mäuse- 58
Geruchlose Strandkamille 126
Gestutztes Läusekraut 121
Geum rivale 87
– *urbanum* 87
Gewöhnlicher Alpenlattich 129
Giersch, Zaun- 105
Giftwasserschierling 104
Gilbweiderich, Gemeiner 112
– Pfennig- 112
Ginster, Färber- 53
Glanzgras, Rohr- 60
Glatthafer 61
Glaux maritima 112
Glechoma hederacea 108
Gliederbinse 66
Globularia elongata 118
Glockenblume, Acker- 117
– Bärtige 118
– Kleine 118
– Knäuel 117
– Nesselblättrige 118
– Rapunzel- 118
– Rundblättrige 117
– Scheuchzers 118
– Wiesen- 117
Glockenheide 57
Glyceria maxima 73
Gnaphalium norvegicum 129
– *sylvaticum* 131
– *uliginosum* 131
Golddistel 132
Goldnessel 109
Goldröhrling 40
Goldschopfhahnenfuß 85
Goldstern, Wald- 67
– Wiesen- 67
Goldrute, Echte 131
– Kanadische 131
– Riesen- 131
Goldzahnmoos 43
Gränke, Polei- 57
Grasnelke, Gemeine 123
Grassternmiere 90
Grauer Alpendost 127
Grauerle 49
Grauweide 52
Geiskraut, Frühlings- 133
– Gemeines 133
– Hain- 133
– Jakobs- 133
– Klebriges 133
– Wald- 133
Großblumige Königskerze 113
Großblütige Gemswurz 134
Großblütiger Fingerhut 121
Große Brennessel 77
Große Eberwurz 125
Große Händelwurz 69
Große Klette 126
Große Mummel 74
Große Pimpinelle 105
Große Sterndolde 107
Großer Klappertopf 122
Großer Wiesenknopf 86
Großes Hexenkraut 95
Großes Windröschen 83
Großes Zweiblatt 69
Große Wasserlinse 73
Grüne Hohlzunge 71
Grüne Nieswurz 84
Grüner Anistrichterling 38
Grüner Knollenblätterpilz 36
Grundfeste 136
Gundermann 108
Günsel, Heide- 108
– Kriechender 108
Guter Heinrich 77
Gymnadenia albida 71
– *conopsea* 69
– *odoratissima* 71
Gyromitra esculenta 35
Gymnocarpium dryopteris 46

H

Haarhainsimse 66
Haarstrang, Sumpf- 106
Haartragendes Bürstenmoos 43
Habichtskraut, Gemeines 136
– Kleines 136
– Wald- 136
Habmichlieb 111
Händelwurz, Duft- 71
– Große 69
Hängebirke 48
Hahnenfuß, Berg- 84
– Brennender 85
– Goldschopf- 85
– Knolliger 85

Hahnenfuß, Kriechender 85
– Scharfer 85
– Wasser- 74
– Wolliger 84
Hainbuche 48
Haingreiskraut 133
Hainsalat 134
Hainsimse, Gemeine 66
– Haar- 66
– Vielblütige 66
Hainveilchen 79
Hainwachtelweizen 122
Hallers Teufelskralle 118
Hallimasch 37
Hartheu, Kanten- 94
– Liegendes 94
– Rauhhaariges 94
– Tüpfel- 94
Hartpilz 37
Hartriegel, Blutroter 54
Hasel, Gemeine 52
Haselwurz, Braune 123
Hasenbrot 66
Hasenklee 101
Hasenlattich, Purpur- 129
Hasenpfotensegge 65
Hauhechel, Dornige 100
– Kriechende 100
Heckenbrombeere 53
Heckenrose 53
Hedera helix 55
Hederich 97
Heidegünsel 108
Heidekraut 56
Heidelbeere 56
Heidenelke 93
Heilbetonie 110
Heilziest 110
Helianthemum nummularium 94
Helichrysum arenarium 131
Helleborus niger 84
– *viridis* 84
Hellerkraut, Acker- 98
Helmknabenkraut 70
Helmkraut, Gemeines 108
Helvella esculenta 35
Hepatica nobilis 83
Heracleum sphondylium 106
Herbstlöwenzahn 135
Herbstzeitlose 68
Herkuleskeule 35
Herminium monorchis 71
Herniaria glabra 90
Herzblatt, Sumpf- 81
Herzgespann, Echtes 109
Hexenkraut, Großes 95
Hexenpilz, Flockenstieliger 41
– Netzstieliger 41
Hexenröhrling 41
Hieracium lachenalii 136
– *pilosella* 136
– *sylvaticum* 136
Himbeere 52
Hippuris vulgaris 74
Hirsesegge 65
Hirtentäschel, Gemeines 98
Hohler Lerchensporn 81
Hohlzahn, Acker- 108
– Stechender 108
Hohlzunge, Grüne 71
Holcus lanatus 61
Holosteum umbellatum 90
Holunder, Berg- 55
– Roter 55
– Schwarzer 55
Holzapfel 50
Holzbirne 50
Homogyne alpina 129
Honiggras, Wolliges 61
Honigorchis, Einknollige 71
Hopfen, Gemeiner 77
Hopfenluzerne 100
Hordeum murinum 58
Hornblatt, Gemeines 74
Hornkraut, Acker- 91
– Gemeines 91
– Knäuel- 91
Hornklee, Gemeiner 102
– Sumpf- 102
Hottonia palustris 74
Hühnerhirse 58
Huflattich, Gemeiner 133
Humulus lupulus 77
Hundskamille, Acker- 126
– Färber- 132
Hundspetersilie, Gemeine 105
Hundsrose 53
Hundsveilchen 79
Hundszunge, Echte 114
Hungerblümchen, Frühlings- 98
Huperzia selago 44
Hutchinsia alpina 99
Hydrocharis morsus-ranae 73
Hygrophoropsis aurantiaca 37
Hygrophorus hypnothejus 39
Hypericum hirsutum 94
– *humifusum* 94
– *maculatum* 94
– *perforatum* 94
Hypnum cupressiforme 44
Hypochoeris radicata 135
Hypogymnia physodes 42

I

Igelkolben, Einfacher 72
Immergrünes Felsenblümchen 99
Impatiens noli-tangere 79
– *parviflora* 79
Inocybe patouillardii 38
Iris pseudacorus 73
Isländische Flechte 42
Isländisches Moos 42

J

Jakobsgreiskraut 133
Jasione montana 117
Johanniskraut 94
Juncus articulatus 66
– *bufonius* 65
– *compressus* 66
– *conglomeratus* 66
– *effusus* 66
Juncus inflexus 66
Juniperus communis 47

K

Kahle Gänsekresse 96
Kahler Krempling 40
Kahles Berufkraut 127
Kahles Bruchkraut 90
Kälberkopf, Rauher 107
– Rüben- 104
– Taumel- 104
Kalisalzkraut 77
Kammgras, Weide- 59
Kamille, Echte 126
– Römische 126
– Strahlenlose 132
Kanadische Goldrute 131
Kanadische Wasserpest 73
Kanadisches Berufkraut 125
Kantenhartheu 94
Karde, Wilde 78
Kartäusernelke 93
Kartoffelbovist 35
Katzenpfötchen, Gemeines 125
Kegeliger Knollenblätterpilz 36
Kelchsimsenlilie 68
Kelchsteinkraut 98
Kerbel, Wiesen- 104
Kernera saxatilis 99
Keulenbärlapp 44
Kiefer, Berg- 47
– Wald- 47
Kirsche, Süß- 50
– Vogel- 50
Kirschroter Speitäubling 39
Klappertopf, Großer 122
– Kleiner 122
– Zottiger 122
Klatschmohn 81
Klebkraut 124
Klebriges Greiskraut 133
Klee, Bastard- 101
– Feld- 101
– Hasen- 101
– Kleiner 101
– Mittlerer 101
– Rot- 101
– Schweden- 101
Kleeseide 123
– Klee, Weiß- 101
– Zickzack- 101
Kleinblütiges Knopfkraut 125
Kleinblütiges Springkraut 79
Kleine Eberwurz 132
Kleine Glockenblume 118
Kleine Klette 128
Kleine Pimpinelle 105
Kleine Wasserlinse 73
Kleiner Baldrian 78
Kleiner Klee 101
Kleiner Odermennig 87
Kleiner Orant 113
Kleiner Sauerampfer 75
Kleiner Wiesenknopf 86
Kleines Flohkraut 133
Kleines Habichtskraut 136

Kleines Knabenkraut 70
Kleines Wintergrün 113
Kleinköpfiger Pippau 136
Klette, Filz- 128
- Große 128
- Kleine 128
Kletterdistel 129
Klettenkerbel, Gemeiner 104
Klettenlabkraut 124
Knabenkraut, Breitblättriges 70
- Geflecktes 70
- Helm- 70
- Kleines 70
- Purpur- 70
- Stattliches 70
Knäuelampfer 75
Knäuelbinse 66
Knäuel, Einjähriger 90
Knäuelglockenblume 117
Knäuelgras, Gemeines 61
Knäuelhornkraut 91
Knautia arvensis 78
Knoblauchsrauke 96
Knöterich, Floh- 76
- Pfeffer- 76
- Vogel- 76
- Wasser- 76
- Wiesen- 75
- Winden- 76
Knollenblätterpilz, Gelber 36
- Grüner 36
- Kegeliger 36
Knolliger Hahnenfuß 85
Knopfkraut, Kleinblütiges 125
- Zottiges 125
Knotige Braunwurz 119
Kohlgänsedistel 135
Kohlkratzdistel 132
Kohlröschen, Schwarzes 71
Königsfarn 45
Königskerze, Großblumige 119
- Mehlige 119
- Schwarze 119
Korbweide 52
Körnchensteinbrech 82
Kornblume 130
Kornrade 93
Kornflockenblume 130
Krähenbeere, Gemeine 56
Kranzmoos 44
Kratzbeere 52
Kratzdistel, Acker- 128
- Bach- 129
- Kohl- 132
- Lanzett- 128
- Sumpf- 128
Krause Distel 128
Krause Glucke 35
Krauser Ampfer 75
Krauses Laichkraut 72
Kraushaaralgen 34
Krempling, Kahler 40
- Samtfuß- 40
Kresse, Schutt-98
Kreuzblümchen, Gemeines 79
Kreuzenzian 115
Kreuzkraut 133
Kriechende Hauhechel 100
Kriechender Günsel 108
Kriechender Hahnenfuß 85
Kriechendes Fingerkraut 87
Kriechweide 56
Krönchenlattich 134
Krötenbinse 65
Krokus, Frühlings- 68
Kronsbeere 56
Krummhals, Acker- 114
Kuckuckslichtnelke 93
Kuehneromyces mutabilis 38
Kugelorchis 71
Kugelblume, Echte 118
Kugelschötchen, Felsen- 99
Kuhblume, Gemeine 135
Kuhschelle, Alpen- 84
- Frühlings- 84
- Gemeine 83
Kümmelsilge 106
Kümmel, Wiesen- 104

L

Labkraut, Echtes 124
- Kletten- 124
- Sumpf- 124
- Wald- 124
- Wiesen- 124
Lactarius deliciosus 39
- *torminosus* 39
Laichkraut, Krauses 72
- Schwimmendes 72
Lamium album 109
- *amplexicaule* 109
- *maculatum* 109
- *purpureum* 109
Landreitgras 60
Lanzettkratzdistel 128
Lapsana communis 135
Lathraea squamaria 122
Lathyrus linifolius 103
- *niger* 103
- *pratensis* 103
- *sylvestris* 103
- *tuberosus* 103
- *vernus* 103
Lärche, Europäische 47
Larix decidua 47
- *europaea* 47
Lauch, Bären- 68
Läusekraut, Ähren- 121
- Gestutztes 121
- Quirlblättriges 121
- Reichblättriges 121
- Sumpf- 120
Leberblümchen 83
Leccinum aurantiacum 41
- *scabrum* 41
Ledertäubling, Brauner 39
Leimkraut, Gemeines 92
- Nickendes 92
Lein, Wiesen- 89
- Zwerg- 89
Leinkraut, Alpen- 121
- Gemeines 119
Leinseide 123
Lemna minor 73
Leontodon autumnalis 135
Leontopodium alpinum 127
Leonurus cardiaca 109
Lepidium ruderale 98
Lepista nuda 37
Lerchensporn, Hohler 81
Leucanthemum vulgare 125
Leucobryum glaucum 44
Leucojum vernum 67
Leymus arenarius 63
Lichtnelke, Kuckucks- 93
- Rote 92
Liegendes Mastkraut 91
Lieschgras, Alpen- 63
- Sand- 63
- Wiesen- 59
Liguster, Gemeiner 54
Ligusticum mutellina 107
Ligustrum vulgare 54
Lilie, Türkenbund- 68
Lilium martagon 68
Linaria alpina 121
- *vulgaris* 119
Linde, Sommer- 51
- Winter- 51
Linum catharticum 89
Listera ovata 69
Lithospermum arvense 114
Lotharia pulmonaria 42
Löffelkraut, Gebräuchliches 99
Lolium perenne 58
Lonicera caprifolium 55
Lophocolea bidentata 43
Lotus corniculatus 102
- *uliginosus* 102
Löwenzahn, Gemeiner 135
- Herbst- 135
Lungenenzian 116
Lungenflechte 42
Lungenkraut, Echtes 113
Lupine, Gelbe 100
- Vielblättrige 100
Lupinus luteus 100
- *polyphyllus* 100
Luzerne, Bastard- 100
- Saat- 100
- Hopfen- 100
Luzula campestris 66
- *multiflora* 66
- *pilosa* 66
Lychnis flos-cuculi 93
- *viscaria* 92
Lycopodium clavatum 44
Lycium halimifolium 54
- *barbarum* 54
Lycoperdon perlatum 35
Lycopus europaeus 110
Lysimachia nummularia 112
- *vulgaris* 112
Lythrum salicaria 94

M

Macrolepiota procera 36
Mädesüß, Echtes 86
Maianthemum bifolium 67

Maiglöckchen 67
Maipilz 37
Mairißpilz 38
Mairitterling 37
Malachium aquaticum 90
Malus sylvestris 50
Malva neglecta 89
– *sylvestris* 89
Malve, Weg- 89
Malve, Wilde 89
Mannsschild, Milchweißer 111
– Schweizer 111
Mannsschildsteinbrech 82
Marasmius oreades 37
Marchantia polymorpha 43
Margerite, Ebensträußige 127
– Wiesen- 125
Maronenröhrling 40
Märzbecher 67
Mastkraut, Liegendes 91
Maßliebaster 127
Maßliebchen 125
Mauerdrehzahnmoos 43
Mauerpfeffer, Scharfer 95
Mauerlattich, Zarter 135
Mauerpippau 136
Mäusegerste 58
Medicago lupulina 100
– *sativa* 100
– *varia* 100
Meerkohl, Echter 99
Meerrettich 98
Meerstrandkamille 127
Mehlige Königskerze 119
Meisterwurz, Echte 107
Melampyrum arvense 122
– *nemorosum* 122
– *pratense* 122
Melandrium album 92
– *rubrum* 92
Melde, Spieß- 77
– Spreizende 77
Melica nutans 61
Melilotus alba 100
– *officinalis* 100
Mentha aquatica 110
– *arvensis* 110
– *piperita* 110
Menyanthes trifoliata 116
Mercurialis annua 80
– *perennis* 80
Merk, Breitblättriger 105
Meum athamanthicum 107
Milchkraut, Salz- 112
Milchlattich, Alpen- 129
Milchweißer Mannschild 111
Milium effusum 60
Milzkraut, Wechselblättriges 81
Mimulus guttatus 119
Minze, Acker- 110
– Pfeffer- 110
– Wasser- 110
Mittlerer Klee 101
Mittlerer Wegerich 123
Mnium undulatum 44
Möhre, Wilde 106
Moehringia trinervia 91
Mohn, Alpen- 82
– Klatsch- 81
– Saat- 81
Molinia caerulea 61
Monotropa hypopitys 113
Moorbirke 48
Moosbeere, Gemeine 56
Morchella esculenta 35
Moschuskraut 78
Mummel, Große 74
Mutterwurz, Alpen- 107
Mycelis muralis 135
Myosotis arvensis 114
– *palustris* 114
– *stricta* 114
Myosoton aquaticum 90
Myriophyllum spicatum 74

N

Nabelmiere, Dreinervige 91
Nachtkerze, Gemeine 95
Nachtschatten, Bittersüßer 116
– Schwarzer 116
Nardus stricta 58
Natterkopf, Gemeiner 114
Nelke, Heide- 93
– Karthäuser- 93
Nelkenschwindling 37
Nelkenwurz, Bach- 87
– Echte 87
Nelke, Rauhe 93
Nesselblättrige Glockenblume 118
Netzstieliger Hexenpilz 41
Nickende Distel 128
Nickendes Leimkraut 92
Nickendes Perlgras 61
Nießwurz, Grüne 84
– Schwarze 84
Nigritella nigra 71
Norwegisches Ruhrkraut 129
Nuphar lutea 74
Nymphaea alba 74

O

Ochsenzunge, Gebräuchliche 114
Odermennig, Kleiner 87
Odontites rubra 120
Oenanthe aquatica 105
– *lachenalii* 107
Oenothera biennis 95
Ohrweide 52
Ononis repens 100
– *spinosa* 100
Ophrys insectifera 70
Orant, Kleiner 119
Orchis globosa 71
– *mascula* 70
– *militaris* 70
– *morio* 70
– *purpurea* 70
Origanum vulgare 110
Osmunda regalis 45
Oxalis acetosella 89
Oxycoccus palustris 56

P

Pantherpilz 36
Papaver alpinum 82
– *dubium* 81
– *rhoeas* 81
Pappel, Schwarz- 48
– Silber- 48
– Zitter- 48
Parasolpilz 36
Parmelia physodes 42
Parnassia palustris 81
Pastinaca sativa 106
Pastinak, Gemeiner 106
Paxillus atromentosus 40
– *involutus* 40
Pechnelke 92
Pedicularis foliosa 121
– *palustris* 120
– *recutita* 121
– *rostrato-capitata* 121
– *verticillata* 121
Perlgras, Nickendes 61
Perlpilz 36
Persischer Ehrenpreis 120
Perückenflockenblume 129
Pestwurz, Gemeine 130
– Weiße 126
Petasites albus 126
– *hybridus* 130
Peucedanum ostruthium 107
– *palustre* 106
Pfaffenhütchen, Europäisches 53
Pfefferknöterich 76
Pfefferminze 110
Pfeifengras 61
Pfeilkraut 72
Pfenniggilbweiderich 112
Pferdesaat, Wasser- 107
– Wiesen- 107
Pfifferling 35
– Falscher 37
Phalaris arundinacea 60
Phallus impudicus 35
Phegopteris connectilis 46
Philonotis fontana 44
Phleum alpinum 63
– *arenarium* 63
– *pratense* 59
Pholiota mutabilis 38
Phragmites australis 73
– *communis* 73
Phyteuma nigrum 117
– *ovatum* 118
– *spicatum* 117
Picea abies 47
– *excelsa* 47
Pimpinella anisum 105
– *major* 105
– *saxifraga* 105
Pimpinelle, Große 105
– Kleine 105
Pinus montana 47
– *mugo* 47
– *sylvestris* 47
Pippau, Kleinköpfiger 136
– Mauer- 136

Pippau, Sumpf- 136
– Weicher 134
– Wiesen- 136
Plantago lanceolata 123
– *major* 123
– *media* 123
Platane, Bastard- 50
Platanthera bifolia 69
Platanus acerifolia 50
– *hybrida* 50
Platterbse, Berg- 103
– Erdnuß- 103
– Frühlings- 103
– Schwarze 103
– Wald- 103
– Wiesen- 103
Pleurotes ostreatus 38
Poa annua 61
– *pratensis* 61
Poleigränke 57
Polstermoos, Weißgrünes 44
Polygonatum multiflorum 67
Polygonum amphibium 76
– *aviculare* 76
– *bistorta* 75
– *convolvulus* 76
– *hydropiper* 76
– *persicaria* 76
Polygala vulgaris 79
Polypodium vulgare 46
Polyporus fomentarius 35
Polytrichum piliferum 43
Populus alba 48
– *nigra* 48
– *tremula* 48
Potamogeton crispus 72
– *natans* 72
Potentilla anserina 86
– *argentea* 86
– *erecta* 87
– *palustris* 87
– *reptans* 87
– *tabernaemontani* 87
– *tormentilla* 87
Preiselbeere 56
Prenanthes purpurea 129
Primel, Zwerg- 111
Primula auricula 111
– *elatior* 112
– *minima* 111
– *veris* 112
Prunella vulgaris 108
Prunus avium 50
– *spinosa* 53
Pseudorchis albida 71
Pteridium aquilinum 45
Puccinellia distans 63
– *maritima* 62
Pulicaria vulgaris 133
Pulmonaria officinalis
Pulsatilla alpina 84
– *vernalis* 84
– *vulgaris* 83
Purpurhasenlattich 129
Purpurknabenkraut 70
Purpurrote Taubnessel 109
Pyrola minor 113
Pyrola rotundifolia 113
Pyrus achras 50

Q

Quecke, Gemeine 58
– Meerstrand- 63
Quellmerk 105
Quellmoos 44
Quendel, Echter 56
Quendelsandkraut 91
Quendelseide 123
Quercus petraea 49
– *pubescens* 49
– *robur* 49
Quirlblättriges Läusekraut 121

R

Radiola linoides 89
Ragwurz, Fliegen- 70
Raigras, Englisches 58
Rainfarn, Gemeiner 132
Rainkohl, Gemeiner 135
Rainweide 54
Ramalina calicaris 42
Ranunculus acris 85
– *aquatilis* 74
– *auricomus* 85
– *bulbosus* 85
– *ficaria* 85
– *flammula* 85
– *lanuginosus* 84
– *montanus* 84
– *repens* 85
Raphanus raphanistrum 97
Rapünzchen, Gemeines 78
Rapunzelglockenblume 118
Rasenschmiele 60
Rauhe Nelke 93
Rauher Kälberkropf 107
Rauhhaariges Hartheu 94
Rauhhaarige Gänsekresse 96
Rauhhaarige Wicke 102
Rauke, Wege- 97
Reichblättriges Läusekraut 121
Reifpilz 38
Reiherschnabel, Gemeiner 88
Reitgras, Land– 60
– Wald- 63
Reizker, Birken- 39
– Echter 39
– Edel- 39
Rentierflechte 42
Reseda lutea 76
Resede, Gelbe 76
Rettich, Acker- 97
Rhamnus frangula 54
Rhinanthus alectorolophus 122
– *minor* 122
– *serotinus* 122
Rhododendron ferrugineum 57
– *hirsutum* 57
Rhodophyllus lividus 38
Rhodothamnus chamaecistus 57
Rhytidiadelphus triquetrus 44
Riesengoldrute 131
Riesenritterling 37
Riesenrötling 38
Riesenschirmpilz 36
Rindsauge, Gemeines 134
Rippenfarn 45
Rispengras, Einjähriges 61
– Wiesen- 61
Rispensegge 65
Rißpilz, Ziegelroter 38
Rittersporn, Feld– 80
Robinia pseudo-acacia 50
Robinie 50
Rohrglanzgras 60
Rohrkolben, Breitblättriger 72
– Schmalblättriger 72
Römische Kamille 126
Rötelritterling, Violetter 37
Rötliche Schuppenwurz 122
Rorippa islandica 97
– *palustris* 97
– *sylvestris* 97
Rosa canina 53
– *dumetorum* 53
Rose, Hecken- 53
– Hunds- 53
Rosenrotes Weidenröschen 95
Rosmarinheide 57
Roßfenchel 106
Roßkastanie, Gemeine 50
Rostblättrige Alpenrose 57
Rotbuche 49
Rote Lichtnelke 92
Roter Fingerhut 120
Roter Gauchheil 112
Roter Holunder 55
Rote Schuppenmiere 93
Rotes Waldvögelein 69
Rotfußröhrling 40
Rotkappe 41
Rotklee 101
Rotschwingel 62
Rotstraußgras 60
Rozites caperata 38
Rubus caesius 52
– *dumetorum* 53
– *idaeus* 52
– *nemorosus* 53
Ruchgras, Gemeines 59
Rübenkälberkropf 104
Ruhrkraut, Norwegisches 129
– Sumpf- 131
– Wald- 131
Rumex acetosa 75
– *acetosella* 75
– *conglomeratus* 75
– *crispus* 75
– *obtusifolius* 75
– *palustris* 75
Rundblättrige Glockenblume 117
Rundblättriger Sonnentau 95
Rundblättriger Steinbrech 82
Rundblättriges Wintergrün 113
Russula cyanoxantha 39
– *emetica* 39
– *integra* 39

Russula ochroleuca 39
– *vesca* 39

S

Saatluzerne 100
Saatmohn 81
Saatwicke 34
Sagina procumbens 91
Sagittaria sagittifolia 72
Sägetang 34
Salbei, Echte 109
Salbei, Wiesen- 109
Salix alba 48
– *aurita* 52
– *caprea* 52
– *cinerea* 52
– *repens* 56
– *viminalis* 52
Salsola kali 77
Salvia officinalis 109
– *pratensis* 109
Salweide 52
Salzbunge 111
Salzkraut, Kali- 77
Salzmilchkraut 112
Salzschwaden, Gemeiner 63
– Strand- 62
Sambucus nigra 55
– *racemosa* 55
Samolus valerandi 111
Samtfußkrempling 40
Samtfußrübling 37
Sandköpfchen, Berg- 117
Sandkraut, Quendel- 91
Sandlieschgras 63
Sandschaumkresse 96
Sandstrohblume 131
Sandthymian 56
Sandvergißmeinnicht 114
Sanguisorba minor 86
– *officinalis* 86
Saponaria officinalis 92
Sarothamnus scoparius 53
Sauerampfer, Kleiner 75
Sauerklee, Wald- 89
– Wiesen- 75
Satanspilz 41
Saxifraga aizoides 82
– *aizoon* 82
– *androsacea* 82
– *granulata* 82
– *paniculata* 82
– *rotundifolia* 82
– *stellaris* 82
Scabiosa ochroleuca 78
Schachtelhalm, Acker- 45
– Sumpf- 45
– Teich- 45
– Wald- 45
Schafchampignon 38
Schafgarbe, Gemeine 126
– Sumpf- 126
Schafschwingel, Echter 62
Scharbockskraut 85
Scharfer Hahnenfuß 85
Scharfer Mauerpfeffer 95
Schattenblume, Zweiblättrige 67
Schaumkraut, Bitteres 96
– Wiesen- 96
Schaumkresse, Sand- 96
Scheidiges Wollgras 64
Scheuchzers Glockenblume 118
Schierling, Gefleckter 104
Schildflechte 42
Schilf, Gemeines 73
Schlangenwurz, Sumpf- 73
Schlauchalgen 34
Schlehe 53
Schlitzblättriger Storchschnabel 88
Schlüsselblume, Wald- 112
– Wiesen- 112
Schmalblättrige Wicke 102
Schmalblättriger Rohrkolben 72
Schmalblättriges Weidenröschen 89
Schmalblättriges Wollgras 64
Schmalwand, Acker- 96
Schmiele, Draht- 60
– Rasen- 60
Schneeball, Gemeiner 55
Schnee-Enzian 115
Schneeheide 57
Schneerose 84
Schoenoplectus lacustris 64
Schöllkraut 81
Schöterich, Acker- 97
Schopfmoos, Dreieckblättriges 44
Schraubenalgen 34
Schuppenmiere, Rote 93
Schuppenwurz, Rötliche 122
Schüsselflechte 42
Schuttkresse 98
Schwaden, Wasser- 73
Schwalbenwurzenzian 115
Schwanenblume 73
Schwarzdorn 53
Schwarze Königskerze 119
Schwarze Nieswurz 84
Schwarze Platterbse 103
Schwarze Teufelskralle 117
Schwarze Tollkirsche 116
Schwarzer Holunder 55
Schwarzer Nachtschatten 116
Schwarzerle 49
Schwarzes Kohlröschen 71
Schwarzpappel 48
Schwedenklee 101
Schweinsrübe 110
Schweizer Mannsschild 111
Schwertlilie, Wasser- 73
Schwimmendes Laichkraut 72
Schwingel, Rot- 62
– Schaf- 62
– Wiesen- 62
Scirpus lacustris 64
– *maritimus* 64
– *sylvaticus* 64
Scleranthus annuus 90
Scleroderma vulgare 35
Scrophularia nodosa 119
Scutellaria galericulata 108
Sedum acre 95
Seegras, Echtes 72
Seerose, Weiße 74
Seide, Europäische 123
– Klee- 123
– Lein- 123
– Quendel- 123
Segge, Behaarte 65
– Blaugrüne 65
– Gelbe 65
– Hasenpfoten- 65
– Hirse- 65
– Rispen- 65
– Wiesen- 64
Seidelbast, Gemeiner 54
Seifenkraut, Echtes 92
Selinum carvifolia 106
Senecio jacobaea 133
– *nemorensis* 133
– *sylvaticus* 133
– *vernalis* 133
– *viscosus* 133
– *vulgaris* 133
Senf, Acker- 97
Setaria glauca 59
– *pumila* 59
Sherardia arvensis 124
Siebenstern, Europäischer 112
Silau, Wiesen- 106
Silaum silaus 106
Silberbirnmoos 43
Silberdistel 125
Silberfingerkraut 86
Silberpappel 48
Silberweide 48
Silberwurz 57
Silene alba 92
– *cucubalus* 92
– *dioica* 92
– *nutans* 92
– *vulgaris* 92
Silge, Kümmel- 106
Simsenlilie, Kelch- 68
Sinapis arvensis 97
Sisymbrium officinale 97
Sitter, Braunrote 69
Sium latifolium 105
Skabiose, Gelbe 78
Solanum dulcamara 116
– *nigrum* 116
Soldanella alpina 111
– *pusilla* 111
Solidago canadensis 131
– *gigantea* 131
– *virgaurea* 131
Sommeradonisröschen 85
Sommerlinde 51
Sonchus arvensis 135
– *oleraceus* 135
Sonnenröschen, Gemeines 94
Sonnentau, Rundblättriger 95
Sonnenwendwolfsmilch 80
Sorbus aucuparia 50
Sparassis crispa 35
Sparganium emersum 72
Spark, Acker- 91
Speisemorchel 35
Speisetäubling, Fleischroter 39
– Kirschroter 39

Speiteufel 39
Spergula arvensis 91
– *rubra* 93
Sphagnum acutifolium 43
Spießmelde 77
Spirogyra 34
Spitzahorn 51
Spitzblättriges Torfmoos 43
Spitzwegerich 123
Spörgel 91
Spreizende Melde 77
Springkraut, Echtes 79
– Kleinblütiges 79
Spurre, Dolden- 90
Stachys palustris 110
– *sylvatica* 110
Stattliches Knabenkraut 70
Stechender Hohlzahn 108
Steinbrech, Fetthennen- 82
– Körnchen- 82
– Mannsschild- 82
– Rundblättriger 82
– Stern- 82
– Trauben- 82
Steinklee, Echter 100
– Gelber 100
– Weißer 100
Steinkraut, Kelch- 98
Steinpilz 41
Steinsame, Acker- 114
Steintäschel 99
Stellaria graminea 90
– *holostea* 90
– *media* 90
Stengelloser Enzian 115
Stengelumfassende Taubnessel 109
Stendolde, Große 107
Sternmiere, Echte 90
– Gras 90
– Vogel- 90
Sternmoos, Wellenblättriges 44
Sternsteinbrech 82
Sticta pulmonaria 42
Stiefmütterchen, Wildes 79
Stieleiche 49
Stinksalat 134
Stinkender Storchschnabel 88
Stinkmorchel, Gemeine 35
Stipa pennata 63
Stockschwämmchen 38
Storchschnabel, Schlitzblättriger 88
– Stinkender 88
– Sumpf- 88
– Wald- 88
– Wiesen- 88
– Zwerg- 88
Strahlenlose Kamille 132
Strandaster 130
Stranddistel 107
Strandbeifuß 134
Strandhafer, Gemeiner 59
Strandkamille, Geruchlose 126
– Meer- 127
Strandquecke 63
Strandroggen 63
Strandsalzschwaden 62
Strandsimse, Gemeine 64
Strandweizen 63
Straußgras, Alpen- 63
– Rot- 60
– Weißes 60
Strohblume, Sand- 131
Stumpfblättriger Ampfer 75
Succisa pratensis 78
Süßholztragant 103
Süßkirsche 50
Suillus grevillei 40
– *luteus* 40
Sumpfampfer 75
Sumpfcalla 73
Sumpfdotterblume 83
Sumpffingerkraut 87
Sumpfhaarstrang 106
Sumpfherzblatt 81
Sumpfhornklee 102
Sumpfkratzdistel 128
Sumpfkresse, Gemeine 97
– Wilde 97
Sumpflabkraut 124
Sumpfläusekraut 120
Sumpfpippau 136
Sumpfruhrkraut 131
Sumpfschachtelhalm 45
Sumpfschafgarbe 126
Sumpfschlangenwurz 73
Sumpfsimse, Gemeine 64
Sumpfstorchschnabel 88
Sumpfvergißmeinnicht 114
Sumpfveilchen 79
Sumpfweidenröschen 95
Sumpfziest 110
Symphytum officinale 113
Syringa vulgaris 54

T

Täubling, Frauen- 39
– Leder-, Brauner 39
– Spei-, Kirschroter 39
– Speise, Fleischroter 39
– Zitronen- 39
Tanacetum corymbosum 127
– *vulgare* 132
Tanne, Weiß- 47
Tannenteufelsklaue 44
Tennenwedel, Gemeiner 74
Taraxacum officinale 135
Taubenkropf 92
Taube Trespe 62
Taubnessel, Gefleckte 109
– Gold- 109
– Purpurrote 109
– Stengelumfassende 109
– Weiße 109
Taumelkälberkropf 104
Tausendblatt, Ähren- 74
Tausendgüldenkraut, Echtes 116
Taxus baccata 47
Teichschachtelhalm 45
Teichsime, Gemeine 64
Teufelsabbiß 78
Teufelsklaue, Tannen- 44
Teufelskralle, Ährige 117
Teufelskralle, Hallers 118
– Schwarze 117
Thlaspi arvense 98
Thymian, Sand- 56
Thymus serpyllum 56
Tilia cordata 51
– *platyphyllos* 51
Tofieldia calyculata 68
Tollkirsche, Schwarze 116
Torfmoos, Spitzblättriges 43
Torilis japonica 104
Tormentill 87
Tortula muralis 43
Tozzia alpina 121
Tragant, Süßholz- 102
Tragopogon pratensis 135
Traubeneiche 49
Traubensteinbrech 82
Traunsteinera globosa 71
Trespe, Dach- 62
– Taube 62
Trespe, Weiche 62
Tricholoma colossum 37
Trientalis europaea 112
Trifolium arvense 101
– *campestre* 101
– *dubium* 101
– *hybridum* 101
– *medium* 101
– *pratense* 101
– *repens* 101
Tripleurospermum inodorum 126
– *maritimum* 127
Troddelblume, Alpen- 111
– Zwerg- 111
Trollblume 83
Trollius europaeus 83
Tüpfelenzian 115
Tüpfelfarn, Gemeiner 46
Tüpfelhartheu 94
Türkenbundlilie 68
Turmkraut 96
Turritis glabra 96
Tussilago farfara 133
Tylopilus felleus 41
Typha angustifolia 72
– *latifolia* 72
Typhoides arundinacea 60

U

Uferwolfstrapp 110
Uferzaunwinde 113
Ulme, Berg- 49
– Feld- 49
Ulmus carpinifolia 49
– *glabra* 49
– *minor* 49
– *montana* 49
Ulothrix 34
Urtica dioica 77

V

Vaccinium myrtillus 56
– *oxycoccus* 56
– *vitis-idaea* 56

Valeriana dioica 78
Valerianella locusta 78
Vaucheria 34
Veilchen, Hain- 79
– Hunds- 79
– Sumpf- 79
– Wald- 79
Veratrum album 68
Verbascum densiflorum 119
– *lychnitis* 119
– *nigrum* 119
Verbena officinalis 78
Vergißmeinnicht, Acker- 114
– Sand- 114
– Sumpf- 114
Veronica arvensis 120
– *beccabunga* 120
– *chamaedrys* 120
– *hederifolia* 120
– *persica* 120
Viburnum opulus 55
Vicia angustifolia 102
– *cracca* 102
– *hirsuta* 102
– *sativa* 102
– *sepium* 102
– *tetrasperma* 102
– *villosa* 102
Vielblättrige Lupine 100
Vielblütige Hainsimse 66
Vielblütige Weißwurz 67
Vielsamiger Gänsefuß 77
Viersamige Wicke 102
Viola canina 79
– *palustris* 79
– *reichenbachiana* 79
– *riviniana* 79
– *tricolor* 79
Violetter Rötelritterling 37
Viscaria vulgaris 92
Vogelbeere 50
Vogelkirsche 50
Vogelknöterich 76
Vogelmiere 90
Vogelsternmiere 90
Vogelwicke 102

W

Wacholder, Gemeiner 47
Wachtelweizen, Acker- 122
– Hain- 122
– Wiesen- 122
Waldalpenveilchen 111
Waldbingelkraut 80
Waldengelwurz 106
Walderdbeere 87
Waldflattergras 60
Waldgeißbart 86
Waldgoldstern 67
Waldgreiskraut 133
Waldhabichtskraut 136
Waldhyazinthe, Weiße 69
Waldkiefer 47
Waldlabkraut 124
Waldmeister 124
Waldplatterbse 103
Waldrebe, Gemeine 55
Waldreitgras 63
Waldruhrkraut 131
Waldsauerklee 89
Waldschachtelhalm 45
Waldschlüsselblume 112
Waldsimse 64
Waldstorchschnabel 88
Waldveilchen 79
Waldvöglein, Bleiches 69
– Rotes 69
Waldzwenke 58
Waldziest 110
Wasserdarm, Gemeiner 90
Wasserdost, Gemeiner 130
Wasserfeder 74
Wasserhahnenfuß, Gemeiner 74
Wasserknöterich 76
Wasserlinse, Große 73
– Kleine 73
Wasserminze 110
Wasserpest, Kanadische 73
Wasserpferdesaat 105
Wasserprimel 74
Wasserschierling, Gift- 104
Wasserschwaden 73
Wasserschwertlilie 73
Wasserstern, Gemeiner 74
Wechselblättriges Milzkraut 81
Wegerauke 97
Wegerich, Breit- 123
– Mittlerer 123
– Spitz- 123
– Weide- 123
Wegmalve 89
Wegwarte, Gemeine 130
Weiche Trespe 62
Weicher Pippau 134
Weide, Grau- 52
– Korb- 52
– Kriech- 56
– Ohr- 52
– Sal- 52
– Silber- 48
Weidekammgras 59
Weidelgras, Deutsches 58
Weidenröschen, Berg- 95
– Rosenrotes 95
– Schmalblättriges 89
– Sumpf- 95
Weiderich, Blut- 94
Weidewegerich 123
Weißbuche 48
Weißdorn, Zweigriffiger 55
Weiße Lichtnelke 92
Weiße Pestwurz 126
Weiße Seerose 74
Weiße Taubnessel 109
Weiße Waldhyazinthe 69
Weißer Gänsefuß 77
Weißer Germer 68
Weißer Steinklee 100
Weißes Straußgras 60
Weißgrünes Polstermoos 44
Weißklee 101
Weißwurz, Vielblütige 67
Weißtanne 47
Weißzunge 71
Wellenblättriges Sternmoos 44
Wermut 132
Wicke, Rauhhaarige 102
– Saat- 102
– Schmalblättrige 102
– Viersamige 102
– Vogel- 102
– Winter- 102
– Zaun- 102
– Zottel- 102
Wiesenbärenklau 106
Wiesenbocksbart 135
Wiesenflockenblume 130
Wiesenfuchsschwanz 59
Wiesenglockenblume 117
Wiesengoldstern 67
Wiesenkerbel 104
Wiesenknopf, Großer 86
– Kleiner 86
Wiesenknöterich 75
Wiesenkümmel 104
Wiesenlabkraut 124
Wiesenlein 89
Wiesenlieschgras 59
Wiesenmargerite 125
Wiesenpferdesaat 107
Wiesenpippau 136
Wiesenplatterbse 103
Wiesenrispengras 61
Wiesensalbei 109
Wiesensauerampfer 75
Wiesenschaumkraut 96
Wiesenschlüsselblume 112
Wiesenschwingel 62
Wiesensegge 64
Wiesensilau 106
Wiesenstorchschnabel 88
Wiesenwachtelweizen 122
Wildapfel 50
Wildbirne 50
Wilde Karde 78
Wilde Malve 89
Wilde Möhre 106
Wilde Sumpfkresse 97
Wildes Stiefmütterchen 79
Winde, Acker- 113
Windenknöterich, Gemeiner 76
Windhalm, Gemeiner 59
Windröschen, Busch- 83
– Gelbes 83
– Großes 83
Wintergrün, Kleines 113
– Rundblättriges 113
Winterkresse, Echte 97
Winterlinde 51
Winterpilz 37
Winterrübling 37
Winterwicke 102
Witwenblume, Acker- 78
Wohlverleih, Berg- 134
Wolfsmilch, Garten- 80
– Sonnenwend- 80
– Zypressen- 80
Wolfstrapp, Ufer- 110
Wollgras, Scheidiges 64
– Schmalblättriges 64

Wolliger Hahnenfuß 84
Wolliges Honiggras 61
Wundklee, Gemeiner 100
Wurmfarn, Dorniger 46
– Gemeiner 46

X

Xanthoria partietina 42
Xerocomus badius 40
– *chrysenteron* 40
– *submentosus* 40

Z

Zahntrost, Roter 120
Zarter Mauerlattich 135
Zaungiersch 105
Zaunwicke 102
Zaunwinde, Ufer- 113
Zerbrechlicher Blasenfarn 46
Zichorie 130
Zickzackklee 101
Ziegelroter Rißpilz 38
Ziegenlippe 40
Ziest, Sumpf- 110
– Wald- 110
Zitronentäubling 39
Zittergras, Gemeines 62
Zitterpappel 48
Zostera marina 72
Zottiger Klappertopf 122
Zottelwicke 102
Zunderschwamm, Echter 35
Zurückgebogener Fuchsschwanz 76
Zusammengedrückte Binse 66
Zweiblatt, Großes 69
Zweiblättrige Schattenblume 67
Zweigalgen 34
Zweigriffliger Weißdorn 55
Zweizahn, Dreiteiliger 131
Zweizahnlebermoos 43
Zwenke, Wald- 58
Zwergalpenrose 57
Zwerglein 89
Zwergorchis 71
Zwergprimel 111
Zwergrösel 57
Zwergstorchschnabel 88
Zwergtroddelblume 111
Zypressenmoos 44
Zypressenwolfsmilch 80

Register der Tiernamen

A

Aal 208
Aaskäfer 173
Abax ater 170
Abendpfauenauge 197
Abendsegler, Großer 233
Abramis brama 207
Abtrittsfliege 189
Acantholyda nemoralis 184
Accipiter gentilis 216
– *nisus* 216
Acerina cernua 208
Achatschnecke 144
Acherontia atropos 197
Acheta domestica 161
Acilius sulcatus 171
Ackerhummel 187
Ackerschnecke 141
Acrocephalus arundinaceus 227
– *palustris* 227
– *schoenobaenus* 227
– *scirpaceus* 227
Acroloxus lacustris 145
Actitis hypoleucos 219
Adalia bipunctata 177
Adelocera murina 175
Admiral 194, Raupe 201
Adonia variegata 177
Aëdes spec. 189
Aegithalos caudatus 225
Aegopinella nitens 142
– *pura* 142
Aelia acuminata 165
– *rostrata* 165
Aeshna cyanea 159
– *grandis* 159
– *mixta* 159
– *viridis* 159
Agabus bipustulatus 171
Agelastica alni 181
Agelena labyrinthica 151
Aglais urticae 195
Agrilus viridis 175
Agriotes ustulatus 175
Agrotis segetum 199
Ahlenläufer 171
Alauda arvensis 223
Allophora chlorotica 148
Alpenplanarie 140
Alpenspitzmaus 232
Alpenstrandläufer 219
Alytes obstetricans 210
Amara familiaris 170
Ameise, Bernsteingelbe 185
Ameisenjungfer 188
Ammophila sabulosa 186
Amphimallon solstitialis 178
Amsel 225
Anas crecca 214
– *querquedula* 214
– *platyrhynchos* 214
– *strepera* 214
Anatis ocellata 177
Ancylus fluviatilis 145
Anguilla anguilla 208
Anguis fragilis 212
Anisus vortex 145
Anobium punctatum 183, 239
Anodonta cygnaea 146
Anomala aenea 178
Anopheles maculipennis 189
Anser albifrons 215
– *anser* 215
– *brachyrhynchos* 215
– *fabalis* 215
Anthocaris cardamines 193
Anthonomus pomorum 182
Anthophora acervorum 187
Anthrenus verbasci 176
Anthus trivialis 228
Apfelblütenspanner 200, Raupe 203
Apfelblütenstecher 182, Larve 204
Apfelsauger 168
Apfelwickler 200, Raupe 203
Aphis fabae 168
Aphodius fimetarius 179
– *fossor* 179
Aphrodite aculeata 147
Apion frumentarium 182
Apis melifera 187
Apodemus agrarius 236
Apollo 193
Aporia crataegi 193
Apus apus 221
Aradus cinnamomeus 166
Araneus diadematus 151
Araschnia levana 195
Arctia caja 197
Ardea cinerea 213
Arenicola marina 147
Argulus foliaceus 154
Argynnis paphia 196
Argyope bruennichi 150
Argyroneta aquatica 151
Arianta arbustorum 143
Arion ater 141
– *circumscriptus* 141
– *rufus* 141
– *subfuscus* 141
Armadillidium vulgare 154
Aromia moschata 180
Arvicola terrestris 235
Äsche 205
Asellus aquaticus 154
Asio otus 222
Astacus astacus 155
Asterias rubens 138
Athene noctua 222
Attagenus pellio 176
Aurelia aurita 138
Aurorafalter 193
Austernfischer 218
Autorapha gamma 199
Aythya ferina 214
Aythya fuligula 214
– *marilla* 214

B

Bachflohkrebs 154
Bachforelle 205
Bachläufer 164
Bachstelze 229
Bäckerschabe 163
Balanus spec. 153
Baldachinspinne 150
Bär, Brauner 197, Raupe 202
Barbus barbus 205
Baumfalke 216
Baummarder 236
Baumpieper 228
Baumschnecke 143
Baumschnebel 141
Baumwanze, Rotbeinige 165
Baumweißling 193
Becherazurjungfer 158
Beerenwanze, Braune 165
Bekassine 219
Bembidion ustulatum 171
Bergente 214
Bergmolch 210
Bergzikade 167
Bernsteinschnecke 143
Bettwanze 166
Biber 234
Bibio hortulanus 189
Bienenwolf 175, 186
Binsenjungfer, Gemeine 158
– Große 158
Birkenblattroller 183, 239
Bisamratte 234
Bitterling 206
Blaniulus guttulatus 156
Blasenschnecke 145
Blastophagus piniperda 183
Blatella germanica 163
Blatta orientalis 163
Blatthähnchen 181
Blattkäfer 181
Blattnager 183
Blattrandkäfer 182
Blattschneiderbienen 187
Blattwespe, Grüne 184
Bläuling, Gemeiner 196, Raupe 201
Blaumeise 225
Blaupfeil, Großer 160
Blei 207
Bleßgans 215
Bleßhuhn 217
Blicca bjoerkna 207
Blindbremse 190
Blindschleiche 212
Blitophaga opaca 173
– *undata* 173
Blutegel, Medizinischer 149
Bluthänfling 230
Blutlaus 168
Blutströpfchen, Gemeines 199, Raupe 202
Blutzikade 167
Bockkäfer 180, Larve 204
Bohnenlaus, Schwarze 168
Bombina bombina 210
– *variegata* 210
Bombus agrorum 187
– *lapidarius* 187
– *lucorum* 187
– *terrestris* 187
Borkenkäfer 183, Larve 204
Borkenkäferfresser 175
Bosmina longirostris 153
Botaurus stellaris 213
Bombylius major 190
Bombyx mori 198
Brandgans 215
Brandmaus 236
Braunkehlchen 226
Breitkäfer 170
Brotkäfer 176
Bruchus pisorum 182
Buchdrucker 183, Fraßbild 239
Buchengallmücke 189, Galle 239
Bücherskorpion 150
Buchfink 231
Bufo bufo 211
– *calamita* 211
– *viridis* 211
Bulimus tentaculatus 144
Buntspecht, Großer 222
Bupalus piniarius 200
Buschschrecke, Gewöhnliche 161
Buteo buteo 216
Byturus fumatus 176
– *tomentosus* 176

C

Calandra granaria 182
Calidris alpina 219
– *ferruginea* 219
Calliphora erythrocephala 192
Calopteryx virgo 159
Calosoma sycophanta 169
Camponotus herculeanus 185
Canis (Vulpes) vulpes 237
Cantharis fusca 174
Capreolus capreolus 238
Carabus auratus 169
– *auronitens* 169
– *cancellatus* 169
– *granulatus* 169
– *hortensis* 169
– *nemoralis* 169
Carassius auratus auratus 206
— *gibelio* 206
– *carassius* 206
Carcinus maenas 155
Carduelis cannabina 230
– *carduelis* 230
– *chloris* 229
– *spinus* 230
Cardium edule 146
Cassida nebulosa 181
Castor fiber 234
Catocala nupta 199
Centrotus cornutus 167
Cepaea hortensis 143
Cepaea nemoralis 143
Cephus pygmaeus 184
Cercopis vulnerata 167
Cercyon haemorrhoidatis 174
Certhia brachydactyla 224
– *familiaris* 224
Cervus (Dama) dama 238
– *elaphus* 238
Cetonia aurata 178
C-Falter 195, Raupe 201
Chalcophora mariana 175
Charadrius dubius 218
– *hiaticula* 218
Chelifer cancroides 150
Chironomus spec. 189
Chloroclystis rectangulata 200
Chlorohydra viridissima 139
Chlorophanus viridis 182
Chlorops pumilionis 191
Chortippus biguttulus 162
Chrysis ignita 186
Chrysomela fastuosa 181
Chrysopa spec. 188
Chrysops spec. 190
Chrysozona pluvialis 190
Cicadetta montana 167
Cicindela campestris 169
Ciconia ciconia 213
– *nigra* 213
Cimex lectularius 166
Circus aeruginosus 216
Clethrionomys glareolus 235
Cloëon dipterum 157
Cobitis taenia 207
Coccinella septempunctata 177
Coccothraustes coccothraustes 229
Cochlicopa lubrica 144
Cochlodina laminata 144
Coenagrion puella 158
Coenonympha pamphilus 194
Colias hyale 194
Columba livia 221
– *oenas* 221
– *palumbus* 221
Cordulia aeneaturfosa 160
Cordylophora caspia 139
Coreus marginatus 165
Corixa punctata 164
Coronella austriaca 212
Corophium volutator 153
Corvus corax corax 224
– *corone cornix* 224
– – *corona* 224
– *frugilegus* 224
– *monedula* 224
Coturnix coturnix 217
Crangon crangon 155
Crenobia alpina 140
Cricetus cricetus 234
Crioceris asparagi 179
Crocidura leucodon 232
Cuculus canorus 221
Culex pipiens 189
Curculio nucum 182
Cyanea capillata 138
Cychrus caraboides 170
Cyclops spec. 153
Cygnus olor 215
Cyprinus carpio 205

D

Dachs 237, Spur 242
Damenbrett 194, Raupe 201
Damhirsch 238
Daphnia pulex 153
Decticus verrucivorus 161
Deilephila euphorbiae 197
Delichon urbica 223
Dendrocoelum lacteum 146
Dendrocopus major 222
Dendrolimus pini 198
Deporaus betulae 183
Dermestes lardarius 176
Deroceras agreste 141
– *reticulatum* 141
Deronectes halensis 171
Dickkieferspinne 151
Diebskäfer, Messinggelber 176
Diplolepis rosae 184
Discus rotundatus 142
– *ruderatus* 142
Distelfalter 195, Raupe 201
Döbel 207
Dohle 224
Dolomedes fimbriatus 151
Dolycoris baccarum 165
Dompfaff 230
Donacia aquatica 181
Dorngrasmücke 227
Dornschrecken 162
Dornzikade 167
Dorsch 209
Drahtwurm 204
Dreissena polymorpha 146
Drosophila fasciata 191
Drosseln 225, 226
Drosselrohrsänger 227
Dugesia (Euplanaria) gonocephala 140
– *lugubris* 140
Dukatenfalter 196
Dungfliege, Gelbe 192
Dungkäfer 179
Dytiscus marginalis 171

E

Ectobius lapponicus 163
Edelkrebs 155
Edwardsiana rosae 167
Eichelhäher 224
Eichengallwespe 184, Galle 239
Eichenschrecke 161
Eichhörnchen 234, Spur 242
Eintagsfliege, Gemeine 157
Eisenia foetida 148
Eiseniella tetraedra 148
Elaphrus cupreus 171
Elater sanguineus 175
Elster 224, Flugbild 241
Emberiza calandra 231
– *citrinella* 231
– *hortulana* 231
– *schoeniclus* 231
Empicoris spec. 166
Empis tesselata 190
Enallagma cyathigerum 158
Enchytraeus albidus 148
Engerling 204
Ephemera vulgata 157
Ephialtis manifestator 184
Ephoron virgo 157
Ephydatia fluviatilis 138
Erannis defoliaria 200
Erbsenmuscheln 146
Erbsensamenkäfer 182
Erdfloh 181
Erdhummel 187
Erdkröte 211
Erdläufer, Gemeiner 156
Erdmaus 235
Erinaceus europaeus 232
Eriocheir sinensis 155
Eriosoma lanigerum 168
Eristalis spec. 191
Erithacus rubecula 226
Erlenblattkäfer 181
Erlenzeisig 230
Esox lucius 205
Essigfliege, Kleine 191
Eulecanium corni 168
Euproctis chrysorrhoea 198
Eurydema oleraceum 165

F

Falco subbuteo 216
– *tinnunculus* 216
Fannia canicularis 192
Federlibelle 159
Feldgrille 161
Feldhase 233, Spur 242
Feldlerche 223
Feldmaikäfer 178
Feldmaus 235
Feldsandlaufkäfer 169
Feldsperling 231
Feldspitzmaus 232
Felsentaube 221
Fettspinne 150
Feuerfalter, Kleiner 196, Raupe 201
Feuergoldwespe 186
Feuerkäfer, Scharlachroter 179
Feuersalamander 210
Feuerwanze 165
Ficedula hypoleuca 227
Fichtenbastkäfer, Kleiner 183, Fraßbild 239
Fichtengallenlaus, Große 168, Galle 239
Fichtenkreuzschnabel 230
Fiebermücke 189
Finsterkäfer 176
Fischegel, Gemeiner 149
Fitislaubsänger 228
Fleischfliege, Graue 192
Fliedermotte 200, 239
Fliegenhaft 157
Flohkrebs 153
Florfliege, Gemeine 188
Flunder 209
Flußbarbe 205
Flußbarsch 208
Flußkrebs, Amerikanischer 155
Flußnapfschnecke 145
Flußperlmuschel 146
Flußregenpfeifer 218
Flußseeschwalbe 220
Flußuferläufer 219
Forficula auricularia 163
Formica polyctena 185
– *rufa* 185
Fringilla coelebs 231
Frostspanner, Gemeiner 200, Raupe 203
– Großer 200, Raupe 203
Fuchs, Großer 195
– Kleiner 195, Raupe 201
Fulica atra 217
Furchenschwimmer 171
Furchenwasserkäfer 172

G

Gadus morrhua 209
Galerida cristata 223
Gallertschwamm 138
Gallinago gallinago 219
Gallinula chloropus 217
Gallmücken 189
Gammaeule 199, Raupe 203
Gammarus locusta 153
Gänsesäger 215
Garrulus glandarius 224
Gartenbaumläufer 224
Gartengrasmücke 227
Gartenhaarmücke 189
Gartenlaubkäfer 178
Gartenlaufkäfer 169
Gartenrotschwanz 226
Gartenschläfer 234
Gartenschnirkelschnecke 143
Gasterosteus aculeatus 208
Gavia arctica 213
Gebirgsstelze 229
Geburtshelferkröte 210
Gelbbauchunke 210
Gelbhalsmaus 235
Gelbbrandkäfer 171
Gelbspötter 226
Gemse 238
Geophilus longicornis 156
Geotrupes stercorarius 152, 179
Gerris spec. 164
Getreidehalmwespe 184
Getreidelaufkäfer 170
Getreidespitzwanze 165
Gimpel 230
Girlitz 230
Glasschnecke 142
Glattnatter 212
Glis glis 234
Glomeris connexa 156
– *marginata* 156
Glossiphonia complanata 149
Glühwürmchen 174
Gobio gobio 205
Gobius niger 209

Goldafter 198, Raupe 202
Goldammer 231
Goldene Acht 194, Raupe 201
Goldfisch 205
Goldfliege 192
Goldregenpfeifer 218
Goldschmied 169
Gomphocerippus rufus 162
Gonepteryx rhamni 194
Grabkäfer 170
Grapholitha funebrana 200
Grasfrosch 211
Grashüpfer, Gemeiner 162
– Linierter 162
Grauammer 231
Graugans 215
Graureiher (Fisch-) 213, Flugbild 240
Grauschnäpper 227
Grauspecht 222
Großschabe, Amerikanische 163
Gründling 205
Grünfink 229
Grünrüßler 182
Grünspecht 222
Grus grus 217
Gryllotalpa gryllotalpa 162
Gryllus campestris 161
Güster 207
Gyraulus albus 145
Gyrinus natator 172

H

Haarqualle, Gelbe 138
Habicht 216, Flugbild 241
Haematopus ostralegus 218
Haemopis sanguisuga 149
Hainlaufkäfer 169
Hainschnirkelschnecke 143
Haliplus ruficollis 171
Halisarca dujardini 138
Halmfliege, Gelbe 191
Haltica oleracea 181
Hamster 234
Haplocampa flava 184
– *minuta* 184
Harmothoë spec. 147
Harpulus pubescens 170
Hartigiola annulipes 189
Haselmaus 234
Haselnußbohrer 182, 289
Haubenlerche 223
Haubenmeise 225
Haubentaucher 213
Hausbock 180, Fraßbild 239
Hausmaus 236
Hausmutter 199
Hausratte 236
Hausrotschwanz 226
Haussperling 231
Hausspitzmaus 232
Hecht 205
Heidelerche 223
Heidelibelle, Blutrote 160
– Gemeine 160
Heideschnecke 142
Heimchen 161
Helicella itala 142
Helicigona lapicida 143
Helicodonta obvoluta 142
Helix pomatia 143
Helobdella stagnalis 149
Helophorus aquaticus 172
Hemiclepsis marginata 149
Herbstmosaikjungfer 159
Herbstspinne 150
Heringsmöwe 220
Hermelin 237
Herpobdella octocilata 149
Herzmuschel, Eßbare 146
Heufalter, Kleiner 194
Heupferd, Großes 161
Himbeerkäfer 176
Hippolais icterina 226
Hirsche 238
Hirschkäfer 178
Hirundo medicinalis 149
Hirundo rustica 223
Hister cadaverinus 173
Höckerschwan 215
Hohltaube 221
Holzameise, Glänzendschwarze 185
Holzbock 152
Honigbiene 187
Hornisse 186
Hufeisenazurjungfer 158
Hundeegel 149
Hüpferling 153
Huschspinne, Grasgrüne 152
Hydra spec. 139
Hydrobia stagnorum 144
– *ulvae* 144
Hydrometra gracilenta 164
– *stagnorum* 164
Hydrophilus caraboides 172
Hydrous piceus 172
Hyla arborea 211
Hylobius abietis 182
Hyloicus pinastri 197
Hylotrupes bajulus 180
Hypoderma bovis 192

I

Idotea chelipes 155
Igel 242
Iltis 237, Spur 242
Inachis io 195
Iphiclides podalirius 193
Ips typographus 183
Ischnura elegans 158
Isognomostoma isognomostoma 143
Ixodes ricinus 152

J

Jagdfasan 217
Julikäfer 178
Junikäfer 178
Jynx torquilla 222

K

Kabeljau 209
Käfermilbe, Gemeine 152
Kaisermantel 196
Kakerlak 163
Kamelhalsfliege 188
Kamelspinner 198, Raupe 203
Kammolch 210
Kampfläufer 219
Kanalkäfer 170
Kanker 150
Karausche 206
Karpfen 205
Karpfenlaus 154
Kartoffelkäfer 181, Larve 204
Käsefliege 191
Katzenspur 239
Kaulbarsch 208
Kellerassel 154
Kellerglanzschnecke 142
Kellerschnecke 141
Kernbeißer 229
Keulenpolyp 139
Keulenschrecke 162
Kiebitz 218, Flugbild 241
Kieferneule 199, Raupe 203
Kieferngespinstblattwespe, Große 184
Kiefernprachtkäfer, Großer 175
Kiefernrindenwanze 166
Kiefernschwärmer 197, Raupe 202
Kiefernspanner 200, Raupe 203
Kiefernspinner 198, Raupe 203
Kirschfruchtfliege 191
Klappenassel 155
Klappergrasmücke 227
Kleespitzmäuschen 182
Kleiber 225
Kleidermotte 200
Knäkente 214
Knoblauchglanzschnecke 142
Knoblauchkröte 211
Köcherfliege 188
Köcherwurm 147
Köderwurm 147
Kolbenwasserkäfer, Großer 172
Kolkrabe 224
Kohlmeise 225
Kohlschnake 189
Kohlwanze 165
Kohlweißling, Großer 193, Raupe 201
– Kleiner 193, Raupe 201
Kommaschildlaus, Gemeine 168
Kormoran 218
Körnerwarze 169
Kornkäfer 182, Larve 204
Krabbenspinne 152
Kranich 217, Flugbild 240
Krebssuppe 199
Krickente 214
Kreuzkröte 211
Kreuzotter 212
Kreuzspinne, Gemeine 151
Küchenschabe 163

Kuckuck 221
Kugelassel 154
Kugelmuschel, Gemeine 146
Kurzflügler, Großer 172
Kurzflügler - Larve 204
Kurzschnabelgans 215

L

Labyrinthspinne 151
Lacerta agilis 212
– *vivipara* 212
Lachmöwe 220
Laciniaria biblicata 144
Lagria hirta 177
Lampyris noctiluca 174
Landkärtchen 195, Raupe 201
Langohr, Braunes 233
Lanius collurio 229
Laomedea flexuosa 139
– spec. 139
Laphria gibbosa 190
Larus argentatus 220
– *canus* 220
– *fuscus* 220
– *marinus* 220
– *ridibundus* 220
Lasiomata megaera 194
Lasius flavus 185
– *fuliginosus* 185
– *niger* 185
Laspeyresia pomonella 200
Laubfrosch 211
Laubholzprachtkäfer 175
Laubschnecke, Rötliche 142
Laufkäfer 169, 170, 171, Larve 204
– Goldglänzender 169
– Körniger 169
Leberegelschnecke 145
Lehemannia marginata 141
Leistenmolch 210
Lema cyanella 181
Lepidosaphes ulmi 168
Lepisma saccharina 157
Lepus europaeus 233
Leptinotarsa decemlineata 181
Leptura rubra 180
Lestes sponsa 158
– *viridis* 158
Leucaspius delineatus 206
Leuciscus cephalus 207
Libellula quadrimaculata 160
Ligidium hypnorum 154
Ligusterschwärmer 197, Raupe 202
Lilienhähnchen 179
Lilioceris lilii 179
Limax flavus 141
– *maximus* 141
Linyphia spec. 150
Listspinne 151
Lithobius erythrocephalus 156
– *forficatus* 156
Littorina littorea 144
Lophopteryx camelina 198
Lota lota 209
Loxia curvirostra 230
Lucanus cervus 178
Lucilia caesar 192
Lucioperca lucioperca 208
Lullula arborea 223
Lumbricus rubellus 148
– *terrestris* 148
Luscinia megarhynchos 226
Lycaena phlaeas 196
– *virgaureae* 196
Lygaeus equestris 165
Lygus pabulinus 166
– *pratensis* 166
Lymantria dispar 198
– *monacha* 198
Lymnaea auricularia 145
– *ovata* 145
– *palustris* 145
– *stagnalis* 145
– *truncatula* 145
Lymnophilus spec. 188

M

Macoma balthica 146
Macrosteles sexnotata 167
Maikäfer 178, Larve 204
Malachidenkäfer 174
Malachius aeneus 174
Malacosoma neustria 198
Malermuschel 146
Maniola jurtina 196
Mantelmöwe 220
Marder 236, Spur 242
Margaritifera margaritifera 146
Marienkäfer 177, Larve 204
Martes foina 236
– *martes* 236
Maskenschnecke 143
Mauerassel 154
Mauerbienen 187
Mauerfuchs 194
Mauersegler 221, Flugbild 240
Maulbeerseidenspinner 198
Maulwurf 232
Maulwurfsgrille 162
Mäusebussard 216, Flugbild 241
Mausohr, Großes 233
Mauswiesel 237
Meconema thalassinum 161
Megachile centuncularis 187
Mehlkäfer, Gemeiner 179, 204
Mehlschwalbe 223, Flugbild 240
Mehlwurm 204
Meisen 225
Melanurgia gala·hea 194
Melasoma populi 181
Meles meles 237
Meligethes aeneus 177
– *coracinus* 177
Melitaea athalia 196
Meloë violaceus 179
Melolontha hippocastani 178
– *melolontha* 178
Mergus merganser 215
– *serrator* 215
Mesoacidalia charlotta 196
Mesostoma ehrenbergi 140
Meta spec. 150
Metridium senile 139
Micromata rosea 152
Microtus arvalis 235
– *agrestis* 235
Miesmuschel, Eßbare 146
Mikiola spec. 189
Milvus migrans 216
– *milvus* 216
Misgurnus fossilis 207
Mistbiene 191
Mistkäfer, Großer 179
Mistwurm 148
Mittelsäger 215
Moderlieschen 206
Möhrenfliege 191
Monachoides incarnata 142
Mönchsgrasmücke 227
Mondfleck 198, Raupe 202
Moorfrosch 211
Mordfliege 190
Mosaikjungfer, Blaugrüne 159
– Braune 159
– Grüne 159
Moschusbock 180
Motacilla alba 229
– *cinerea* 229
– *flava* 229
Mückenwanzen 166
Mufflon 238
Musca domestica 192
Muscicapa striata 227
Mus musculus 236
Mustela erminea 237
– *nivalis* 237
Mya arenaria 146
Myotis myotis 233
Myrmeleon formicarius 188
Mytilus edulis 146

N

Nabis ferus 166
– *myrmecoides* 166
Nachtigall 226
Napfschildlaus, Gemeine 168
Natrix natrix 212
Naucoris cimicoides 164
Nebelkrähe 224
Necrophorus vespillo 173
Neides tipularis 166
Neomacheilus barbatulus 207
Neomys fodiens 232
Neomysis integer 153
Nepa rubra 164
Nereis diversicolor 147
Nesselröhrenschildlaus 168
Niptus hololeucus 176
Nonne 198, Raupe 202
Nordseegarnele 155
Notonecta glauca 164
Nutria 234
Nyctalus noctula 233
Nymphalis cnatiopa 195
– *polychloros* 195

O

Ochsenauge, Großes 194, Raupe 201
Ödlandschrecke, Blauflüglige 162
Oeceoptoma thoracicum 173
Oedipoda caerulescens 162
Oedomera virescens 179
Ohrenqualle 138
Ohrschlammschnecke 145
Ohrwurm, Gemeiner 163
Ölkäfer 179
Ondatra zibethica 234
Oniscus asellus 154
Ontholestes spec. 172
Operophtera brumata 200
Opilio parietinus 150
Orchestia gammarellus 153
Orconectes limosus 155
Ordensband, Rotes 199
Oriolus oriolus 223
Orthetrum cancellatum 160
Orthezia urticae 168
Ortolan 231
Oryctalagus cumiculus 233
Osmia spec. 187
Ostseegarnele 155
Ovis ammon musimon 238
Oxychilus cellarius 142

P

Pachygnatha spec. 151
Palaemon squilla 155
Palomena prasina 165
Panolis flammea 199
Panorpa communis 188
Papilio machaon 193
Pappelblattkäfer 181
Pappelbock, Großer 180
– Kleiner 180
Pappelschwärmer 197
Parasitus coleoptratorum 152
Paravespula germanica 186
– *vulgaris* 186
Pardosa spec. 152
Parnassius apollo 193
Parus ater 225
– *caeruleus* 225
– *cristatus* 225
– *major* 225
– *palustris* 225
Passer domesticus 231
– *montanus* 231
Pechlibelle, Große 158
Pectinaria koreni 147
Pelmatohydra oligactis 139
Pelobates fuscus 211
Pelzbiene 187
Pelzkäfer 176
Pentatoma rufipes 165
Perca fluviatilis 208
Perdix perdix 217
Periplaneta americana 163
Perla marginata 157
Perlmutterfalter, Großer 196, Raupe 201
Pfeffermuschel, Große 146
Pflaumensägewespen 184
Pflaumenwickler 200
Phalacrocorax carbo 218
Phalera bucephala 198
Phasianus colchicus 217
Philaenus spumarius 167
Philanthus triangulus 186
Philomadus pugnax 219
Phoenicurus ochruros 226
– *phoenicurus* 226
Pholidoptera griseoaptera 161
Phorbia antiqua 191
Phryganea spec. 188
Phyllobius calcaratus 183
Phyllopertha horticola 178
Phylloscopus collybita 228
– *sibilatrix* 228
– *trochilus* 228
Phyllotreta spec. 181
Physa acuta 145
– *fontinalis* 145
Pica pica 224
Picus canus 222
– *viridis* 222
Pieris brassicae 193
– *rapae* 193
Piesma quadrata 166
Pimpla instigator 184
Piophila casei 191
Pipistrellus pipistrellus 233
Pirata spec. 151
Pirol 223
Pisaura mirabilis 152
Piscicola geometra 149
Pisidium spec. 146
Planaria torva 140
Planarie, Weiße 140
Planorbarius corneus 145
Planorbis carinatus 145
– *planorbis* 145
Platichthys flesus 209
Plattmuschel, Baltische 146
Platycnemis pennipes 159
Platynus dorsalis 170
Platyparea poeciloptera 191
Plecotus auritus 233
Pleuronectes platessa 209
Plötze 206
Pluvialis apricaria 218
Pochkäfer, Gemeiner 183, 239
Podiceps cristatus 213
– *ruficollis* 213
Podura aquatica 157
Polycelis cornuta 140
– *nigra* 140
Polygonia c-album 195
Polistes gallicus 186
Polygraphus polygraphus 183
Polygommatus icarus 196
Polyphylla fullo 178
Pompilus viaticus 186
Porcellio scaber 154
Posthornschnecke 145
Prachtkäfer 175, Larve 204
Prachtlibelle, Blauflüglige 159
Prachttaucher 213
Psila rosae 191
Psychoda phalaenoides 189
Psylla mali 168
Psythirus rupestris 187
Pterostichus vulgaris 170
Pungitius pungitius 209
Pupilla muscorum 144
Puppenräuber 169
Putorius putorius 237
Putzkäfer 170
Pyrochroa coccinea 179
Pyrrhocoris apterus 165
Pyrrhula pyrrhula 230

Q

Quappe 209

R

Rabenkrähe 224
Rana arvalis 211
– „*esculenta*“ 211
– *ridibunda* 211
– *temporaria* 211
Ranatra linearis 164
Randwanze, Große 165
Raphidia spec. 188
Rapsglanzkäfer 177
Raschkäfer 171
Rasenameise 185
Rattus norvegicus 236
– *rattus* 236
Raubspinne 152
Rauchschwalbe 223, Flugbild 240
Raupenjäger, Vierpunktiger 173
Rebhuhn 217
Recurvirostra avosetta 219
Reduvius personatus 166
Regenbogenforelle 205
Regenbremse 190
Regenwurm, Gemeiner 148
Regulus ignicapillus 228
– *regulus* 228
Reh 238, Fährte 242
Reiherente 214
Rhagio scolopacea 190
Rhagoletis cerasi 191
Rhodeus sericeus 206
Rhogogaster viridis 184
Rhyssa persuasoria 184
Riesenholzwespe 184
Riesenschlupfwespe 184
Ringelnatter 212
Ringelspinner 198, Raupe 203
Ringeltaube 221
Rinderbremse, Gemeine 190
Rinderdasselfliege 192
Riparia riparia 223
Ritterwanze 165
Rivulogammarus pulex 154
Rohrammer 231
Rohrdommel, Große 213
Rohrweihe 216, Flugbild 241
Rosengallwespe 184, Galle 239
Rosenkäfer, Gemeiner 178
Rosenzikade 167
Roßameise 185

Rotbauchunke 210
Rötelmaus 235
Rotfeder 206
Rotfuchs 237, Spur 242
Rothalsbock 180
Rothirsch 238, Fährte 242
Rotkehlchen 226
Rotmilan 216
Rotrückenwürger 229
Rotschenkel 219
Rübenaaskäfer 173, Larve 204
Rübenblattwanze 166
Rückenschwimmer, Gemeiner 164
Ruderwanze 164
Rupicarpa rupicarpa 238
Rüsselkäfer, Großer brauner 182
Rüsselkrebschen 153
Rutilus rutilus 206

S

Saatgans 215, Flugbild 240
Saatkrähe 224, Flugbild 241
Säbelschnäbler 219
Sacchiphantes abietis 168
Saftkugler 156
Salamandra salamandra 210
Salmo gairdneri 205
– *trutta fario* 205
Salticus spec. 152
Samenkäfer 182, Larve 204
Sammetmilbe 152
Sandklaffmuschel 146
Sandlaufkäfer 169, Larve 204
Sandpier 147
Sandregenpfeifer 218
Sandschnurfüßer 156
Sandschrecke 162
Sandwespe, Gemeine 186
Saperda populnea 180
Sarcophaga carnaria 192
Saxicola rubetra 226
Scardinius erythrophtalmus 206
Scathophaga stercoraria 192
Schabe, Deutsche 163
Schafstelze 229
Schaufelkäfer, Körniger 170
Scheckenfalter, Gemeiner 196, Raupe 201
Scheinbockkäfer 179
Schermaus 235
Schilfkäfer 181
Schilfrohrsänger 227
Schildkäfer 181
Schizophyllum savulosum 156
Schlammpeitzger 207
Schlammröhrenwurm 148
Schleie 206
Schleiereule 222
Schleischnecke 144
Schließmundschnecke, Gemeine 144
– Zweizähnige 144
Schlupfwespe, Schwarze 184
Schmalbock, Roter 180
Schmarotzerhummel 187
Schmeißfliege, Blaue 192
Schmerle 207
Schnabelwanze 166
Schnaken 189, Larve 203
Schnakenwanze 166
Schnatterente 214
Schnecke, Eingerollte 142
Schneckenegel, Großer 149
Schnegel, Großer 141
Schnelläufer 170
Schnellkäfer 175, Larve 204
– Bräunlicher 175
– Mausgrauer 175
– Roter 175
Schnellschwimmer 171
Schnepfenfliegen 190
Scholle 209
Schuppenwurm 147
Schüsselschnecke 142
Schwalben 223
Schwalbenschwanz 193, Raupe 201
Schwammspinner 198, Raupe 202
Schwanzmeise 225
Schwarzgrundel 209
Schwarzmilan 216, Flugbild 241
Schwarzstorch 213
Schwimmkäfer 171, Larve 204
Schwimmwanze, Gemeine 164
Schwingfliege 191
Sciurus vulgaris 234
Scoliopteryx libatrix 199
Scoloplos armiger 147
Scolytus scolytus 183
Scrobicularia plana 146
Sechsaugenspinne 150
Seefrosch 211
Seemaus 147
Seenadel, Schmalschnäuzige 209
Seenelke 139
Seepferdchen 209
Seepocke 153
Seestern, Gemeiner 138
Segelfalter 193
Segestria senoculata 150
Segmentina nitida 145
Sepsis spec. 191
Serinus serinus 230
Sialis spec. 188
Sichelstrandläufer 219
Sichelwanze 166
Siebenpunkt 177
Siebenschläfer 234
Silberfischchen 157
Silberkarausche 206
Silbermöwe 220
Silpha obscura 173
Silphe, Rothalsige 173
Silurus glanis 208
Singdrossel 225
Sitona lineatus 182
Sitta europaea 225
Skorpionsfliege, Gemeine 188
Smaragdlibelle, Gemeine 160
– Glänzende 160
Smerinthus ocellata 197
– *populi* 197
Soldatenkäfer 174
Somatochlora metallica 160
Sommergoldhähnchen 228
Sorex araneus 232
– *minutus* 232
Spargelfliege 191
Spargelhähnchen 179
Speckkäfer 176, Larve 204
Sperber 216, Flugbild 241
Sperlinge 231
Sphaeridium bipustulatum 174
– *scarabaeoides* 174
Sphaerium corneum 146
Sphingonotus caerulans 162
Sphinx ligustri 197
Spitzhornschnecke 145
Spondylis buprestoides 180
Spongilla lacustris 138
Springspinne 152
Stabwanze 164
Stachelwasserkäfer 172
Staphylinus caesareus 172
Star 229, Flugbild 240
Steatoda bipunctata 150
Stechmücke, Gemeine 189
Stechmücken 189, Larve 203
Stegobium paniceum 176
Steinbeißer 207
Steinfliege 157
Steinhummel 187
Steinkauz 222
Steinkriecher, Gemeiner 156
– Rotköpfiger 156
Steinmarder 236
Steinpicker 143
Stenobothrus lineatus 162
Stenus biguttatus 172
Sterna albifrons 220
– *hirundo* 220
Stichling, Dreistachliger 208
– Neunstachliger 209
Stieglitz 230
Stinkwanze, Gemeine 165
Stockente 214, Flugbild 240
Stomoxys calcitrans 192
Strandhüpfer 153
Strandkrabbe 155
Strandschnecke, Gemeine 144
Strangalia melanura 180
Streckerspinne 151
Streptopelia decaocta 221
– *turtur* 221
Strix aluco 222
Stubenfliege, Große 192
– Kleine 192
Sturmmöwe 220
Sturnus vulgaris 229
Stutzkäfer 173
Succinea putris 143
Sumpfassel 154
Sumpfdeckelschnecken 144
Sumpfmeise 225
Sumpfrohrsänger 227
Sumpfschlammschnecke 145
Sus scrofa 238
Süßwasserpolyp 139
– Gestielter 139
– Grüner 139

Süßwasserschwamm 138
Sylvaemus flavicollis 235
– *sylvaticus* 235
Sylvia atricapilla 227
– *borin* 227
– *communis* 227
– *curruca* 227
Sympecma fusca 158
Sympetrum sanguineum 160
– *vulgatum* 160
Syngnathus typhle 209

T

Tabanus bovinus 190
Tachyporus chrysomelinus 172
Tadorna tadorna 215
Tafelente 214
Tagpfauenauge 195, Raupe 201
Talitrus saltator 153
Talpa europaea 232
Tannenmeise 225
Tanzfliege, Gewürfelte 190
Tausendfuß, Getüpfelter 156
Tegenaria spec. 151
Teichfrosch 211
Teichläufer, Gemeiner 164
– Zierlicher 164
Teichmolch 210
Teichmuschel 146
Teichnapfschnecke 145
Teichralle 217
Teichrohrsänger 227
Tellerschnecke, Flache 145
– Gegliederte 145
– Gerandete 145
Tenebrioides mauritanicus 176
Tenebrio molitor 179
Tetragnatha spec. 151
Tetramorium caespitum 185
Tetrix spec. 162
Tettigonia viridissima 161
Thanasimus formicarius 175
Thanatophilus sinatus 173
Thea 22-punctata 177
Theodoxus fluviatilis 144
Thymallus thymallus 205
Tinca tinca 206
Tineola bisselliella 200
Tipula flavolineata 189
– *oleracea* 189
– *paludosa* 189
Totenfreund 173
Totengräber 173
Totenkopf 197
Trauermantel 195, Raupe 201
Trauerplanarie 140
Trauerschnäpper 227
Trichia hispida 142
Trichodes apiarius 175
Tringa ochropus 219
– *totanus* 219
Triphaena pronuba 199
Triturus alpestris 210
– *cristatus* 210
– *helveticus* 210
– *vulgaris* 210
Troglodytes troglodytes 225
Trombidium holosericum 152
Tubifex tubifex 148
Tummelkäfer 172
Turdus merula 225
– *philomelos* 225
– *pilaris* 225
Turmfalke 216, Flugbild 241
Turmschnecke, Weiße 144
Türkentaube 221
Turteltaube 221
Tyto alba 222

U

Uferaas 157
Uferschwalbe 223
Ulmensplintkäfer 183, Fraßbild 239
Ulopa reticulata 167
Unio pictorum 146
Upupa epops 222
Uroceras gigas 184

V

Vanellus vanellus 218
Vanessa atalanta 194
– *cardui* 195
Vespa crabro 186
Velia spec. 164
Vielauge, Gehörntes 140
– Schwarzes 140
Vielfraßegel 149
Vierfleck 160
Vipera berus 212
Vitrina pellucido 142
Viviparus contectus 144
– *viviparus* 144

W

Wacholderdrossel 225
Wachtel 217
Wadenstecher 192
Waldameisen, Rote 185
Waldbaumläufer 224
Waldbock 180
Waldeidechse 212
Waldgärtner, Großer 180, Fraßbild 239
Waldlaubsänger 228
Waldkauz 222
Waldmaikäfer 178
Waldmaus 235
Waldohreule 222
Waldschabe, Gemeine 163
Waldspitzmaus 232
Waldwasserläufer 219
Walker 178
Wandermuschel 146
Wanderratte 236
Wanzen 164–166
Warzenbeißer 161
Wasserassel 154
Wasserfloh, Gemeiner 153
Wasserflorfliege 188
Wasserläufer 164
Wasserskorpion 164
Wasserspinne 151
Wasserspitzmaus 232
Wasserspringschwanz 157
Wassertreter 171
Wattkrebs 153
Wattschnecke 144
Weberknecht 150
Wechselkröte 211
Wegameise, Schwarze 185
Wegschnecke, Rote 141
Wegwespe, Gemeine 186
Weidenlaubsänger 228
Weinbergschnecke 143
Weißstorch 213, Flugbild 240
Wels 208
Wendehals 222
Wespe, Deutsche 186
– Gallische 186
Wiedehopf 222
Wiesenschaumzikade 167
Wiesenschnake 189
Wiesenwanze, Gemeine 166
Wildkaninchen 233
Wildschwein 238, Fährte 242
Winkelspinne 151
Wintergoldhähnchen 228
Winterlibelle, Gemeine 158
Wintersaateule 199, Raupe 203
Wolfsmilchschwärmer 197, Raupe 202
Wolfsspinne 152
Wollhandkrabbe 155
Wollkäfer 177
Wollkrautblütenkäfer 176
Wollschweber, Großer 190
Wühlmaus, Große 235
– Nordische 235

X

Xanthospilapteryx syringella 200
Xylodrepa quadripunctata 173
Xysticus spec. 152

Z

Zabrus tenebrioides 170
Zander 208
Zauneidechse 212
Zaunkönig 225
Zebraspinne 150
Zebrina detrita 144
Zitronenfalter 194, Raupe 201
Zonitoides nitidus 142
Zuckmücken 189, Larve 203
Zweipunkt 177
Zwergfledermaus 233
Zwergschwimmer 171
Zwergseeschwalbe 220
Zwergspitzmaus 232
Zwergtaucher 213
Zwergzikade 167
Zwiebelfliege 191
Zygaena filipendula 199

Bildautoren

PFLANZEN
Heinz Dost: Gräser, Riedgräser, Binsen und Hainsimsen
Ruth Weber: Nadelbäume, Laubbäume und Sträucher
Kurt Herschel: Algen, Pilze, Flechten, Moose, Bärlappe, Schachtelhalme und Farne
Elisabeth Illert: Einkeimblättrige und zweikeimblättrige Kräuter sowie Fraßbilder
Ruth Weber: Bestimmungsschlüssel für Pflanzen und Übersichten

TIERE
Johannes Breitmeier: Wirbeltiere
Hans-Jürgen Ehricht: Zweite Schmetterlingstafel
Wolfgang Leuck: Schwämme, Hohltiere, Strudelwürmer, Weichtiere, Ringelwürmer, Spinnen- und Krebstiere, Tausendfüßer, Libellen, Heuschrecken, Schaben, Pflanzensauger, Zweiflügler und Bestimmungsschlüssel für Tiere
Michael Lissmann: Niedere Insekten, Käfer, Hautflügler, Netzflügler und Wanzen
Reiner Zieger: Schmetterlinge und Insektenlarven